国家高新区创新指数1+10报告（2018）

王 频 刘会武 杨 斌 著

科学技术文献出版社
SCIENTIFIC AND TECHNICAL DOCUMENTATION PRESS
·北京·

图书在版编目（CIP）数据

国家高新区创新指数1+10报告. 2018 / 王频，刘会武，杨斌著. —北京：科学技术文献出版社，2019.6
ISBN 978-7-5189-5552-7

Ⅰ. ①国… Ⅱ. ①王… ②刘… ③杨… Ⅲ. ①高技术产业区—产业发展—研究报告—中国—2018　Ⅳ. ① F127.9

中国版本图书馆 CIP 数据核字（2019）第 091803 号

国家高新区创新指数1+10报告（2018）

策划编辑：李　蕊　　责任编辑：马新娟　王瑞瑞　　责任校对：文　浩　　责任出版：张志平		

出　版　者	科学技术文献出版社	
地　　　址	北京市复兴路15号　邮编　100038	
编　务　部	（010）58882938，58882087（传真）	
发　行　部	（010）58882868，58882870（传真）	
邮　购　部	（010）58882873	
官方网址	www.stdp.com.cn	
发　行　者	科学技术文献出版社发行　全国各地新华书店经销	
印　刷　者	北京时尚印佳彩色印刷有限公司	
版　　　次	2019年6月第1版　2019年6月第1次印刷	
开　　　本	889×1194　1/16	
字　　　数	379千	
印　　　张	18.5	
书　　　号	ISBN 978-7-5189-5552-7	
定　　　价	186.00元	

版权所有　违法必究

购买本社图书，凡字迹不清、缺页、倒页、脱页者，本社发行部负责调换

作者简介

王颖，副研究员，广西壮族自治区经济社会技术发展研究所副所长。长期在高校和科研院所从事科技战略和地方政府创新治理等公共政策领域的研究。近年来，主持和参与20多项科研项目，其中，7项研究成果获得广西壮族自治区社会科学优秀成果奖。获得广西高等教育自治区级教学成果奖1项，发表专业学术论文10余篇，出版学术专著2部，撰写的多项决策建议得到省部级领导的批示。

刘会武，中国科学院科技战略咨询研究院副研究员，国家高新区研究中心执行主任，科技部科技计划评审专家，专注于国家高新区、创新创业、体制机制与公共政策等领域的研究工作，主持国家级项目20多项，主持北京中关村、上海张江、武汉、成都、西安、长沙、株洲、湘潭等国家高新区项目上百项，发表各类文章100余篇。作为编制组组长，主持完成国家技术市场"十三五"发展专项规划。10多年专注国家高新区的研究工作，深度调研国家高新区近130家，是国家高新区领域的全国知名专家。

杨斌，男，汉族，1979年4月出生，陕西礼泉人，管理科学与工程博士后，中国科学院科技战略咨询研究院副研究员，曾任科技管理处副处长，在创新发展政策和科学社会学等领域发表论文数十篇，主持和参与来自中科院、国家部委、地方政府及企业委托的决策咨询任务30余项，多项政策建议获领导批示。

《国家高新区创新指数1+10报告（2018）》
项目组

主任：王 频　刘会武　杨 斌

成员（按姓氏拼音为序）：

安涌洁	曾彦铭	陈 斌	程 羽	程凌华	仇海荣	冯 磊
冯海红	傅海荣	谷潇磊	郭 静	郭正东	韩 芳	韩思源
何 燕	洪 森	洪奋新	黄柳林	黄小芳	黎高明	李 享
李彩云	李祖兴	刘乃嘉	马文静	聂敏林	孙红军	王春阳
王胜光	韦海洋	魏 颖	魏海丽	魏海晴	印倩荣	勇 升
余志海	袁 明	张 莹	张路娜	张雅婷	郑彦松	朱常海

前　言

1988年5月10日，经国务院批准，中国第一个高新技术产业开发区——北京市新技术产业开发试验区正式成立，截至目前，国务院已经批准设立了168家国家高新技术产业开发区。早在20世纪90年代，江泽民同志就指出"本世纪在科技产业化方面最重要的创举是兴办科技工业园区"。2017年年底，国家高新区工业总产值20.3万亿元，汇聚5.23万家高新技术企业，占全国高企总数的近四成，诞生了华为、腾讯、阿里巴巴、小米、大疆等一批具有国际影响力的高新技术大企业。

30年来，中国高新区走过了从基础设施建设和招商引资发展的要素集聚阶段（20世纪90年代，一次创业）到植入创新元素的创新驱动发展阶段（21世纪前10年，二次创业），再到全面创新发展与生态建设的综合性园区3个阶段（21世纪第2个10年，三次创业）。当然，考虑到2009年以来有114家省级高新区晋升为国家高新区及不同高新区所在区域发展的不平衡性，我们可以认为，全国168家国家高新区正处于一次创业、二次创业和三次创业同步并行发展的新阶段。

新时代，中国经济已由高速增长阶段转向高质量发展阶段。作为自诞生起就担负着"发展高科技，实现产业化"使命的国家高新区，如何进一步引领中国经济社会高质量发展，成为时代的课题。为此，我们与主管国家高新区发展的科技部火炬高技术产业开发中心经过长期调研和持续讨论，提出了一套国家高新区创新发展指数，也就是本书《国家高新区创新指数1+10报告（2018）》中的"1"。同时，根据国家高新区不同创业阶段的特征，选择有代表性的高新区开展具有个性化指标体系研究，旨在引导国家高新区在创新驱动高质量发展的整体要求下，兼顾不同地区、不同资源所形成的不同特色，研究提出上海张江高新区的跨境开放创新指数和合肥高新区量子创新发展指数，作为国家高新区"三次创业"监测创新发展的典型代表；研究提出南宁高新区、厦门火炬高新区、郑州高新区、东莞松山湖高新区、佛山高新区和株洲高新区创新发展指数，作为国家高新区"二次创业"监测创新发展的典型代表；研究提出泰州医药高新区和武进高新区创新发展指数，作为国家高新区"一次创业"监测创新发展的典型代表。这样，上海、合肥、南宁、厦门、郑州、东莞、佛山、株洲、泰州和武进10家高新区创新发展指数，就是本书《国家高新区创新指数1+10报告（2018）》中的"10"。

《国家高新区创新指数1+10报告（2018）》均采用科技部火炬中心官方统计的数据及高新区管委会自身提供的数据，数据截止年份均为2017年。《国家高新区创新指数1+10报告（2018）》

第一次从国家高新区评价的历史演变角度提出具有不同代表意义的高新区创新发展指数，第一次把国家高新区整体的创新指数与个别高新区个性化创新发展指数相结合整体统筹思考，甚至提出的合肥高新区创新发展指数也是全球第一个基于量子产业为特征的创新发展指数，厦门火炬高新区、株洲高新区、佛山高新区等均是近30年来第一次向社会发布创新发展指数，这也是本书最大的创新点和特色。

为充分理解国家高新区创新指数的产生背景和时代特征，我们首先将对国家高新区"三次创业"的评价内容和理论认识按照时间序列做一整体性梳理。

国家高新区"一次创业"阶段的评价与理论认识

在1988年北京市新技术产业开发试验区开展试点之后，1991年3月和1992年11月，国务院分两批一共新批准设立52家国家高新区，加上北京市新技术产业开发试验区，当时全国布局了53家国家高新区。

国家科学技术委员会火炬计划办公室（以下简称国家科委火炬办，相当于现在的科技部火炬高技术产业开发中心）在1992年就开始酝酿设计国家高新区考核评价指标体系，并于1993年邀请全国几十位专家、学者在贵阳开会，专门研究和讨论国家高新区发展评价及考核评价指标体系。1993年，国家科委制定并公布了《国家高新技术产业开发区考核标准（试行）》。该版考核标准，分别从经济、资本、建设、企业、创业中心、人才、外国企业和工业总产值8个方面，共设有27个指标。此次对高新区评价的目的是，考核和监控中国高新区的发展状况，明显侧重对高新区当期经济总量及发展状况的考核评价，强调对利用外资和外资企业数量，偏好对硬环境的考核。

1994年和1995年，国家科委又分别在哈尔滨和大庆召开了两次国家高新区考核评价的研讨会。1996年，国家科委火炬办会同中国科学院科技政策与管理科学研究所（现为中国科学院科技战略咨询研究院）等单位的专家、学者对高新区评价问题再次进行研究，并共同组成"国家高新区考核评价指标体系研究"课题组，根据已有研究和讨论的成果，在对高新区进行系统分析、功能分析、国情分析、国际经验分析的基础上，确定了国家高新区考核评价指标体系设计的基本框架和方案，并于1999年颁布《国家高新区评价指标体系（试行）》。

1999年的评价指标体系从技术创新、创业环境、发展、贡献、国际化5个方面选取24个指标对高新区发展进行评价。与1993年的评价指标相比，该评价指标体系已经考虑到技术创新对经济发展的推动作用，增加了技术创新方面的评价，并将创业中心和基建方面的评价调整为创业环境的评价。

新世纪前10年国家高新区"二次创业"的评价认识

1999年，《中共中央、国务院关于加强技术创新、发展高科技、实现产业化的决定》强调，加强国家高新区建设，形成高新技术产业化基地。在国家整体的导向下，科技部于2001年9月在全国高新区武汉会议上，提出了高新区要进行"二次创业"的发展战略。

通常把21世纪前10年作为国家高新区"二次创业"的发展阶段。"二次创业"的实质是加快培育自主创新能力，发展特色产业集群，形成新的竞争优势，其目标是发展知识经济，促进内生增长，由规模扩张转向质量提升，核心任务是汇集创新资源，营造创新环境，增强自主创新能力，推动科技创业等。

为此，科技部火炬中心于2003—2004年，根据国家高新区"二次创业"的新要求，重新制定并颁布了《国家高新区评价指标体系》。该指标体系从技术创新、经济发展、创新创业环境3个方面对高新区进行评价。2005年6月，时任国务院总理温家宝在考察中关村科技园区时提出了国家高新区"四位一体"的发展定位，结合新的发展定位科技部在2007年重建了对国家高新区新阶段的评价导向，提出"政策评价"新思想，不是强调高新区自然发展达到的状态，而是强调高新区对国家导向目标的实现程度，并于2008年4月正式公布第4版《国家高新区评价指标体系》。

新时代国家高新区面向"三次创业"的评价导向

党的十九大报告做出了"中国特色社会主义进入新时代"的重大判断。进入新世纪第2个10年，科技部火炬中心提出国家高新区进入"三次创业"新阶段，尤其是过去20年发展基础好、资源相对充足、发展理念比较先进的国家高新区要率先进入国家高新区的"三次创业"阶段。

国家高新区"三次创业"的核心内涵即营造创新创业生态，形成创新支撑发展、产城高度融合的创新经济体，突出表现为各类创新主体的关系链接和交互平台及支撑创新创业的空间和文化构造，形成以创新创业为内核的经济社会活动空间。创新经济体主要包括创新创业、高端产业、领先市场、活力社会、新型城区等要素。其中，创新创业是核心，是一个区域发展的驱动力和生命力，是带来新经济、新文化、新文明的源头所在；聚集多元化人才的知识载体或知识社区是创新经济体保持活力的生态土壤；集聚大量创新型领军企业的高端产业是创新创业的需求引致和价值输出；发达的市场网络和浓厚的商业氛围是激发创新的外在条件；宜居宜业的智慧生态城区是孕育和繁衍创新创业的重要支撑。未来的国家高新区将是孕育创新创业和新兴业态的沃土、创新型领军企业的栖息地、创造和实现高经济价值的现代知识城区，将是中国参与国际竞争的排头兵和主力军，是推动所在城市高端产业发展的策源地和永葆生机的原动力。

"三次创业"阶段，推动国家高新区的高质量发展，首先构建能监测高质量发展的指标体系——国家高新区创新指数，只有这样才能更加科学地对高新区经济社会发展水平进行多维度测量。我们知道，2018年是以习近平同志为核心的中共中央政治局在北京中关村以"实施创新驱动发展战略"为题举行第9次集体学习的5周年，也是国家高新区自北京市新技术产业开发试验区（现为中关村国家自主创新示范区）批准成立起的30周年。我们希望，在这种重要的历史时点，《国家高新区创新指数1+10报告（2018）》的出版能监测并优化国家高新区的创新发展，并对国家高新区如何引导中国经济实现高质量发展起到一定的指导作用。

刘会武

2019年3月于北京

目　录

第一章　国家高新区创新发展指数 ·· 1

　　一、创新发展指数设计与测算 ·· 1
　　二、2017年的指数表现和趋势 ·· 4
　　三、不同类别国家高新区的表现对比 ·· 8

第二章　上海张江跨境开放创新指数 ·· 13

　　一、跨境开放创新指数建立三大导向 ·· 13
　　二、指标体系建立的思路和过程 ·· 15
　　三、跨境开放创新发展指数概览 ·· 18
　　四、综合分析与创新发展总结 ·· 35
　　五、上海张江创新驱动发展建议 ·· 38

第三章　合肥高新区量子创新发展指数 ·· 42

　　一、指数构建背景、目的和内容 ·· 42
　　二、量子创新发展指数总体概览 ·· 47
　　三、综合分析与创新发展总结 ·· 71
　　四、合肥高新区创新驱动发展建议 ·· 75

第四章　南宁高新区创新发展指数 ·· 77

　　一、创新发展评估依据 ·· 77
　　二、南宁高新区发展自我评估 ·· 79
　　三、基于国家高新区评价指标的评价 ·· 84

四、先进园区经验借鉴 ·· 102

　　五、南宁高新区创新驱动发展建议 ··· 104

第五章　厦门火炬高新区创新发展指数 ··· 107

　　一、指数构建的背景、目的和内容 ··· 107

　　二、创新发展指数概览 ·· 109

　　三、厦门火炬高新区创新驱动发展建议 ·· 122

第六章　郑州高新区创新发展指数 ·· 126

　　一、郑州高新区总体概况 ··· 126

　　二、创新发展指数及其表现 ·· 127

　　三、各指标态势总结与综合分析 ·· 152

第七章　东莞松山湖高新区创新指数 ··· 156

　　一、创新指数编制背景与意义 ··· 156

　　二、创新指数编制思路与内容 ··· 157

　　三、东莞松山湖高新区创新指数表现 ·· 162

　　四、基于创新指数的总体分析与建议 ·· 165

第八章　佛山高新区创新发展指数 ·· 170

　　一、创新发展指数构建背景与特点 ··· 170

　　二、创新发展指数目标功能与内容 ··· 172

　　三、佛山高新区创新发展指数表现 ··· 176

第九章　中国动力谷·株洲高新区创新发展指数 ······································· 196

　　一、中国动力谷与株洲高新区发展概况 ··· 196

　　二、中国动力谷·株洲高新区创新指数构建 ·· 199

第十章　中国医药城·泰州高新区创新发展指数 ······································· 233

　　一、理论指导：创新生态系统再认识 ·· 233

二、泰州医药高新区发展概况与指标构建 …………………………………………234

三、泰州医药高新区创新驱动发展指数表现 ……………………………………236

第十一章　武进高新区创新发展指数 …………………………………………253

一、武进高新区创新发展综合研判 …………………………………………………253

二、基于国家高新区评价指标的总体表现 …………………………………………257

三、基于国家评价指标的分指标表现 ………………………………………………258

四、对标园区间的重点指标对比分析 ………………………………………………269

五、武进高新区创新驱动发展建议 …………………………………………………277

第一章　国家高新区创新发展指数[①]

国家高新区历经近30年的建设和积累已经步入"三次创业"阶段，作为中国创新密集区域的典型代表和国家创新系统的核心中枢，其发展历程折射着中国经济社会创新发展的变迁。2012年中共中央6号文件提出"建立全国创新调查制度，加强国家创新体系建设监测评估"，2017年科技部、国家统计局联合印发了《国家创新调查制度实施办法》，将为创新活动统计调查和创新能力监测评价工作提供具体指导。为积极响应国家和科技部层面关于开展创新能力监测评价工作的要求，自2013年开始，国家高新区研究中心和科技部火炬高技术产业开发中心共同研究制定了国家高新区创新能力评价指标体系，即国家高新区创新发展指数，成为在全国范围内推进创新调查和创新能力评价的先行示范。

一、创新发展指数设计与测算

（一）指数设计及解释

国家高新区创新发展指数的设计要充分考虑中国高新区的发展阶段和现行统计制度设置，既具有一定的理论性，又具有较强的可操作性。结合相关创新理论和国家高新区创新发展的典型特征，研究借鉴国际和国内创新评价的实践经验，研究确定国家高新区创新发展指数的多层次指标模型，重点从创新资源集聚、创新创业环境、创新活动绩效、创新的国际化和创新驱动发展5个方面给予国家高新区创新能力的测度描述和观察研究（表1-1）。每个方面的评价通过5个创新指标完成，创新指标的选取原则遵循系统性与独立性相协调、总量指标与相对指标相平衡、有效性与可操作性相适应、动态性与可扩展性相结合。创新指标为评价体系的基本单元，通过多层递阶综合评价方法形成对国家高新区创新能力发展状况的监测和评估。

[①] 本章引用中国高新区研究中心与科技部火炬中心联合出版的《国家高新区创新能力评价报告——暨高新区三十年回顾与展望/国家创新调查制度系列报告（2018）》第三章部分内容。
　　本书得到国家自然科学基金委项目"区域嵌入与互联网创业能力的动态耦合机理及实证研究"（71503244，2016.01—2018.12）和中国科学院科技政策与管理科学研究所"一三五重大研究任务"项目"创新发展政策学研究"（Y201141Z01，2016.01—2017.12）资助；同时，得到上海张江、合肥、南宁、厦门、郑州、东莞、佛山、株洲、泰州和武进高新区管委会资助，特表谢意。

表1-1　国家高新区创新发展指数

一级指标	二级指标	
创新资源集聚	1.1	企业研究与试验发展人员全时当量
	1.2	企业研究与试验发展投入与增加值比例
	1.3	财政科技支出与当年财政支出比例
	1.4	各类研发机构数量
	1.5	当年认定的高新技术企业数量
创新创业环境	2.1	当年新增企业数与企业总数比例
	2.2	各类创新服务机构数量
	2.3	企业开展产学研合作研发费用支出
	2.4	科技企业孵化器及加速器内企业数量
	2.5	创投机构当年对企业的风险投资总额
创新活动绩效	3.1	高新技术产业总收入与营业收入比例
	3.2	企业100亿元增加值拥有知识产权数量和各类标准数量
	3.3	企业当年完成的技术合同交易额
	3.4	高技术服务业从业人员占从业人员比重
	3.5	企业销售收入利润率
创新的国际化	4.1	内资控股企业设立的海外研发机构数量
	4.2	内资控股企业每万名从业人员拥有的欧美日专利授权数量及境外注册商标数量
	4.3	技术服务出口占出口总额比重
	4.4	企业委托境外开展研发活动费用支出
	4.5	企业从业人员中海外留学归国人员和外籍常驻员工所占比重
创新驱动发展	5.1	园区全口径增加值与所在城市GDP比例
	5.2	企业单位增加值中劳动者报酬所占比重
	5.3	规模以上企业万元增加值综合能耗
	5.4	企业人均营业收入
	5.5	企业净资产利润率

根据国家高新区创新发展指数的功能定位，该指标体系需要完成两项功能：一是动态视角下国家高新区整体创新能力的变化指数；二是同期国家高新区内部创新能力的排名比较。当前国际上较为流行的评价方法是先对指标数据进行标准化或者是归一化处理，然后用加权求和的方法得出评价指标的效用总值。计算得出的效用总值不单可以依据时间序列形成波动指数，也可以作为相互比较的依据。但是，自2010年开始，新一轮国家高新区升级工作再次启动后，国家高新区的基数发生变化，加之高新区个体自身的扩区，使得高新区整体的物理空间不断扩充，传统的指数测算方法难以剔除规模扩张所带来的增长效应。

（二）指数测算说明

在形成国家高新区创新发展指数总体框架的基础上，初步确立创新发展指数评价指标集合，首先考虑高新区不断升级的影响，本期纳入指数测算的高新区数量以上期为标准（例如，2017年创新能力指数测算时，是使用2017年147家高新区与原2016年147家高新区的数据计算而来的，2016年当年新升级的10家高新区则未纳入指数测算范围）；而考虑高新区自身不断扩区的影响，先计算各个指标的对称变化率，即以本期和上期两者的平均数为基数求得相对增长率，然后分层级对各指标进行加权，由各指标的合成指数作为国家高新区创新能力指数[①]。

①增长率的测算采用对称增长率，计算公式如下：

$$Y_{it} = \frac{X_{it} - X_{it-1}}{\frac{X_{it} + X_{it-1}}{2}} \times 100 \tag{1-1}$$

式中：Y_{it}表示第i个指标在第t年的对称增长率，t为年份，$t \geq 2011$（以下同）。

对称增长率可以消除基数变化的影响，使各指标增速的范围可以控制在[-200，200]的区间内，较一般增长率而言更为平稳，而且能有效防止因分母为0而造成的无法计算。

②计算上层指标的加权增速，计算公式如下：

$$W_{jt} = \frac{\sum_{i=1}^{n} Y_{it} \times A_i}{\sum_{i=1}^{n} A_i} \tag{1-2}$$

式中：W_{jt}表示第j个上层指标的加权对称增长率，A_i是第i个下层指标的权重。

③合成分指数，计算公式如下：

[①] 上海张江、合肥等国家高新区创新发展指数测算方法，与国家创新发展指数计算方法相同，以后不再赘述。

$$S_{jt} = S_{j,t-1} \times \frac{200+W_{jt}}{200-W_{jt}} \qquad (1-3)$$

式中：S_{jt}表示第t年的合成分指数，$S_{j,t-1}$为基期，初始值设为100。

④计算总指数，计算公式如下：

$$Z_t = \sum_{i=1}^{5} a_i S_{t-1} \qquad (1-4)$$

式中：Z_t表示创新能力总指数，a_i为各分指数对总指数的权数。

二、2017年的指数表现和趋势

基于国家高新区创新能力评价体系，合成国家高新区2017年创新能力指数，其数值和态势总体表现如下。

（一）总体与态势表现

国家高新区创新能力总指数持续增长（图1-1），从基期2010年开始到2017年，国家高新区创新能力总指数从100.0点提升至233.8点，7年内增长了133.8点，年均增长19.1点。这表明国家高新区整体创新能力在不断增强，创新发展水平在不断提升。国家高新区在践行创新驱动发展战略和高质量发展方面不断迈出坚实步伐。

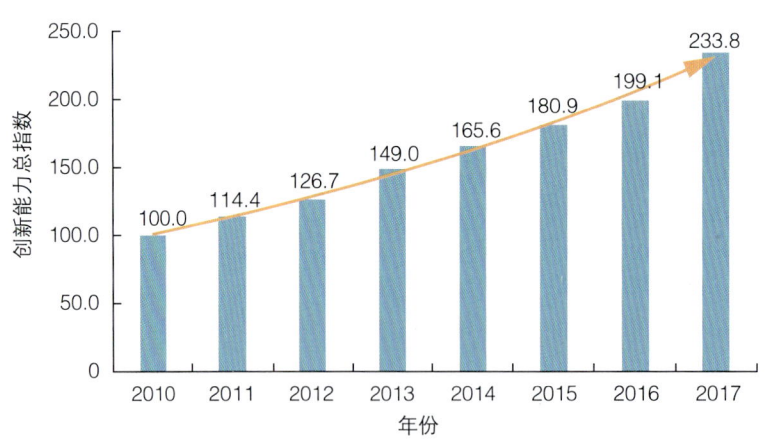

图1-1　2010—2017年国家高新区创新能力总指数

从指数的增长幅度和速度来看，2011—2017年国家高新区创新能力总指数历年的增长幅度均在12点以上，多数年份的增长速度保持在10%以上（图1-2）。尤其是2017年，国家高新区创新能力总指数增幅高达34.7点，创造了2011年以来的历史新高；总指数增速为17.4%，仅略低于增速最高年份（2013年）0.2个百分点。

尤其近年来国家高新区的创新能力指数增长明显高于高新区的总收入和规模经济增长，这表明在国际经济复苏迟缓、贸易保护主义抬头、国内经济下行压力加大的情况下，国家高新区正加快夯实创新基础，不断为中国创新驱动发展战略的实施和经济向高质量发展的阶段转变提供新的动力和支撑。

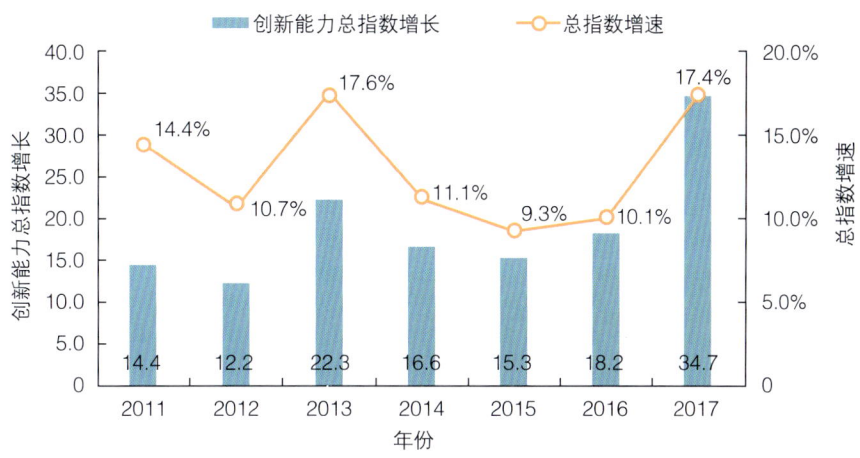

图1-2　2011—2017年国家高新区创新能力总指数增长情况

考察国家高新区创新能力的5个分项指数的变动情况。2011—2017年，5个分项指数除创新驱动力指数在2015年出现小幅下滑外，均保持持续增长的态势。从分项指数的具体数值来看，2017年国家高新区创新资源集聚指数为220.5点，创新创业环境指数为422.5点，创新活动绩效指数为149.8点，创新的国际化指数为341.9点，创新驱动发展指数为134.4点（图1-3）。

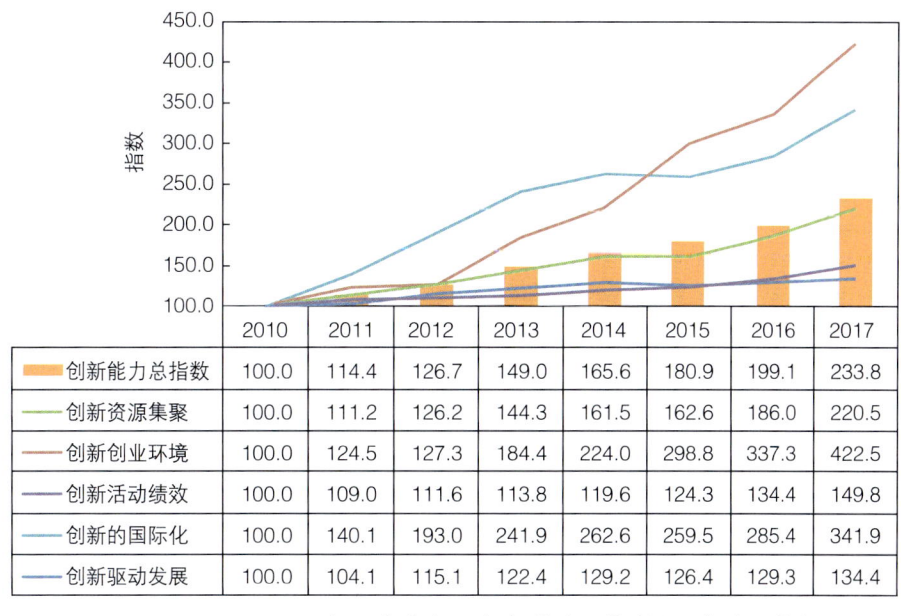

图1-3　2010—2017年国家高新区创新能力总指数和5个分项指数

比较各分项指数的不同变动情况可以看出，创新创业环境指数增长最为迅速，幅度也最大。创新驱动发展指数增长最为缓慢，增长幅度也最小。这说明，7年来国家高新区在优化创新创业环境和创新国际化方面成就显著，而在创新驱动发展和创新活动绩效方面表现则较弱。

从投入产出的角度来看，创新资源集聚和创新创业环境指数7年来分别提升了120.5点和322.5点，而创新活动绩效和创新驱动发展指数的增长幅度则相对较低，分别提升了49.8点和34.4点。这表明国家高新区整体仍处于创新发展的投入期，创新的投入转变为创新产出和经济发展绩效还需要时间。另外，国家高新区也应注意提高创新资金的使用效率和创新资源的配置效率，切实将创新投入转变为创新发展绩效。

（二）分指数增长和贡献

2017年，国家高新区创新能力的5个分项指数均有不同程度的增长（图1-4）：创新资源集聚指数增长39.7点，同比增长18.6%；创新创业环境指数增长85.2点，同比增长25.3%；创新活动绩效指数增长15.4点，同比增长11.5%；创新的国际化指数增长56.5点，同比增长19.8%；创新驱动发展指数增长5.1点，同比增长3.9%。与2016年相比，2017年5个分项指数无论是增长幅度还是增长率，都高于2016年。

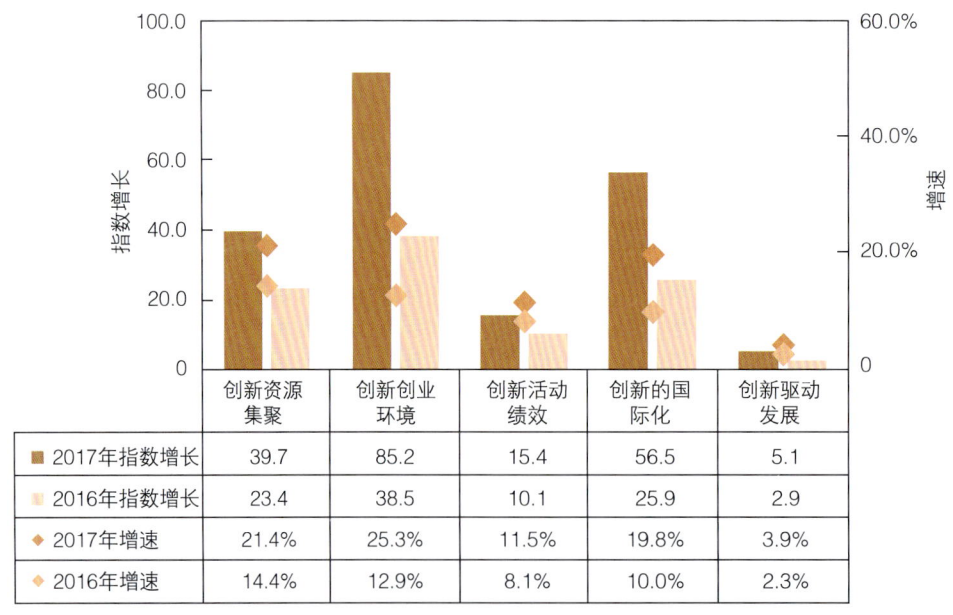

图1-4　2016—2017年国家高新区创新能力分项指数变化情况

从分项指数2015—2017年增速对比图来看（图1-5），2015—2017年，5个分项指数的增长经历了从"不均衡"到"相对均衡"的转变。具体而言，是从2015年创新创业指数"一枝独秀"式的增长，到2017年以创新创业环境指数、创新资源集聚指数和创新的国际化指数为引领的"相对均衡"的增长。不仅增长结构更加均衡，而且增长速度也全面提升。

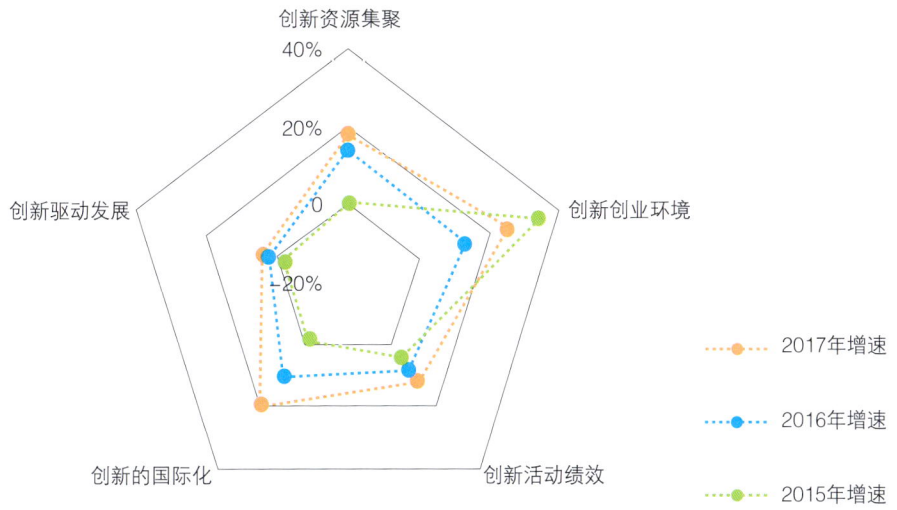

图1-5　2015—2017年国家高新区创新能力分项指数的增速对比

考察5个分项指数对总指数增长的贡献情况。2017年国家高新区创新能力总指数增长了34.50点，其中，创新资源集聚指数贡献了6.90点，创新创业环境指数贡献了17.05点，创新活动绩效指数贡献了3.85点，创新的国际化指数贡献了5.64点，创新驱动发展指数贡献了1.27点。由此可见，2017年对总指数增长贡献最大的仍然是创新创业环境指数，贡献率达到49.1%，其次为创新资源集聚和创新的国际化指数，贡献率分别为19.9%、16.3%（图1-6）。

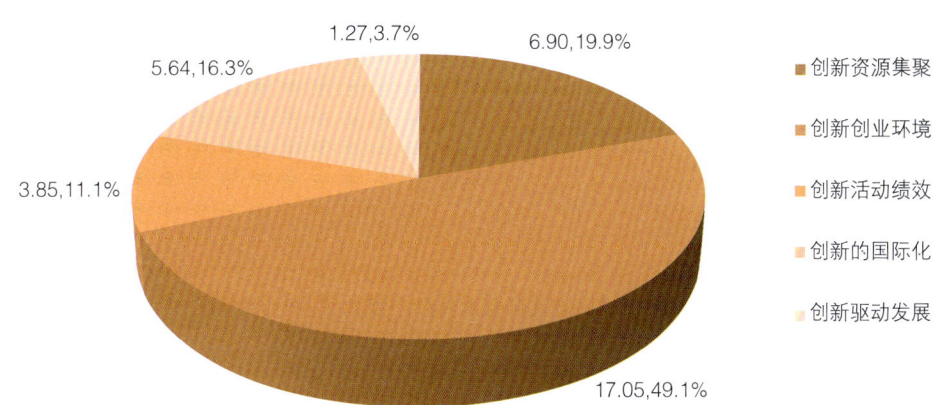

图1-6　2017年国家高新区创新能力分项指数的增长贡献度和贡献率

通过2013—2017年5个分项指数增长对国家高新区创新能力总指数增长的贡献率（图1-7），可以发现，自2013年开始，国家高新区创新能力分项贡献率的主力一直是创新创业环境指数，贡献率一直维持在40%以上，其次是创新资源集聚指数、创新的国际化指数。

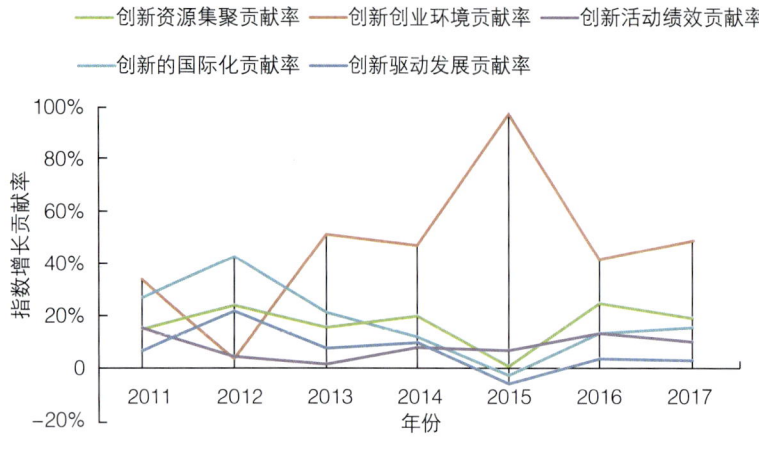

图1-7 2013—2017年国家高新区创新能力指数增长贡献率对比

具体到国家高新区个体，2017年拥有两年及以上评价数据的国家高新区共计147家，其中有128家国家高新区的创新能力总指标加权增长率为正值，也就是说87%的国家高新区的创新能力在2017年均有所提升，这一比例较2016年提高了4个百分点。这说明国家高新区整体创新能力的提升是以范围更加广泛的国家高新区个体的创新能力的提升为基础的，因而国家高新区创新能力总指数的提升具有更广泛的代表意义。

三、不同类别国家高新区的表现对比

以下按照不同类别的国家高新区群体分别计算创新能力总指标和5个一级指标的加权增长率，来观察不同类别国家高新区群体在2017年创新能力提升过程中的差异和特征。主要包括三类园区[①]（世界一流高科技园区、创新型科技园区、创新型特色园区）和非三类园区的其他园区（以下简称其他园区）的对比，稳定期高新区和新升级高新区的对比，国家自主创新示范区园区（以下简称自创区园区）和非国家自主创新示范区园区（以下简称非自创区园区）的对比。

（一）三类园区的表现对比

分别计算世界一流高科技园区、创新型科技园区、创新型特色园区及其他园区的创新能力总指标加权增长率，可以看到，2017年，三类园区和其他园区的创新能力总指标加权增长率均在12%以上，且增长率均高于2016年的增长率。

---

① 三类园区分别是世界一流高科技园区、创新型科技园区和创新型特色园区。世界一流高科技园区（6家）包括中关村、成都、上海张江、深圳、武汉、西安高新区；创新型科技园区（22家）包括宝鸡、常州、大庆、广州、杭州、合肥、济南、洛阳、宁波、青岛、厦门、苏州、苏州工业园、天津、威海、潍坊、无锡、长春、长沙、郑州、中山、淄博高新区；创新型特色园区（25家）包括石家庄、保定、包头、大连、南京江宁、江阴、无锡宜兴环保园、武进、蚌埠、烟台、安阳、襄阳、宜昌、株洲、湘潭、惠州、江门、南宁、桂林、柳州、昆明、乌鲁木齐、荆门、泸州、佛山高新区。非三类园区（其他园区）：指除了以上三类园区以外的其他国家高新区。

其中，创新型特色园区创新能力提升最快，其创新能力总指标加权增长率为18.4%，高出国家高新区整体增速4.9个百分点。其次是非三类园区的其他园区，其创新能力的加权增长率为14.7%。创新型特色园区和其他园区在创新能力提升速度上的突出表现，除了与这两类园区普遍地加大了创新工作的力度有关，也与这两类园区的基数相对于其他两类园区较小，在计算增速上与"分母优势"有关（图1-8）。

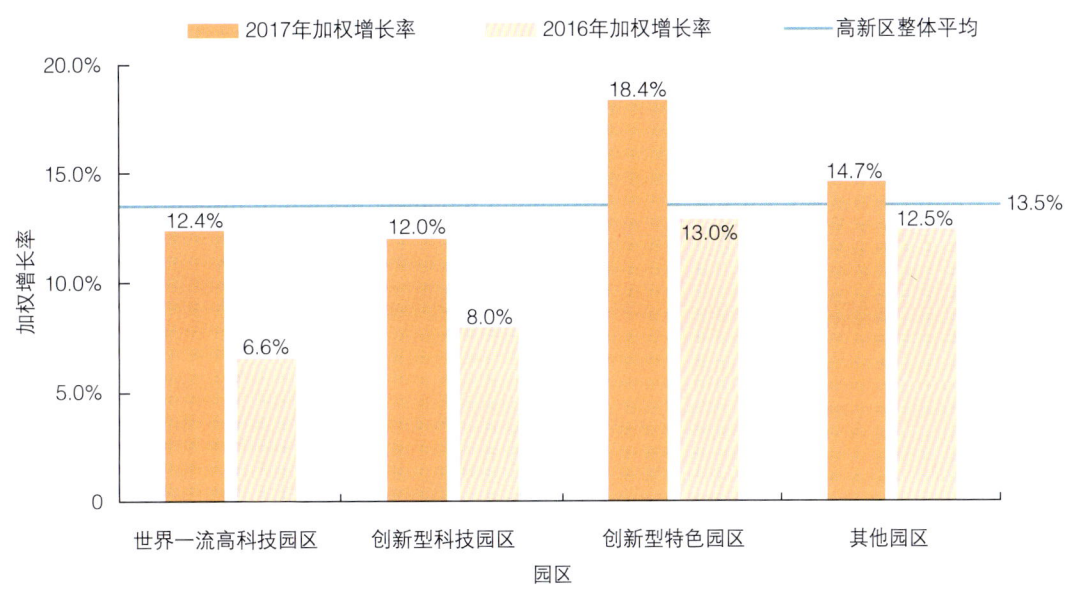

图1-8 2016—2017年三类园区和其他园区创新能力总指标加权增长率对比

将构成国家高新区创新能力的5个一级指标进行分解，通过对其加权增长率的分析，可以发现以下特征。

2017年，世界一流高科技园区在创新驱动发展方面表现相对突出，加权增速为7.9%，明显高出其他类型园区。这说明世界一流高科技园区作为创新资源基础较好，产业发展水平较高，创新投入和转型较早的园区，在发展阶段上，已经度过了创新发展的"投入期"，开始赢得创新的收益，并逐渐形成创新投入的收益反哺创新投入的良性循环。

而创新型科技园区创新驱动发展单项指标的加权增长率为负值，表明在创新投入到创新驱动经济发展的现实成效上尚有差距，需引起高度重视（图1-9）。

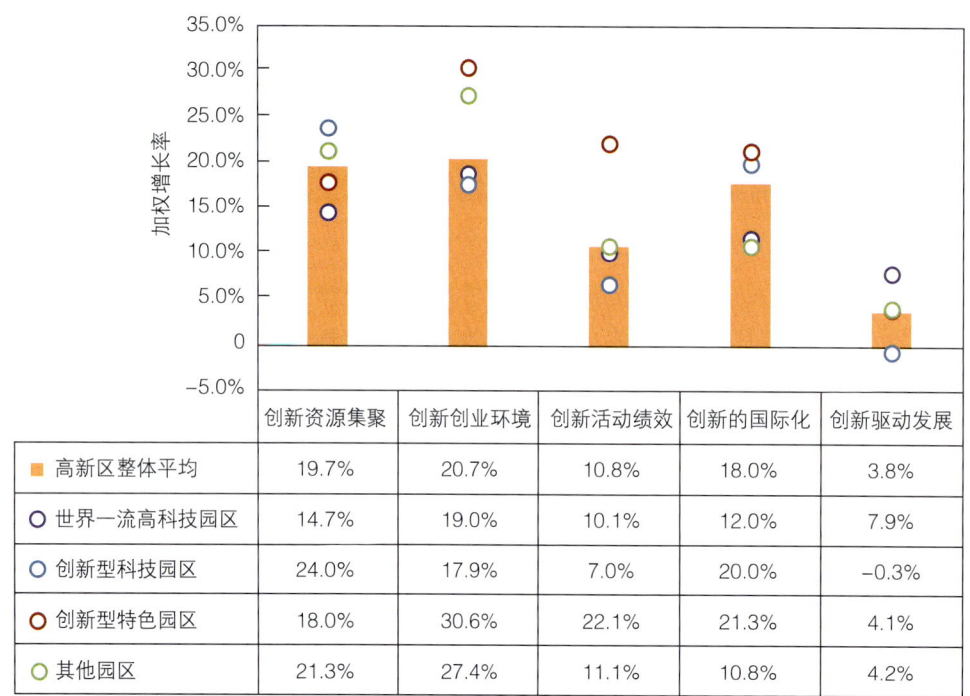

图1-9 2017年三类园区和其他园区创新能力5个一级指标加权增长率对比

（二）稳定期和新升级园区的表现对比

2017年新升级高新区、稳定期高新区[①]的创新能力总指标加权增长率分别为17.7%、12.8%，分别较2016年提高了3.0个百分点和5.2个百分点。这表明新升级高新区创新能力提升的速度相对较快，稳定期高新区创新能力提升也有所加快。值得注意的是，新升级国家高新区创新能力提升较快，既有新升级高新区基数较小，存在"分母优势"的原因，也与新升级高新区"以升促建"的阶段性政府指导、支持和投入紧密相关。

进一步对5个一级指标的加权增长率进行分析（图1-10），可以发现新升级高新区的5个一级指标中有3个指标的加权增长率均高于稳定期高新区，创新创业环境指标的加权增长率也高出了稳定期高新区7.3个百分点；而在创新的国际化和创新驱动发展方面，稳定期高新区的提升速度略胜一筹。

---

① 稳定期高新区是指1988—2009年升级为国家高新区的园区，共计54家，包括最早批准设立的中关村、1991—1992年批复设立的51家高新区、1997年批复设立的杨凌高新区、2006年纳入高新区管理序列的苏州工业园。新升级高新区是指2007年及之后升级为国家高新区的园区，共计103家。

第一章　国家高新区创新发展指数

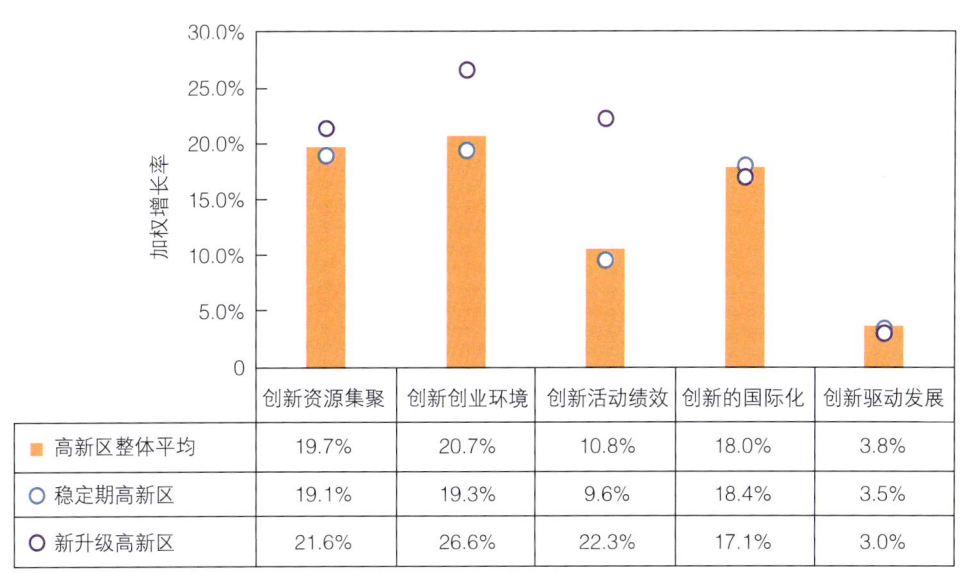

图1-10　2017年新升级和稳定期高新区创新能力5个一级指标加权增长率对比

（三）自创区、非自创区园区的表现对比

2017年，自创区园区的创新能力总指标加权增长率为13.0%，较2016年提升了4.3个百分点；非自创区园区的创新能力提升略快，加权增长率为14.2%，较2016年提升了4.7个百分点[①]。这是因为自创区园区多数为发展水平较高，经济和资源体量较大的园区，计算增长率的基础较大，因此即使在绝对增量上高于非自创区园区，但增长率却会低于非自创区园区。

进一步分析5个一级指标的加权增长率（图1-11），可以看到，非自创区园区的创新资源集聚、创新创业环境、创新活动绩效3个一级指标加权增长率均高于自创区园区；而自创区园区则在创新的国际化方面提升较快，相应的增速较非自创区园区高出10.5个百分点，同时创新驱动发展方面的提升速度也略胜一筹。

---

① 国家自主创新示范区园区（简称"自创区园区"）：指2017年国家自主创新示范区（17家）涵盖国家高新区（47家），包括中关村、天津、沈阳、大连、上海张江、南京、无锡、江阴、常州、武进、苏州、昆山、镇江、杭州、萧山、合肥、芜湖、蚌埠、福州、厦门、泉州、济南、青岛、淄博、烟台、潍坊、威海、郑州、洛阳、新乡、武汉、长沙、株洲、湘潭、广州、深圳、珠海、佛山、江门、肇庆、惠州、东莞、中山、重庆、成都、西安、苏州工业园。非国家自主创新示范区园区（简称"非自创区园区"）：指除了截至2017年还未纳入国家自主创新示范区的国家高新区，共计100家。

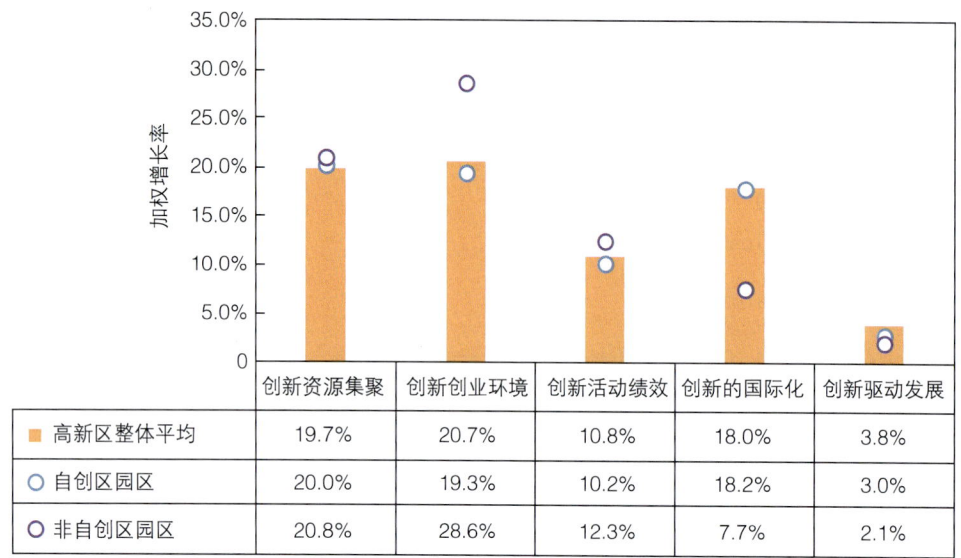

图1-11 2017年自创区园区、非自创区园区创新能力5个一级指标的加权增长率对比

第二章　上海张江跨境开放创新指数[①]

上海张江高新区是1991年国务院批准成立的中国首批国家级高新区，是2011年国务院批准建设的第3个国家自主创新示范区。经过20多年的发展，园区在创新资源集聚、科技创新与产业发展、政策机制创新、国际竞争与合作等方面积累了相对优势。在上海加快建设具有全球影响力的科技创新中心的背景下，在自主创新示范区的政策导向和内涵发展寓意下，张江高新区需要及时响应国内外新的发展变化，树立新时期发展的标杆，探索制定出一套可以引领新趋势和新变化、同时更好地响应国家高新区的定位和发展要求的监测指标体系，一方面可以引导园区科学诊断问题，为园区未来的发展战略导向提供支撑；另一方面有助于园区更好地确定长期发展目标，同时也可以促使园区探索完善现有统计体系，更好地掌握创新发展进程。

一、跨境开放创新指数建立三大导向

（一）理论导向：创新生态理论

对创新的观察视角和评价内涵主要是基于创新系统理论的演进而变化，目前创新评价的理论视角已经从创新系统观发展到了创新生态观，应用创新生态系统的基本观点和方法，构建和设计创新评价指标体系成为新的趋势，这一点是开展本次评价研究与以往相关研究在理论视角上的基本不同。

创新范式已经历了线性范式（创新范式1.0）、创新系统（创新范式2.0），开始进入到创新生态系统（创新范式3.0）的时段。构建创新生态系统的根本目标是，在可持续发展理念下促进创新持续涌现，通过将创新投入、创新需求、创新基础设施与创新管理在创新过程中的有机结合，实现高质量的经济发展。在创新系统的视角下，各种创新评价指标体系的提出和应用一般都会从创新系统的"投入-产出"角度进行评价指标体系的框架构建和指标的选取，同时结合指标体系设计的政策背景，在概念框架、指标设置等方面进行各自不同的考虑。但在进入创新生态系统阶段后，创新评价要从以往局限于创新系统理论的动力学模型思维向有创新生态优势的竞争演化模型思维转变。

[①] 本章由安涌洁、韩芳、张莹、李祖兴等撰写。

国家高新区是践行创新发展的高地，近年来，以世界一流园区为引领，中国高新区也开始进入创新范式3.0的发展阶段，强调园区创新生态系统的营造，最终要形成以创新创业活动为核心、以高端产业为价值承载、以发达的市场网络和空间为条件、以宜居宜业的城区为环境依托、以多元创业文化和人才组成的活力社会为要素支撑的开放和自组织的创新经济体。这一生态构成中，创新创业是核心观察对象，政府政策为外部作用力，由此这也契合了学术界普遍采用的创新生态六要素模型，即创新与创业、产业、市场、城市、社会和政策（图2-1）。因此，张江高新区的创新指数指标体系设计也应基于创新生态系统的核心内涵和要素展开。

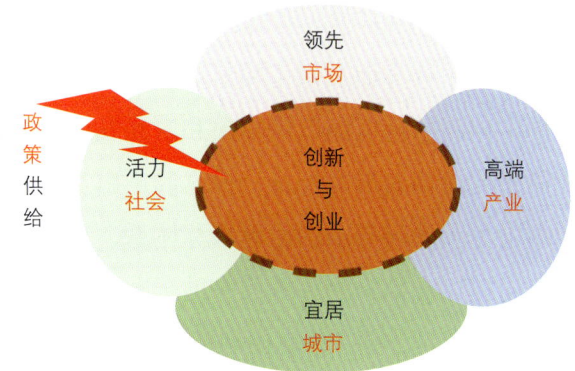

图2-1　创新经济体（创新生态六要素）

（二）政策导向：高质量发展阶段

目前，中国和全球经济技术发展正在发生重大变化。一是全球经济格局正在经历深刻变化，以中国为代表的新兴经济体正以积极的姿态参与新全球经济体系的治理，张江高新区应该在全球视野下开展园区的顶层设计；二是新技术经济范式变革如火如荼，一个能够引领发展的经济区域或经济体必须表现出具有响应变化和引领变化的能力；三是中国经济进入新常态，转型的压力和发展的方向选择都给中国经济带来严峻的挑战，张江高新区应主动发挥区域经济乃至国家经济的标杆作用，在经济新常态方面起到积极的带动、示范和引领作用。

面对新背景新变化，党的十八大以来，中国深入实施创新驱动发展战略、全面深化改革战略和以"一带一路"为代表的全球开放协作战略，这"三大核心经济战略"的实施，不仅支撑着中国中高经济增速，而且持续推动着中国经济质量的提升。党的十九大提出，中国经济已由高速增长阶段转向高质量发展阶段，这是对中国经济发展阶段的判断，也是对"三大核心经济战略"实施成效的肯定。同时，党的十九大报告明确了发展经济的着力点是"实体经济"，把"提高供给体系质量"作为主攻方向，必须坚持"质量第一、效益优先"两大原则，推动经济发展的三大变革，即"质量变革、效率变革、动力变革"，努力实现"更高质量、更有效率、更加公平、更可持续"的发展目标。

由此可见，未来国家高新区要着力推动和引领高质量发展，第一，要始终强调创新是引领发展的第一动力、是实现高质量发展的原动力，依托相对丰富的科技资源和良好的研发条件，营造和优化创新创业生态，提高自主创新能力和创新发展的效率；第二，要把高质量发展的支撑落实到高质量的现代产业体系打造上，高新区要依托产业经济优势，持续推动产业结构优化和升级，加快向提高供给体系质量转变；第三，要重视开放合作并放眼全球，把全球化发展和区域合作作为园区经济结构调整和市场空间拓展的重要路径，尤其张江高新区要利用自身国际化发展的基础和优势，立足长三角经济区协同发展的需求，注重全球合作与链接，加强区域之间的资源共享与创新对接，提高开放创新和国际竞争能力；第四，要不断优化城市形态、完善园区综合服务功能，塑造宜居包容的生活环境，高新区进入三次创业阶段，更要全方位地关注园区的综合发展能力，大力推动产城融合进程，提高从业人员的幸福度和舒适度，实现园区的良性循环和健康发展。

（三）园区导向：科技创新中心

2017年，教育部与上海市政府签约共同建设具有全球影响力的科技创新中心，这是双方进一步深入落实党中央、国务院关于实施创新驱动发展战略的又一重大举措。新一轮合作以习近平总书记关于全面深化改革的重要指示为指引，旨在充分激发高等学校的创新活力，充分激发上海创新驱动发展的改革动能，加快推进上海科技创新中心建设，为中国早日进入创新型国家行列和建设世界科技强国发挥骨干引领和示范带动作用。

目前，中国科技发展已经由跟跑阶段转向并跑、领跑阶段，张江高新区要紧抓上海建设具有全球影响力的科技创新中心的战略机遇，将园区创新能力建设尤其是科技创新能力的建设导向从追赶发达国家的视角向形成全球领导力的视角转变。张江高新区要组织和支持高等学校发挥基础研究主力军、技术创新集团军作用，加快抢占基础研究和战略必争领域制高点，在一些领域加速实现领跑，围绕加快推进张江综合性国家科学中心建设，合力形成产业和区域发展新动能，努力在基础科技领域做出大的创新、在关键核心技术领域取得大的突破。

二、指标体系建立的思路和过程

（一）基本思路和一级指标建立

基本思路：张江高新区跨境开放创新指数，结合上海作为国际化大都市及新阶段全球有影响力的科创中心新定位，最大的特点就是突出"跨境开放创新"，尤其是创新人才、创新技术、创新资本等要素的双向流动的动力和效果，其背后的思想是以"创新经济体"所表达的创新生态理念为基本理论依据，围绕张江高新区打造"全球竞争能力"的目标和践行"国家高质量发展"的战略使命，结合张江高新区自身产业、区域等发展特性，来构建评价体系的基本框架。

（二）指标选择导向和原则

通过对一级指标的观察视角的解析，确定每个一级指标下二级指标选择的方向：①全球影响力重点需要观察园区在全球变局下的经济和产业对全球的影响、国际创新资源的吸纳整合和参与全球创新竞争等方面的能力；②创新驱动力重点观察园区在国家创新驱动战略背景下的创新能力和创新绩效，包括创新主体培育、创新环境、创新投入和创新创业成效活力等方面；③经济成长力重点观察园区在"新常态"背景下，在促进经济增长、培育经济成长的核心支撑力量、提高经济质量效率等方面的努力和成效；④社会发展力重点观察园区在张江高新区在宜居宜业环境、对社会发展贡献和对区域发展的辐射带动等方面的做法和成效。

在具体的二级指标选择过程中，主要遵循4条原则：①系统性和重点性结合，全面关注园区内科技创新创业、新兴经济业态、知识市场发育、创新对社会经济发展的贡献等各个方面的情况，并选取有代表性的个案指标增强揭示力；②监测和引领并重，一方面关注常规性指标，用于整体监测引导；另一方面关注反映创新发展的新趋势、国家发展战略导向的创新型指标，用于创新发展的引领；③通用与特色结合，充分吸收和采纳国际通用、国内通用的评价指标，使评价指标体系具有较强的适应性，同时，考虑张江高新区特色性指标，如实反映园区个性特征；④兼顾指标的可获取性、可对比性，以及指标之间的互补性、独立性。

（三）张江跨境开放创新指数指标体系

根据指标体系的整体框架结构和指标选择原则，最终确定张江高新区创新发展评价指标体系包括5个一级指标、40个二级指标，如表2-1所示。

表2-1　张江跨境开放创新指数指标体系

一级指标	维度	指标含义	二级指标	
要素集聚	资本	产业资本集聚	1.1	园区吸纳境外产业投资资本
		科技资本吸纳（科技创新中心建设）	1.2	高校院所接受境外的投资、捐赠、项目合作总经费
	人才	高校院所国际生源（科技创新中心建设）	1.3	园区就读研究生中外籍留学生占比
		国际专家学者（科技创新中心建设）	1.4	园区千人计划和持有中国绿卡的外籍专家人数
		企业外籍人员密度	1.5	企业从业人员中外籍人员占比
	知识	国际创新和金融服务机构	1.6	跨国公司研发总部和国际金融机构数
		国际知识和信息链接	1.7	国际航班起降架次

续表

一级指标	维度	指标含义		二级指标
组织开放	企业	开展跨境产学研合作	2.1	企业开展跨境产学研合作费用支出
		创新机构走出去	2.2	企业在境外设立的研发机构数
		合作共建创新机构	2.3	企业跨境研发合作组织和技术联盟数
	高校院所	项目合作交流（科技创新中心建设）	2.4	高校院所与境外研发项目合作经费支出
		人才合作交流（科技创新中心建设）	2.5	高校院所合作交流进出境人次
	服务	跨境创业孵化机构建设	2.6	园区在境外创建的科技企业孵化器数
		吸引和服务外籍创业者	2.7	园区外籍在孵创业者数
环境支撑	创新基础	研发机构资源（科技创新中心建设）	3.1	市级及以上研发机构数
		创新企业资源	3.2	高新技术企业数占比
		创新人才资源	3.3	企业研发人员全时当量占比
		高校院所研发费用资源（科技创新中心建设）	3.4	高校院所人均研发费用
		企业研发投入强度	3.5	企业研发经费支出占营业收入比例
	商业氛围	跨境网络交易环境	3.6	跨境电商交易额
		国际商务交流环境	3.7	举办国际性商业活动场次
	人文环境	基础教育国际化	3.8	小学阶段外籍学生总数
		政府服务环境国际化	3.9	政府雇员中熟练英语者占比
创新水平	创新产出	国际专利成果（科技创新中心建设）	4.1	企业和高校院所申请国际专利数（包括欧美日与PCT专利）
		创新城区建设（区域创新表现）	4.2	黄浦区万人拥有有效发明专利数
	创业表现	大众创业活力	4.3	园区当年新增注册企业数
		国际创业投资吸引力	4.4	企业获得境外风险投资额
	经济成效	国际技术收入规模（科技创新中心建设）	4.5	跨境技术转让和专利许可收入
		产业转型和升级	4.6	知识密集型服务业（高技术服务业）营业收入占比
		产业价值创造效率	4.7	园区增加值率
影响力	创新影响	知识的影响力（科技创新中心建设）	5.1	园区高校院所发表高质量论文数
		技术的影响力（科技创新中心建设）	5.2	有国际影响力的技术数量（包括科研成果和产业技术突破）
		行业话语权	5.3	当年形成国际标准数

续表

一级指标	维度	指标含义	二级指标	
影响力	创新影响	创新机构影响力（科技创新中心建设）	5.4	园区具有国际创新影响力的组织机构数
		创新企业影响力	5.5	研发投入强度达5%的上市企业数
		创业影响力（科技创新中心建设）	5.6	国际标准独角兽企业数
	经济影响	经济规模影响力	5.7	园区上市企业总市值
		国际贸易影响力	5.8	货物和服务进出口总额
		国际市场开拓力	5.9	出口总额占营业收入比例
		人才吸引力	5.10	人均工资性收入

（四）指标权重与指数合成

选用专家咨询法和等权法综合确定各级指标的权重。一级指标按所含指标数"自然赋权"。建议对每个二级指标赋予同等的权重，而一级指标按每个二级指标的数目多少自然反映一级指标的权重程度。即"要素集聚"含7个指标，则该一级指标就代表7/40的权重。

分指标等权分配，在某一领域内，指标对所属领域的权重为$1/k$（k为该领域下指标的个数，如"要素集聚"下有7个三级指标，则其下的每个分指标的权重为1/7）。因此，每个分指标最终权数为1/40。这样可以使三级指标的选择更加灵活、合理，便于满足不同情况的需要。

采用"综合加权"的方法计算创新发展指数，以反映创新能力整体水平，实现总量评价和结构评价相统一。选择2015年作为基期，张江高新区跨境开放创新发展指数即是以2015年为基期的定基动态总指数，2015年的指数为100，然后计算每一年相对于基期年的"定基指数"。本章所有指标属性均为正指标，即指标数值越高对指数增长的贡献越大。各指标计算方法，与国家高新区创新指数计算方法相同。

三、跨境开放创新发展指数概览

（一）总体指数表现

2017年，张江高新区跨境开放创新发展指数达到107.7。要素集聚指数达到101.3；组织开放指数达到109.2；环境支撑指数达到107.7；创新水平指数达到107.2；影响力指数达到111.6（图2-2）。

第二章　上海张江跨境开放创新指数

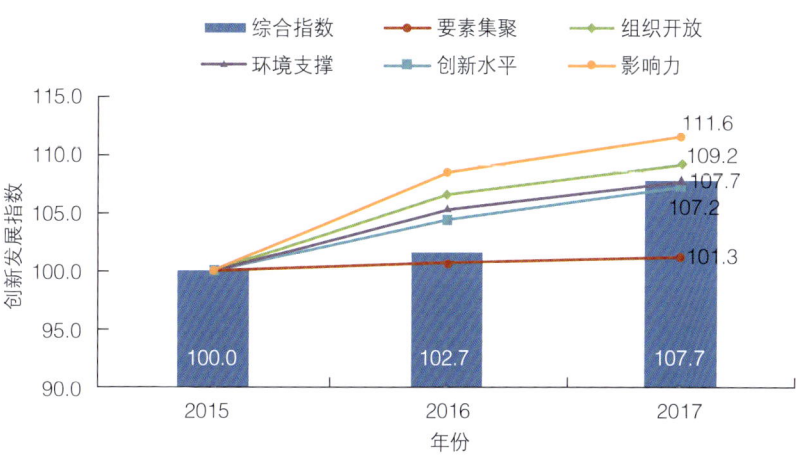

图2-2　张江高新区跨境开放创新发展指数

具体来看，影响力、组织开放年均增长率最高，对总指数增长贡献最大，尤其是影响力分指数值最高；其次为组织开放与环境支撑（图2-3）。

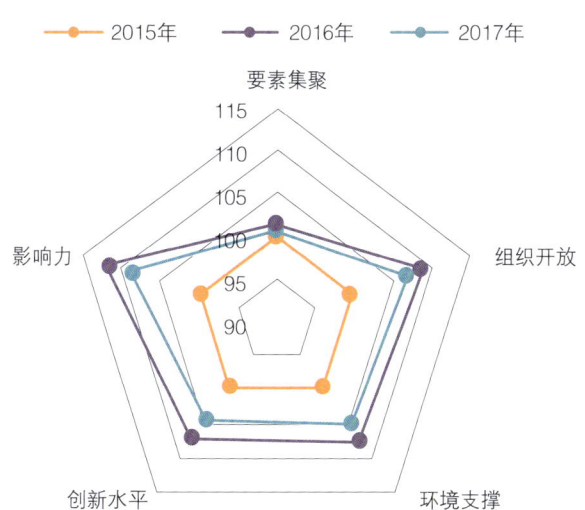

图2-3　张江高新区跨境开放创新发展分指数

（二）要素集聚分指数

园区吸纳境外产业投资资本。2017年年末，张江高新区园区吸纳境外产业投资资本8.79亿元（图2-4）。2015—2017年，张江高新区园区吸纳境外产业投资资本持续增长，平均增长率（各年增长率的平均值，下同）达到4.4%。

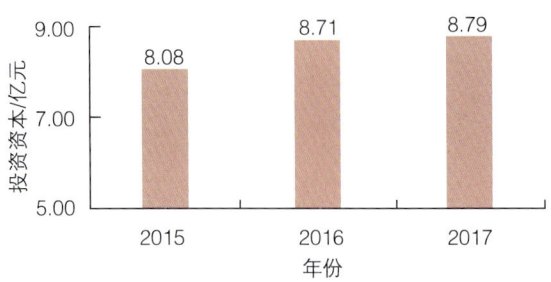

图2-4 2015—2017年张江高新区园区吸纳境外产业投资资本

高校院所接受境外的投资、捐赠、项目合作总经费。2017年，张江高新区高校院所接受境外的投资、捐赠、项目合作总经费达56 627亿元（图2-5），是2015年的6.5倍，比2016年减少6.2%。

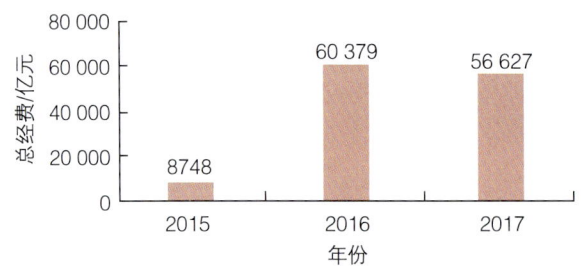

图2-5 2015—2017年张江高新区高校院所接受境外总经费

园区就读研究生中外籍留学生占比。2017年，张江高新区园区就读研究生中外籍留学生占比达5.81%（图2-6），2015—2017年，张江高新区该指标不断增长，平均增长率为12.7%。

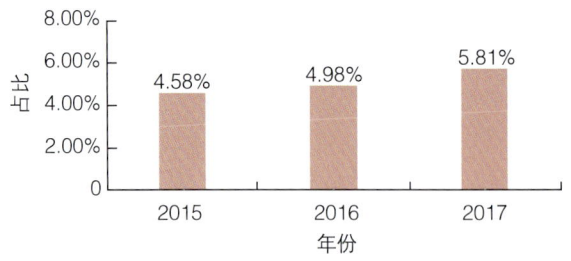

图2-6 2015—2017年张江高新区园区就读研究生中外籍留学生占比

园区千人计划和持有中国绿卡的外籍专家人数。2017年，张江高新区园区千人计划和持有中国绿卡的外籍专家人数为877人（其中，千人计划数为253人；持有中国绿卡的外籍专家数为624人）。2014—2017年，张江高新区的该项指标保持了稳步增长态势（图2-7），平均增长率为8.9%。

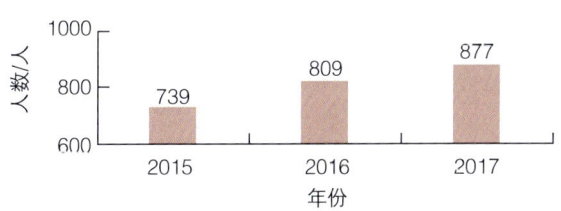

图2-7　2015—2017年张江高新区园区千人计划和持有中国绿卡的外籍专家人数

企业从业人员中外籍人员占比。2017年,张江高新区企业从业人员中外籍人员占比为0.87%(图2-8)。2015—2017年,张江高新区该指标基本保持不变。

图2-8　2015—2017年张江高新区从业人员中外籍人员占比

基于2017年的火炬数据,与中关村、西安、武汉、深圳、成都5家世界一流园区进行横向对比。张江高新区该项指标排名第2位,仅次于西安高新区,是张江高新区具有竞争力的指标(图2-9)。

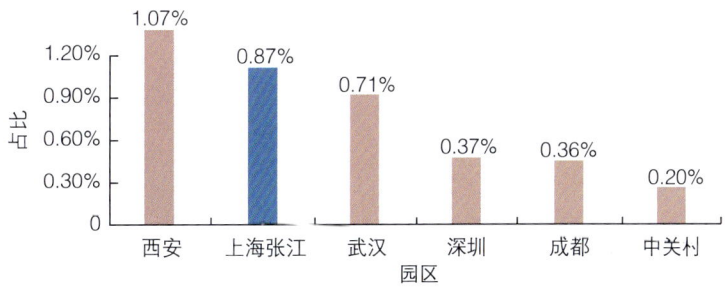

图2-9　2017年6家园区企业从业人员中外籍人员占比

跨国公司研发总部和国际金融机构数。截至2017年年末,张江高新区跨国公司研发总部和国际金融机构数达288家(图2-10)。2015—2017年,张江高新区的该项指标保持了稳步增长态势,平均每年增加10家左右。

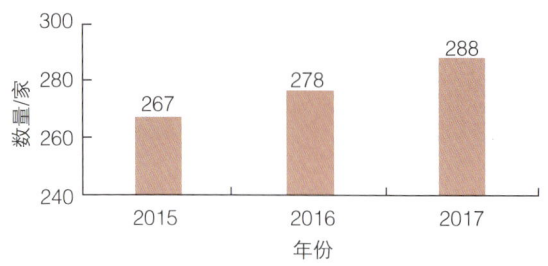

图2-10　2015—2017年张江高新区跨国公司研发总部和国际金融机构数

国际航班起降架次。2017年，上海市国际航班起降架次达到524次／日（图2-11）。2015—2017年，该项指标保持稳定增长，平均增长率为7.8%。

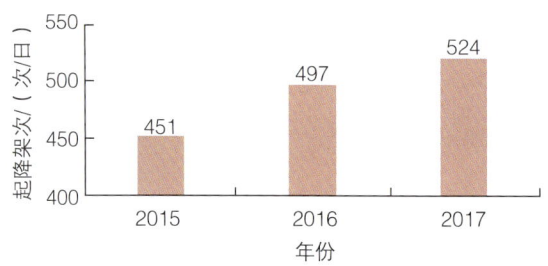

图 2-11　2015—2017年上海市国际航班起降架次

（三）组织开放分指数

企业开展跨境产学研合作费用支出。2017年，张江高新区企业开展跨境产学研合作费用支出为125.05亿元，与2016年基本持平（图2-12）。相比2015年，张江高新区该项指标增长64.3%。

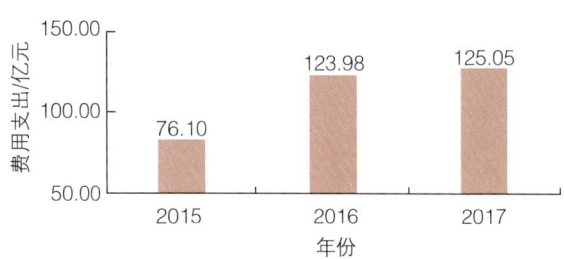

图 2-12　2015—2017年张江高新区企业开展跨境产学研合作费用支出

基于2017年的火炬数据，与其他5家世界一流园区进行横向对比，张江高新区该项指标排名第1位（图2-13）。

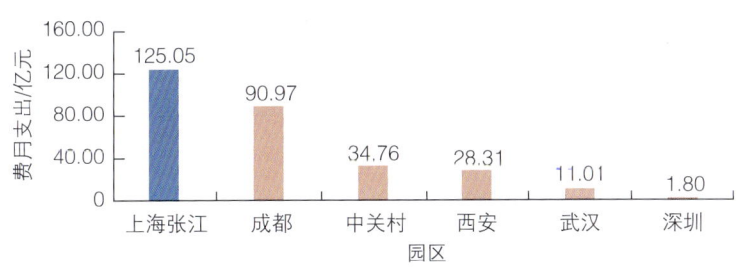

图 2-13　2017年6家园区企业开展跨境产学研合作费用支出

企业在境外设立的研发机构数。2017年，张江高新区企业在境外设立的研发机构数为44家（图2-14），比2016年减少3家。

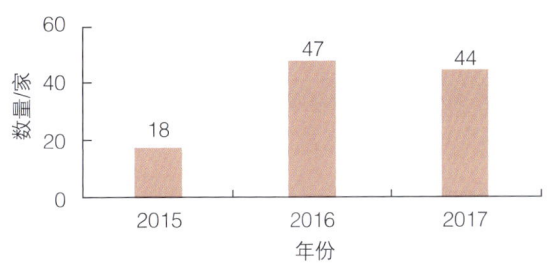

图 2-14　2015—2017年张江高新区企业在境外设立的研发机构数

基于2017年的火炬数据，与其他5家世界一流园区进行横向对比。张江高新区该项指标排名第1位（图2-15）。

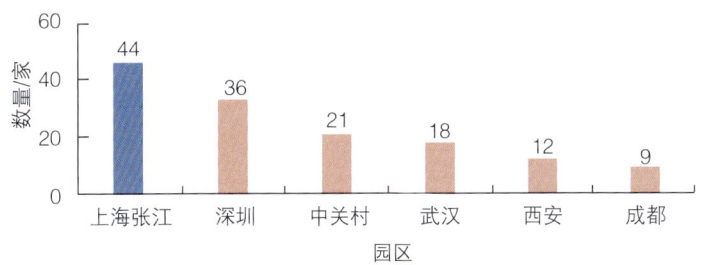

图 2-15　2017年6家园区企业在境外设立的研发机构数

企业跨境研发合作组织和技术联盟数。2017年，张江高新区企业跨境研发合作组织和技术联盟数为49家（图2-16），比2016年减少5家。

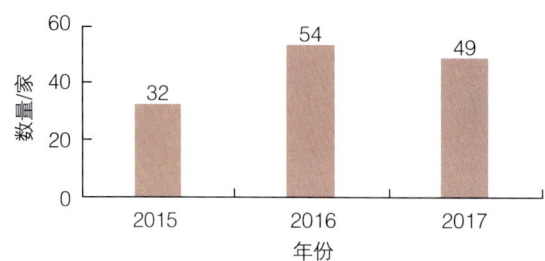

图 2-16　2015—2017年张江高新区企业跨境研发合作组织和技术联盟数

高校院所与境外研发项目合作经费支出。2017年，张江高新区高校院所与境外研发项目合作经费支出为5551亿元（图2-17）。2015—2017年，张江高新区该项指标持续下降，平均增长率为-20.2%。

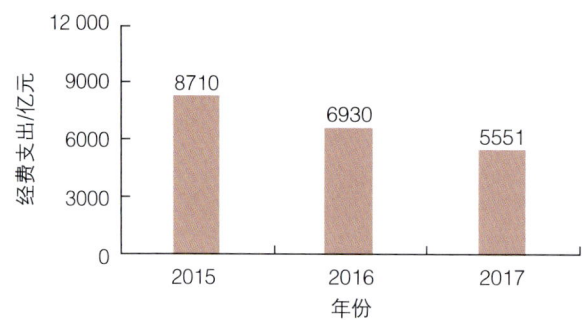

图 2-17　2015—2017年张江高新区高校院所与境外研发项目合作经费支出

高校院所合作交流进出境人次。2017年，张江高新区高校院所合作交流进出境人次为10 154人（图2-18）。2014—2017年，张江高新区该项指数保持小幅稳定增长，平均增长率为0.9%。

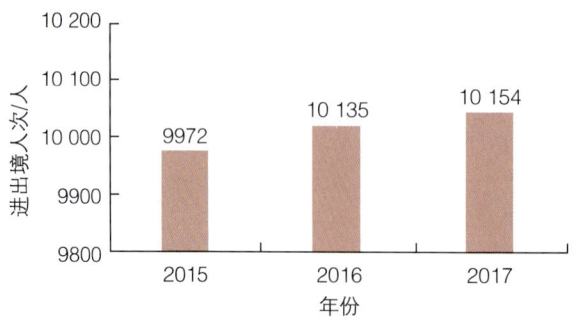

图 2-18　2015—2017年张江高新区高校院所合作交流进出境人次

园区在境外创建的科技企业孵化器数。2017年，张江高新区园区在境外创建的科技企业孵化器数为5家（图2-19）。比2016年增加2家，比2015年增加3家。

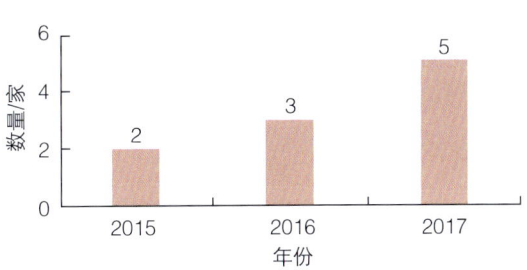

图2-19 2015—2017年张江高新区园区在境外创建的科技企业孵化器数

园区外籍在孵创业者数。2017年,张江高新区园区外籍在孵创业者数为120人(图2-20)。2015—2017年,张江高新区该项指标保持了高速增长,平均增长率达103.3%。

图2-20 2015—2017年张江高新区园区外籍在孵创业者数

(四)环境支撑分指数

市级及以上研发机构数。2017年,张江高新区市级及以上研发机构数达465家(图2-21)。2015—2017年,张江高新区保持了稳定而快速的增长,平均增长率为10.1%。

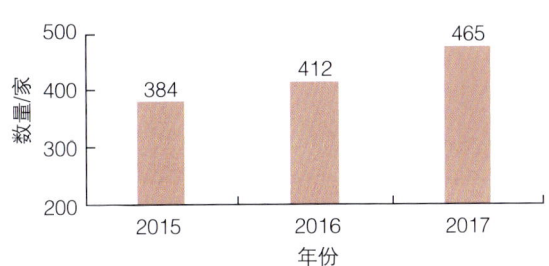

图2-21 2015—2017年张江高新区市级及以上研发机构数

基于2017年的火炬数据,与其他5家世界一流园区进行横向对比。张江高新区该项指标排名第5位,远低于武汉、中关村等高新区(图2-22)。

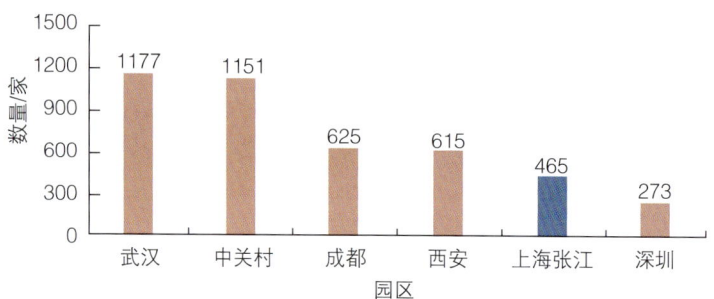

图 2-22 2017年6家园区市级及以上研发机构数

高新技术企业数占比。截至2017年年末，张江高新区高新技术企业数占比为69.84%（图2-23），比2016年提高2.97个百分点。

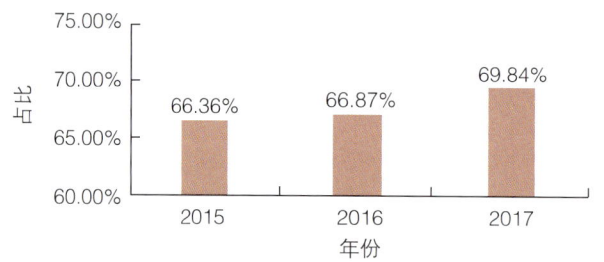

图 2-23 2015—2017年张江高新区高新技术企业数占比

基于2017年的火炬数据，与其他5家世界一流园区进行横向对比，张江高新区该项指标排名第3位，与中关村、成都等高新区基本持平（图2-24）。

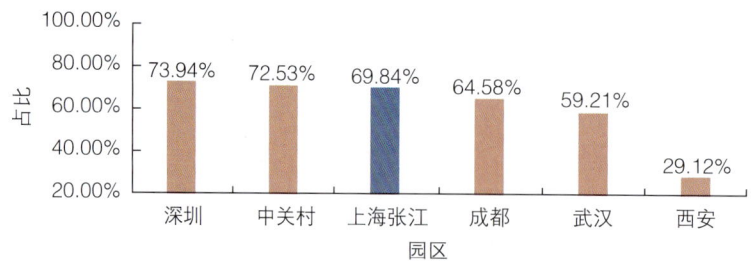

图 2-24 2017年6家园区高新技术企业数占比

企业研发人员全时当量占比。截至2017年年末，张江高新区企业研发人员全时当量占比为8.63%（图2-25）。与2015年相比，张江高新区该项指标下降1.67个百分点。

图2-25　2015—2017年张江高新区企业研发人员全时当量占比

基于2017年的火炬数据，与其他5家世界一流园区进行横向对比，张江高新区该项指标排名第5位。企业研发人员全时当量占比约为排名第1位的深圳高新区的1/2（图2-26）。

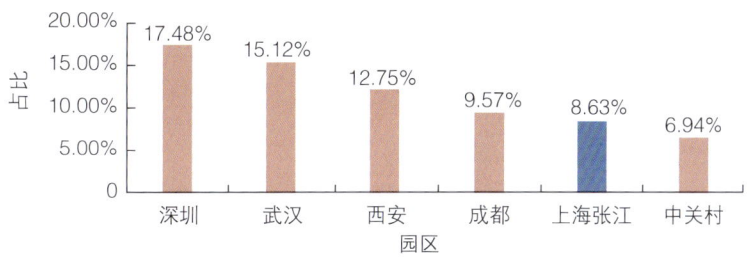

图2-26　2017年6家园区企业研发人员全时当量占比

高校院所人均研发费用。截至2017年年末，张江高新区高校院所人均研发费用为385亿元（图2-27）。与2016年相比，减少了6.3%。

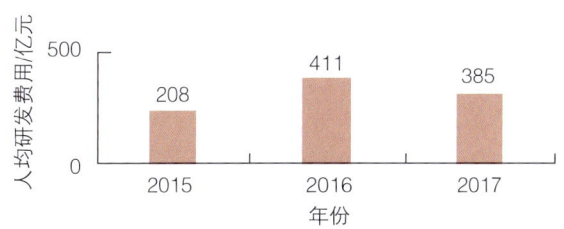

图2-27　2015—2017年张江高新区高校院所人均研发费用

企业研发经费支出占营业收入比例。截至2017年年末，张江高新区高校院所企业研发经费支出占营业收入比例为4.40%（图2-28）。与2015年相比，增加了1.21个百分点。

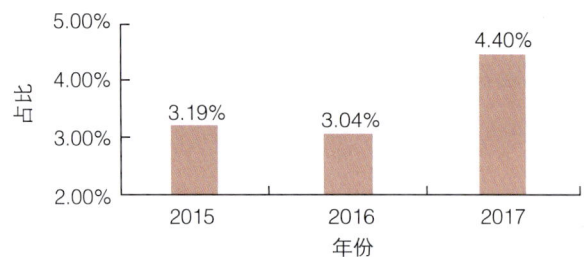

图2-28　2015—2017年张江高新区企业研发经费支出占营业收入比例

基于2017年的火炬数据，与其他5家世界一流园区进行横向对比，张江高新区该项指标排名第2位（图2-29）。

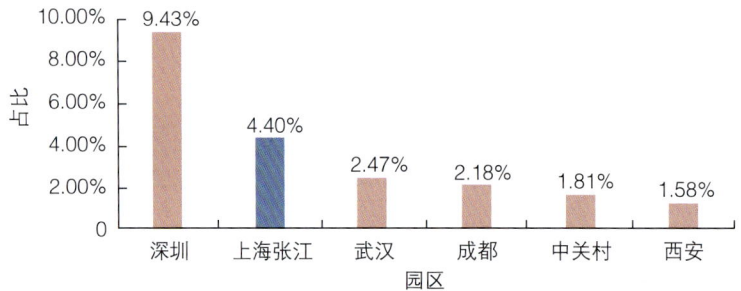

图2-29　2017年6家园区企业研发经费支出占营业收入比例

跨境电商交易额。2017年，张江高新区跨境电商交易额为36.00亿元（图2-30）。2015—2017年，张江高新区该项指标保持快速增长，平均增长率为253.8%。

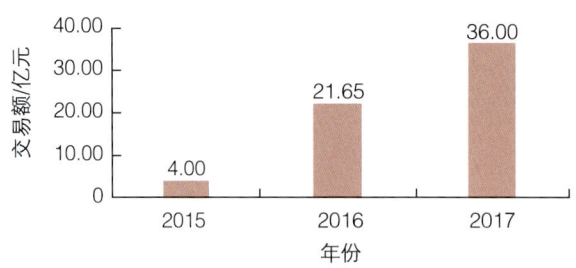

图2-30　2015—2017年张江高新区跨境电商交易额

举办国际展览项目。2017年，张江高新区举办国际展览项目为293次（图2-31）。2015—2017年，张江高新区该项指标基本持平。

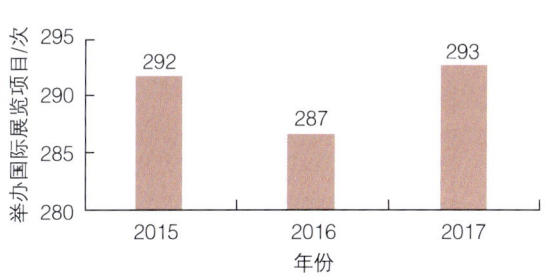

图 2-31　2015—2017年张江高新区举办国际展览项目

小学阶段外籍学生总数。2017年，张江高新区小学阶段外籍学生总数为30 404人（图2-32）。2015—2017年，张江高新区的该项指标持续上升，平均增长率为5.2%。

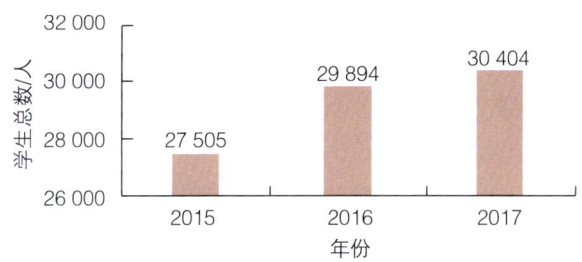

图 2-32　2015—2017年张江高新区小学阶段外籍学生总数

政府雇员中熟练英语者占比。2017年，张江高新区政府雇员中熟练英语者占比为64.29%（图2-33）。2015—2017年，张江高新区该项指标基本保持稳定。

图2-33　2015—2017年张江高新区政府雇员中熟练英语者占比

（五）创新水平分指数

企业和高校院所申请国际专利数（包括欧美日与PCT专利）。2017年，张江高新区企业和高校院所申请国际专利数（包括欧美日与PCT专利）为3562件（图2-34）。2015—2017年，张江高新区该项指标持续增长，平均增长率为34.1%。

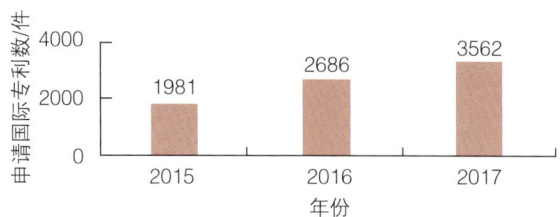

图2-34 2015—2017年张江高新区企业和高校院所申请国际专利数

黄浦区万人拥有有效发明专利数。2017年，张江高新区园区黄浦区万人拥有有效发明专利数为189件（图2-35）。2015—2017年，张江高新区该项指标平均增长率为32.4%。

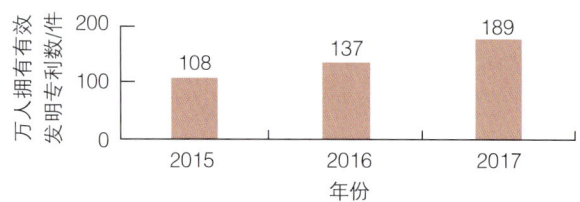

图2-35 2015—2017年张江高新区黄浦区万人拥有有效发明专利数

园区当年新增注册企业数。2017年，张江高新区园区当年新增注册企业数[①]1101家（图2-36）。2015—2017年，张江高新区该项指标保持高速增长，平均增长率为234.9%。

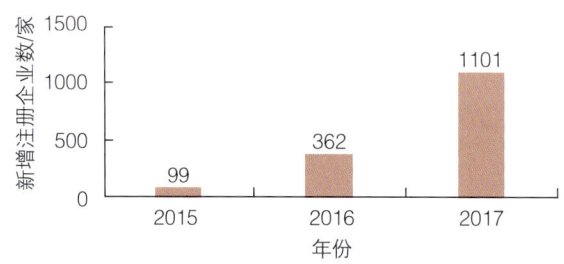

图2-36 2015—2017年张江高新区当年新增注册企业数

基于2017年的火炬数据，与其他5家世界一流园区进行横向对比，张江高新区该项指标排名第2位，远高于深圳、成都等高新区，但与中关村相比，仍有一定的差距（图2-37）。

---

① 这里新注册企业，是指新纳入科技部火炬统计的企业，不是指工商注册的所有企业类型。

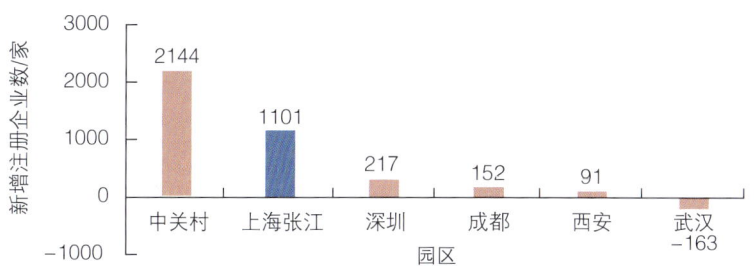

图 2-37　2017年6家园区当年新增注册企业数

企业获得境外风险投资额。2017年，张江高新区园区企业获得境外风险投资额为46.64亿元（图2-38）。2015—2017年，张江高新区该项指标平均增长率为30%。

图2-38　2015—2017年张江高新区园区企业获得境外风险投资额

跨境技术转让和专利许可收入。2017年，张江高新区跨境技术转让和专利许可收入为9.14亿元（图2-39）。2015—2017年，张江高新区该项指标持续下降，平均增长率为-65.67%。

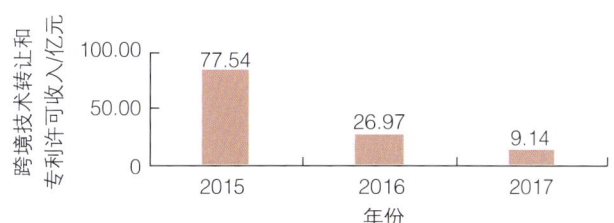

图 2-39　2015—2017年张江高新区跨境技术转让和专利许可收入

知识密集型服务业（高技术服务业）营业收入占比。2017年，张江高新区知识密集型服务业（高技术服务业）营业收入占比为22.04%（图2-40），比2015年增长7.70%。

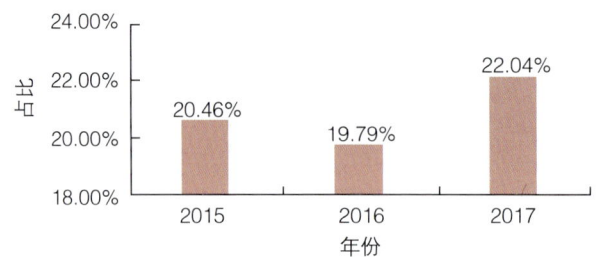

图 2-40　2015—2017年张江高新区知识密集型服务业营业收入占比

基于2017年的火炬数据,与其他5家世界一流园区进行横向对比,张江高新区该项指标排名第3位(图2-41)。

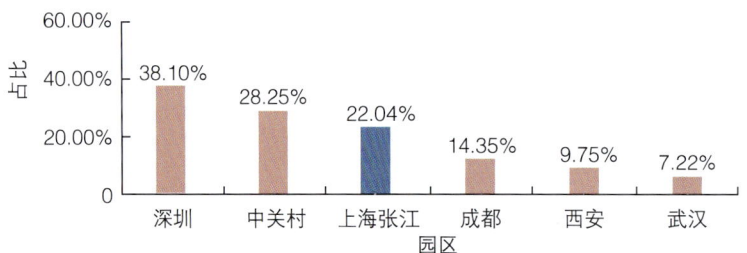

图2-41　2017年6家园区知识密集型服务业营业收入占比

园区增加值率。2017年,张江高新区园区增加值率为31.28%(图2-42)。2015—2017年,张江高新区该项指标平均增长率为63.69%。

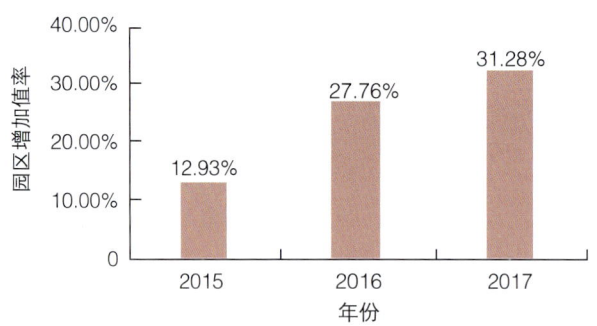

图 2-42　2015—2017年张江高新区园区增加值率

基于2017年的火炬数据,与其他5家世界一流园区进行横向对比,张江高新区该项指标排名第3位(图2-43)。

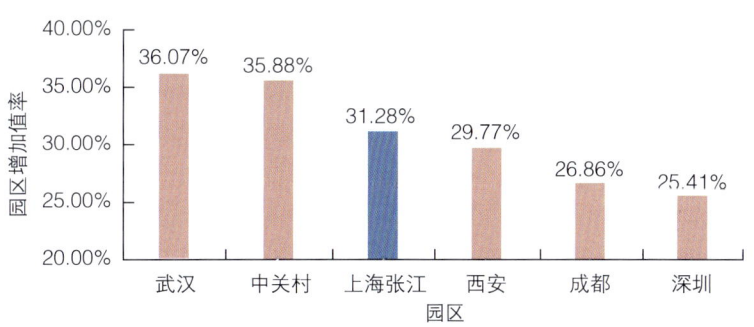

图 2-43 2017年6家园区增加值率

（六）影响力分指数

园区高校院所发表高质量论文数（包括被SCI/SSCI/EI检索的国际论文）。2017年，张江高新区园区高校院所发表高质量论文数（包括被SCI/SSCI/EI检索的国际论文）为38 624篇（图2-44）。相比2016年略有下降，下降率为1.8%。

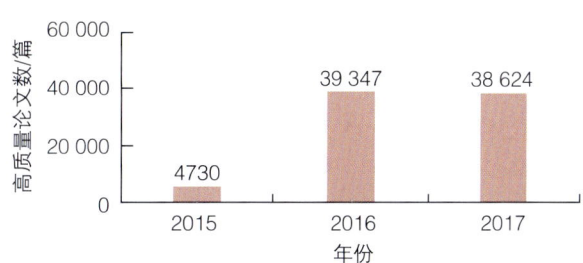

图 2-44　2015—2017年张江高新区园区高校院所发表高质量论文数

有国际影响力的技术数量（包括科研成果和产业技术突破）。2017年，张江高新区有国际影响力的技术数量（包括科研成果和产业技术突破）为1424件（图2-45）。2015—2017年，园区该项指标平均增长率为41%。

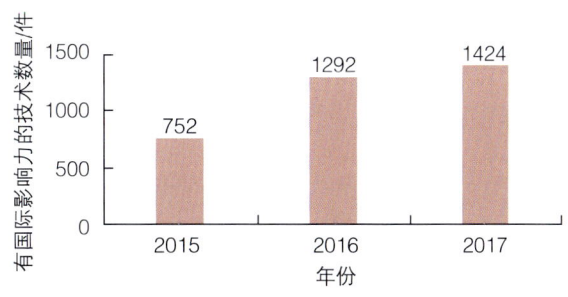

图 2-45　2015—2017年张江高新区有国际影响力的技术数量

当年形成国际标准数。2017年，张江高新区当年形成国际标准数为29件（图2-46），比2015年减少25.6%。

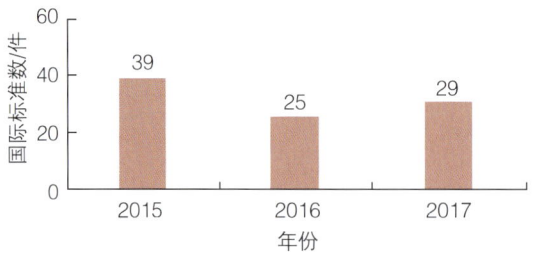

图 2-46　2015—2017年张江高新区当年形成的国际标准数

基于2017年的火炬数据，与其他5家世界一流园区进行横向对比，张江高新区该项指标排名第4位（图2-47）。

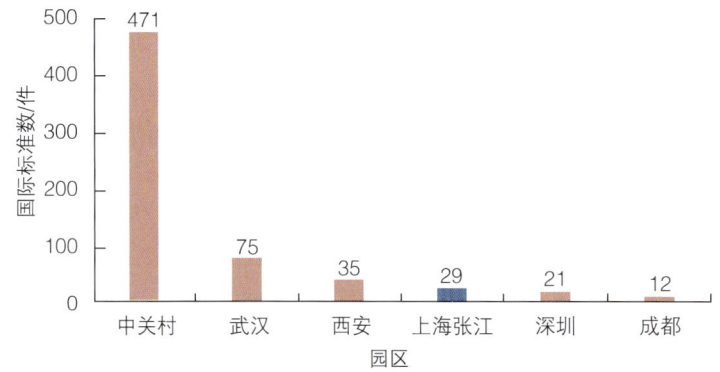

图 2-47　2017年6家园区当年形成的国际标准数

园区具有国际创新影响力的组织机构数。2017年，张江高新区具有国际创新影响力的组织机构数为5家（图2-48），与2016年相比，增加了1家。

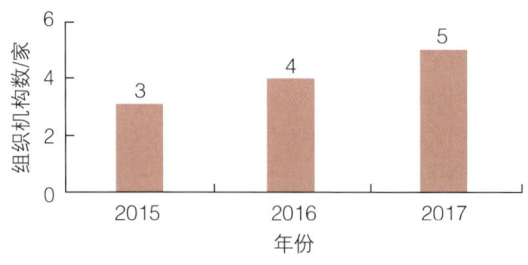

图 2-48　2015—2017年张江高新区园区具有国际创新影响力的组织机构数

货物和服务进出口总额。2017年，张江高新区货物和服务进出口总额为1081.26亿元（图

2-49），比2015年下降22.6%。

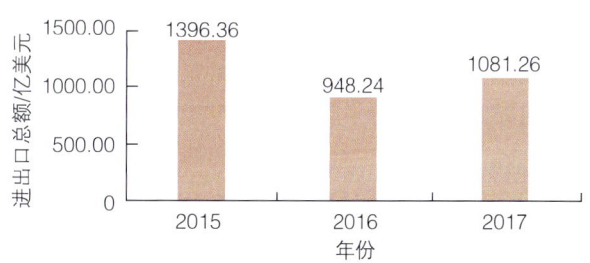

图2-49 2015—2017年张江高新区货物和服务进出口总额

出口总额占营业收入比例。2017年，张江高新区出口总额占营业收入比例为11.68%（图2-50）。2015—2017年，张江高新区的该指标小幅持续下降，平均增长率为-12.3%。

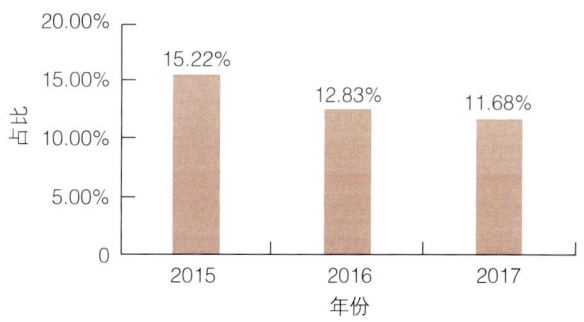

图2-50 2015—2017年张江高新区出口总额占营业收入比例

四、综合分析与创新发展总结

（一）指数综合分析

从以上各定量指标的数据图示可以总结，2015—2017年，张江高新区持续增长指标23个，持续下降指标4个，说明张江高新区整体创新发展情况较好（表2-2）。

表2-2 2015—2017年张江高新区增长和下降指标汇总

增长指标			
1.1	园区吸纳境外产业投资资本	4.1	企业和高校院所申请国际专利数（包括欧美日与PCT专利）
1.3	园区就读研究生中外籍留学生占比	4.2	黄浦区万人拥有有效发明专利数

续表

1.4	园区千人计划和持有中国绿卡的外籍专家人数	4.3	园区当年新增注册企业数
1.6	跨国公司研发总部和国际金融机构数	4.4	企业获得境外风险投资额
1.7	国际航班起降架次	4.7	园区增加值率
2.1	企业开展跨境产学研合作费用支出	5.2	有国际影响力的技术数量（包括科研成果和产业技术突破）
2.5	高校院所合作交流进出境人次	5.4	园区具有国际创新影响力的组织机构数
2.6	园区在境外创建的科技企业孵化器数	5.5	研发投入强度达5%的上市企业数
2.7	园区外籍在孵创业者数	5.6	国际标准独角兽企业数
3.1	市级及以上研发机构数	5.7	园区上市企业总市值
3.6	跨境电商交易额	5.10	人均工资性收入
3.8	小学阶段外籍学生总数		
下降指标			
2.4	高校院所与境外研发项目合作经费支出	4.5	跨境技术转让和专利许可收入
3.3	企业研发人员全时当量占比	5.9	出口总额占营业收入比例

此外，与其他5个世界一流园区横向对比指标中，排名前3位的指标8个，排名后3位的指标4个（表2-3）。这说明张江高新区跨境开放创新发展具有一定优势。但与其他世界一流园区相比，环境支撑、影响力仍有一定的进步空间。尤其在创新基础与产出、经济影响力方面。

表2-3 张江高新区横向对比前位指标和后位指标汇总

横向对比前位指标			
1.5	企业从业人员中外籍人员占比	3.5	企业研发经费支出占营业收入比例
2.1	企业开展跨境产学研合作费用支出	4.3	园区当年新增注册企业数
2.2	企业在境外设立的研发机构数	4.6	知识密集型服务业（高技术服务业）营业收入占比
3.2	高新技术企业数占比	4.7	园区增加值率

续表

横向对比后位指标	
3.1　市级及以上研发机构数	5.3　当年形成国际标准数
3.3　企业研发人员全时当量占比	5.9　出口总额占营业收入比例

跨境开放创新发展指标体系的制定是依据开放创新的过程与内涵建立的。开放创新过程主要包含资源流入、资源吸纳、资源商业化3个方面。

（二）资源流入

资源流入主要体现在"要素聚集""环境支撑"两个方面。张江高新区在集聚国际创新要素、营造国际资源吸纳环境等方面表现较好。国际生源与国际专家学者数量持续增长，"企业从业人员中外籍人员占比"等优势指标也体现出张江高新区在国际人才集聚方面具有一定的竞争力。同时，产业资本、国际创新和金融服务机构等相关指标表现不断提升。此外，"高新技术企业数占比""企业研发经费支出占营业收入比例"等指标均位居六大世界一流园区前位，反映张江高新区创新企业资源丰富、企业研发投入强度大，在打造资源流入环境支撑方面具有一定优势。

但张江高新区与其他排名相近高新区相比，一些指标还存在差距，如"市级及以上研发机构数""企业研发人员全时当量占比"等指标排名处于后3位。尤其是"企业研发人员全时当量占比"指标表现连续3年下降。这说明张江高新区下一步应加快研发平台建设与创新人才引进。

（三）资源吸纳

资源吸纳能力主要体现在"组织开放""环境支撑"两个一级指标。

首先，张江高新区在"组织开放"方面表现突出。"企业开展跨境产学研合作费用支出""企业在境外设立的研发机构数"等指标均位居六大世界一流园区之首，说明园区在开展跨境产学研合作、创新机构走出去方面具有竞争优势；目前，越来越多的高校开始注重国际交流，表现在"高校院所与境外研发项目合作经费支出""高校院所合作交流进出境人次"等指标持续上升；此外，"园区在境外创建的科技企业孵化器数""园区外籍在孵创业者数"等指标持续增长，说明张江高新区开放创新服务机构不断增加。

其次，张江高新区不断夯实创新基础，打造利于跨境开放的商业氛围与人文环境。表现为"市级及以上研发机构数"持续增加，跨境网络环境不断加强，国际商务交流次数增多。此外，在基础教育国际化、政府环境国际化等方面均不断加强与完善。

与此同时，"高校院所与境外研发项目合作经费支出""企业研发人员全时当量占比"等持续下降指标应重点关注。进一步加大力度引进创新人才、加强高校国际合作经费投入。

（四）资源商业化

资源商业化水平主要表现在"创新水平""影响力"等方面。"企业和高校院所申请国际专利数""黄浦区万人拥有有效发明专利数"等持续增长指标反映了张江高新区创新产出不断增多，创新城区建设取得一定成效。"园区当年新增注册企业数""知识密集型服务业营业收入占比""园区增加值率"等优势指标充分反映园区具有创业活力，并取得了一定的经济成效。园区在产业转型与升级、产业价值创造等方面表现突出。此外，"有国际影响力的技术数量""园区具有国际创新影响力的组织机构数""研发投入强度达5%的上市企业数"等指标持续增长，反映园区创新机构与企业的发展较好，园区创新影响力攀升。"园区上市企业总市值""人均工资性收入"等持续增长指标反映园区经济的国际影响力正不断增强。

然而，张江高新区一些指标，如"跨境技术转让和专利许可收入""出口总额占营业收入比例"呈现持续下降趋势。"当年形成国际标准数"等指标位居六大园区后位。这说明园区应进一步加强国际技术贸易与商业合作，不断增强园区的创新影响力，提升行业话语权。

五、上海张江创新驱动发展建议

（一）营造跨境知识交易市场

市场是驱动发展的动力之一，其关系到"生态"的吸纳和扩展能力。尤其在新技术经济范式下，知识、资本、人才等创新要素的市场直接关乎园区兴衰。

针对张江高新区人才吸引等方面的劣势指标，一方面，张江高新区应全面实施引才计划。①深化人才管理体制机制改革。积极开展人才管理创新的先行先试，协调推进向双自地区下放人才管理事权，实施人才管理的目录清单，建立人才管理的电子政务和网上申办证照系统，设立"一口受理、一站办结"的综合性人才服务中心。协调推进财政人才资金统筹管理使用，探索建立各类人才计划和激励资助政策的财政统筹和管理联动，对用于双自地区的人才专项资金归口申报、统筹管理，建立覆盖人才引进、人才奖励、创新创业、继续教育、技能培训等项目投入管理和信息公开的综合性资助体系。②协调推进人才管理的社会化。争取放宽外商投资人才中介服务机构及港澳服务提供者投资设立经营性培训机构的条件。协调建立外籍专业技术人才引进联盟，建立创新人才跨境交流促进机制，率先试行创新人才跨境流动的便利化制度，积极推行跨单位、跨业界、跨地域、跨国界的人才合作。协调建立与国际接轨的人才管理制度，试点开通海外高层次人才职称评审直通车。③协调人才服务的政策制度创新。在加快落实国家赋予张江示范区的股权激励和人才税收优惠政策的同时，充分发挥双自联动的政策叠加和辐射示范效应，积极争取和承接外籍人才居留和出入境制度创新试点、外籍人才就业准入制度创新试点、以市场化评价为基础的人才落户制度试点、人才流动和分配激励制度创新试点、高层次人才金融管理制度创新试点、高端金融人才和高端航运人才资质认证试点。建立健全张江示范区和上海自贸区管理机构协同的联动管理机制、政策配套机制、试点推进机制，加快产生可复制可推广的试点经验。④大力培养和集聚国际化高端人才。结合建设综合性国家科学中心、若干重大创新功能型平台、科技创新功能集聚区和"四新"经济创新基地，重点引进世界一流科学家和工程师，引进海外高层次创新创业人才，着力提高创新创业人才的国际化水平；重点指导支持园区大力实施人才服务配套工程，大力推进国际人才创业园、海外人才离岸创业基地、跨国公司人才实训基地、人才培养产学研联合实验室、高端服务业人才集聚融合平台等新型载体建设。⑤提高人才保障的国际化水平。在双自地区率先推进国际社区、国际学校和国际商业医疗保险结算制度建设。鼓励市场主体建设国际人才公寓，支持海外人才子女学校发展，支持国内医疗机构与国外知名机构开展项目合作，探索建立"家庭医生+便捷医疗"服务模式。率先实施以OTO模式为特征的人才服务信息化工程，建设国际人才网等人才工作信息化平台，完善人才创新创业需求的响应机制。开发科技创新资源地图交互系统、双自联动人才垂直招聘平台等在线服务项目，拓展APP、微信等移动端人才公共服务产品开发。支持人才团队承接重点企业技术研发、产品创新等服务外包业务，继续深化知识产权服务平台建设试点，创新知识产权服务业态。⑥学习苏州工业园区和深圳高新区，探索中外合作建学模式。瞄准美国、德国、英国等国家的优秀大学，支持其与区内院校合作共建国际合作大学，打造国际高等教育合作示范基地，集聚国际化产业后备人才。

另一方面，积极营造跨境领先市场。特别是知识交易市场，通过知识交易市场促进知识和技术的交流交易、人才的交流交易及凝结资本的知识的权力交易是新时期高新区市场建设的最重要方面。具体措施包括：①结合国际交易市场和交易平台建设，促进发展本地区线上与线下相结合的仓储、国际物流和服务；②发展线下与线上相结合的国际商贸市场，这些流通产业会增进地方的经济活力；③充分发挥上海知识产权交易中心等机构作用，引导知识产权服务业向运用、保护等高端服务业态演进，构建活跃的国际知识产权交易市场。

（二）建设高质量双创平台

近年来，以新型研发机构和众创空间为代表，各国家高新区都发展出了多种创新创业的平台化组织（双创平台）。这种创新创业的平台化组织是新生事物，也是科技组织和创新模式响应新技术经济范式的表现，其组织方式展示出了新时代科技体制改革重要的演进方向，具有新时期推进国家科技体制改革的意义。宏观基础研究层面的国家实验室、中观应用研究层面的国家产业技术创新中心，和地方现实经济场景下的双创平台一起，三足鼎立，将会成为新时代国家创新体系的建设引领。

针对"市级及以上研发机构数"等竞争劣势指标，张江高新区应围绕提升研发和创新竞争力的目标，加快建设高质量双创平台。现阶段，高质量双创平台的建设重要的是要强调"四位一体"的平台组织功能。即①开放吸纳全球创新创业人才的空间场景；②为科技研发和创新过程搭建的资源链接及条件配置；③体现整合可以高端赋能的集成服务；④满足创新创业者开启新事业的资金支持或创新投资。互联网和智能技术的发展为"四位一体"的双创平台建设提供了多样化的实现形式，而双创平台的高质量发展也是面对新竞争张江高新区谋求开放创新竞争优势的必须之举。此外，建立和完善园区内创新创业平台的考核评估机制，全面提升园区现有科技企业孵化器、研发机构的服务能级，为园区高科技企业的孕育和成长提供有力支撑。大力培育新型科研机构、新型孵化机构，围绕产业升级需求，按照"政府引导、多元主体参与、市场化运作、专业化管理"的原则，出台支持新型科研机构、新型孵化机构发展的指导性意见，不断夯实产业创新基础。

同时，应保持优势指标的稳定发展，如"企业开展跨境产学研合作费用支出""企业在境外设立的研发机构数"等指标建设。张江高新区未来应从组织和制度建设层面形成引导，鼓励高校院所、大企业及产业联盟大力建设新型科研机构，继续加大研发投入力度。

（三）持续优化跨境开放创新环境

园区环境是"生态"的支撑，要营造园区跨境开放创新生态的竞争优势，必须打造好自身的开放创新环境，包括创新的基础环境、国际商业氛围和利于开放创新的人文环境等。这样的环境优势直接形成了外部对园区创新经济生态的感观体验，对新时代的人才聚集甚为关键。

因此，营造好的开放创新生态必然要求规划好园区、建设好园区和管理好园区，重点是建设一个科研资源丰富、国际贸易便捷、外籍人才宜居的园区，不断激发园区创新创业活力和动力的环境。①加大科研投入，夯实创新基础。注重引进创新人才，建设双创平台，加大科研投入力度，提升企业的创新能力，积极营造有利于科技创新的良好环境。改善"市级及以上研发机构数""企业研发人员全时当量占比"等劣势指标。②坚持互联网思维，营造开放创新的商业氛围。首先，进一步做强国际科技商务平台，加快完善科技成果与技术转移跨境网络平台，探索搭建国际创新合作交流平台、国际中小企业交流平台。其次，通过举办国际论坛、赛事和展会等，促进思想、观念和新发展动态的沟通交流。充分利用中国（上海）国际技术进出口交易会等优势平台资源，加强组织园区企业与国际优秀企业的项目推介与资源对接，为参展方提供展示前瞻布局、技术创新、资源对接的广阔舞台。最后，充分融入"一带一路"战略，抓紧上海自贸区建设，不断推动贸易和投资便利化体制和机制平台建设。坚持港口联动，增强港口对外辐射功能。不断强化外贸服务功能，在交易服务、信息咨询、报关报检和法务服务等方面提供优质服务，增强港口经济圈的物流服务能力等。③打造开放创新的人文环境等软环境，提升园区吸引力度。包括改善为外籍人才提供的居住环境、公共服务环境、工作环境（如组织文化、开放度）、医疗教育与公共安全环境等。制定外籍人才政策及激励奖励机制，创造长期工作与交流合作的机会。④培育和发展全球社交网络。社会网络和社交网络的发达程度也往往决定着一个园区的创造力和运行效率，这也是成就当今硅谷和中关村园区的优势所在。制定特别的引导措施和发挥政府的社会嵌入作用，培育和发展各类跨境专业组织，重点包括行业协会，企业联盟，企业家联谊组织，创业投资社会联盟组织，中介、咨询和培训等社会组织。

第三章　合肥高新区量子创新发展指数[①]

合肥高新技术产业开发区（以下简称合肥高新区），是1991年经国务院批准为首批国家级高新区，地处合肥市西部，区域面积为128.32平方公里。经过20多年的发展，合肥高新区在科技创新、产业发展和城市建设方面取得了卓越的发展成就，在最新的2017年国家高新区综合评价中，合肥高新区顶住宏观经济下行压力，逆势而上，取得了第8名的好成绩。

一、指数构建背景、目的和内容

（一）指数构建背景与目的

近年来，合肥高新区全面落实市委、市政府"加快打造具有国际影响力的创新之都"的决策部署，积极引进创新资源、搭建创新平台、集聚创新团队、优化创新环境、出台创新政策、培育创新业态，在新一代人工智能、量子信息等前沿技术、颠覆性技术和产业化方面取得重大突破，科大讯飞入选首批四大国家AI开放创新平台，全国唯一的量子信息国家实验室加速建设，形成了"中国声谷·量子中心"的园区品牌。合肥高新区已成为安徽省最大的高新技术产业化基地、合芜蚌自主创新综合试验区核心区，获批建设国家创新型科技园区、国家自主创新示范区和全国双创示范基地。2018年4月，合肥高新区被科技部火炬中心纳入世界一流高科技园区建设序列，跻身参与全球科技竞争的国家队。

在经济形势、创新规律、国家战略导向和自身发展阶段都发生深刻变化的背景下，合肥高新区敏锐地意识到，需要建立一套以新经济活动规律、新国家战略导向和自身发展新诉求为输入的，以创新发展为主题的评价指标体系，并通过该指标体系的建设和应用，统领合肥高新区创新发展的各方面工作，指导推进合肥高新区引领合芜蚌自主创新示范区建设。合肥高新区以"量子"冠名创新发展指数，主要有以下三点考虑。一是量子科技已经成为合肥高新区的响亮名片。中国声谷·量子中心是合肥高新区在产业创新方面的主要定位，伴随着中国声谷由小做大、享誉全国，"量子中心"的理念也需要不断向外传递，力求深入人心。二是发展量子科技是党和国家

[①] 本章由韩芳、张莹、程羽等撰写。

赋予园区的使命和责任。习近平总书记亲临量子通信京沪干线运管中心视察，量子信息国家实验室组建方案已报送至国务院办公厅，即将批复成为新标准下首个国家实验室。科技部火炬中心也多次在重要会议中提到对合肥高新区发展量子产业寄予厚望。三是量子具有极强象征意义。量子是组成宇宙万物的最小的不可分割的基本单位，"宏观起笔，微观落实"，量子指数正是运用微观视角去精确衡量合肥高新区贯彻落实国家宏观战略的意志和水平。另外，经典力学引领自工业革命起近200年来的技术创新，而信息时代量子力学极有可能引领未来200年的产业变革，量子冠名也寄意合肥高新区抓住历史机遇引领全球科技创新。

根据量子创新发展指数指标体系，我们提取了合肥高新区2015—2017年的数据，以2015年为基期（指数设定为100），对合肥高新区2015—2017年的创新发展指数进行了测算。通过总指数和各分项指数的变化，考察合肥高新区创新发展的情况。除了进行纵向对比，我们将个别指标与中关村、上海等其他9家2017年依据《国家高新区评价指标体系》排名前十的园区的相同指标进行了横向对比，以更好地发现合肥高新区的优势和劣势，诊断合肥高新区创新发展中存在的问题。

（二）"量子世界"科普

什么是量子？1900年，普朗克在研究黑体辐射问题时首次提出量子概念，他认为光辐射与物质相互作用时其能量是一份一份的，一份"能量"就是所谓量子。量子概念成功解决了困扰物理界的"紫外灾难"问题，以此为开端，经过波尔、薛定谔等人的努力，物理学家建立了完整的量子力学理论。现在我们知道"量子"就是量子世界中物质客体的总称，既可以是光子、电子、原子、基本粒子等微观粒子，也可以是宏观尺度下的量子系统，它们构成了"量子世界"，共同特征就是遵从量子力学的运动定律。

"量子世界"最重要的特点是表征"量子"客体状态的物理量是不确定的、概率性的，即量子力学中重要的量子态叠加原理。量子科技的所有奇异特性正是源于这个特点。当前，我们正在迎来量子信息技术时代，基于量子特性本身的量子器件的开发成为研究重点。不同于经典器件利用量子器件实现信息的产生、传输、存储、处理、操控等，将在信息处理速度、安全、容量等方面突破现有信息技术的物理极限，翻开信息技术新的篇章。目前，量子信息技术主要包括量子通信和量子计算等。量子通信作为未来保障通信安全的关键技术之一，已经被各国广泛关注并大力发展。而基于量子叠加态的量子计算机拥有超强的计算能力，未来在气象预报、新材料新能源开发等需要大规模计算的领域有重大应用价值。

得益于中国综合国力的提升及对新兴技术领域机遇的把握，以安徽中国科学技术大学量子信息重点实验室为代表的中国研究团队在量子信息技术领域取得了世界领先的大量研究成果，尤其是量子通信方面，中国目前在该领域处于引领地位。在由科技部高技术研究发展中心主办的2017年"中国科学十大进展"遴选活动中，量子信息技术领域就有两项入选，分别为"实现星地千公里级量子纠缠和密钥分发及隐形传态""利用量子相变确定性制备出多粒子纠缠态"。

量子通信可以分为"量子保密通信"和"量子隐形传态"两个应用场景。量子保密通信是指在双方需要实施保密通信时,实时地进行"量子密钥分配",然后使用这个被确认是安全的密钥实现"一次一密"的经典保密通信。根据量子力学的基本特性,在此过程中任何企图窃取传送中的量子密钥都会被合法用户所发现,因此利用"量子密钥分配"可以保证绝对的信息安全。2016年8月16日,中国发射了世界上首颗量子科学实验卫星"墨子号",并先后完成了星地高速量子密钥分发实验,洲际量子保密通信等一系列科学实验,在空间量子通信实用化方面取得了重大突破。2017年京沪干线量子通信干线开通,标志着城域量子通信试验网络的诞生。量子科学实验卫星首席科学家潘建伟院士表示其团队已经开始了"墨子"号接替者的研制工作,希望"十三五"末能将应用型量子通信卫星发射升空。未来的目标是在地球上空建立量子星座及地球同步量子通信卫星。需要注意的是,量子保密通信实际上包括由量子密钥分配生成安全密码和"一次一密"经典通信两个部分,本质上仍然是经典通信。真正的"量子通信"有其确切的内涵,即将信息编码在量子比特上,在量子通道上将量子比特从甲方传给乙方,直接实现信息的传递。这种真正的"量子通信"目前仍处于基础研究阶段,离实际应用还相当遥远。

"量子隐形传态"是指利用"量子纠缠"技术使量子信息或者称量子态在某处消失,随后在远处重现,从而实现量子态的远距离传输。根据量子力学,如果两个粒子处于纠缠态,即使它们空间上分离遥远,仍然存在内在量子关联,对其中一个粒子的任何操作都会瞬时地改变另一个粒子的状态。这种量子关联是一种内禀关联,源于量子世界的一种基本属性,称为"非局域性"。量子隐形传态是未来量子通信的核心技术。1993年,Bennett等人提出了量子隐形传态的首个理论方案;1997年潘建伟、Zeilinger教授等率先完成实验验证;当前,量子隐形传态的技术研究主要集中在多光子纠缠的制备及分发距离的提升上。2015年,中科大潘建伟团队首次在实验上实现了多自由度量子隐形传态;2017年,潘建伟团队利用"墨子号"卫星完成了1400千米距离的量子隐形传态,在国际上处于引领水平。

量子计算是量子信息技术的另一项重要应用。在经典计算机中,晶体管要么导通,要么关闭,分别表示信息1和0(称为"经典比特")。对于量子计算机,由于量子态叠加原理,它一般不会处于0或1的确定态上,而处于这两种确定态按某种权重叠加起来的状态上(称为"量子比特")。经典计算机处理的经典比特,一次只能处理某一个数据,而将来量子计算机在处理量子比特时,可以处于多个数据的相干叠加状态,具有强大的并行计算优势,因此量子计算机将拥有比经典计算机更为强大的计算能力。2017年,Google、IBM等公司先后发布了量子计算原型机,中国"中科院-阿里巴巴量子计算实验室"也发布了自己的量子计算原型机,但是这些原型机的量子比特并没有形成纠缠态,因此在应用领域尚无太大意义。量子纠缠是量子叠加在多粒子条件下的特殊表现形态,是量子计算机等应用的物理基础。量子计算的核心指标就是多个量子比特的纠缠，量子比特纠缠的数目越大，可实现的量子计算的能力就越强。理论上，拥有50个量子比特的量子计算机性能就能超过目前世界上最先进的超级计算机。但是随着量子比特数的增加，对量子体系的设计、加工和调控要求也就更高。多粒子纠缠的操纵作为量子计算不可逾越的技术制高点，一直是国际角逐的焦点。2016年年底，中科大潘建伟团队同时实现了10个光子比特和10个超导量子比特的纠缠。2018年，潘建伟团队在国际上首次利用光子的多个自由度的调控实现了18个光量子比特的纠缠，刷新并保持了所有物理体系中最大纠缠态制备的世界纪录，为中国量子计算机的发展奠定了技术基础。

量子计算的另一项应用是量子模拟器（又称为"专用型量子计算机"），其本质与量子计算机相同，只是应用场景不同，量子计算机侧重计算，量子模拟器则侧重模拟对比，利用量子比特来建模拟对象，模拟研究系统的量子性质。目前，潜在的量子模拟系统主要有超冷原子气体系统、离子阱系统、超导电路系统、光子系统等。加拿大的D-Wave公司研制的就是用绝热量子算法的来寻找基态（极小值）的专用型量子计算机，目前最新的D-Wave量子计算机已经声称在寻找极小值的问题上超过了所有经典计算机。中国科学技术大学（中科院–阿里巴巴实验室）的光量子计算机用5个光量子模拟了玻色子采样问题，在这个问题上的它的计算速度已经超越了早期的经典计算机。

量子信息技术的发展已经进入到一个新的历史阶段，挑战和机遇并存。未来有望建立由量子通信和量子计算机终端构成的量子信息传输和处理系统，即量子互联网。面对第二次信息革命的出现，即完全属于"量子信息"的革命，中国应当抓住机遇，立足目前在量子信息技术领域的领先优势，占领制技术制高点，引领行业发展。

（三）创新指数具体内容

在充分研究国内外知名创新发展指标体系，结合来自科技部火炬中心、合肥高新区管委会、国家高新区研究中心各方专家意见的基础上，形成了合肥高新区量子创新发展指数评价指标体系。该指标体系从创新驱动力、变革引领力、融合发展力、国际影响力和科技支撑力5个维度考察合肥高新区的创新发展状况，整套指标体系共包含47个分指标（表3-1）。测算方法与国家高新区创新指数及张江跨境开放创新指数相同，包括后续高新区的指数测算，以后不再赘述。

表3-1 合肥高新区量子创新发展指数

一级指标	二级指标	三级指标
创新驱动力	创新平台	1.1 省级及以上研发机构数
		1.2 各类孵化机构数、在孵企业数

续表

一级指标	二级指标	三级指标
创新驱动力	创新投入	1.3 高新区科技财政支出
		1.4 研发经费支出占营业收入比例
	创新人才	1.5 硕士及以上从业人员占比
		1.6 外来人才吸引力（市外来区创业人数、留学归国人数、高校毕业生当年在高新区就业人数）
		1.7 从事量子领域的科研人员数
	创新绩效	1.8 企业当年万人发明专利授权数
		1.9 劳动生产率
		1.10 当年新增高新技术企业数
变革引领力	领军企业	2.1 头部企业总数（营业收入50亿以上或行业排名前三的企业）
		2.2 瞪羚企业数、独角兽企业与上市企业总数
		2.3 当年获得创业风险投资机构的风险投资额
	结构优化	2.4 产业高质量发展水平（劳动生产率、工业增加值率、园区单位面积营业收入）
		2.5 工业增加值率增长率
		2.6 高技术产业营业收入占总营业收入比值
		2.7 单位增加值综合能耗
	领跑产业	2.8 人工智能产业营业收入（包括声谷、类脑相关）
		2.9 量子产业专利占全国比例
		2.10 ABQS未来产业营业收入占比
融合发展力	产城融合	3.1 万人拥有学校、医院、公园、文化、体育与生活服务机构数
		3.2 常驻居民增长率
		3.3 园区从业人员薪酬增长率
		3.4 企业员工房屋购买力
		3.5 绿地覆盖率
	区域协同	3.6 当年吸纳长三角区域投资总额
		3.7 当年主导推动全省合作园区数、合作项目数
	军民融合	3.8 获得"军工三证"的企业数
		3.9 军转民企业营业收入

续表

一级指标	二级指标	三级指标
国际影响力	国际人才	4.1 外籍常驻人员和留学归国人员占从业人员比例
		4.2 尖端跨国人才数
	国际平台	4.3 对外输出贡献度（境外研发机构数、建有境外分支机构的企业数、境外投资额、高新技术产品出口额）
		4.4 外资研发机构数
	国际创新	4.5 欧美日专利申请量
		4.6 累计主导制定的国际标准数
	国际贸易	4.7 当年进出口总额
		4.8 技术服务出口占出口总额比例
科技支撑力	高校院所	5.1 在校师生和科技研发人员发表专利与国际论文数（SCI/SSCI/EI检索）
		5.2 科学技术奖累积数
		5.3 量子领域一流期刊发表论文数（发表于Nature、Science等JCR一区期刊）
		5.4 校友担任上市公司高管人数
	科学装置	5.5 大科学装置创业贡献度（大科学装置提供服务的次数、吸引创业人员数、吸引的风险投资额）
		5.6 大科学装置累计承担前沿研究重点专项数
		5.7 高校院所参与国际科研项目数、高校院所承办国际交流活动
	产学研合作	5.8 校企合作项目数、当年技术合同成交总额
		5.9 科技服务机构总数、备案服务次数、服务产出结果
		5.10 量子领域科研人员创办企业数

二、量子创新发展指数总体概览

（一）总的指数表现

"量子创新指数"以2015年为基期，从创新驱动力、变革引领力、融合发展力、国际影响力、科技支撑力5个维度，采用综合加权方法，以合成指数的方式反映合肥高新区创新发展的总体趋势。

2017年合肥高新区创新发展指数达到109.2。以2015年为基期（指数设定为100），2016年为

102.7，较2015年增长了2.7；2017年为109.2，较2016年增长了6.5（图3-1）。整体来看，量子创新总指数呈持续增长之势，说明合肥高新区创新发展的整体态势良好。

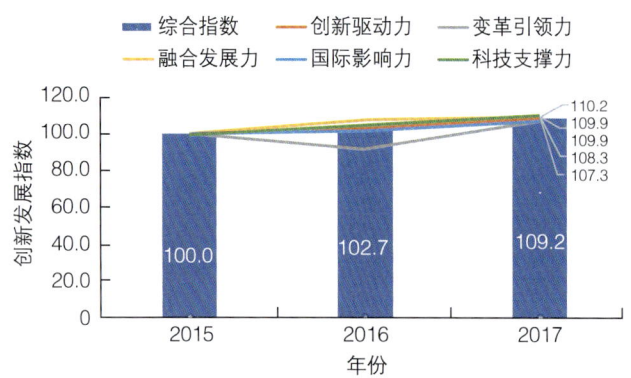

图3-1　合肥高新区量子创新发展指数变化

2017年，在"量子创新指数"中，变革引领力增长幅度最大，对总指数增长贡献最大。这说明合肥高新区在响应新经济变革的能力快速增强。科技支撑力分指数为最高值，凸显合肥国家综合性科学中心在提升原始创新能力、促进园区产业技术变革方面的引领作用。其次为创新驱动力与融合发展力，反映园区在整合创新创业要素、培育创新主体、加强创新产出及建设智慧型园区方面表现优异（图3-2）。

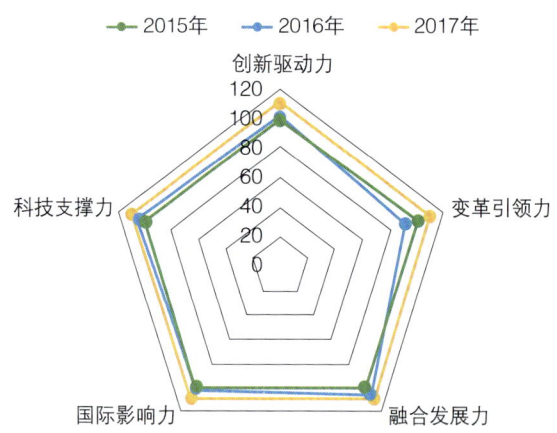

图3-2　合肥高新区量子创新发展分指数变化

创新驱动力指数稳步上升。2017年合肥高新区创新驱动力指数为109.9（图3-3）。从增长趋势看，2016年与2017年分别增长了2.4、7.5。合肥高新区创新成果丰富高质，创新协作纵深发展，创新效率持续提高，已成为合肥科技创新和产业培育的主阵地、主战场。

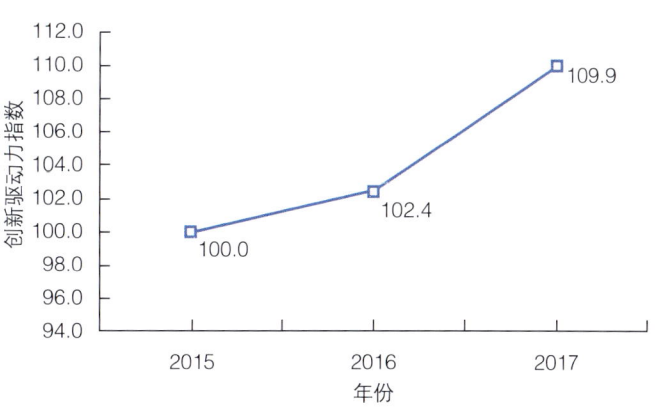

图3-3　合肥高新区创新驱动力指数变化

变革引领力指数加速上扬。2017年变革引领力指数达到108.3（图3-4）。从增长趋势看，2016年与2017年分别增长了-8.3、16.6，说明合肥高新区变革引领力在2016年有所下降，2017年实现较大反弹。这既体现了自身创新生态演变的加速，也体现了在新的技术经济范式形成过程中引领变革的能力提升。

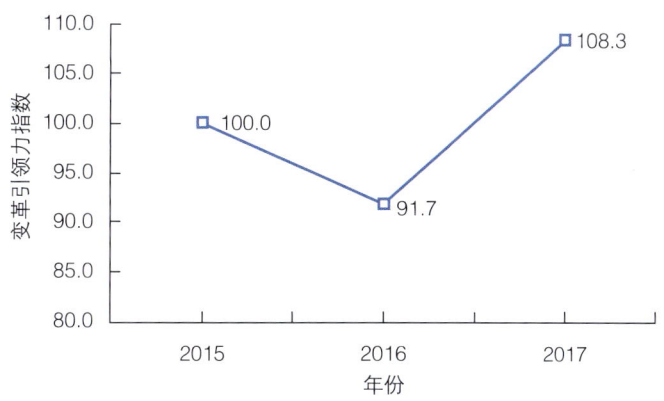

图3-4　合肥高新区变革引领力指数变化

融合发展力指数逐年递增。融合发展力是合肥高新区在推进产城融合、军民融合，以及引领合芜蚌自创区融合发展方面所做的努力与贡献，2017年融合发展力指数为109.9（图3-5）。从增长趋势看，2016年与2017年融合发展力指数分别增长了7.6、2.3。

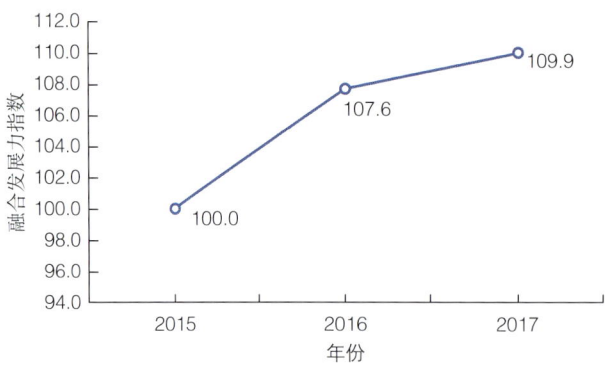

图3-5　合肥高新区融合发展力指数变化

国际影响力指数小幅增长。2017年合肥高新区国际影响力指数为107.3（图3-6）。从增长趋势看，2016年与2017年分别增长了1.7、5.6，说明合肥高新区开放发展态势良好，国际地位不断提升。

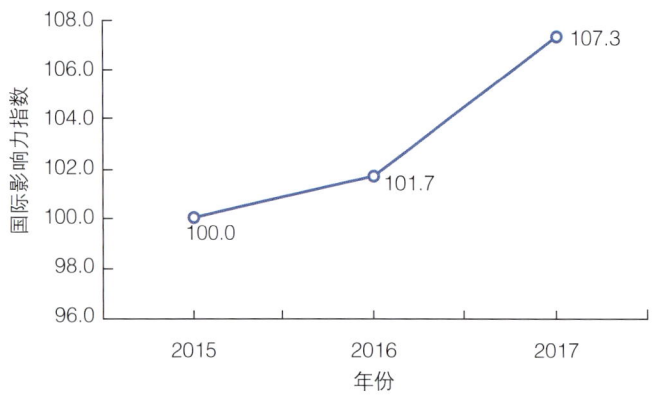

图3-6　合肥高新区国际影响力指数变化

科技支撑力指数直线攀升。2017年合肥高新区科技支撑力指数为110.2（图3-7）。从增长趋势看，2016年与2017年均增长了5.1，显示了合肥高新区科教资源丰富，中国科学技术大学、合肥工业大学、安徽大学及中科院驻皖院所的科技引领力不断提升。

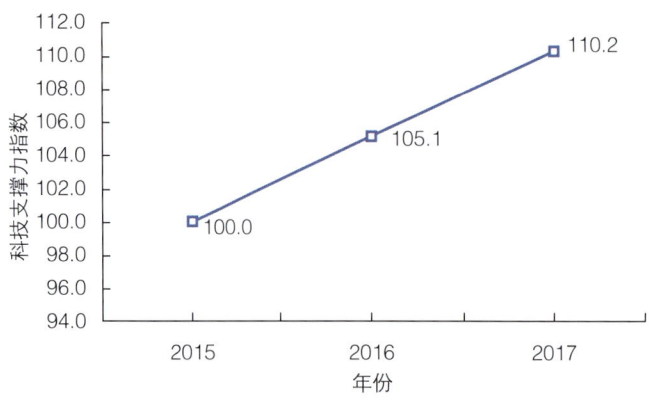

图3-7　合肥高新区科技支撑力指数变化

（二）创新驱动力表现

创新驱动力主要考察园区培育创新创业生态和发展创新经济的举措和绩效。

省级及以上研发机构数。2017年年末，合肥高新区共有省级及以上各类研发机构292家（图3-8）。2015—2017年，合肥高新区省级及以上各类研发机构数持续增长，平均增长率达到34.5%。

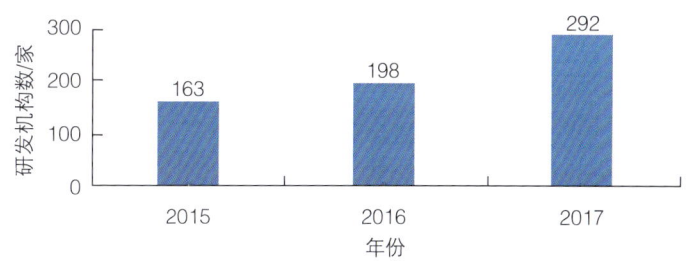

图3-8　2015—2017年合肥高新区省级及以上研发机构数

基于2017年的火炬数据，与其他9家排名前十的园区进行横向对比，合肥高新区该项指标排名第9位（图3-9）。

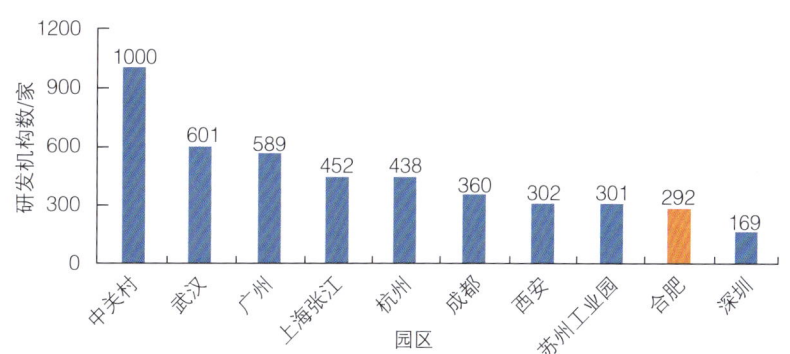

图3-9　2017年10家园区省级及以上研发机构数

各类孵化机构数、在孵企业数（复合指标）。2017年，合肥高新区各类孵化机构数、在孵企业数（权重分别为1/2）复合值为0.41（图3-10）。其中，各类孵化机构数达52家，在孵企业数达3100家。2015—2017年，合肥高新区的各类孵化机构数、在孵企业数均保持稳定增长，平均增长率分别为27.80%与25.20%。复合值平均增长率为26.50%。

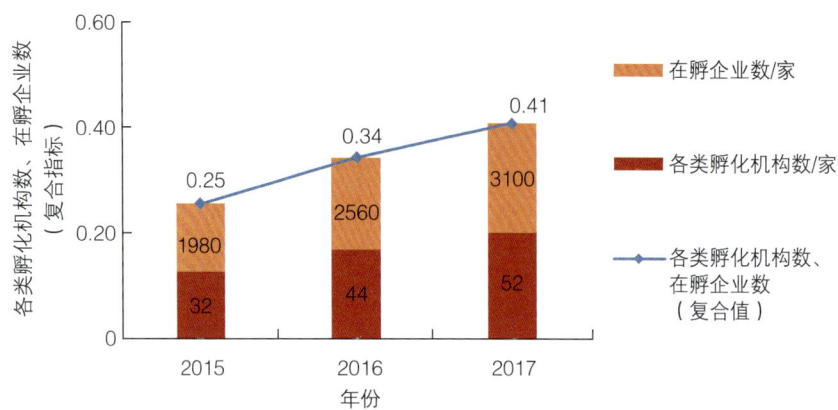

图 3-10　2015—2017年合肥高新区各类孵化机构数、在孵企业数

高新区科技财政支出。2017年，合肥高新区科技财政支出为26.95亿元（图3-11）。2016—2017年，合肥高新区的该项指标保持了迅速增长态势，增长率达72.90%。

图 3-11　2015—2017年合肥高新区财政科技支出

基于2017年的火炬数据，与其他9家园区进行横向对比，合肥高新区该项指标排名第6位（图3-12）。

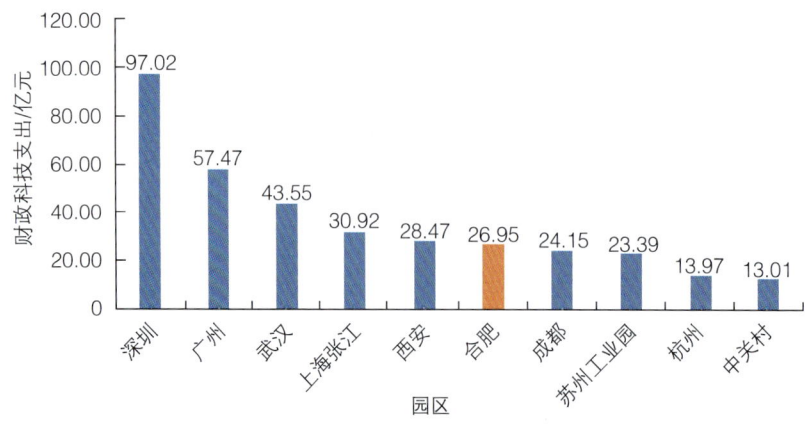

图3-12　2017年10家园区财政科技支出总额

研发经费支出占营业收入比例。2017年，合肥高新区研发经费支出占营业收入比例为3.09%（图3-13），比2015年增加了0.27个百分点。

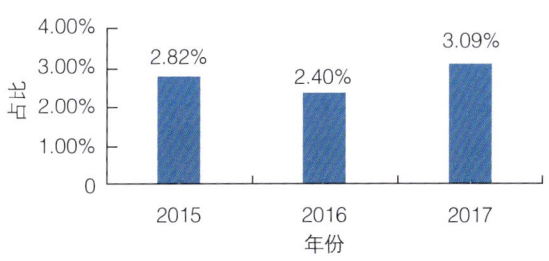

图3-13　2015—2017年合肥高新区研发经费支出占营业收入比例

基于2017年的火炬数据，与其他9家园区进行横向对比，合肥高新区该项指标排名第5位（图3-14）。

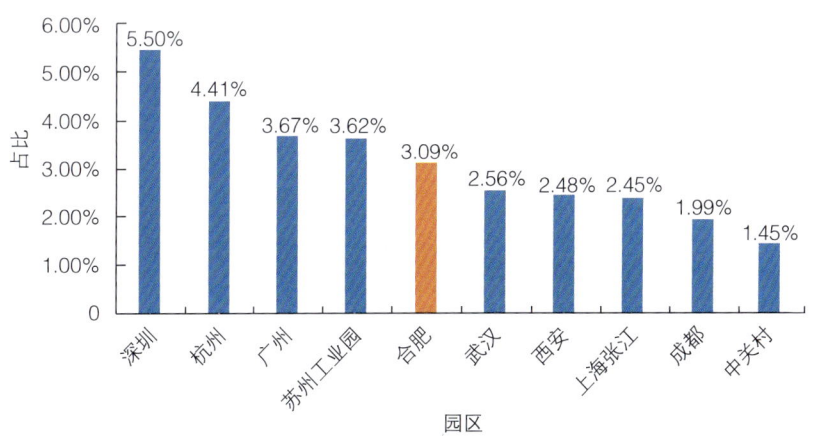

图3-14　2017年10家园区研发经费支出占营业收入比例

硕士及以上从业人员占比。截至2017年年末，合肥高新区硕士及以上从业人员占比为10.87%（图3-15）。2015—2017年，合肥高新区的该项指标保持了稳步增长态势，平均增长率为14.58%。

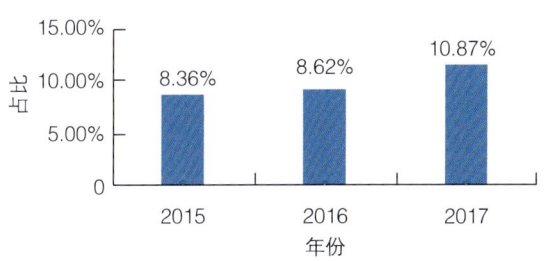

图3-15　2015—2017年合肥高新区硕士及以上从业人员占比

基于2017年的火炬数据，与其他9家园区进行横向对比，合肥高新区该项指标排名第6位（图3-16）。

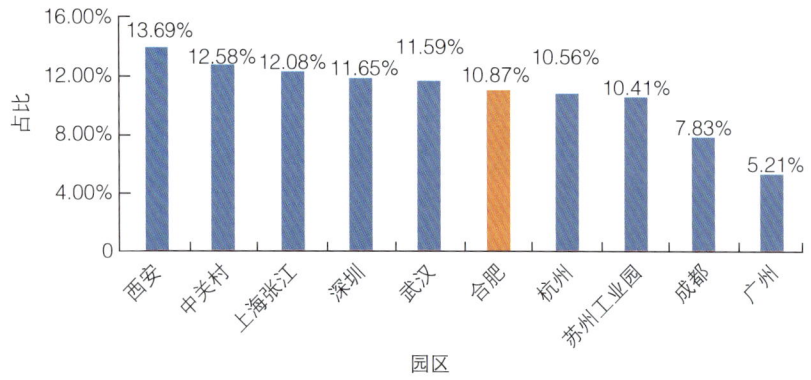

图 3-16　2017年10家园区硕士及以上从业人员占比

外来人才吸引力。外来人才吸引力由市外来区创业人数、留学归国人数、高校毕业生当年在高新区就业人数3个分指标衡量（权重分别为1/3）。2017年，该指标为0.42（图3-17）。2015—2017年，合肥高新区的外来人才吸引力保持了稳定增长，平均增长率为33.7%。其中，高校毕业生当年在高新区就业人数平均增长率为48.3%，在3个分项指标中对外来人才吸引力指标的增长贡献最大。

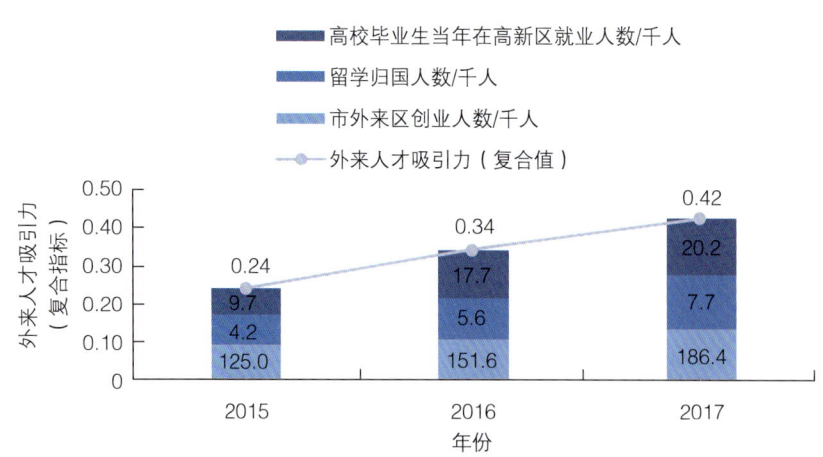

图3-17　2015—2017年合肥高新区外来人才吸引力

从事量子领域的科研人员数。2017年，合肥高新区从事量子领域的科研人员数为597人（图3-18）。2015—2017年，该指标保持稳步增长趋势，平均增长率为24.93%。

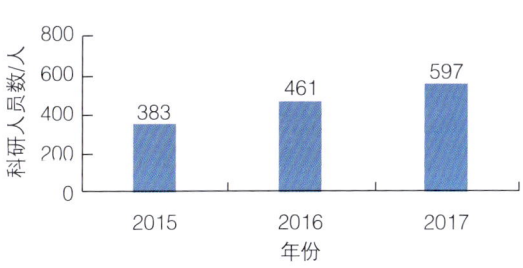

图 3-18　2015—2017年合肥高新区从事量子领域的科研人员数

企业当年万人发明专利授权数。2017年，合肥高新区企业当年万人发明专利授权数为136.71件（图3-19）。2015—2017年，合肥高新区该指标保持了稳定的增长，平均增长率为21.15%。

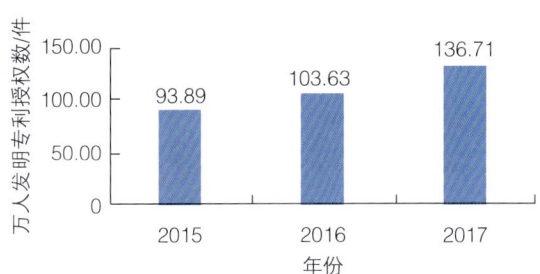

图3-19　2015—2017年合肥高新区企业当年万人发明专利授权数

基于2017年的火炬数据，与其他9家园区进行横向对比，合肥高新区该项指标排名第1位（图3-20）。

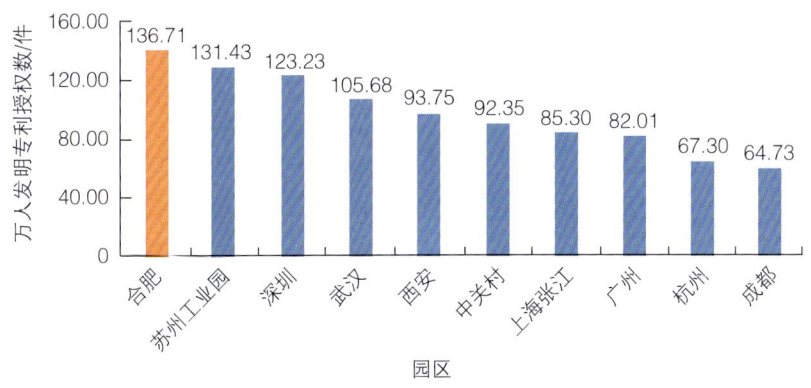

图3-20　2017年10家园区企业当年万人发明专利授权数

劳动生产率。2017年，合肥高新区劳动生产率为609.42千元/人（图3-21）。与2015年相比，增长了8.23%。

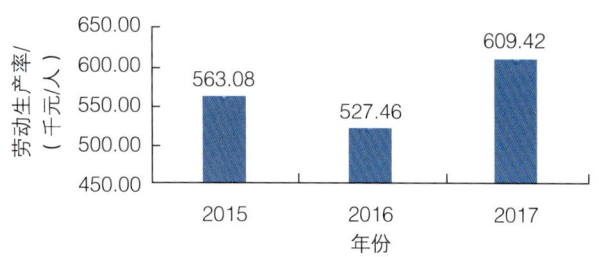

图3-21 2015—2017年合肥高新区劳动生产率

基于2017年的火炬数据，与其他9家园区进行横向对比，合肥高新区该项指标排名第1位（图3-22）。

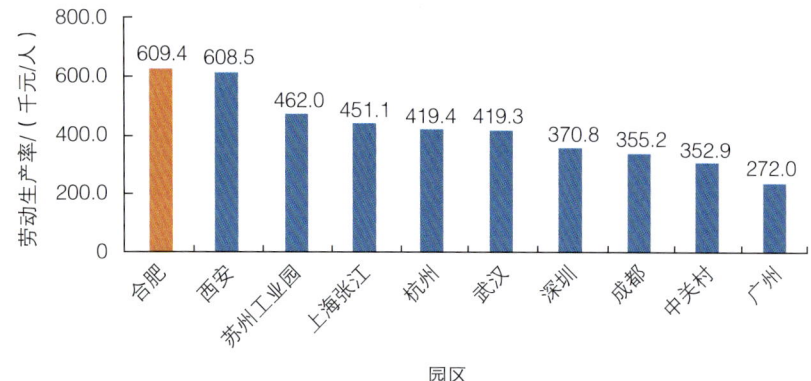

图3-22 2017年10家园区劳动生产率

当年新增高新技术企业数。2017年，合肥高新区当年新增高新技术企业数为209家（图3-23）。与2015年相比，增长了85家。

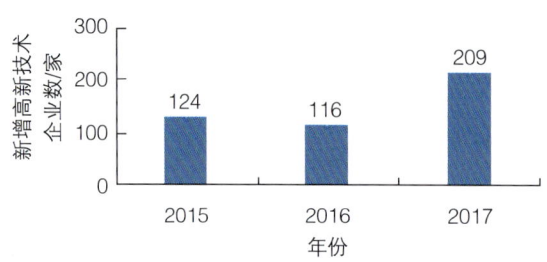

图3-23 2015—2017年合肥高新区当年新增高新技术企业数

基于2017年的火炬数据，与其他9家园区进行横向对比，合肥高新区该项指标排名第7位（图3-24）。

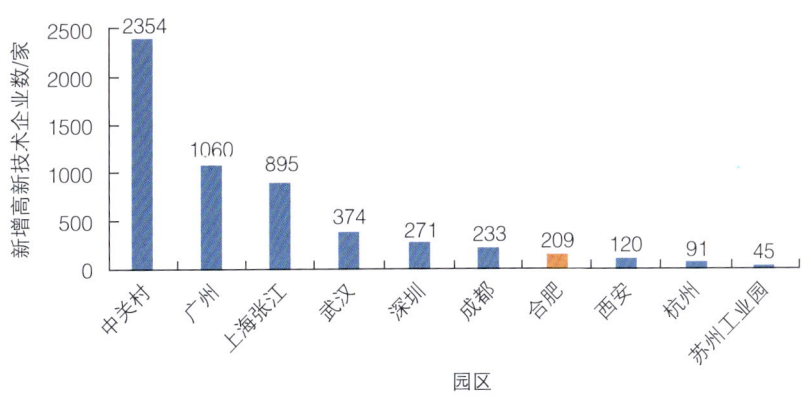

图 3-24　2017年10家园区当年新增高新技术企业数

（三）变革引领力表现

变革引领力主要考察园区在提升产业发展活力、效率和促进产业发展中的努力和成效。

头部企业总数。2017年，合肥高新区头部企业总数达40家（图3-25）。2015—2017年，合肥高新区保持了稳定而快速的增长，平均增长率为19.87%。

图3-25　2015—2017年合肥高新区头部企业总数

瞪羚企业数、独角兽企业与上市企业总数。截至2017年年末，合肥高新区瞪羚企业数、独角兽企业与上市企业总数达61家（图3-26），与2016年相比，增加了20家。

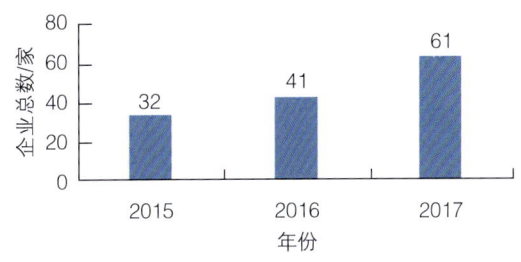

图3-26　2015—2017年合肥高新区瞪羚企业数、独角兽企业与上市企业总数

当年获得创业风险投资机构的风险投资额。2017年，合肥高新区当年获得创业风险投资机构的风险投资额为7.45亿元（图3-27），2015—2017年，合肥高新区该指标保持稳定增长，平均增长率达177.97%。

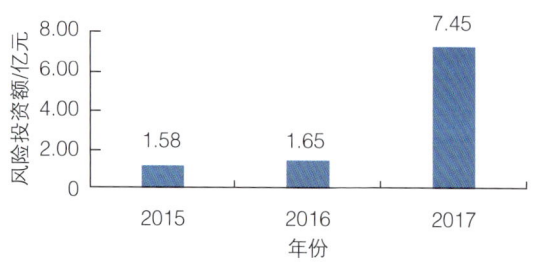

图3-27　2015—2017年合肥高新区当年获得创业风险投资机构的风险投资额

基于2017年的火炬数据，与其他9家园区进行横向对比，合肥高新区该项指标排名第9位（图3-28）。

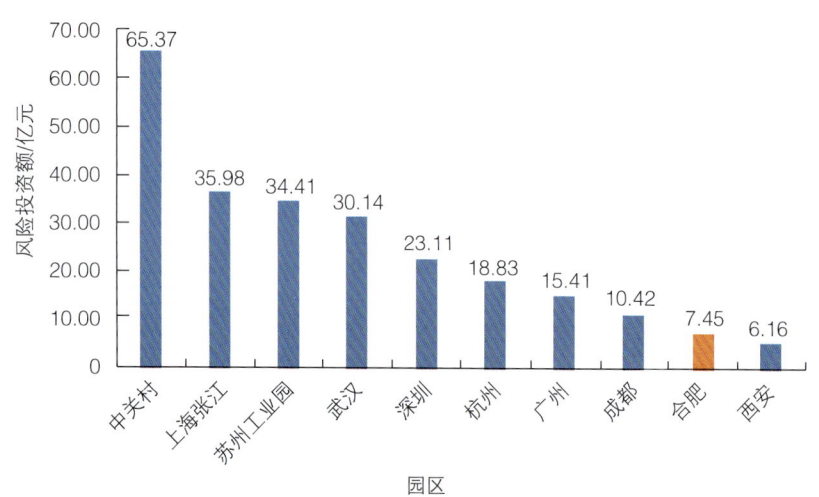

图3-28　2017年10家园区当年获得创业风险投资机构的风险投资额

产业高质量发展水平。产业高质量发展水平由劳动生产率、工业增加值率与园区单位面积营业收入3个分指标衡量（权重分别为1/3）。2017年，合肥高新区产业高质量发展水平复合值为0.35，比2015年提高0.02（图3-29）。相比2016年，合肥高新区劳动生产率、工业增加值率与园区单位面积营业收入3个分指标值均有一定幅度增加。其中，劳动生产率贡献最大，增长率达15.54%。

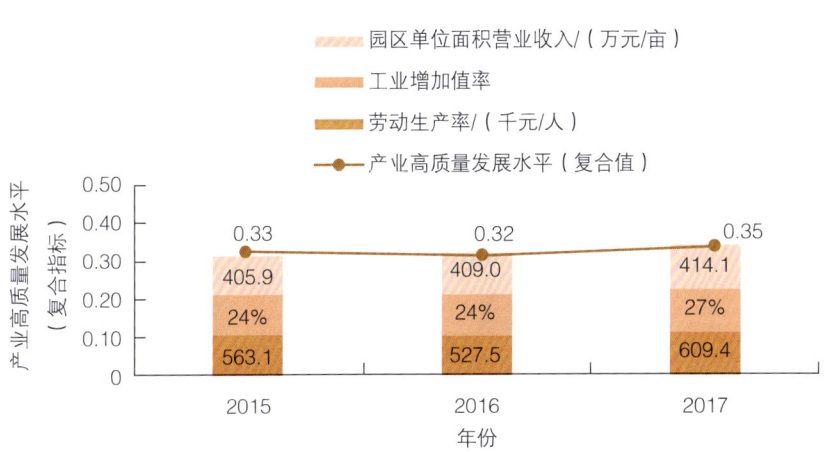

图3-29　2015—2017年合肥高新区产业高质量发展水平

工业增加值率增长率。2017年，合肥高新区工业增加值率增长率为9.54%（图3-30）。2015—2017年，合肥高新区的该项指标保持了稳步增长，说明合肥高新区工业增加值率上升较快。

图3-30　2015—2017年合肥高新区工业增加值率增长率

基于2017年的火炬数据，与其他9家园区进行横向对比，合肥高新区该项指标排名第6位（图3-31）。

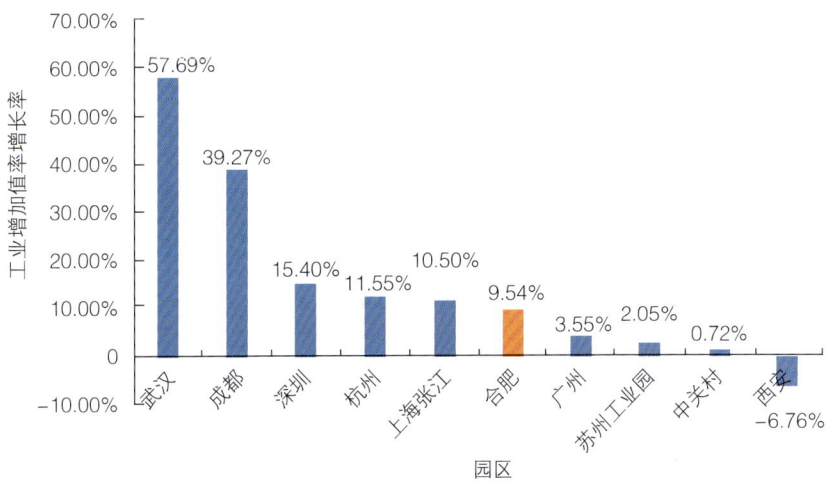

图3-31　2017年10家园区工业增加值率增长率

高技术产业营业收入占总营业收入比值。2017年，合肥高新区高技术产业营业收入占总营业收入比值为34.75%（图3-32）。相比2015年，合肥高新区的该项指标上升11.5个百分点。

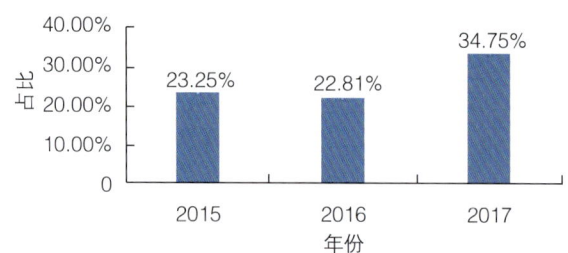

图 3-32　2015—2017年合肥高新区高技术产业营业收入占总营业收入比值

基于2017年的火炬数据，与其他9家园区进行横向对比，合肥高新区该项指标排名第8位（图3-33）。

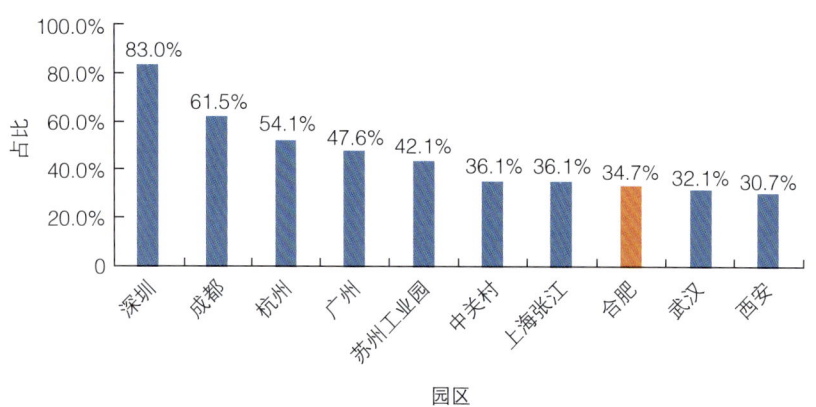

图 3-33　2017年10家园区高技术产业营业收入占总营业收入比值

单位增加值综合能耗。2017年，合肥高新区单位增加值综合能耗为0.122吨标准煤/万元（图3-34）。2015—2017年，合肥高新区的该项指标保持稳步下降，平均下降率为35.04%。

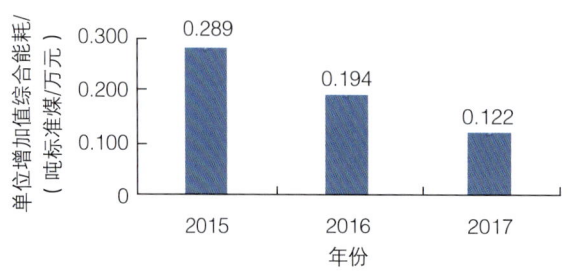

图 3-34　2015—2017年合肥高新区单位增加值综合能耗

基于2017年的火炬数据，与其他9家园区进行横向对比，合肥高新区该项指标排名第5位（图3-35）。

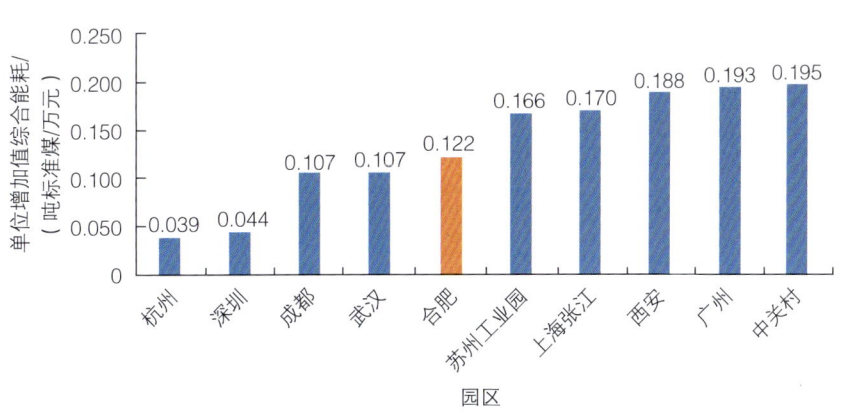

图 3-35　2017年10家园区单位增加值综合能耗

人工智能产业营业收入。2017年，合肥高新区人工智能产业营业收入为510亿元（图3-36）。2015—2017年，该项指标保持稳定增长，平均增长率为47.56%。

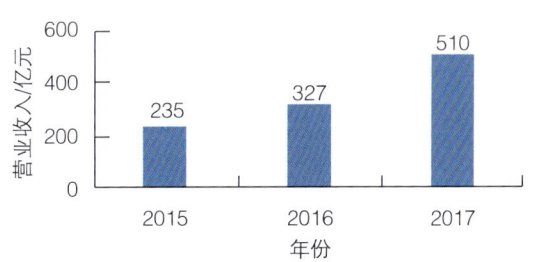

图 3-36　2015—2017年合肥高新区人工智能产业营业收入

量子产业专利占全国比例。2017年，合肥高新区园区量子产业专利占全国比例为6.0%（图3-37）。2015—2017年，合肥高新区该指标保持稳步增长，平均增长率为29.29%。

图 3-37　2015—2017年合肥高新区量子产业专利占全国比例

ABQS未来产业营业收入占比。2017年，合肥高新区园区ABQS未来产业营业收入占比为13.66%（图3-38）。2015—2017年，合肥高新区该指标稳定增长，平均增长率为29.81%。

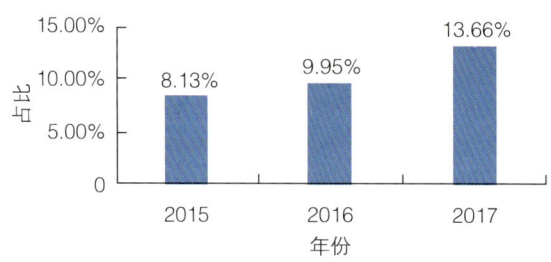

图 3-38　2015—2017年合肥高新区ABQS未来产业营业收入占比

（四）融合发展力表现

融合发展力主要考察为推进园区融合发展，形成有利于创新的城市环境，合肥高新区在经济、社会等方面所做的努力与贡献。

万人拥有学校、医院、公园、文化、体育与生活服务机构数。2017年，合肥高新区万人拥有学校、医院、公园、文化、体育与生活服务机构数为298家（图3-39）。2015—2017年，该项指标平均增长率为43.39%。

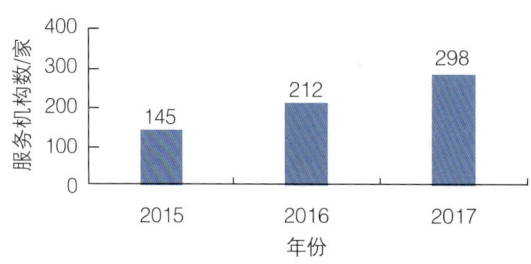

图 3-39　2015—2017年合肥高新区万人拥有学校、医院、公园等服务机构数

常驻居民增长率。2017年，合肥高新区常驻居民增长率为6.35%（图3-40）。2015—2017年，合肥高新区的该项指标保持快速增长，平均增长率达171.09%。

图 3-40　2015—2017年合肥高新区常驻居民增长率

园区从业人员薪酬增长率。园区从业人员薪酬增长率由工资性收入占企业增加值比重与员工

薪酬增长率两个分项指标衡量（各分指标权重为1/2）。2017年，合肥高新区园区从业人员薪酬增长率为0.35（图3-41）。与2015年相比，合肥高新区的该项指标增长0.01。其中，员工薪酬增长率有所下降，工资性收入占企业增加值比重增长较快，2017年达39.70%。对复合指标的增长贡献最大。

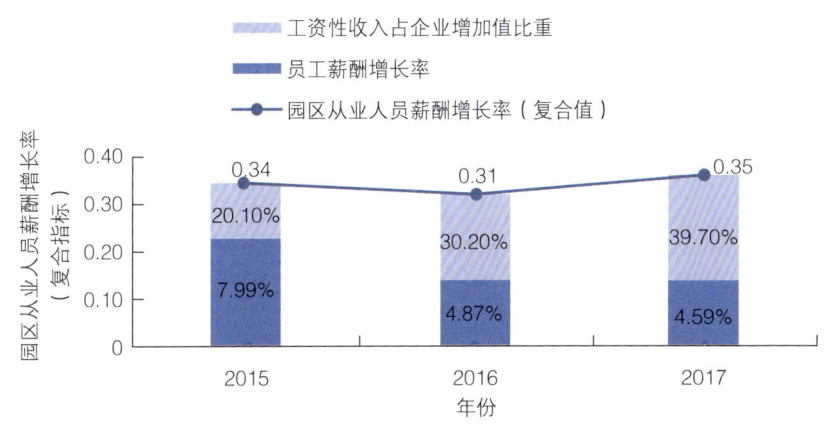

图3-41　2015—2017年合肥高新区从业人员薪酬增长率

企业员工房屋购买力。2017年，合肥高新区企业员工房屋购买力达3.42平方米/（人·季度）（图3-42），与2015年相比，合肥高新区该项指标小幅下降0.03点。

图3-42　2015—2017年合肥高新区企业员工房屋购买力

绿地覆盖率。2017年，合肥高新区绿地覆盖率为49.77%（图3-43）。2015—2017年，合肥高新区该项指标基本保持持平。

图3-43　2015—2017年合肥高新区绿地覆盖率

当年吸纳长三角区域投资总额。2017年，合肥高新区当年吸纳长三角区域投资总额为82.0亿元（图3-44）。2015—2017年，合肥高新区该项指标保持稳步上升，平均增长率为37.01%。

图 3-44　2015—2017年合肥高新区当年吸纳长三角区域投资总额

当年主导推动全省合作园区数、合作项目数（复合指标）。2017年，合肥高新区当年主导推动全省合作园区数3家，合作项目数达60项。该指标复合值为0.51（图3-45）。2015—2017年，该项指标值稳步增长，平均增长率为69.22%。

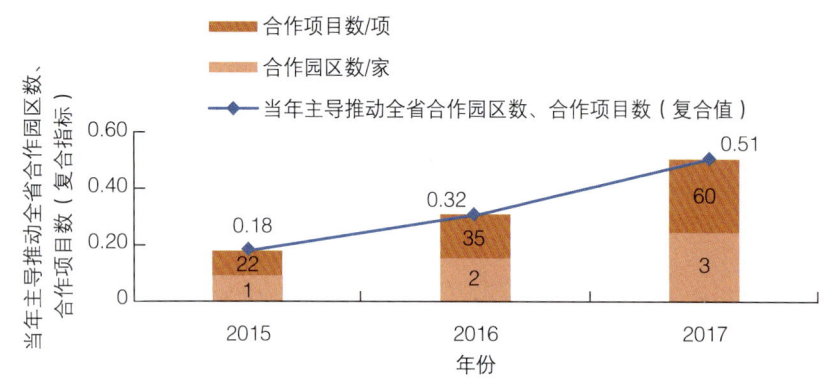

图 3-45　2015—2017年合肥高新区当年主导推动全省合作园区数、合作项目数

获得"军工三证"的企业数。2017年，合肥高新区获得"军工三证"的企业数为5家（图3-46），比2016年增加1家。

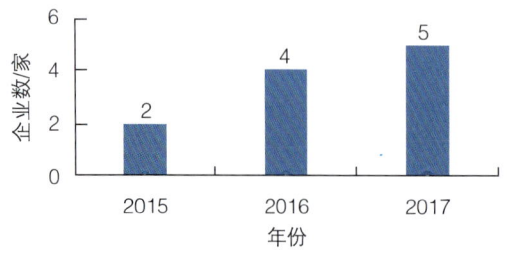

图 3-46　2015—2017年合肥高新区获得"军工三证"的企业数

(五)国际影响力表现

国际影响力主要考察园区集聚和配置全球资源、开展对外竞争合作、打造具有国际影响力的经济体系的能力。

外籍常驻人员和留学归国人员占从业人员比例。2017年,合肥高新区外籍常驻人员和留学归国人员占从业人员比例为4.03%(图3-47)。2015—2017年,合肥高新区该指标保持稳定增长,平均每年增长0.54个百分点。

图3-47　2015—2017年合肥高新区外籍常驻人员和留学归国人员占从业人员比例

基于2017年的火炬数据,与其他9家园区进行横向对比,合肥高新区该项指标排名第2位(图3-48)。

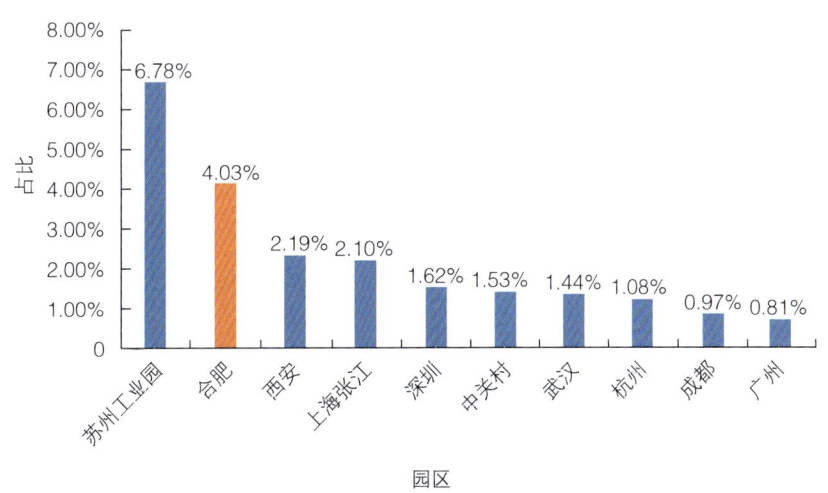

图3-48　2017年10家园区外籍常驻人员和留学归国人员占从业人员比例

尖端跨国人才数。2017年,合肥高新区尖端跨国人才数为25人(图3-49),比2016年增加2人。

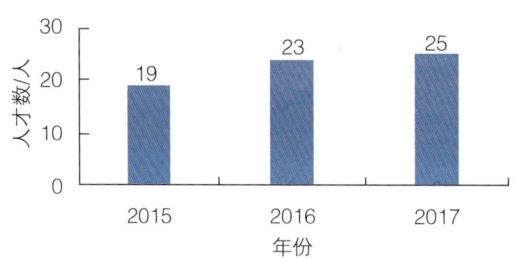

图 3-49　2015—2017年合肥高新区尖端跨国人才数

基于2017年的火炬数据，与其他9家园区进行横向对比，合肥高新区该项指标排名末位（图3-50）。这说明合肥高新区在引进高端人才方面应继续加强。

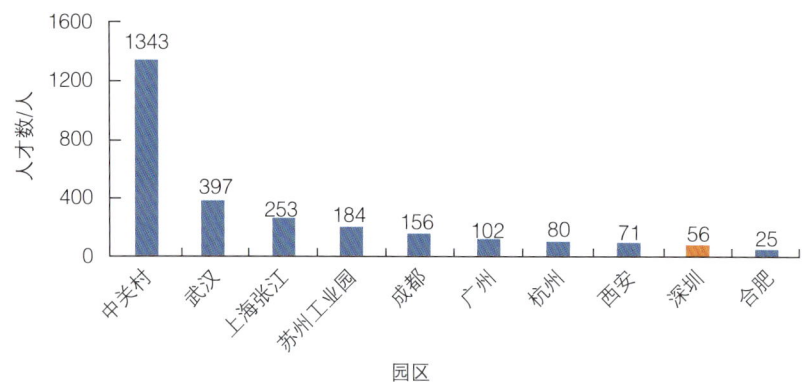

图 3-50　2017年10家园区尖端跨国人才数

对外输出贡献度。对外输出贡献度由境外研发机构数、建有境外分支机构的企业数、境外投资额与高新技术产品出口额4个分项指标衡量（权重分别为1/4）。2017年，合肥高新区园区对外输出贡献度复合值为0.46（图3-51）。2015—2017年，合肥高新区该项指标保持稳定增长，平均增长率为28.1%。其中，高新技术产品出口额平均增长率为57.6%，对该复合指标增长的贡献率最大。其次为境外研发机构数，平均增长率达到28.5%。

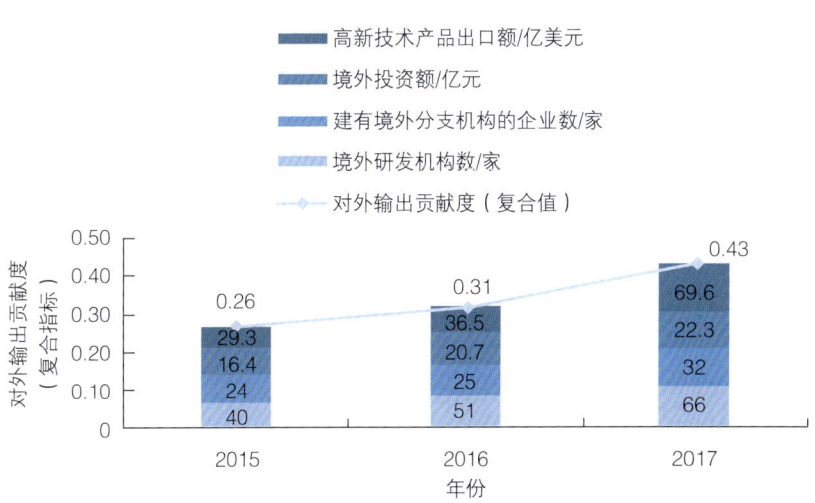

图3-51　2015—2017年合肥高新区对外输出贡献度

外资研发机构数。2017年，合肥高新区外资研发机构数为37家（图3-52），比2015年和2016年均增加12家。

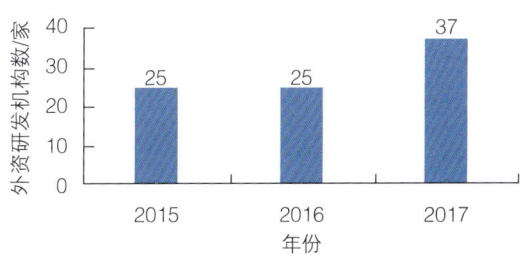

图3-52　2015—2017年合肥高新区外资研发机构数

基于2017年的火炬数据，与其他9家园区进行横向对比，合肥高新区该项指标排名第9位（图3-53）。

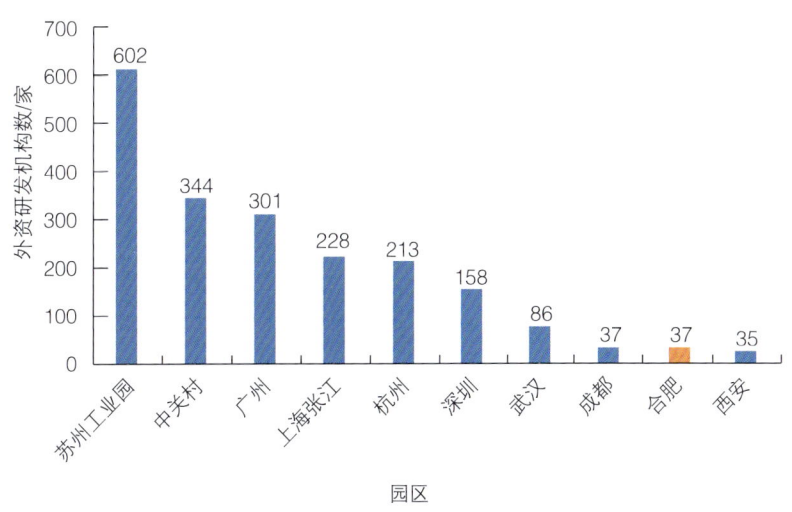

图3-53　2017年10家园区外资研发机构数

欧美日专利申请量。2017年，合肥高新区欧美日专利申请量为295件（图3-54），相比2016年，增加了32件。

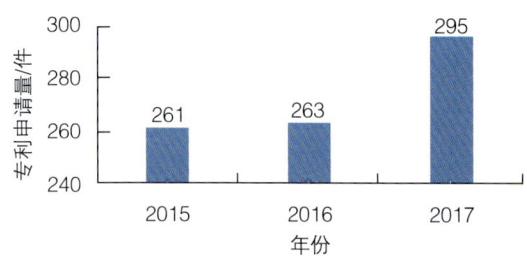

图 3-54　2015—2017年合肥高新区欧美日专利申请量

基于2017年的火炬数据，与其他9家园区进行横向对比，合肥高新区该项指标排名第7位（图3-55）。

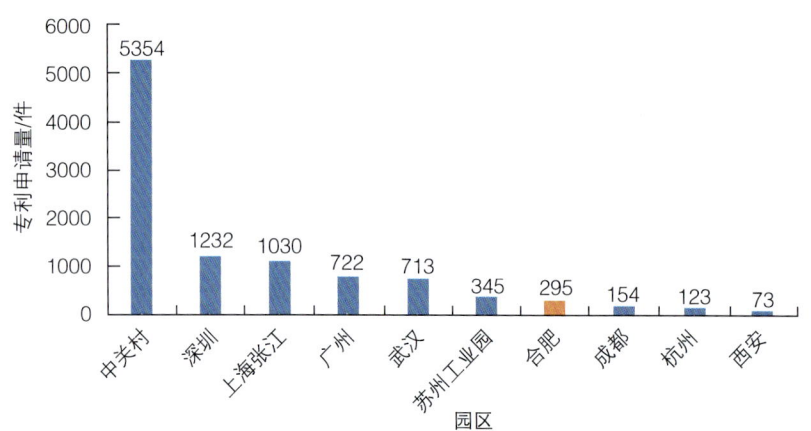

图 3-55　2017年10家园区欧美日专利申请量

累计主导制定的国际标准数。2017年，合肥高新区累计主导制定的国际标准数为23件（图3-56）。2015—2017年，合肥高新区该指标保持稳定增长，平均增长率达151.79%。

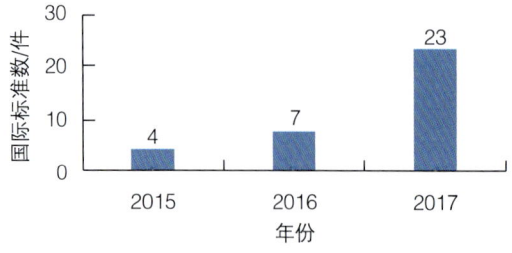

图 3-56　2015—2017年合肥高新区累计主导制定的国际标准数

基于2017年的火炬数据，与其他9家园区进行横向对比，合肥高新区该项指标排名第7位（图3-57）。

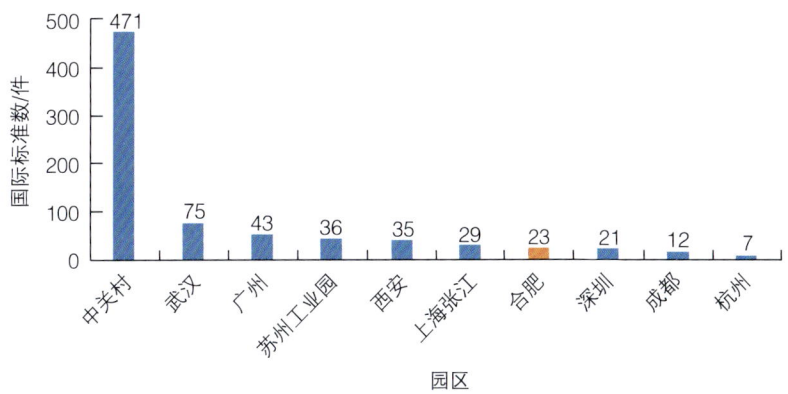

图 3-57　2017年10家园区累计主导制定的国际标准数

当年进出口总额。2017年，合肥高新区当年进出口总额为113.76亿美元（图3-58），与2015年相比，减少率为17.58%。

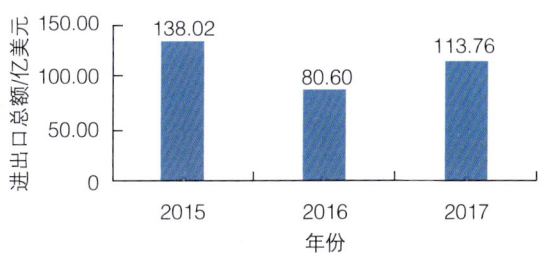

图 3-58　2015—2017年合肥高新区当年进出口总额

基于2017年的火炬数据，与其他9家园区进行横向对比。合肥高新区该项指标排名第9位（图3-59）。

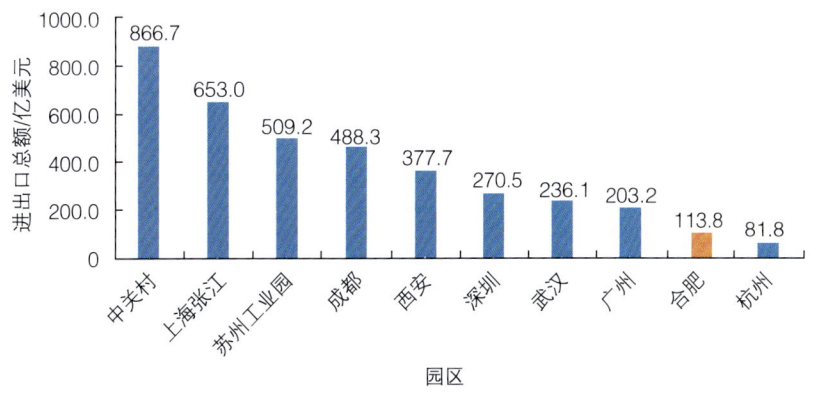

图 3-59　2017年10家园区当年进出口总额

技术服务出口占出口总额比例。2017年，合肥高新区技术服务出口占出口总额比例为23.75%，与2016年基本持平（图3-60）。

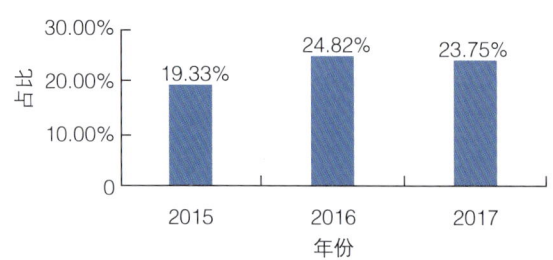

图 3-60 2015—2017年合肥高新区技术服务出口占出口总额比例

基于2017年的火炬数据，与其他9家园区进行横向对比，合肥高新区该项指标排名第1位（图3-61）。

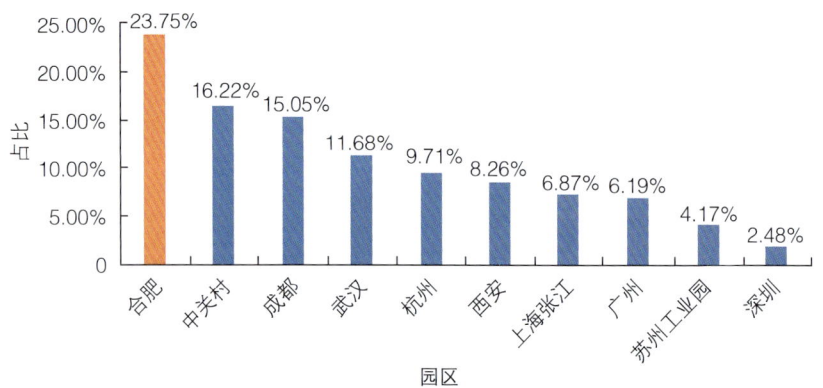

图 3-61 2017年10家园区技术服务出口占出口总额比例

（六）科技支撑力表现

科技支撑力反映合肥综合性国家科学中心3+1高校院所（中国科学技术大学、合肥工业大学、安徽大学与中科院合肥物质研究院、中电科等中央驻皖院所）的创新成效及其国际领先水平。

在校师生和科技研发人员发表专利与国际论文数。2017年，合肥高新区三大高校（中国科学技术大学、合肥工业大学、安徽大学）与重要研究院所（中科院合肥物质研究院、中电科等中央驻皖院所）在校师生和科技研发人员发表专利与国际论文总数为8482个（图3-62）。2015—2017年，合肥高新区该指标保持稳定增长，平均增长率为7.01%。

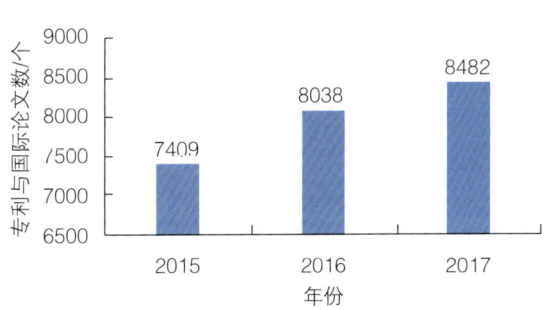

图 3-62　2015—2017年合肥高新区高校在校师生和科技研发人员发表专利与国际论文数

科学技术奖累积数。2017年，合肥高新区三大高校（中国科学技术大学、合肥工业大学、安徽大学）与重要研究院所（中科院合肥物质研究院、中电科等中央驻皖院所）拥有的科学技术奖累积数为71件（图3-63），与2016年相比，增加了12件。

图 3-63　2015—2017年合肥高新区科学技术奖累积数

量子领域一流期刊发表论文数。2017年，合肥高新区三大高校（中国科学技术大学、合肥工业大学、安徽大学）与重要研究院所（中科院合肥物质研究院、中电科等中央驻皖院所）在量子领域一流期刊发表论文数48篇（图3-64），比2016年减少了11篇。

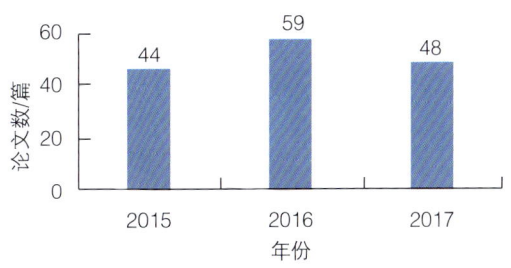

图 3-64　2015—2017年合肥高新区量子领域一流期刊发表论文数

三、综合分析与创新发展总结

（一）创新发展态势

2015—2017年，合肥高新区持续上升（含持平）指标34个，波动上升型9个，波动下降型指标仅有4个（表3-2）。这说明合肥高新区整体创新发展情况较好。

表3-2 合肥高新区不同发展态势指标汇总

持续上升指标			
1.1	省级及以上研发机构数	3.5	绿地覆盖率
1.2	各类孵化机构数、在孵企业数（复合指标）	3.6	当年吸纳长三角区域投资总额
1.3	高新区科技财政支出	3.7	当年主导推动全省合作园区数、合作项目数（复合指标）
1.5	硕士及以上从业人员占比	3.8	获得"军工三证"的企业数
1.6	外来人才吸引力（复合指标）	4.1	外籍常驻人员和留学归国人员占从业人员比例
1.7	从事量子领域的科研人员数	4.2	尖端跨国人才数
1.8	企业当年万人发明专利授权数	4.3	对外输出贡献度（复合指标）
2.1	头部企业总数	4.4	外资研发机构数
2.2	瞪羚企业数、独角兽企业与上市企业总数	4.5	欧美日专利申请量
2.3	当年获得创业风险投资机构的风险投资额	4.6	累计主导制定的国际标准数
2.5	工业增加值率增长率	5.1	在校师生和科技研发人员发表专利与国际论文数
2.7	单位增加值综合能耗	5.2	科学技术奖累积数
2.8	人工智能产业营业收入	5.4	校友担任上市公司高管人数
2.9	量子产业专利占全国比例	5.6	大科学装置累计承担前沿研究重点专项数
2.10	ABQS未来产业营业收入占比	5.8	校企合作项目数、当年技术合同成交总额（复合指标）
3.1	万人拥有学校、医院、公园、文化、体育与生活服务机构数	5.9	科技服务机构总数、备案服务次数、服务产出结果（复合指标）
3.2	常驻居民增长率	5.10	量子领域科研人员创办企业数
波动上升指标			
1.4	研发经费支出占营业收入比例	3.3	园区从业人员薪酬增长率（复合指标）
1.9	劳动生产率	3.4	企业员工房屋购买力
1.10	当年新增高新技术企业数	4.7	当年进出口总额
2.4	产业高质量发展水平（复合指标）	5.5	大科学装置创业贡献度（复合指标）
2.6	高技术产业营业收入占总营业收入比值		

续表

波动下降指标	
3.9 军转民企业营业收入	5.7 高校院所参与国际科研项目数、高校院所承办国际交流活动（复合指标）
4.8 技术服务出口占出口总额比例	5.3 量子领域一流期刊发表论文数

其中，持续上升指标基本平均分布于5个一级指标中。这说明合肥高新区在各方面均保持稳步上升态势。下降类指标主要集中于军民融合发展与科技支撑，是合肥高新区下一步发展中重点关注的方面。

（二）横向比较分析

合肥高新区"量子创新指数"指标体系的设计是着眼于园区创新生态的营造和园区创新生态的竞争力表现。总指数和指标的动态变化反映了高新区自身创新生态的发展情况，而指标的横向比较则反映了高新区创新生态的竞争力。

在10家园区横向对比指标中，合肥高新区排名前5位的指标有6个，排名后5位的指标12个（表3-3）。这说明合肥高新区创新发展还有较大的进步空间。

表3-3　合肥高新区量子创新发展指数分指标横向对比排名

横向对比前位指标	
1.4　研发经费支出占营业收入比例	2.7　单位增加值综合能耗
1.8　企业当年万人发明专利授权数	4.1　外籍常驻人员和留学归国人员占从业人员比例
1.9　劳动生产率	4.8　技术服务出口占出口总额比例
横向对比后位指标	
1.1　省级及以上研发机构数	2.6　高技术产业营业收入占总营业收入比值
1.3　高新区科技财政支出	4.2　尖端跨国人才数
1.5　硕士及以上从业人员占比	4.4　外资研发机构数
1.10　当年新增高新技术企业数	4.5　欧美日专利申请量
2.3　当年获得创业风险投资机构的风险投资额	4.6　累计主导制定的国际标准数
2.5　工业增加值率增长率	4.7　当年进出口总额

结合创新生态的六大构成要素（创新创业、高端产业、领先市场、活力社会、宜居城区和政策供给），将合肥高新区与先进国家高新区在不同要素方面的创新发展情况进行对比分析，以更

好地认清竞争优势和发展差距。

1. 创新创业

创新创业是"创新经济体"模型的最核心要素，是园区发展的动力源。合肥高新区创新创业较为活跃，从"研发经费支出占营业收入比例"等指标可以看出。这一方面是由于合肥高新区具有得天独厚的创新平台优势；另一方面是由于管委会高度重视发展新兴产业，大力扶持科技创业。

但合肥高新区与其他排名相近高新区相比，一些指标方面还存在差距，如"省级及以上研发机构数""硕士及以上从业人员占比""当年新增高新技术企业数"等指标排名处于后5位。这说明合肥高新区在人才结构优化、研发机构建设与创新型企业培育与引进等方面不具有竞争优势。

2. 产业发展

在产业发展方面，合肥高新区"头部企业总数""瞪羚企业、独角兽企业与上市企业总数"等指标稳步攀升，"量子产业专利占比"等指标持续加强，说明园区产业转型已迈出重大步伐。

但与其他先进园区相比，合肥高新区"高技术产业营业收入占比"等指标均处于劣势地位，"工业增加值率增长率"也位居下游，工业企业价值创造力亟待提升。

3. 市场营造

市场能够吸纳人群、聚集生产和创新的资源要素，能够让园区响应发展的变化和引领创新走向。近年来，合肥高新区强化国际合作，加快整合国际资源。在人才、资本、技术等高端要素的集聚上取得了较好的成绩，"对外输出贡献度""外资研发机构数"等指标均保持稳定增长，"技术服务出口占出口总额比例"等指标具有一定竞争优势。

然而，合肥高新区一些指标，如"外资研发机构数""累计主导制定的国际标准数""当年进出口总额"与其他先进园区相比不具有竞争优势，应进一步加强国际商业贸易与合作，提升园区国际地位与话语权。

4. 活力社会

新时期高新区建设已经深度融入城市社会生活，并且新技术范式发展也带来了创新的社会化，这使得园区社会构成成员的知识层级、社会群体的精神气质、社会的知识交流网络和创新的人脉关系等都对形成根植性创新生态有至关重要的影响。由于科教和智力资源密集，合肥高新区具有建设创新型社会的基础，"外籍常驻人员和留学归国人员占从业人员比例"具有一定的竞争优势，说明园区对国际人才的吸引力强。"校友担任上市公司高管人数""常驻居民增长率""当年吸纳长三角区域投资总额"等指标也保持了连续增长。但与其他先进园区相比，合肥高新区在获得创业风险投资机构的风险投资额等方面表现不佳，从而也影响了园区的凝聚力和吐故纳新的能力。

5. 城区建设

园区的城市化条件和环境是"生态"的支撑，要营造园区创新生态的竞争优势必须打造好自身的城市化环境，包括自然环境、人工环境和公共服务软环境。近年来，合肥高新区的城区建设成效显著。从学校、医院、公园、文化、体育与生活，到交通、通信和水电气等基础设施，再到环境优美和绿色生态的宜居环境，在许多方面已经走在全国新城区建设的前列。"单位增加值综合能耗"指标表现居10个横向对比园区前位。目前，高新区建设科技产业新城的战略布局进一步描绘了发展的蓝图，为未来的创新创业和产业升级奠定了坚实的城市基础。

6. 政府作用和政策

合肥高新区近年来高度重视创新创业，加大资金、人才等创新要素的集聚力度，"高新区科技财政支出"等指标连年上升。但合肥高新区目前创新生态的内部机制和活力与中关村、深圳等园区相比尚有差距，这就需要政府更恰当地发挥作用，营造更好的创新创业环境，激发创新创业活力，尤其是加强对新业态、新模式、新组织，以及社会投资人脉网络建设等的支持。

四、合肥高新区创新驱动发展建议

围绕十九大"瞄准短板，找准定位，推动经济高质量发展"的核心思想及"奋力争先晋位"的目标定位，加快建设国家自主创新示范区、国家双创核心示范区、智能制造创新示范区、产学研协同创新示范区和产城融合生态城，打造"具有全球影响力的科技创新中心新地标"，为建设一流科技园区奠定坚实基础。

实施"人才强区"战略。深入对接国家、省、市专项人才计划，启动人力资源产业园建设。建立引进和培育高层次人才长效机制，探索高层次人才举荐制度，创新高层次人才激励和评价机制。加快培育、引进领军人才，依托国家和省市重大人才工程，建设科学家、院士等高端人才集中创新创业载体和基地，改善"尖端跨国人才数"等落后指标，支持高层次人才创业发展。大力吸纳高校应届毕业生，充分依托合肥市高校院所集中的优势，制定优惠政策，促进高学历毕业生实现本地就业，同时加大对其他城市毕业生的吸引力，通过解决户口、提供过渡性住房、支持高校毕业生创业等措施引进优秀人才，从而改善"硕士及以上从业人员占比"等劣势指标。提高国际人才集聚能力，学习苏州工业园区和深圳高新区，探索中外合作建学模式，瞄准美国、德国、英国等国家的优秀大学，支持其与区内院校在合作共建国际合作大学，打造国际高等教育合作示范基地，加强集聚国际人才，从而促进创新成果产出，并使"园区外籍常驻人员和留学归国人员占从业人员比例"等具有优势的竞争指标保持良好发展。

推动产业提档升级，大力发展智能产业引领经济转型。深入对接"互联网+"和"工业4.0"战略，推动生产和制造过程的"数字化"。大力培养龙头企业。龙头企业是新兴产业培育的关键，是科技园区实现可持续发展的重要支撑，因此抓住产业转型升级的机会，在发展高新技术产业中培育创新型领军企业，对推进高新区的发展意义重大。合肥高新区要加大力度培育行业领军龙头企业，实施龙头企业"千百十"扶持计划，激励人才、资金、技术和重大科技项目等优质发展资源加速向龙头型企业集聚。推动现有大规模制造企业增强创新的组织和行为，使这些企业能够逐步由单纯的大规模企业发展成为创新型行业领军企业，并加快向平台型企业转型。加快形成新兴产业集群。紧跟新经济发展趋势，重点打造智能家电、新能源汽车、新一代信息技术、人工智能、生物医药、高端智能制造等新兴产业集群，通过深化移动互联网、云计算、大数据、物联网等新技术、新产业、新业态在产业集群中的应用，加速传统制造业的智能化升级，改善"工业增加值率增长率""高技术产业营业收入占总营业收入比值"等劣势指标表现。

全面深化对外合作，打造合作开放平台。积极推动与中关村、深圳等先进园区的创新创业跨区域合作；充分发挥"合肥国际人才城"、"国家海外人才离岸创新创业基地"、"侨梦苑"、中德国际创新园等平台的国际资源集聚效应；持续开展国际峰会、国际技术转移培训等多种形式的国际交流活动；同时，做好企业"走出去"服务：在新兴战略产业重点领域，推动组建一批产业联盟，促进大中小企业"抱团出海"。促进办事准则与国际接轨，在政府服务监管、企业运营成本、国际化服务体系、创新对外合作方式等方面进行制度设计和体制创新。在中国企业海外市场集中区域，设立境外商务联络处，帮助合肥企业在当地的市场开拓。

第四章 南宁高新区创新发展指数[①]

南宁高新区成立于1988年，1992年由国务院批准为国家高新区，2012年经中央编办正式批准升格为副厅级规格机构，成为广西首个副厅级高新技术产业开发区。经过30多年的发展，南宁高新区已成为广西经济增长速度最快、外商直接投资最多的区域之一。作为全国科技成果商品化、产业化、国际化的重要基地之一，南宁高新区已经成为南宁市培育和造就高新技术企业与企业家的摇篮，是南宁市科技成果转化与技术创新的示范区和深化改革与开放的试验区。

一、创新发展评估依据

南宁高新区作为西部地区尤其是广西的国家高新区代表，需要按照国家高新区整体发展标准，不断提升自己的实力和能力，为此，本研究把科技部火炬中心综合评价指标作为本次创新评估的依据。

国家高新区综合评价指标体系先后经过1993年、1999年、2004年、2013年4次制定和修改。2013年，我们也参与了国家高新区评价指标体系的修订工作，提出了国家高新区作为国家的政策工具，定位于"政策评价"，即紧紧围绕国家高新区的国家使命和战略内涵，强调高新区对国家导向目标的实现程度，而不是强调高新区自然发展达到的状态，高新区排名越靠前，说明距离国家导向目标越接近。

目前的国家高新区评价指标体系由知识创造和技术创新能力、产业升级和结构优化能力、国际化和参与全球竞争能力、高新区可持续发展能力4个一级指标构成，下设40个二级指标，其中，包括4个调查指标、4个定性指标（表4-1）。

表4-1 国家高新区评价指标体系（2013年修订版）

一级指标	二级指标
知识创造和技术创新能力	1.1 万人拥有本科（含）学历以上人数
	1.2 企业万元销售收入中R&D经费支出

[①] 本章由孙红军、张路娜、何燕、傅海荣等撰写。

续表

一级指标	二级指标
知识创造和技术创新能力	1.3 国家级研发机构数
	1.4 国家级孵化器数
	1.5 内资控股企业万人当年新增发明专利授权数
	1.6 管委会当年财政支出中对科技的投入额
	1.7 人均技术合同交易额
	1.8 工业增加值率
	1.9 企业利润率
	1.10 园区管委会的体制机制创新和有效运作评价
	1.11 园区发展符合国家导向评价
产业升级和结构优化能力	2.1 营业收入超30亿元高新技术企业数
	2.2 服务收入占营业总收入比例
	2.3 人均增加值
	2.4 高新技术企业数占企业总数比例
	2.5 国家级产业服务促进机构数
	2.6 万人当年新增的知识产权数（含注册商标）
	2.7 万人拥有的上市企业数量
	2.8 企业净资产利润率
	2.9 从业人员人均工资性收入占人均增加值比例
	2.10 园区科技金融发展状况评价
	2.11 园区战略性新兴产业和创新型集群培育及发展状况评价
国际化和参与全球竞争能力	3.1 境外留学归国人员和外籍常驻人员占从业人员的比例
	3.2 高新技术企业出口额占园区营业收入的比例
	3.3 技术服务出口额占出口总额的比例
	3.4 企业设立的境外分支机构数
	3.5 万人当年新增欧美日注册商标数
	3.6 万人当年新增欧美日专利授权数
	3.7 企业主导制定的国际标准数
	3.8 当年内资控股企业的境外直接投资额

续表

一级指标	二级指标
国际化和参与全球竞争能力	3.9　园区实施人才战略与政策的绩效评价
	3.10　园区宜居性和城市服务功能的完善程度评价
高新区可持续发展能力	4.1　从业人员数增长率
	4.2　从业人员中硕士和博士占比
	4.3　企业数量增长率
	4.4　企业上缴税收总额增长率
	4.5　企业当年新增投资总额
	4.6　单位增加值综合能耗
	4.7　园区"政产学研资介用"合作互动与知识产权保护评价
	4.8　园区参与评价工作所报数据的客观性、准确性和完整性评价

二、南宁高新区发展自我评估

（一）经济发展态势良好

近年来，南宁高新区主要经济指标保持稳步增长态势。从火炬中心统计数据（图4-1）看，2011—2017年园区营业收入和企业出口总额持续增长，其中，2017年出口总额出现了爆发式增长，出口总额增长率高达47.9%，这与园区大力鼓励企业走出去、完善进出口统计工作有直接关系。2011—2016年园区工业总产值、工业增加值均持续上升，但2017年势头减弱。2017年，园区实现工业总产值1630亿元，较2016年减少5.1%；工业增加值249.0亿元，较2016年减少21.0%。此外，2011—2017年园区工业增加值率和园区企业利润率趋于下降（图4-2、图4-3）。

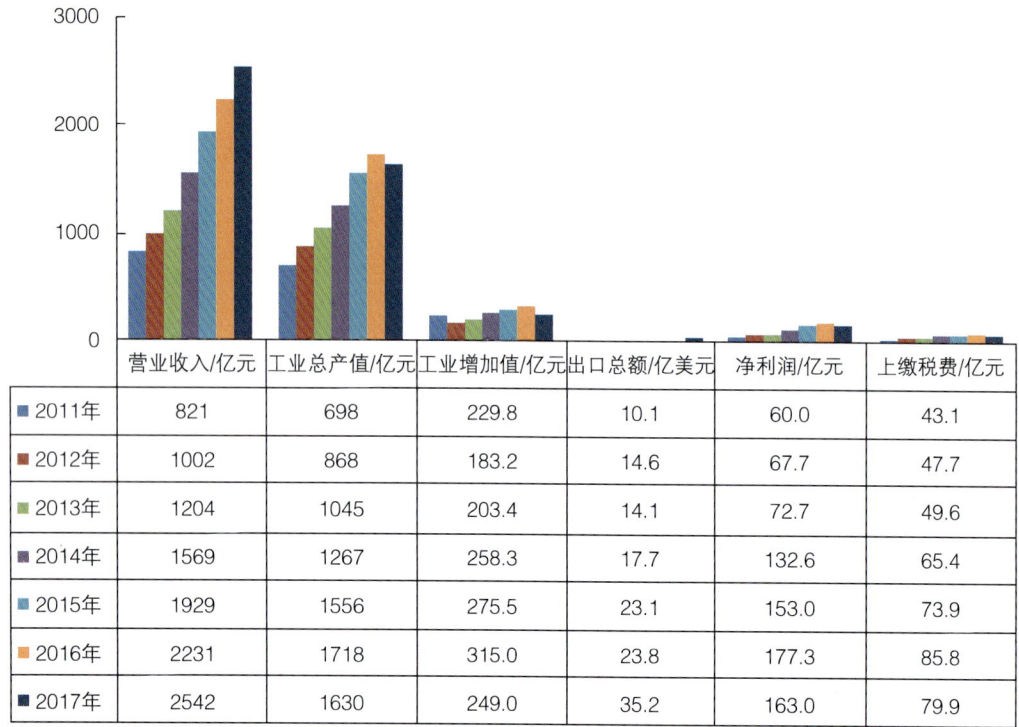

图4-1　2011—2017年南宁高新区主要经济指标变化情况

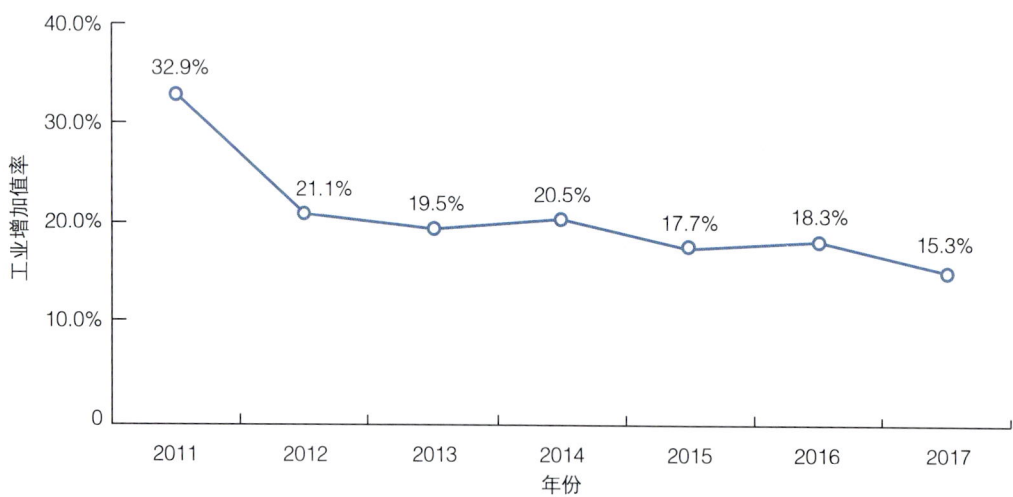

图4-2　2011—2017年南宁高新区工业增加值率变化情况

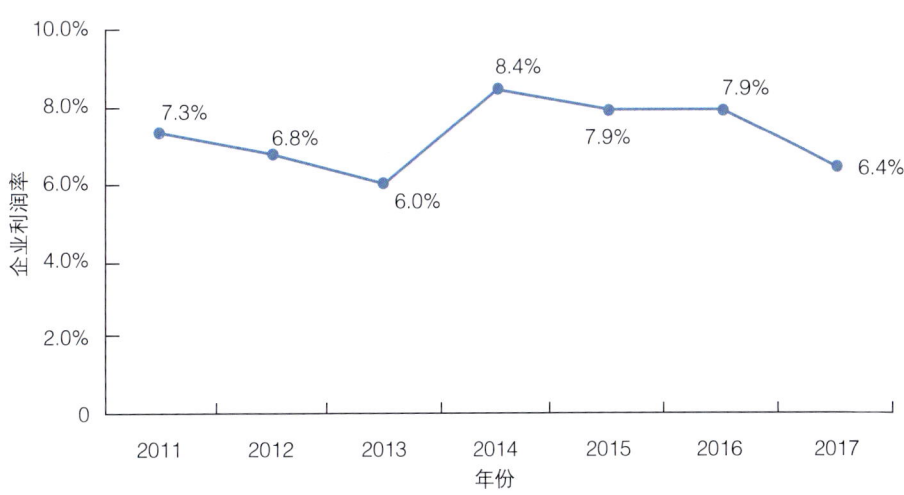

图4-3　2011—2017年南宁高新区企业利润率变化情况

（二）五大产业集聚发展

南宁高新区形成了新一代信息技术、生命健康、智能制造、节能环保、现代服务业的"4+1"产业体系，带动了国内外高技术项目、人才、资本等创新创业要素的集聚，企业数量持续增加（图4-4），推动了园区产业的转型升级。其中，新一代信息技术领域，集聚了丰达电机、鸿盛达科技、一铭软件、德意数码等一批优势骨干企业；生命健康领域集聚了培力（南宁）药业、田园生化、灵康赛诺科等企业；智能制造领域涌现出广西明匠、哈工大机器人、南宁宇立等高成长企业；节能环保领域主要集中于新型高效节能设备及产品、环境保护和治理专用设备、资源循环利用、先进清洁技术、节能环保服务业等方面；现代服务业领域主要包括创新创业服务、科技服务业、电子商务、服务外包、文化创意、工业设计、现代物流等细分产业。南宁高新区已获批国家火炬计划软件产业基地、国家863计划生物产业基地、国家电子商务示范基地，拥有1个国家创新型产业集群试点。

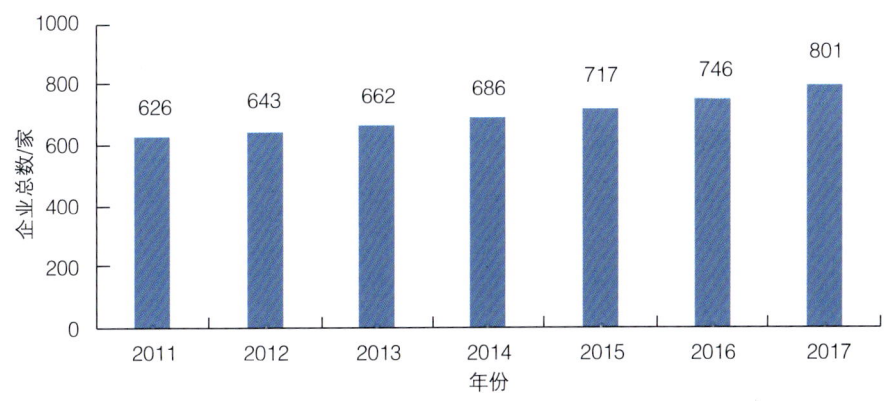

图4-4　2011—2017年南宁高新区企业数量的变化情况

（三）"双创"活力大幅提升

创新创业平台量增质提。2017年南宁高新区建有广西企业技术中心35家，广西工程技术研究中心37家，均占全市45%以上的比例，拥有国家认可实验室11家、国际认证实验室1家、院士工作站9家、博士后工作站6家。2017年，南宁创客城和云创智谷通过科技部的备案，成为国家级众创空间。其中，南宁创客城已引进草根创客团队85家（其中，初创孵化载体50家，企业加速器35家），创业投资机构超过10家，服务机构9家，通过设立"草根创业导师库"，为草根团队的成长提供专业的项目指导。此外，中关村信息谷雨林空间、Google AdWords广西体验中心、南宁锐骐物联网众创空间3家南宁高新区众创空间通过自治区科技厅备案。

高新技术企业引领带动效应凸显。高新技术企业已成为推动产业升级与创新发展的主导力量，是落实创新驱动发展战略的重要抓手。2017年，南宁高新区高新技术企业稳步增长，总量达到370家，同比增长21.7%，占全区总量的36.6%，数量位居全区第一。

创新人才洼地逐步形成。南宁高新区人才数量总体呈现较快的增长趋势。2017年，本科及以上学历人员数为5.5万人，较2011年增长了66.7%；科技活动人员数为2.7万人，较2011年增长了58.8%；R&D人员数为1.7万人，较2011年增长了30.8%（图4-5）。总体来看，这三类人才数量均呈现出明显上升态势，这有助于为高新区开展创新创业活动提供充足的人才资源保障。

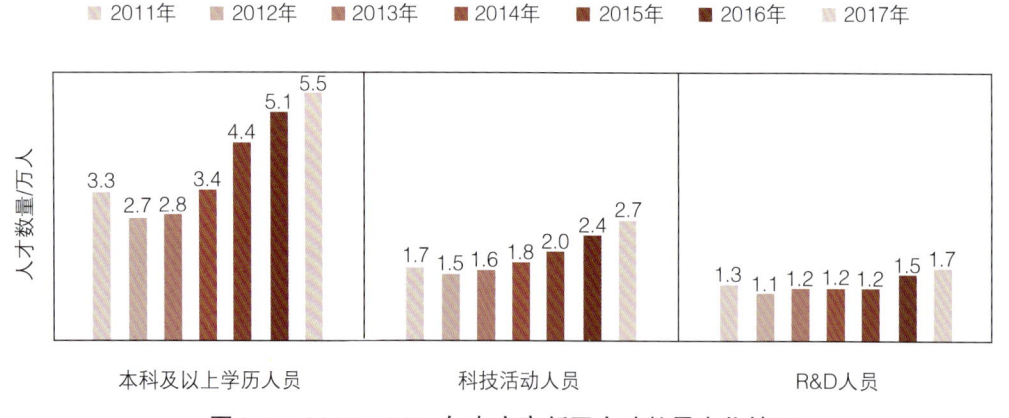

图4-5　2011—2017年南宁高新区人才数量变化情况

研发投入明显减少。2011—2016年，R&D经费内部支出呈现出持续增长态势。2017年R&D经费内部支出为26.7亿元，较2016年减少了22.6%（图4-6）。

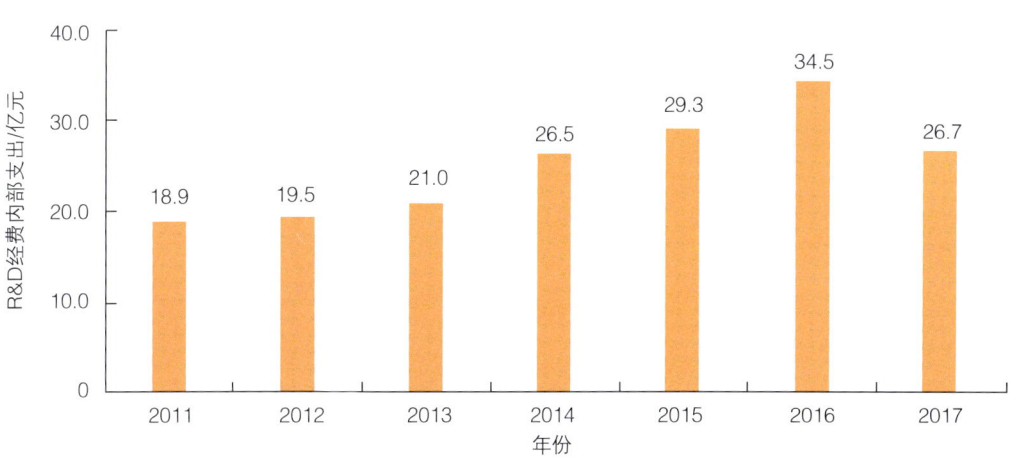

图4-6 2011—2017年南宁高新区R&D经费内部支出情况

科技成果转化能力增强。一方面科技成果产出成效显著，园区申请专利、申请发明专利、授权专利、授权发明专利总量持续增长（图4-7）；另一方面成果转化能力逐步提高，园区2017年技术收入为454.4亿元，约是2011年的4倍；新产品销售收入为195.1亿元，较2016年增长了21.0%（表4-2）。这反映了南宁高新区的科技成果转化能力在日益增强。

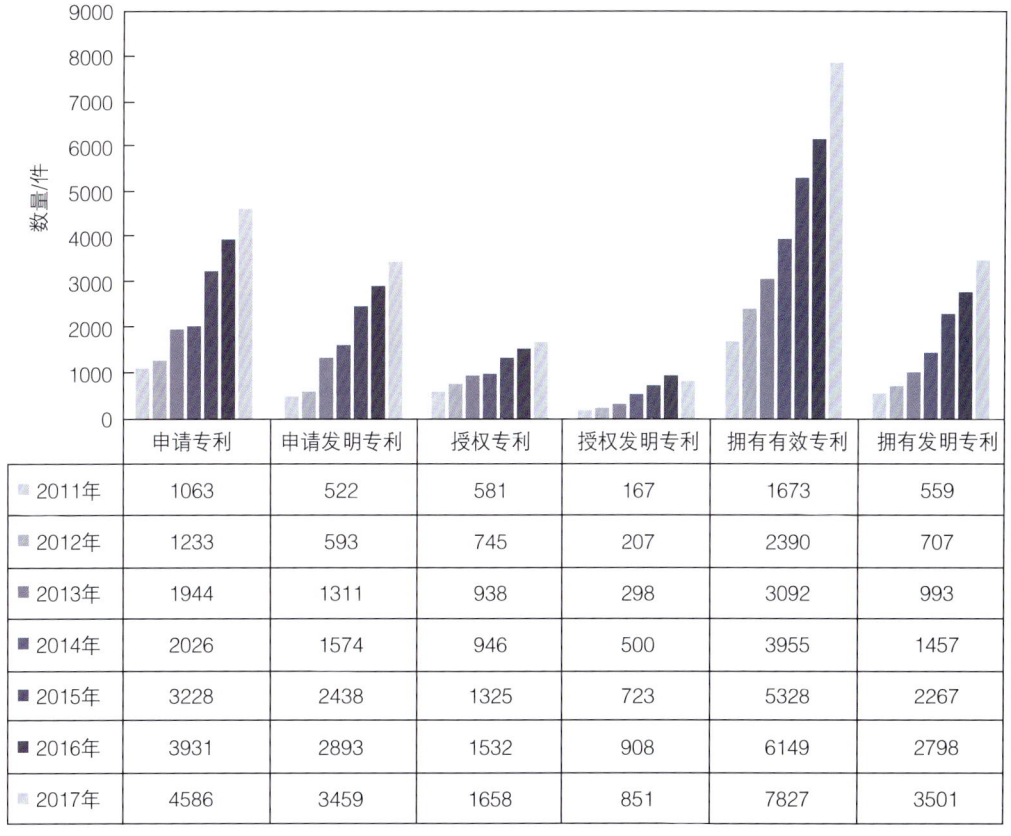

	申请专利	申请发明专利	授权专利	授权发明专利	拥有有效专利	拥有发明专利
2011年	1063	522	581	167	1673	559
2012年	1233	593	745	207	2390	707
2013年	1944	1311	938	298	3092	993
2014年	2026	1574	946	500	3955	1457
2015年	3228	2438	1325	723	5328	2267
2016年	3931	2893	1532	908	6149	2798
2017年	4586	3459	1658	851	7827	3501

图4-7 2011—2017年南宁高新区专利产出变化情况

表4-2　2011—2017年南宁高新区创新经济产出变化情况

	2011年	2012年	2013年	2014年	2015年	2016年	2017年
技术收入/亿元	114.3	117.2	137.1	207.3	278.7	291.4	454.4
新产品销售收入/亿元	161.9	220.1	106.1	125.5	129.1	161.2	195.1
技术合同成交总额/亿元	11.0	3.7	1.3	1.3	1.0	1.3	1.5

（四）开放合作成效初显

一是依托南宁每年举办中国-东盟博览会、中国-东盟技术转移与创新合作大会，积极开展与东盟国家的科技创新交流与合作，推动园区企业与东盟各国企业合作交流。二是充分利用南宁·中关村创新示范基地，通过与以色列、德国、硅谷、东盟合作通道建设，搭建国际合作平台。中关村信息谷公司与宜信以色列创新基金共同建设运营了雨林空间（国际孵化器），"南宁中以科技成果转化中心"也落户在南宁高新区。三是大力支持技术转移中介服务机构发展，借助中国-东盟技术转移中心、国家科技成果转化服务（南宁）示范基地建设，打造面向东盟的区域性国际技术转移中心，支持拥有自主知识产权的技术和产品走向东盟。中国-东盟技术转移中心牵头拓展的中国-东盟技术转移协作网络成员已达到2053家，其中，东盟国家有579家，成员还发展到了巴基斯坦、以色列、匈牙利等"一带一路"沿线国家。

三、基于国家高新区评价指标的评价

（一）综合和分项指标分析

1.总排名和一级指标排名

科技部火炬中心以2017年156个国家高新区和苏州工业园（共157个单位）的统计数据及2017年高新区发展情况为基础，开展了2018年度国家高新区评价工作，其中，南宁高新区综合排名第54位。

单项排名：知识创造和技术创新能力第47位；产业升级和结构优化能力第55位；国际化和参与全球竞争能力第70位；高新区可持续发展能力第68位。

评价结果显示：南宁高新区综合排名明显下降。园区在企业国际技术话语权提升、技术市场活跃度、产业服务平台建设等方面表现突出；在企业缴税能力提升、产业价值创造能力、企业品牌建设、国际创新成果产出效率、企业投资获利能力等方面表现较差，还有较大提升空间。

从历年综合排名看（图4-8），2011—2015年南宁高新区排名呈现稳定上升态势，由第48位上升至第37位，但2016年园区综合排名下降到第43位，2017年又下降至第54位，降幅高达11位。

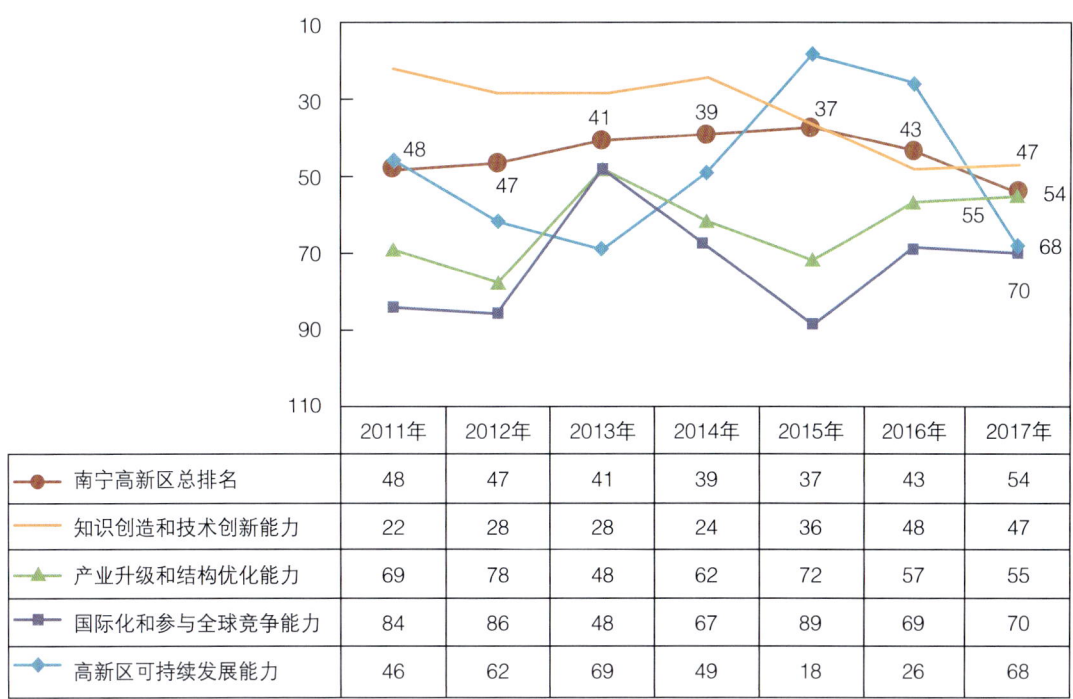

图4-8 2011—2017年南宁高新区综合排名变化

从单项指标排名变化看，4个单项指标排名自2011年以来均有较为明显的波动，排名的不稳定性一定程度上反映了高新区未形成稳步提升的发展态势，同时与相关政策的执行缺乏连续性、稳定性及国家高新区数量不断增加有关。2011—2016年，知识创造和技术创新能力指标排名呈现下滑态势，其中，2012年、2015年、2016年出现急剧下滑的情况，2017年排名小幅上涨1位。产业升级和结构优化能力2011—2017年呈现出"W"形变化趋势，其中，2012年、2015年出现急剧下滑，2013年、2016年又出现快速上升，2017年排名上涨2位。国际化和参与全球竞争能力指标在4个一级指标中排名相对滞后，除2013年表现较好外，其他年份均居第60位之后，是南宁高新区需要重点关注的短板指标。2011—2016年高新区可持续发展能力指标排名明显上升，尤其是2014年和2015年大幅提升，2016年较2015年略有下降，但2017年该指标大幅下滑至第68位，这一异常变化值得重视。

总体来看，与2016年相比，南宁高新区2017年知识创造和技术创新能力、产业升级和结构优化能力、国际化和参与全球竞争能力排名升降幅度不大，态势趋稳。但可持续发展能力排名大幅下滑42位，比较糟糕，成为导致2017年总排名下滑的主要原因。

当前，广西一共有4家国家高新区，从2017年总排名来看，南宁高新区略低于柳州高新区，远远领先于桂林高新区和北海高新区（表4-3）。从2017年4个单项指标的排名可知，南宁高新区知识创造和技术创新能力明显处于领先地位，产业升级和结构优化能力位居第三，国际化和参与全球竞争能力位居第二，高新区可持续发展能力排名末位。整体来看，南宁高新区在广西内部排名靠前，在创新能力方面拥有优势，但在可持续发展上存在短板，园区未来需要进一步发挥技术创新方面的示范作用，同时弥补在可持续发展方面的短板。

表4-3　2017年广西区内高新区排名

总排名	高新区	知识创造和技术创新能力	产业升级和结构优化能力	国际化和参与全球竞争能力	高新区可持续发展能力
49	柳州	62	19	82	63
54	南宁	47	55	70	68
74	桂林	84	78	39	49
79	北海	101	48	96	46

2.二级指标排名情况分析

（1）二级指标排名分布

结合国家高新区总体表现及南宁高新区自身的总排名情况，根据各二级指标的排名情况对指标进行分类，将排名在前40位的归类为优势指标，排名在第41～第80位的归为一般指标，排名第81位之后的归类为短板指标。

分析南宁高新区32个定量指标的排名情况可知，优势指标包括9个，一般指标包括7个，短板指标包括16个。与2016年相比，2017年南宁高新区的优势指标增加1个，但短板指标增加4个。南宁高新区各二级指标的排名分布情况如表4-4所示。

表4-4　2017年南宁高新区各二级指标排名分布

指标分类	个数	指标编码
优势指标	9	1.3、1.5、1.7、2.1、2.2、2.5、3.7、4.2、4.5
一般指标	7	1.1、1.4、1.9、2.4、3.3、3.8、4.6
短板指标	16	1.2、1.6、1.8、2.3、2.6、2.7、2.8、2.9、3.1、3.2、3.4、3.5、3.6、4.1、4.3、4.4

在9个优势指标中，知识创造和技术创新能力包括3个，产业升级和结构优化能力包括3个，国际化和参与全球竞争能力包括1个，高新区可持续发展能力包括2个。其中，1.7人均技术合同交易额指标排名第19位，是园区表现最好的二级指标，说明园区技术市场活跃度很高；2.5国家级产业服务促进机构数指标排名第21位，说明园区在产业服务平台建设方面成效显著，其他优势指标排

名均在第25～第40位。

一般指标有7个，其中，知识创造和技术创新能力包括3个，产业升级和结构优化能力包括1个，国际化和参与全球竞争能力包括2个，高新区可持续发展能力包括1个。

短板指标共16个，其中，知识创造和技术创新能力包括3个，产业升级和结构优化能力包括5个，国际化和参与全球竞争能力包括5个，高新区可持续发展能力包括3个。其中，1.2企业万元销售收入中R&D经费支出、1.8工业增加值率、2.8企业净资产利润率、3.5万人当年新增欧美日注册商标数、3.6万人当年新增欧美日专利授权数、4.4企业上缴税收总额增长率这6个指标排名均在第105位之后，这说明园区在企业研发投入力度、产业价值创造能力、企业投资获利能力、企业品牌建设、国际创新成果产出效率、企业缴税能力提升等方面表现较差。

（2）二级指标排名分析

2017年南宁高新区知识创造和技术创新能力的整体排名为第47位，9个定量指标中有3个优势指标、3个一般指标、3个短板指标。优势指标包括1.3国家级研发机构数、1.5内资控股企业万人当年新增发明专利授权数、1.7人均技术合同交易额，排名分别为第35、第39、第19位，说明高新区在研发平台建设、本土企业创新成果产出效率、技术市场活跃度方面处于领先位置。一般指标包括1.1万人拥有本科（含）学历以上人数、1.4国家级孵化器数、1.9企业利润率。短板指标包括1.2企业万元销售收入中R&D经费支出、1.6管委会当年财政支出中对科技的投入额、1.8工业增加值率，排名分别为第111、第91、第129位，反映出园区在企业研发投入、政府科技投入、产业价值创造能力等方面表现较差。

2017年南宁高新区产业升级和结构优化能力整体排名为第55位，9个定量指标中有3个优势指标、1个一般指标、5个短板指标。优势指标包括2.1营业收入超30亿元高新技术企业数、2.2服务收入占营业总收入比例、2.5国家级产业服务促进机构数，排名分别为第36、第29、第21位，这表明园区在龙头型科技企业培育、服务业培育、产业服务平台建设等方面表现较好。一般指标包括2.4高新技术企业数占企业总数比例。短板指标分别为2.3人均增加值、2.6万人当年新增的知识产权数（含注册商标）、2.7万人拥有的上市企业数量、2.8企业净资产利润率、2.9从业人员人均工资性收入占人均增加值比例，排名分别为第101、第90、第98、第123、第89位，表明园区在人均价值创造能力提升、创新成果产出能力、推动企业上市融资、企业投资获利能力、从业人员薪酬水平提升方面表现较差。

2017年南宁高新区国际化和参与全球竞争能力排名为第70位，8个定量指标有1个优势指标、2个一般指标、5个短板指标。优势指标为3.7企业主导制定的国际标准数。一般指标包括3.3技术服务出口额占出口总额的比例、3.8当年内资控股企业的境外直接投资额，表明园区在技术服务出口能力、本土企业境外投资等方面表现一般。短板指标包括3.1境外留学归国人员和外籍常驻人员占从业人员的比例、3.2高新技术企业出口额占园区营业收入的比例、3.4企业设立的境外分支机构数、3.5万人当年新增欧美日注册商标数、3.6万人当年新增欧美日专利授权数，排名分别为第100、第96、第86、第125、第127位，反映了园区在国际人才集聚、高新技术企业走出去、企业境外拓展能力、企业品牌建设、创新的国际竞争力等方面表现较差，未来需要进一步推动园区企业走出去，整合全球的技术、人才、品牌。

2017年高新区可持续发展能力中，6个定量指标包括2个优势指标、1个一般指标、3个短板指标。优势指标包括4.2从业人员中硕士和博士占比、4.5企业当年新增投资总额，排名分别为第40、第34位，这表明园区高端人才培育等方面表现较好。一般指标包括4.6单位增加值综合能耗，排名为第77位，说明园区在绿色低碳经济等方面还有较大提升空间。短板指标包括4.1从业人员数增长率、4.3企业数量增长率、4.4企业上缴税收总额增长率，排名分别为第84、第81、第133位，说明园区在带动人员就业、企业培育、企业缴税能力提升方面表现较差。

（二）综合比较和短板确定

考虑到全国国家高新区发展水平不是均衡分布的，在一定可比范围内进行对标才有意义，选择一定的指标值进行横向对比，树立标杆，明确差距。因此，选择了排名在全国80位之后且低于全国高新区均值、重点对比园区均值作为对标指标，多方比较，以确定南宁高新区表现较差的二级指标。

南宁高新区发展主要问题可以归结为3个方面：①创新的投入和产出稍显不足，创新创业环境有待优化，突出表现在企业投资研发不足、财政科技投入较少、创新成果产出效率较低；②产业结构有待优化，整体有待做大做强，主要表现在龙头和高新技术企业培育、产业价值创造能力和投资盈利能力较差、企业吸引投资和缴税能力很弱、从业人员薪酬水平较低；③园区开放性需进一步增强，参与国际竞争能力有待提升，主要表现在出口结构有待优化、境外分支机构较少、境外人才吸引力不足、国际知识产权产出较少。

（三）与重点园区对比分析

根据南宁高新区的要求，我们选取排名在南宁高新区前后5位的高新区与其进行比较分析，以期为南宁高新区的未来发展提供科学的指导。前5位分别是：柳州、淄博、大庆、宝鸡、昆明高新区；后5位分别是嘉兴、绵阳、马鞍山、鞍山、乌鲁木齐高新区。

1.综合排名对比分析

表4-5和图4-9显示，在排名前5位的高新区中，2011—2017年，昆明高新区的排名一直在南宁高新区前面，南宁高新区追赶的压力较大。南宁高新区在2017年被4家高新区反超。柳州高新区近几年呈现出稳定增长态势，与南宁高新区的差距正在逐步缩小。柳州高新区在2011—2016年的排名均低于南宁高新区，而在2017年排名实现了赶超。大庆高新区在2015年、2016年落后之后，

在2017年超过南宁高新区。淄博高新区在2014年、2015年、2016年落后之后，2017年又超过南宁高新区。宝鸡高新区在2015年、2016年落后南宁高新区之后，2017年排名又超过南宁高新区。在排名后5位的高新区中，乌鲁木齐、鞍山、嘉兴、马鞍山、绵阳高新区近年的排名几乎都在南宁高新区的后边，相对而言南宁高新区具有优势。

表4-5 南宁高新区与重点对标高新区综合排名对比

高新区	2011年	2012年	2013年	2014年	2015年	2016年	2017年
柳州	56	56	45	46	45	45	49
淄博	35	33	40	53	52	50	50
大庆	24	21	33	32	39	52	51
宝鸡	37	42	58	57	57	53	52
昆明	27	26	34	36	34	39	53
南宁	48	47	41	39	37	43	54
嘉兴	—	—	—	—	72	60	55
绵阳	45	45	46	55	61	59	56
马鞍山	—	88	73	60	55	56	57
鞍山	51	49	53	61	58	58	58
乌鲁木齐	60	58	48	41	40	62	59

整体来看，乌鲁木齐、鞍山、嘉兴、马鞍山、绵阳高新区这5家对南宁高新区造成的争先进位压力不大。昆明高新区一直排名靠前，南宁高新区可将其作为今后超越的目标之一。淄博、大庆、宝鸡、柳州高新区这4家与南宁高新区相比各有优势，排名相当。

根据表4-6中南宁高新区与重点对标高新区一级指标的对比分析，南宁高新区的知识创造和技术创新能力领先于柳州、大庆、宝鸡、昆明等高新区，为相对优势指标；产业升级和结构优化能力落后于柳州、昆明、马鞍山、乌鲁木齐等高新区；国际化和参与全球竞争能力落后于淄博、宝鸡、嘉兴等高新区，为相对短板指标；高新区可持续发展能力落后于柳州、大庆、宝鸡、昆明等高新区。

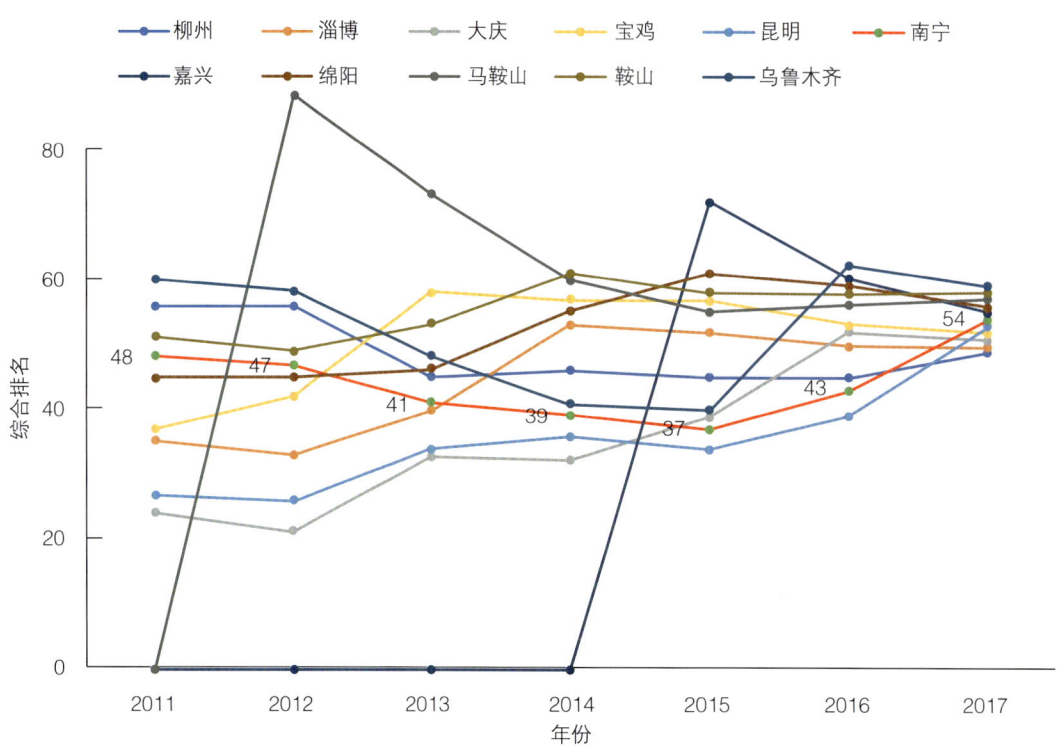

图4-9　2011—2017年南宁高新区与重点对标高新区综合排名

表4-6　2017年南宁高新区与重点对标高新区一级指标对比

2017年综合排名	高新区	一级指标			
		知识创造和技术创新能力	产业升级和结构优化能力	国际化和参与全球竞争能力	高新区可持续发展能力
49	柳州	62	19	82	63
50	淄博	45	65	26	90
51	大庆	51	49	55	62
52	宝鸡	56	63	63	23
53	昆明	73	30	78	40
54	南宁	47	55	70	68
55	嘉兴	59	56	37	85
56	绵阳	60	67	72	36
57	马鞍山	53	35	91	109
58	鞍山	39	59	105	91
59	乌鲁木齐	61	38	104	82

2.主要经济和创新指标对比分析

与重点对标高新区比较可知,南宁高新区营业收入、工业总产值、工业增加值处于中等水平,尤其是营业收入位居第三,说明南宁高新区企业经营状况较好,具备良好的经济基础和发展潜力(图4-10)。同时,南宁高新区净利润排名第三,出口总额排名第一,但企业上缴税费总额排名第七(图4-11)。

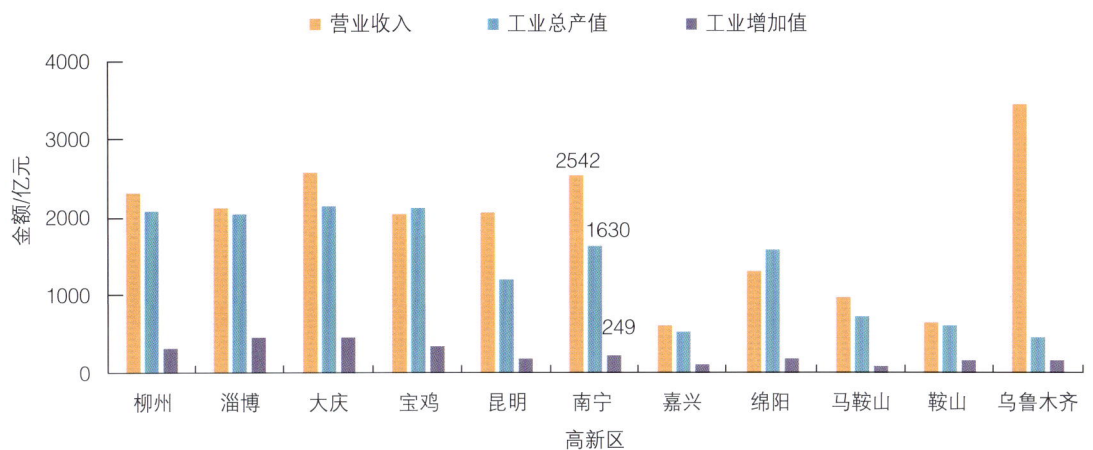

图4-10 南宁高新区与重点对标高新区营业收入、工业总产值和工业增加值对比

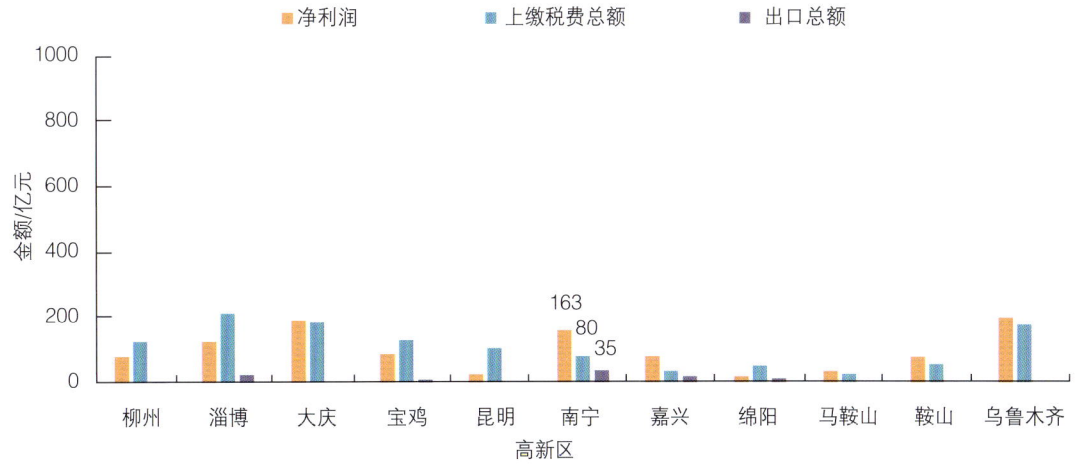

图4-11 南宁高新区与重点对标高新区净利润、上缴税费总额、出口总额对比

与重点对标高新区对比可知,南宁高新区人均营业收入排名第九,人均工业总产值和人均工业增加值均排名第十,人均出口额排名第五,人均净利润排名第六,人均上缴税费排名第十一(图4-12、图4-13)。南宁高新区人均创造价值较低,与重点园区相比较排位处于劣势位置,这与南宁高新区2017年排位下降有直接关系。

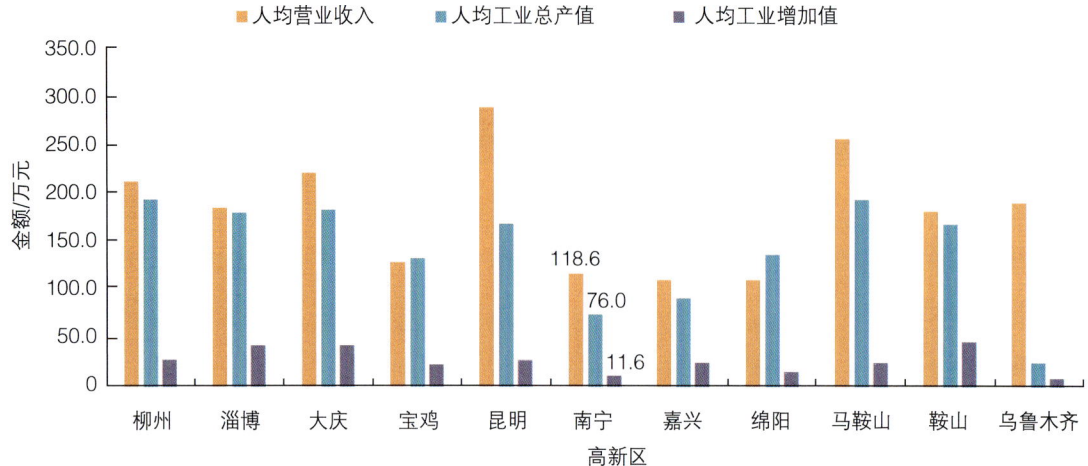

图4-12　南宁高新区与重点对标高新区人均营业收入、人均工业总产值和人均工业增加值对比

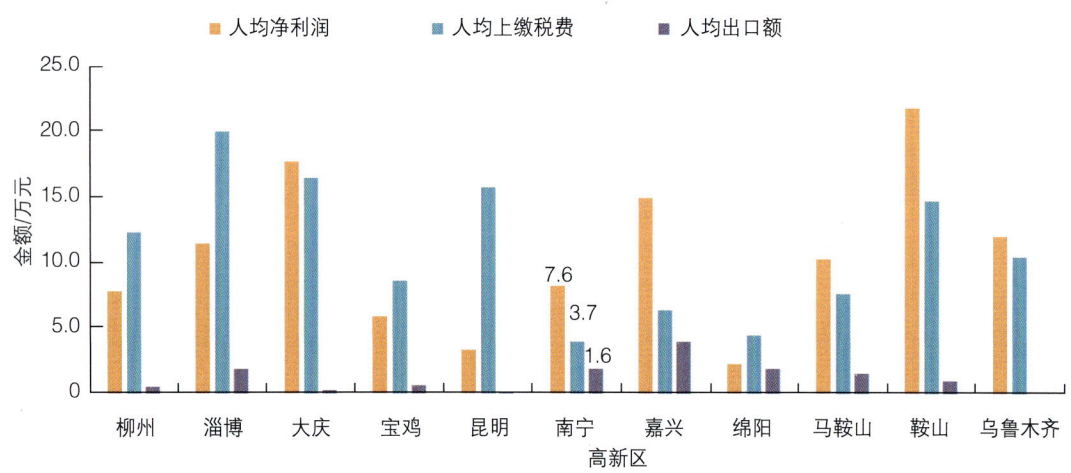

图4-13　南宁高新区与重点对标高新区人均净利润、人均上缴税费、人均出口额对比

从创新相关数据来看，与重点园区对比可知，南宁高新区高新技术企业数量排名第一，科技活动人员和本科及以上人员数量排名第一，R&D人员数量排名第三，R&D经费内部支出排名第六（图4-14至图4-16）。这说明南宁高新区在培育高新技术企业、集聚人才方面已经有一定优势，但需进一步加大创新经费投入。

第四章　南宁高新区创新发展指数

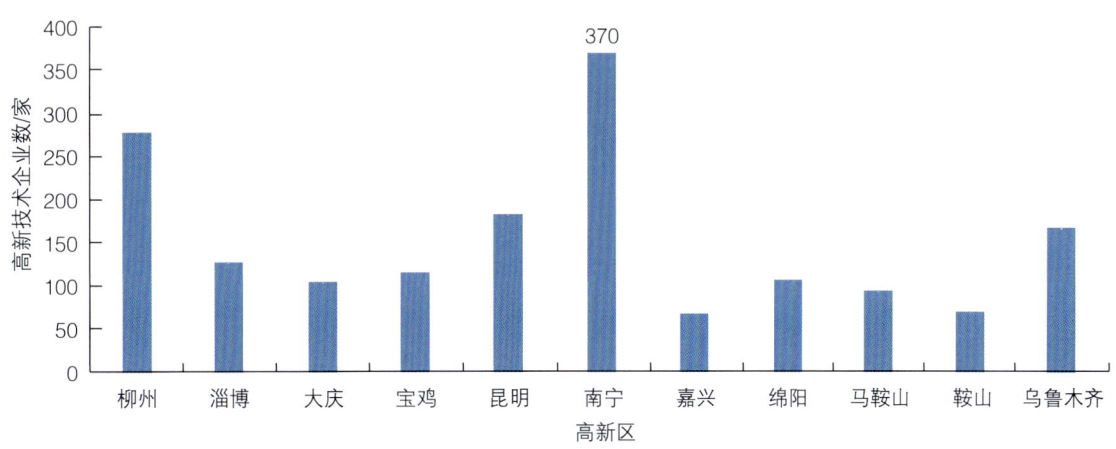

图4-14　南宁高新区与重点对标高新区高新技术企业数

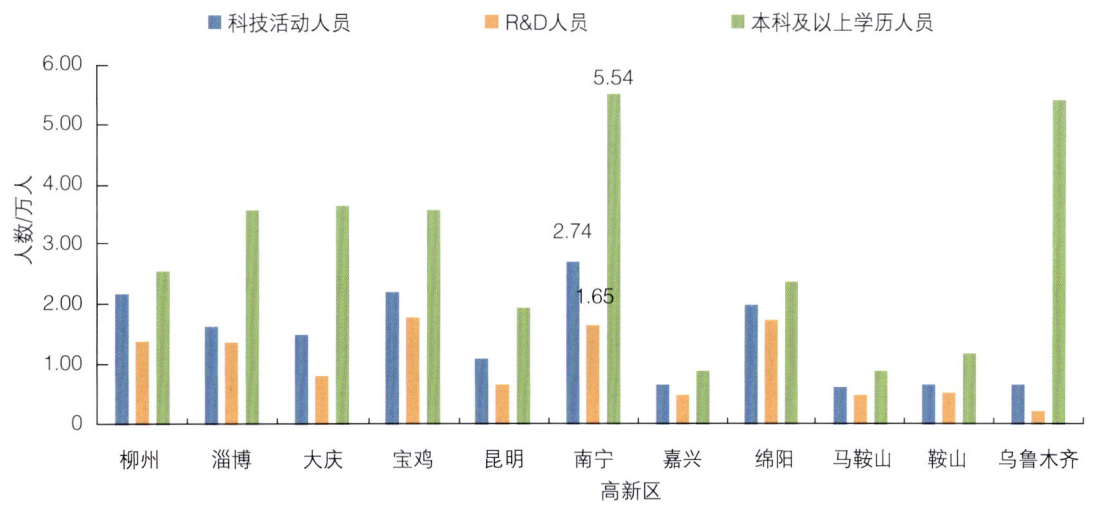

图4-15　南宁高新区与重点对标高新区人才数量

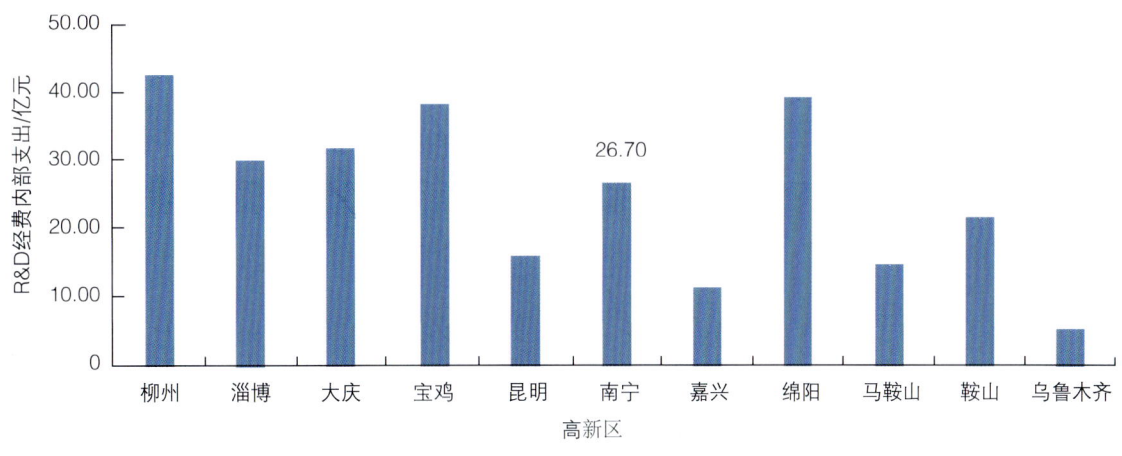

图4-16　南宁高新区与重点对标高新区R&D经费内部支出

从创新产出数据看，与重点园区对比，南宁高新区专利申请和专利授权量优势突出，但技术合同成交金额排位较为靠后（图4-17、图4-18）。这说明南宁高新区技术创新产出成果较多，但技术交易活跃度较低，许多创新成果难以转化为经济效益，服务于产业发展。

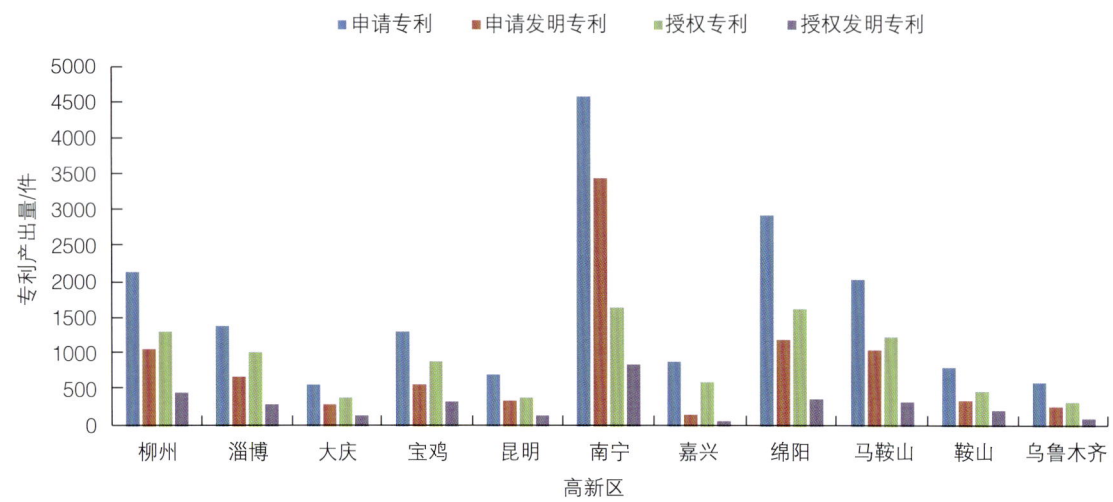

图4-17　南宁高新区与重点对标高新区专利产出量对比

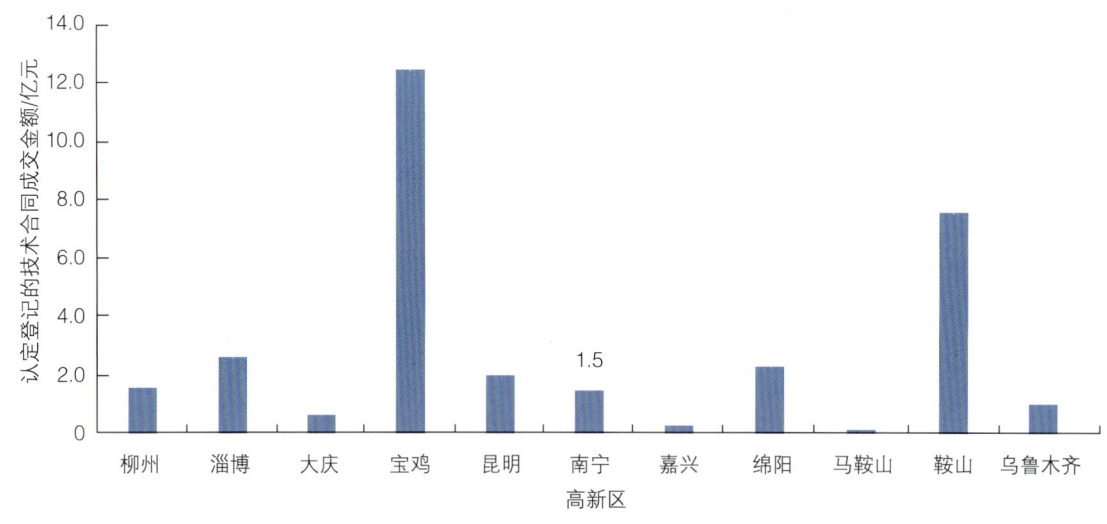

图4-18　南宁高新区与重点对标高新区技术合同成交额对比

3.二级指标对比分析

以下结合各分项能力中的二级指标的指标值和排名，进行更深入的对比分析，重点将南宁高新区的相对短板指标（在对标高新区中排名第6位之后）和相对优势指标（在对标高新区中排名前3位）进行梳理。

（1）知识创造和技术创新能力对比分析

南宁高新区优势指标有1.3国家级研发机构数、1.7人均技术合同交易额，这表明园区在研发平台建设、企业技术交易和合作方面表现突出（图4-19、图4-20）。

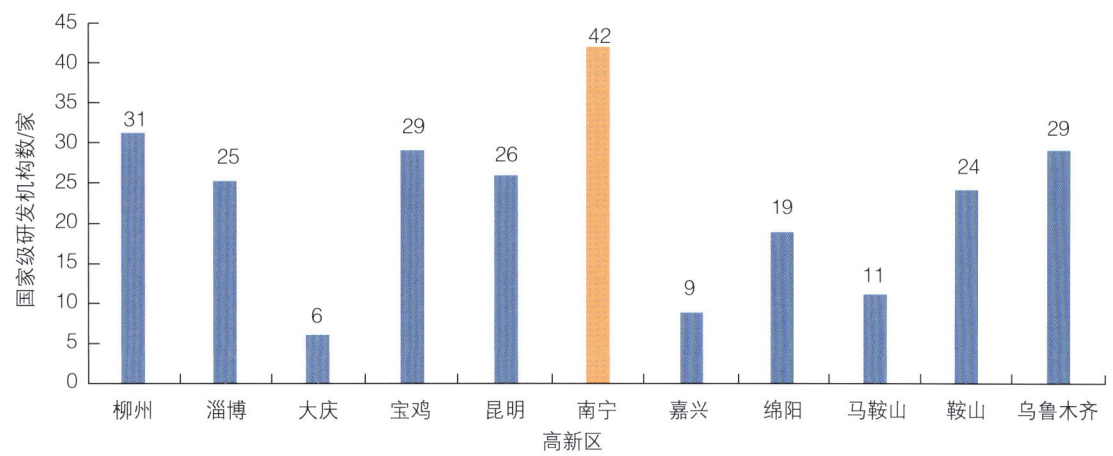

图4-19　南宁高新区与重点园区国家级研发机构数

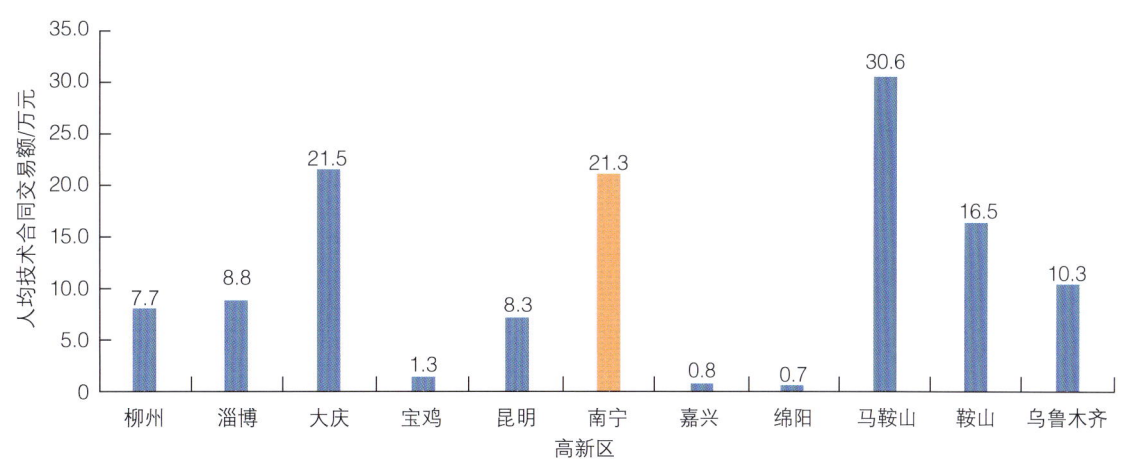

图4-20　南宁高新区与重点园区人均技术合同交易额

南宁高新区短板指标包括1.2企业万元销售收入中R&D经费支出、1.6管委会当年财政支出中对科技的投入额、1.8工业增加值率，这3个指标与重点园区指标对比排名靠后，说明园区在企业研发投入力度、政府科技投入、产业价值创造能力方面表现较差。因此，园区开展争先进位工作需要重点关注这些短板指标（图4-21至图4-23）。

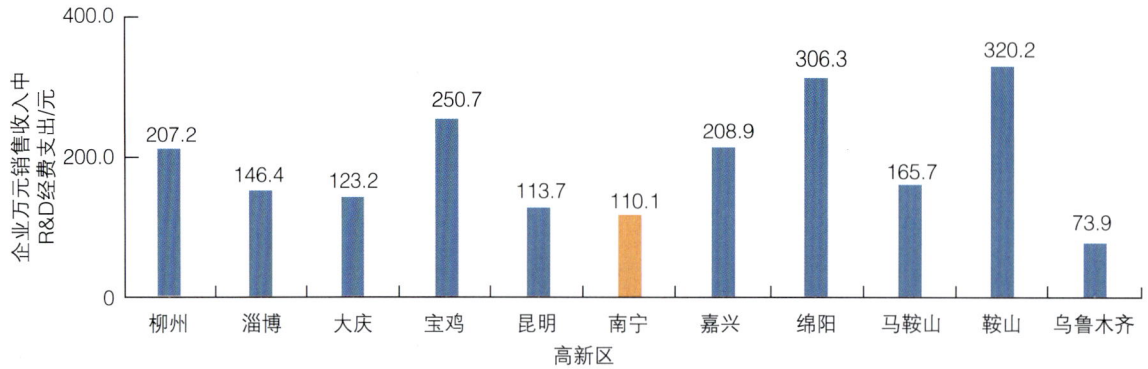

图4-21　南宁高新区与重点园区在1.2指标上的对比

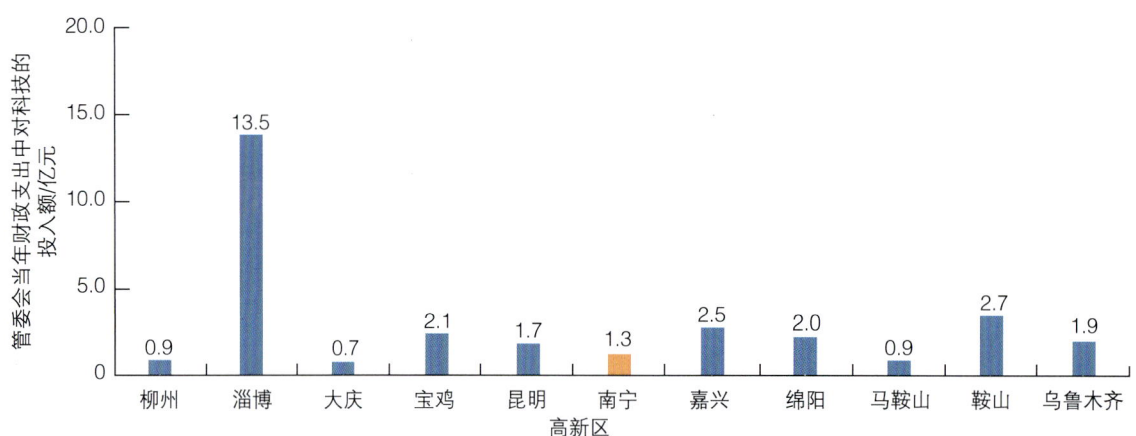

图4-22　南宁高新区与重点园区在1.6指标上的对比

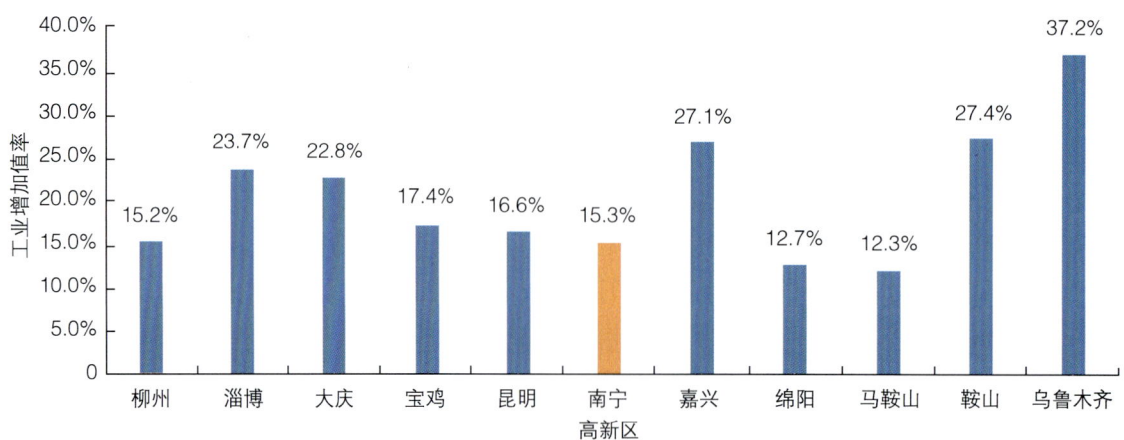

图4-23　南宁高新区与重点园区在1.8指标上的对比

（2）产业升级和结构优化能力对比分析

南宁高新区优势指标为2.5国家级产业服务促进机构数，表明园区在产业服务平台建设方面表现较好（图4-24）。

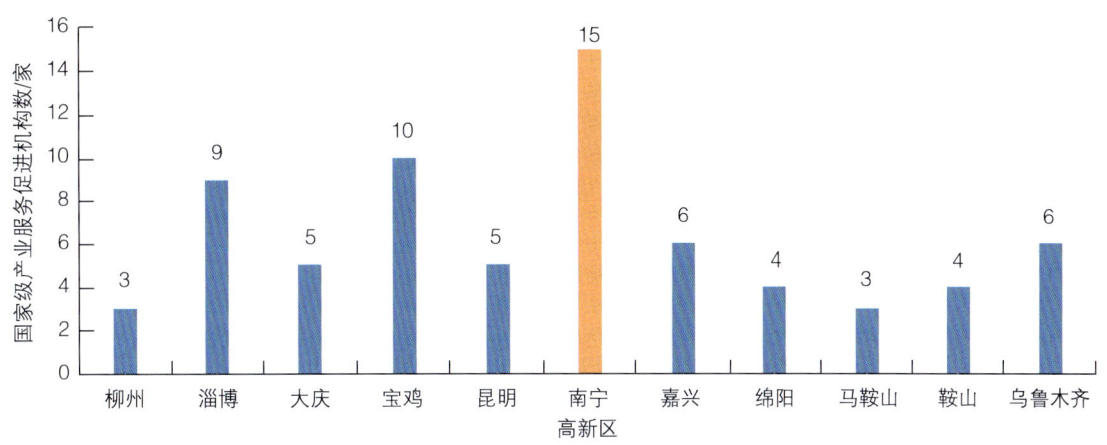

图4-24　南宁高新区与重点园区在2.5指标上的对比

在产业升级和结构优化能力中，南宁高新区短板指标有2.3人均增加值、2.6万人当年新增的知识产权数（含注册商标）、2.7万人拥有的上市企业数量、2.8企业净资产利润率、2.9从业人员人均工资性收入占人均增加值比例，表明园区在产业价值创造效率、创新成果产出能力、推动企业上市融资、企业投资获利能力、从业人员薪酬水平提升等方面表现较差（图4-25至图4-29）。

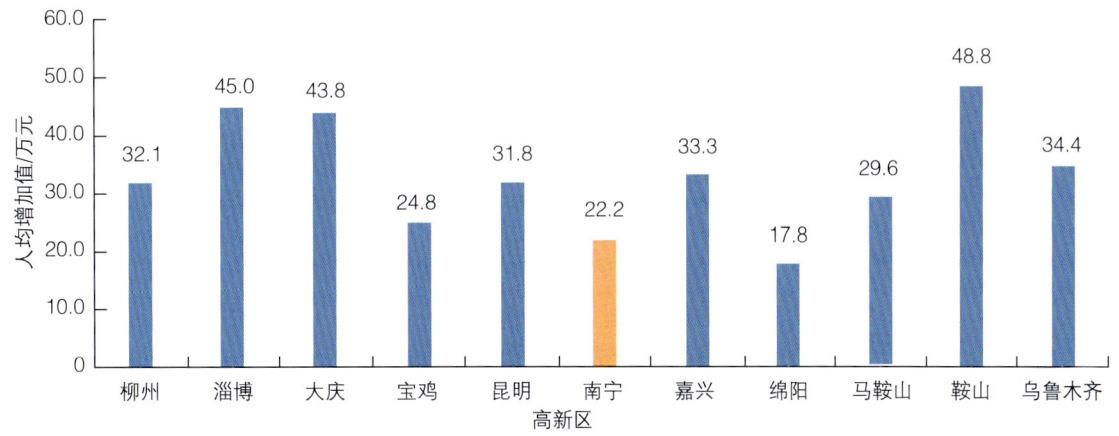

图4-25　南宁高新区与重点园区在2.3指标上的对比

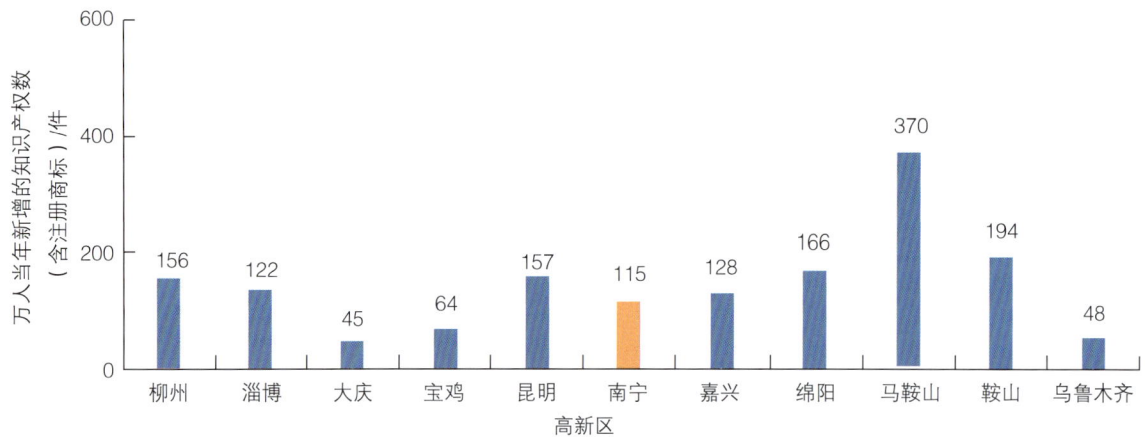

图4-26 南宁高新区与重点园区在2.6指标上的对比

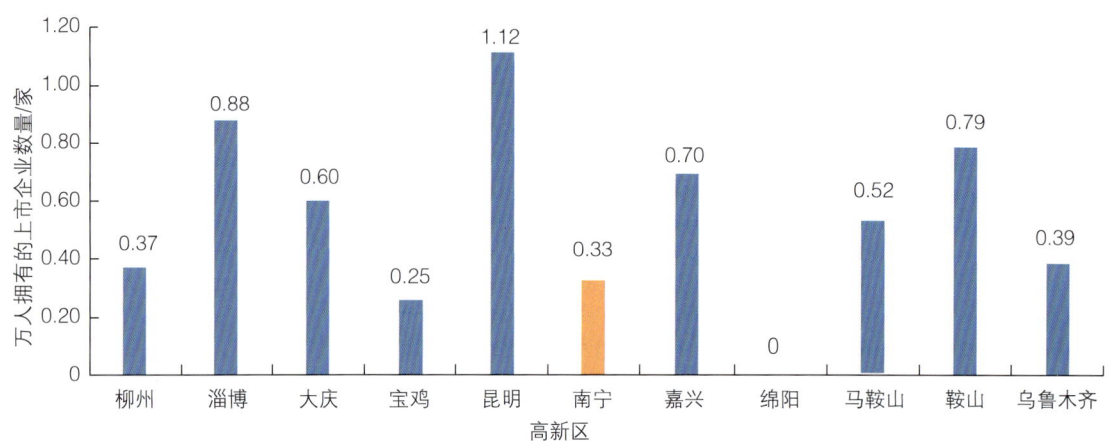

图4-27 南宁高新区与重点园区在2.7指标上的对比

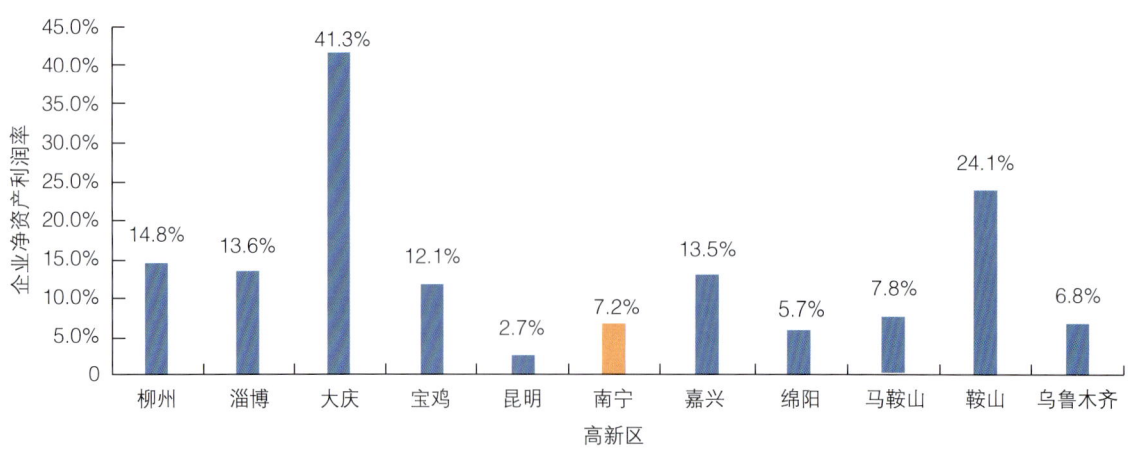

图4-28 南宁高新区与重点园区在2.8指标上的对比

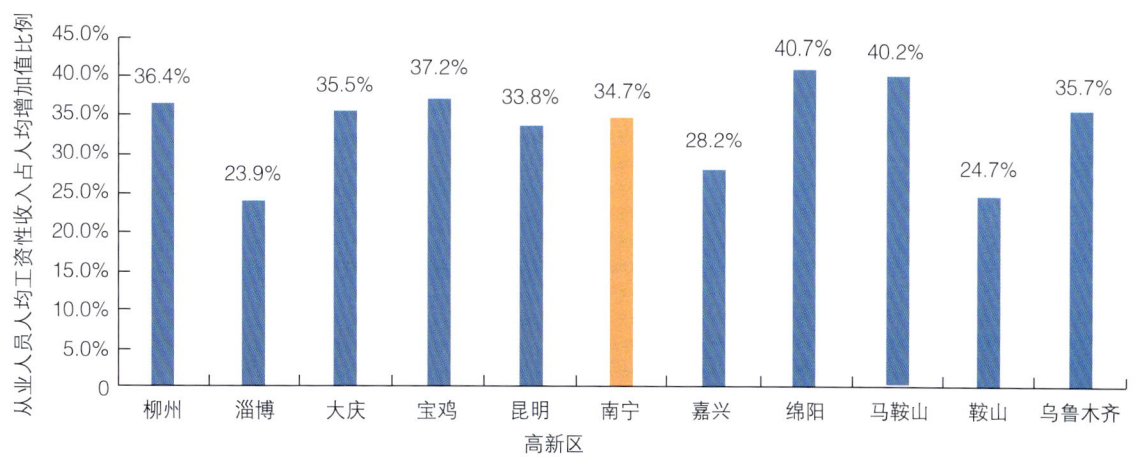

图4-29 南宁高新区与重点园区在2.9指标上的对比

（3）国际化和参与全球竞争能力对比分析

在国际化和参与全球竞争能力方面，南宁高新区优势指标为3.7企业主导制定的国际标准数，位居第二，说明园区高新技术企业在企业国际技术话语权提升方面表现优异（图4-30）。

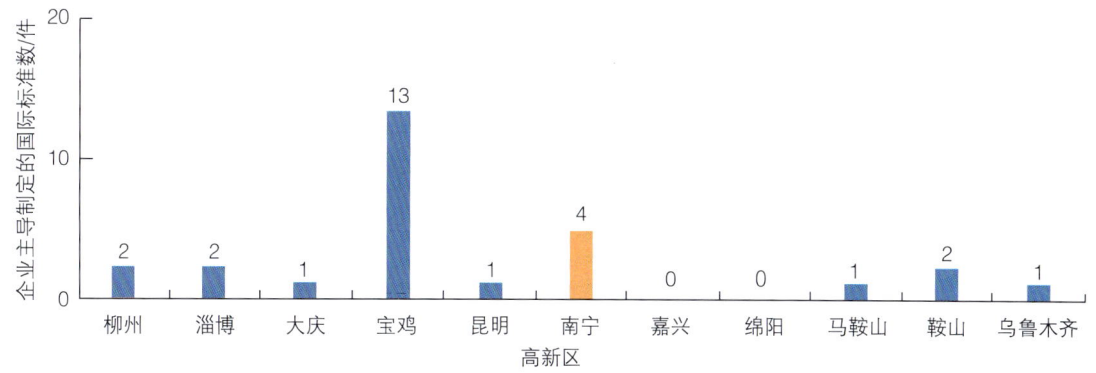

图4-30 南宁高新区与重点园区在3.7指标上的对比

南宁高新区短板指标包括3.1境外留学归国人员和外籍常驻人员占从业人员的比例、3.4企业设立的境外分支机构数、3.5万人当年新增欧美日注册商标数、3.6万人当年新增欧美日专利授权数、3.8当年内资控股企业的境外直接投资额，这5个指标与重点园区的对比排名较为靠后，说明园区在国际人才集聚和培育、企业境外拓展能力、企业品牌建设、国际创新成果产出效率、本土企业境外投资等方面表现较差（图4-31至图4-35）。

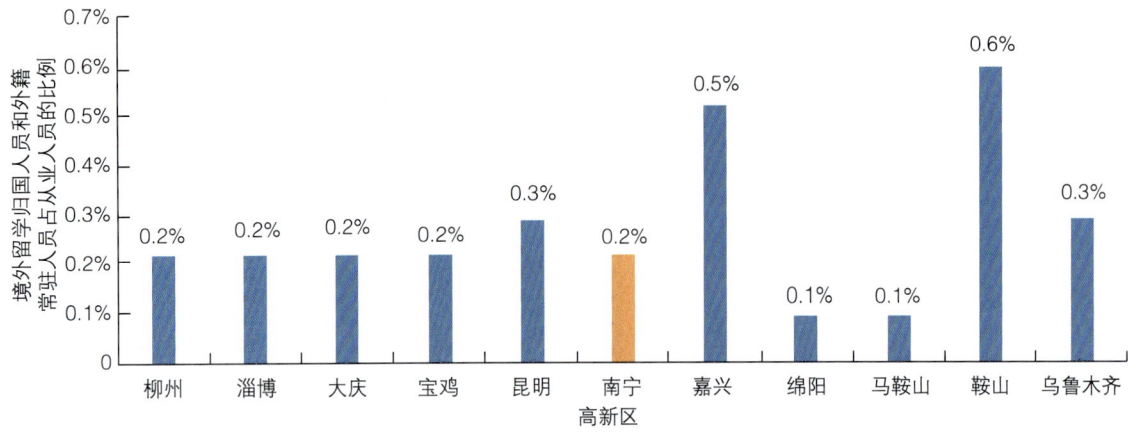

图4-31　南宁高新区与重点园区在3.1指标上的对比

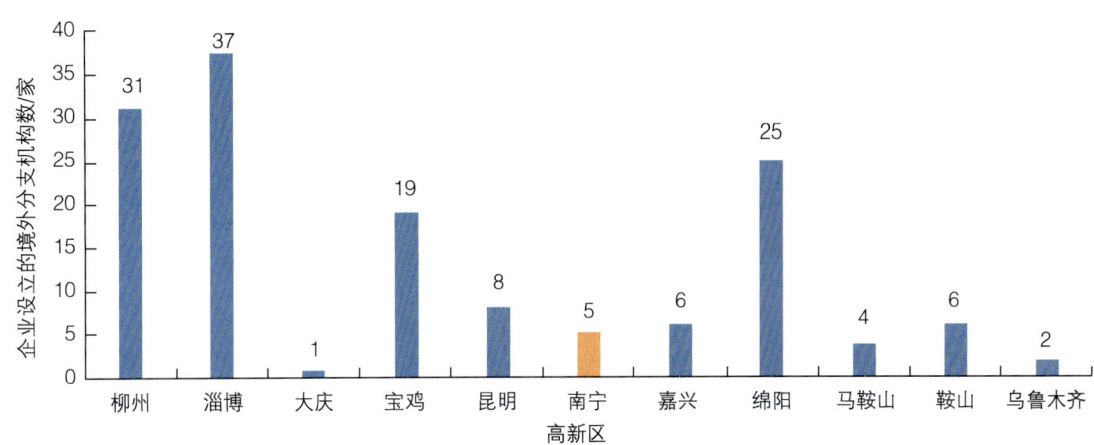

图4-32　南宁高新区与重点园区在3.4指标上的对比

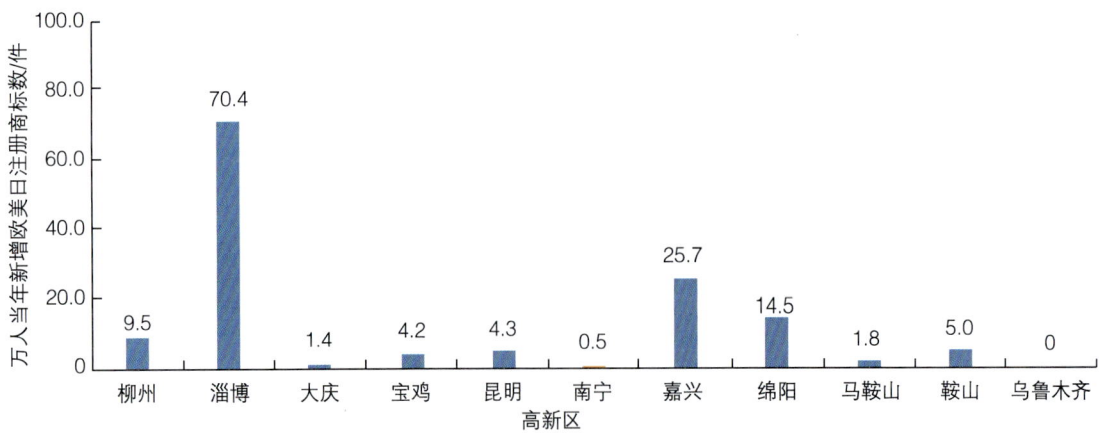

图4-33　南宁高新区与重点园区在3.5指标上的对比

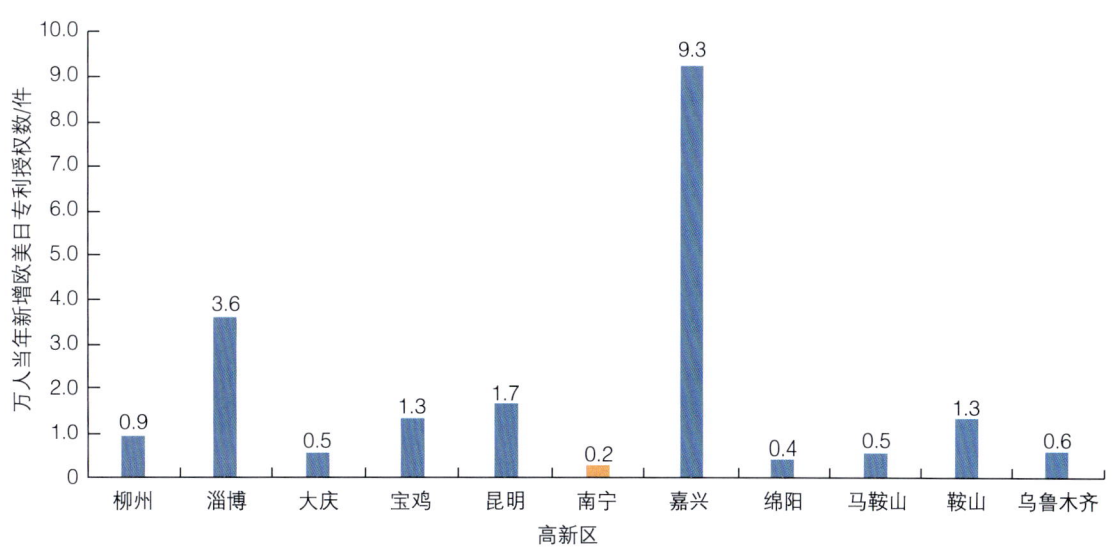

图4-34 南宁高新区与重点园区在3.6指标上的对比

(4) 高新区可持续发展能力对比

在高新区可持续发展能力中,南宁高新区优势指标包括4.2从业人员中硕士和博士占比、4.5企业当年新增投资总额,说明园区在高学历人才集聚和培育、企业吸引投资能力方面具有优势(图4-35、图4-36)。

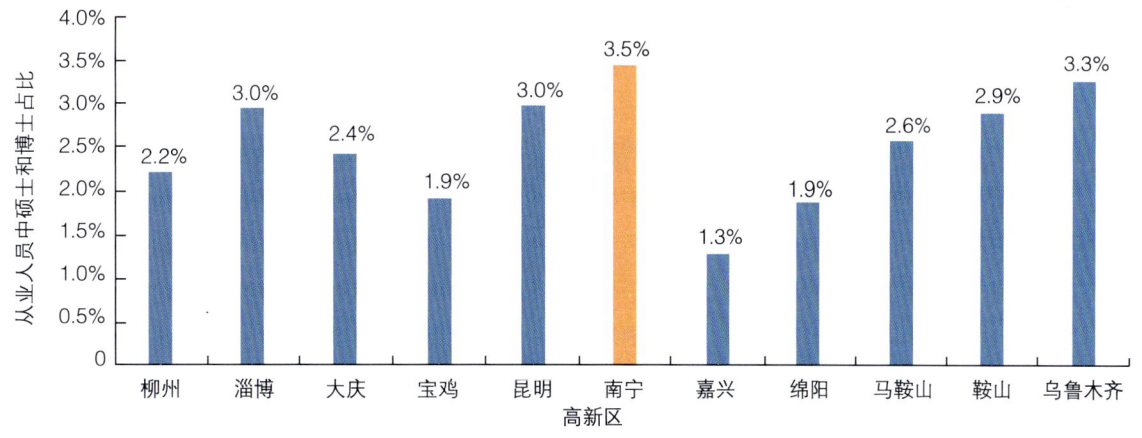

图4-35 南宁高新区与重点园区在4.2指标上的对比

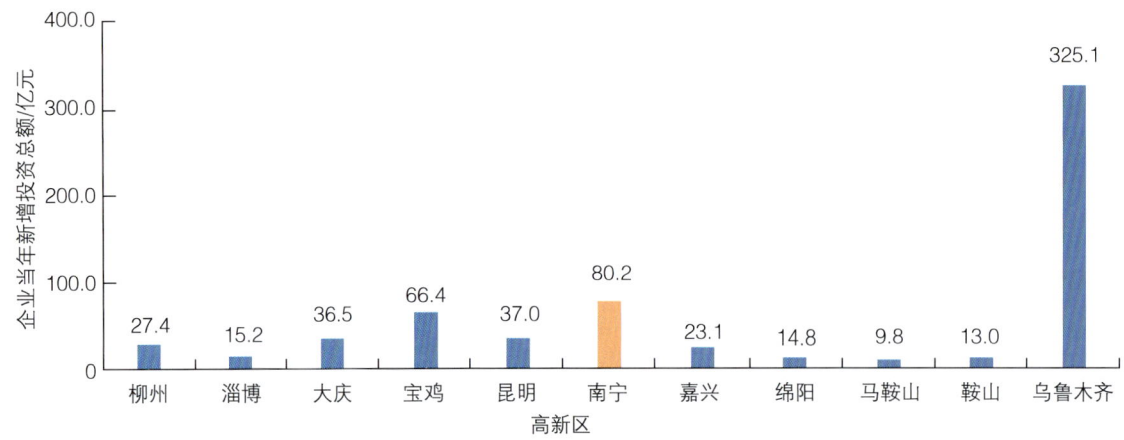

图4-36　南宁高新区与重点园区在4.5指标上的对比

南宁高新区短板指标为4.6单位增加值综合能耗，说明园区在绿色低碳经济方面处于劣势，需要重点关注（图4-37）。

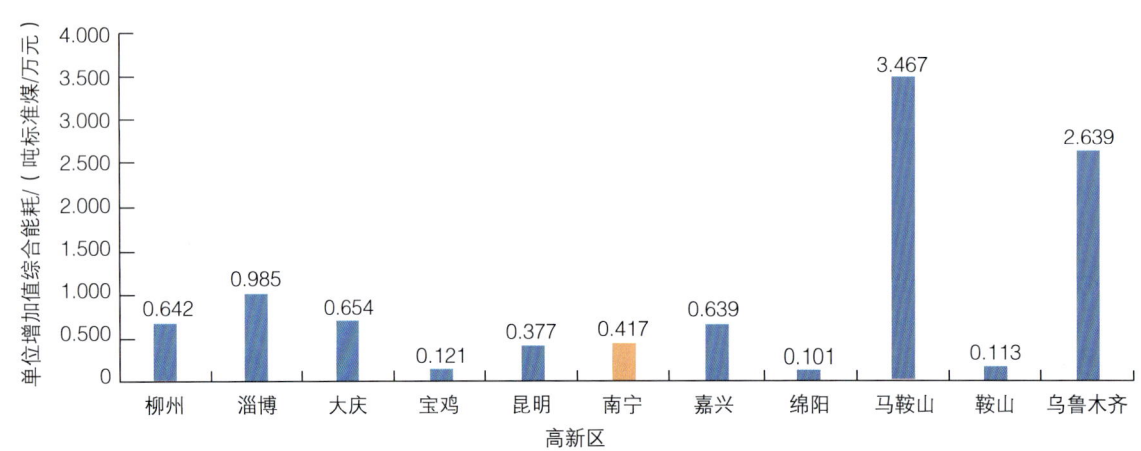

图4-37　南宁高新区与重点园区在4.6指标上的对比

四、先进园区经验借鉴

根据南宁高新区发展现状及2017年评价表现，结合区位特点及产业属性，借鉴以下4家高新区，重点分析这些高新区在创新创业环境、产业结构优化、国际开放性、园区节能降耗等方面的主要思路、机制创新和重点举措。

（一）创新创业升级——潍坊高新区

潍坊高新区是全国首批建设创新驱动发展示范工程的23个国家高新区之一。一是围绕企业创新，在全国高新区中率先实施科技创新券政策，整合科技专项经费和奖补专项资金，以创新券形式，普惠式支持企业购买创新服务、购置研发设备，激发企业创新活力，累计发放创新券1300多万元，带动企业新增研发投入6000多万元；出台了《加快实施创新驱动战略支持企业健康发展暂行办法》《加快新兴高端产业发展暂行办法》，将财政科技创新经费提高到1亿元，通过市场化、专业化、社会化方式，对创新创业企业、项目、人才、团队进行全方位扶持；深入实施知识产权战略，是全国首个同时启动国家级、省级知识产权集群管理试点的高科技园区，获批成为国家专利导航产业发展实验区。二是在创新创业载体建设方面，实施"3+1+N"政产学研创新工程，提升创新资源整合能力。引进北大、清华等高校，打造潍坊蓝色智谷；与清华科技园合作，在美国硅谷建设创源孵化器；加强与北京瀚海智业、清华天使会、以色列米超林等知名创新机构合作，深度链接全球科技研发最前沿，加快引进境外资金、项目、技术等创新资源，打通科技成果国外孵化、国内加速转化的通道；与机械科学研究总院共同建设山东省3D打印暨先进制造综合服务平台。三是在人才聚集方面，建成山东省首家人力资源服务产业园，获批成为全国首批国家创新人才培养示范基地和山东省首批海智工作基地。

（二）产业转型提质——佛山高新区

以提升产业服务能力为目标。一是在产业转型升级方面，鼓励有实力的企业实现并购重组，向产业高端攀升；鼓励本土优势传统企业跨行转型，加快区域制造业的智造转型步伐；出台帮助企业技改、增资扩产、扶持高新技术企业发展的政策，以提高企业竞争力，做大做强智能制造产业集群，加快建设广东省智能制造示范基地，如《佛山高新区（狮山镇）促进企业上市和增资扩产扶持办法》等。二是为企业提供服务及指引。发动符合条件的企业加入上市后备企业资源库，丰富上市企业梯队，并通过定期走访，为上市后备企业提供全方位的上市辅导服务。同时，以南海"领投会"为平台，组织培训、沙龙、企业路演等多种活动形式，提高企业资本运营意识。

（三）参与国际竞争——杭州高新区

杭州高新区在国际化接轨、国际化知识产权和国际标准建设方面颇有亮点。一是聚焦产业国际化、环境国际化、服务国际化和人的国际化。把握重大会议赛事的支点效应，以全国学生运动会、世界短泳锦标赛、亚运会等重大会议赛事为支点，发挥后峰会效应，主动对标世界先进城市，主动接轨国际规则，打造世界一流的生产环境、生活环境、生态环境、人文环境；抓住国家自主创新示范区和中国（杭州）跨境电商综试区"两区叠加"效应，对照国际一流打造城市环境，加快建设国际社区；对标国际规则优化服务环境，构建适合于经济全球化的政府职能体系；扩大与硅谷、欧洲、以色列等创新园区的交流与合作，互通人才、技术、资金，共同开拓市场，吸引国际团队来区内创新创业。二是积极创建国家知识产权示范园区。明确提出把实施专利、标准、名牌"三大战略"作为区域创新的重要抓手，出台了一系列涉及专利、商标、版权等促进知识产权工作的政策，激励知识产权创造。以国家标准化示范区项目为载体，设立标准化信息平台，整合国家、省、市的标准化信息资源，建立技术标准查询信息平台等，积极引导龙头企业主导国际标准，以标准创新推动区域创新体系建设，极大提升了区域标准创新能力。

（四）园区节能降耗——武进高新区

武进高新区积极创建国家生态工业示范园区，是江苏省第一个低碳示范区暨建筑节能和绿色建筑示范区、低碳科技创新基地。围绕国家生态工业示范园区建设，共启动了八大工程：创建指标提升工程、产业升级优化工程、基础设施强化工程、环境提升推进工程、低碳建设示范工程、政策扶持引导工程、创建氛围营造工程、亮点工作打造工程。例如，低碳建设示范项目包括公共照明节能改造示范项目、武进绿色建筑产业集聚示范等内容，实现了"既抓企业生产，又抓环境保护，既要青山绿水又要金山银山"。

五、南宁高新区创新驱动发展建议

（一）激发创新创业活力

深化产学研合作，加快科技成果转化。高新区要不断深入开展产学研合作，深化与清华大学、中科院、哈工大等知名高水平大学和院所的合作，建立产学研合作促进机构和服务平台，加快集聚优质的创新创业资源。加快推进南宁·中关村科技园和产业园的建设与发展，打造新的产业承接平台和技术转移转化平台。

建设创新创业载体，培育内生增长动力。园区以重点提升原始创新能力和产业支撑能力为目标，培养、引进和集聚一批国家级重点实验室和工程技术研究中心；同时，加快建设新型科研机构、专业众创空间，培育创新型领军企业，构筑技术研发—成果转化—创业孵化—产业化的全创新链，提升创新效率；积极搭建技术合同登记服务平台、公共技术服务平台、高层次人才引进平台、科技金融平台等。

积极引培创新人才，积蓄园区发展智力。南宁高新区依托北部湾人才金港，大力实施科技人才引进计划，通过引进优质项目带动科技人才的流入，并针对不同层次科技人才分层施策；坚持政府、高校、科研机构教育与企业功能相结合的人才培养体系，尤其是要加强新一代信息技术、高端装备制造业、高技术服务业人才的引进和培育。其中，管委会要发挥创新创业人才培养项目的确定和引领作用，高校和科研机构负责培育高水平的技术研发人才；企业主要培养技术经营管理人才。同时，加强与北广深等重点园区高技术人才交流与合作，消化吸收它们先进的技术和经验，并定期对人才进行知识和技能的培训，提高园区人才的学习创新能力，进而实现优化人才结构、集聚海内外高层次科技创新人才资源的目标。优化人才服务环境，加快推进人才房建设，完善各项福利保障措施，持续提升园区人才吸引力，努力将南宁建设成为全国一流的人才特区。

完善科技创新扶持政策，激发园区创新活力。一是积极推动管理体制和运行机制改革创新，突出产业服务功能和创新创业需求，打造精简、高效、优质、便捷的管理服务平台，为园区企业、人才、技术发展提供优越的制度保障。二是优化财政支出结构，进一步加大对新产业、新业态发展和民生事业等领域的财政支持力度。三是大力培育创新型领军企业，发挥高新技术企业在科技创新方面的引领带动作用，实施领军和瞪羚企业培育计划，扶持一批企业在3～5年内成长为10亿元级的科技小巨人企业，并从中产生3～4个独角兽企业。

（二）优化园区产业结构

科技金融产业。加快推进南宁金融小镇规划和建设，积极探索金融、科技、产业相融合机制，拓宽融资多元化科技投入渠道，满足融资者多层次融资需求；积极推动、支持社会资本成立各类基金、风投机构，尽快成立政府指导、市场机制运作的科技金融集团；与中关村、美国硅谷等建立协同创新基金等各类引导基金，拓宽融资渠道，促进园区经济发展。积极发挥联创公司担保融资平台的担保放大效应，深化与广西中小企业信用担保公司的合作，解决园区企业融资困难。

制造业服务化。制造业服务化不仅是工业调整结构显著提升增加值的有力措施，而且是大力发展生产性服务业的重要途径。南宁高新区应鼓励和引导制造业围绕产品功能扩展到服务业务，做好售前服务、售后服务、全寿命周期服务。发展科技成果推广、工业设计服务、定制化服务、故障诊断、产品质量和标准检测、维护检修、远程咨询、仓储物流、电子商务、租赁、产业休闲旅游等专业服务和增值服务，拉长产业链。

深入推进智能制造。南宁高新区深化供给侧结构性改革，实施创新驱动发展战略，围绕现有装备制造业，结合人工智能、互联网+、大数据等技术，加快对现有制造业转型升级。加快建设互联网+特色小镇，建成互联网+制造业深度融合示范区，提高工业增加值率。民营企业应依托互联网+优惠政策，借力互联网+和工业4.0，应用新技术、新材料、新工艺、新装备改造提升传统产业，淘汰落后工艺技术和设备。此外，管委会和企业还要强化与重点学习园区和企业的沟通与交流，尤其是要学习佛山、哈尔滨等园区和企业发展高端装备制造业的经验，共同推动园区装备制造业向高端化、智能化方向发展。同时，坚持产学研合作的发展路径，以高校、科研院所的科技智力资源和企业充足的资金，共同致力于重大工程装备技术的研发与生产，克服先进制造业发展的技术瓶颈，发挥南宁高新区在先进制造业中对关键技术和核心知识的全国引领与带动作用。

大力发展战略性新兴产业。大力发展大数据技术，培育基于大数据的云健康管理服务、远程医疗、智慧医院等新兴业态，壮大园区医疗健康产业规模；开发一批重大科技成果并加快产业化，着力引进科技含量高、产业关联度强、附加值高的产业，优先发展节能环保、新材料、3D打印、虚拟现实、北斗卫星导航等；加强文创企业与互联网创新融合，鼓励原创动漫业、网络游戏业、广告文化服务业的发展；发展现代服务业，如依托便利的交通和地理条件发展东盟跨境电子商务。

（三）提升对外合作水平

充分利用区位优势，建设对外交流平台。一是依托南宁·中关村创新示范基地和科技园的建设，引进和培育一批创新型领军企业和高质量的创业团队，引领和带动南宁高新区发展。二是园区紧抓广西成为对港澳实施CEPA先行先试省区的合作机遇，建立跨区域合作机制，深化与港澳地区在科技、金融、商贸、服务等方面的合作，集聚港澳地区优质的创新资源。三是加强与美国、德国、以色列等国家的合作，建立协同创新平台，如中美技术研发中心、中德技术转移中心等。四是对接东盟，依托中国–东盟信息港、中国–东盟（南宁）跨境电子商务产业园的建设，加强与东南亚国家的合作和交流。五是加快建成南宁综合保税区，进一步扩大园区的对外开放程度。

积极开展国际峰会、国际技术转移培训等多种形式的国际交流活动。园区应致力于打造"一带一路"高端电子信息、高端智能制造国际对接会，大力培育和发展高端技术，提升园区智能制造国际品牌形象。积极举办国际水平的创新创业创意大赛，引导园区企业和机构与国外科技人才和科技企业面对面进行技术交流、经贸合作及资本对接，以期培养和引进前沿技术与高素质创新创业团队。

做好本地企业"走出去"服务，不断扩大国际影响力。成立主导国际事务相关部门，统筹有序推进园区国际化工作。出台促进企业国际化发展的政策意见，支持优势企业开展国际产能合作，加强与"一带一路"沿线国家在产业、科技等领域的合作，开展国际化经营；建立国际化服务体系，包括国际性的金融机构、培训机构、谈判组织等，减少企业"走出去"的障碍；同时，南宁高新区营造境外人才和企业"引进来"服务环境，积极建设国际社区、国际学校、国际医院等载体，为外籍人士创造良好的人居环境；鼓励园区企业在国外设立分支机构（研发中心、销售部门、生产制造等），整合全球资源，开拓全球市场；中小企业整合供应商、上下游企业等积极建立产业战略联盟，壮大实力，抱团出海，开拓国际市场，打造国际化品牌。

第五章　厦门火炬高新区创新发展指数[①]

厦门火炬高新技术产业开发区（以下简称"厦门火炬高新区"）建于1990年，是1991年3月经国务院批准的首批27个国家高新区之一，是全国3个以"火炬"冠名的国家高新区之一。自成立以来，厦门火炬高新区坚持高起点规划，高标准建设，高质量发展，产业格局不断优化，创新水平大力提升，创业活力充分迸发，产城融合有序推进。

厦门火炬高新区经过20多年的快速发展，现规划面积达到了93km^2，火炬入统企业超过1000家，是厦门市最大的经济增长极。厦门火炬高新区通过产业链条完善带动产业集群化发展，平板显示、计算机与通信设备、电力电器、软件与信息服务、微电子与集成电路、LED六大重点产业已形成具有一定竞争力的产业集群，支撑起富有活力的园区经济；大数据与人工智能、生物医药、新材料、新能源、文化创意等新兴特色产业生机勃勃。其中，石墨烯产业优势明显，厦门市已进入产业化阶段的石墨烯企业大多集聚于厦门火炬高新区，高新区已成为福建省石墨烯产业的第一聚集地。

一、指数构建的背景、目的和内容

（一）指数构建的背景与目的

新时期，厦门火炬高新区提出了"一区多园"的战略布局，着力打造世界一流科技园区和国际化产业新城。立足产业发展和园区管理需要，厦门火炬高新区建成了包括火炬湖里园、厦门软件园、厦门科技创新园、火炬（翔安）产业区、厦门创新创业园、同翔高新技术产业基地等在内的"一区多园"产业发展大平台，形成了厦门岛内、岛外一体发展的良好格局。

伴随新的形势和新的发展要求，厦门火炬高新区迫切需要建立一套以厦门火炬高新区为特征的评价指标体系。通过指数科学评价厦门火炬高新区在集聚创新资源、促进产业转型、推进协同创新、参与国际竞争、建设科技新城等方面的工作成效，综合反馈厦门火炬高新区建设自创区进展。

[①] 本章由韩芳、张莹、安涌洁、洪奋新等撰写。

（二）创新发展指数内容

在充分研究国内外相关创新发展评价工作的基础上，通过对创新发展的理论演变、国家自主创新示范区的建设要求及厦门火炬高新区的现实发展诉求进行了深度分析，研究形成厦门火炬高新区创新发展评价指标体系。该指标体系从创新创业、产业升级、双向开放、产业生态4个维度考察厦门火炬高新区的创新发展状况，包括4个一级指标和37个二级指标（表5-1）。

表5-1 厦门火炬高新区创新发展指数

一级指标	视角	二级指标	
创新创业	创新主体培育	1.1	市级及以上研发机构数
		1.2	企业研发人员全时当量数占从业人员比例
		1.3	高新技术企业数
		1.4	新型研发机构数
	创新投入力度	1.5	研发经费支出占营业收入比例
		1.6	管委会当年财政支出中对科技的投入额
		1.7	当年获得创业风险投资机构的风险投资额
	创新产出绩效	1.8	当年技术合同成交总额
		1.9	企业当年万人发明专利申请数
		1.10	新产品销售收入
产业升级	新兴产业	2.1	当年新增工商注册企业数
		2.2	当年新上市企业数（含新三板）
		2.3	瞪羚企业数
	产品和服务变革	2.4	劳动生产率的增长率
		2.5	高技术产业营业总收入（包括高技术服务业、高技术制造业）
		2.6	企业净资产利润率
		2.7	主导产业工业总产值占比
		2.8	全口径增加值占福厦泉国家自创区GDP比例
	特色产业发展	2.9	软件及信息服务产业营业收入增长率
		2.10	集成电路产业工业总产值
		2.11	科技服务业营业收入增长率

续表

一级指标	视角	二级指标
双向开放	国际化	3.1 外籍常驻人员占从业人员比例
		3.2 当年新增欧美日专利申请数
		3.3 进出口总额
	对台合作	3.4 设有在台分支机构的企业数
		3.5 台资企业新增营业收入占新增营业总收入的比例
		3.6 台资企业新增投资额
	"一带一路"	3.7 在"一带一路"沿线国家有业务往来的企业数
		3.8 推动"一带一路"倡议的政策措施和软硬环境评价
产业生态	发展空间	4.1 当年新增固定资产投资额
		4.2 新增孵化器、加速器面积
		4.3 众创空间举办的创新文化活动次数
	体制机制	4.4 政府引导基金杠杆率
		4.5 管委会当年可支配财力
	生态宜居	4.6 人均年收入与平均房价比
		4.7 人均工资性收入
		4.8 单位增加值综合能耗

基于厦门火炬高新区创新发展指标体系，我们提取了厦门火炬高新区2014—2017年的数据，以2014年为基期（指数设定为100），对厦门火炬高新区2015—2017年的创新发展指数进行了测算。通过总指数和各分项指数的变化，考察厦门火炬高新区创新发展的情况，根据各分指标近4年上升与下降情况，诊断厦门火炬高新区创新发展中存在的问题并提出发展建议。

二、创新发展指数概览

（一）总的指数表现

2017年，厦门火炬高新区创新发展指数达到122.3，其中，创新创业指数达到127.1，产业生态指数达到122.5，双向开放指数与产业升级指数均达到119.6（图5-1）。

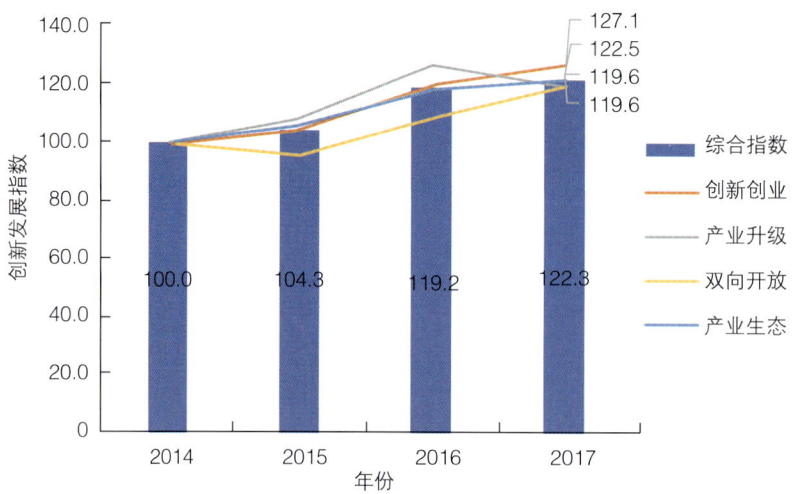

图5-1　2017年厦门火炬高新区创新发展指数

具体来看，双向开放、创新创业指数增长幅度最大，对总指数增长贡献最大。尤其是创新创业指数值最高；其次为产业生态指数（图5-2）。

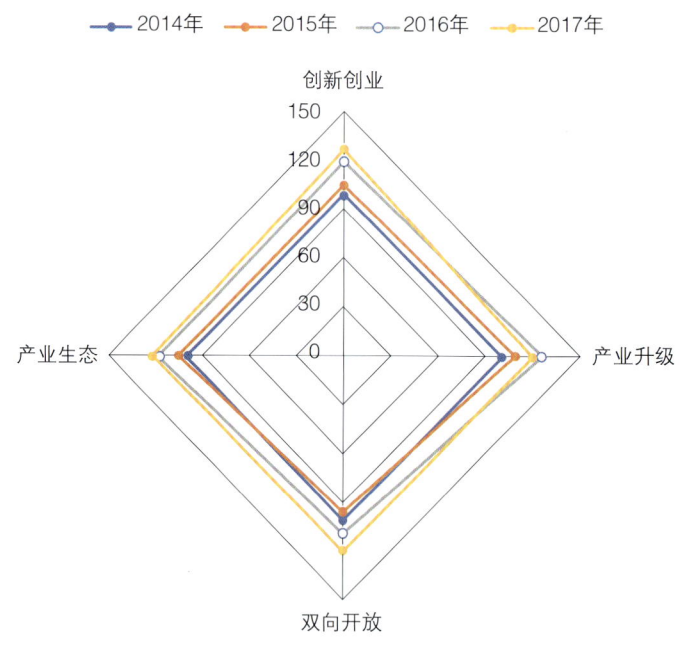

图5-2　厦门火炬高新区创新发展分指数

（二）创新创业分指数

创新创业：主要考察园区培育创新创业生态和发展创新经济的举措和绩效。

市级及以上研发机构数。2017年年末，厦门火炬高新区共有市级及以上各类研发机构106家，其中，国家级研发机构数共56家，主要包括20家博士后科研工作站与17家国家认定企业技术中心（图5-3、图5-4）。2014—2017年，厦门火炬高新区市级及以上各类研发机构数持续增长，平均增长率达到21.1%。

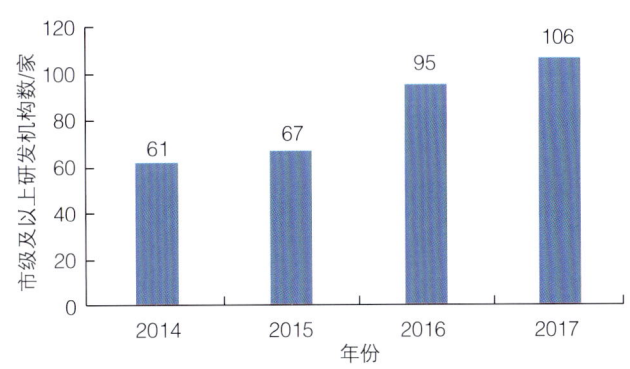

图 5-3　2014—2017年厦门火炬高新区市级及以上研发机构数

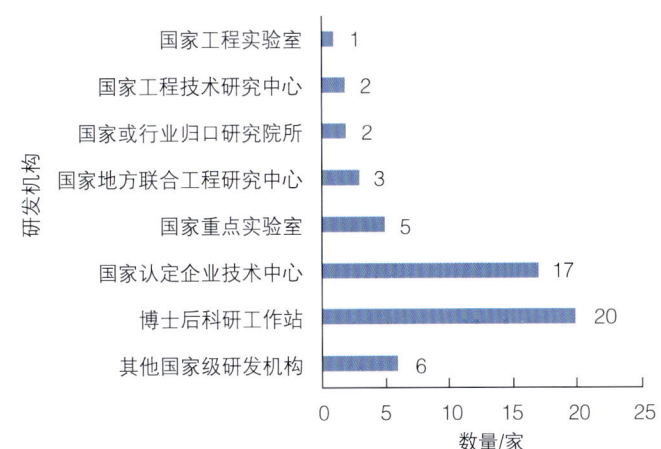

图5-4　2017年厦门火炬高新区国家级研发机构数

企业研发人员全时当量数占从业人员比例。2017年，厦门火炬高新区企业研发人员全时当量数占从业人员比例达到13.37%（图5-5）。与2014年相比，厦门火炬高新区企业研发人员全时当量数占从业人员比例上升4.0%。

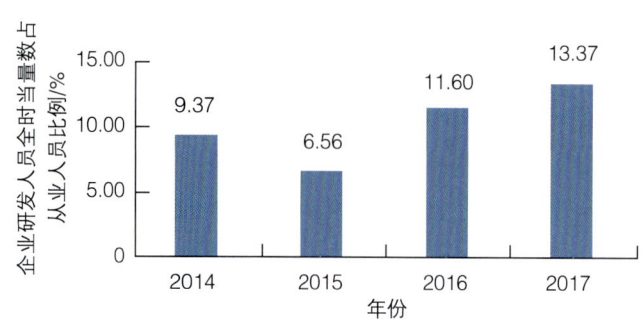

图 5-5　2014—2017年厦门火炬高新区企业研发人员全时当量数占从业人员比例

高新技术企业数。2017年,厦门火炬高新区高新技术企业数为660家(图5-6)。2014—2017年,厦门火炬高新区的该项指标保持了稳步增长态势,平均增长率为26.15%。

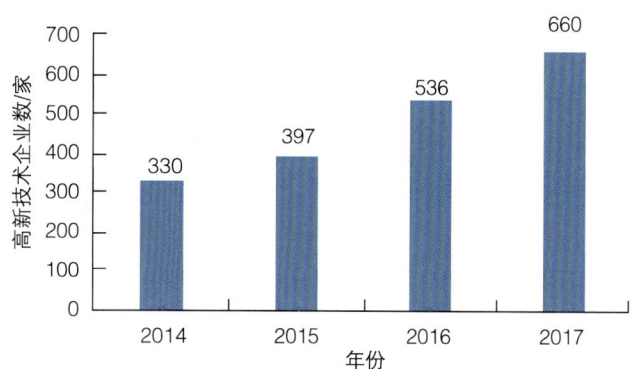

图 5-6　2014—2017年厦门火炬高新区高新技术企业数

新型研发机构数。2017年,厦门火炬高新区新型研发机构数为6家(图5-7),与2016年持平。

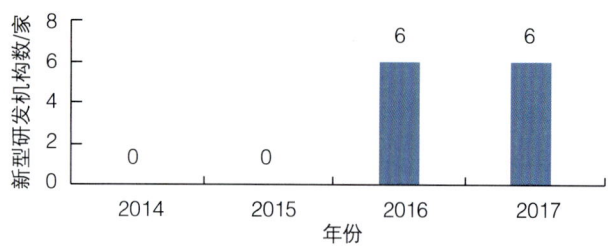

图 5-7　2014—2017年厦门火炬高新区新型研发机构数

研发经费支出占营业收入比例。截至2017年年末,厦门火炬高新区研发经费支出约81.55亿元,占营业收入比例达2.98%(图5-8)。2014—2017年,厦门火炬高新区的该项指标保持了稳步增长态势。

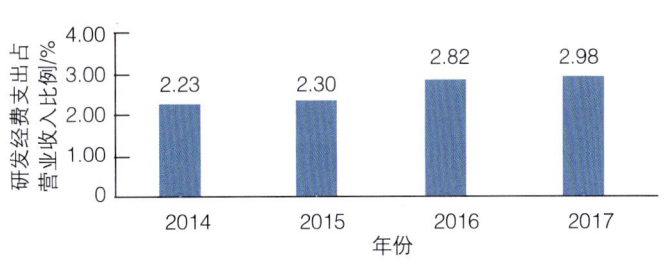

图 5-8　2014—2017年厦门火炬高新区研发经费支出占营业收入比例

管委会当年财政支出中对科技的投入额。2017年,厦门火炬高新区管委会当年财政支出中对科技的投入额达到30.77亿元(图5-9)。2014—2017年,厦门火炬高新区的该项指标保持了高速的增长,平均增长率为45.03%。

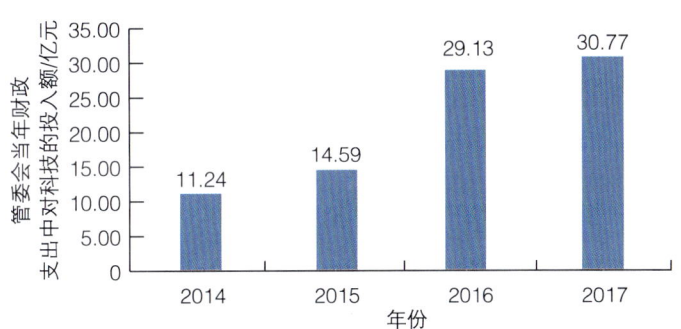

图 5-9　2014—2017年厦门火炬高新区管委会当年财政支出中对科技的投入额

当年获得创业风险投资机构的风险投资额。2017年,厦门火炬高新区管委会当年获得创业风险投资机构的风险投资额达到6.44亿元(图5-10),是2016年的3.20倍。

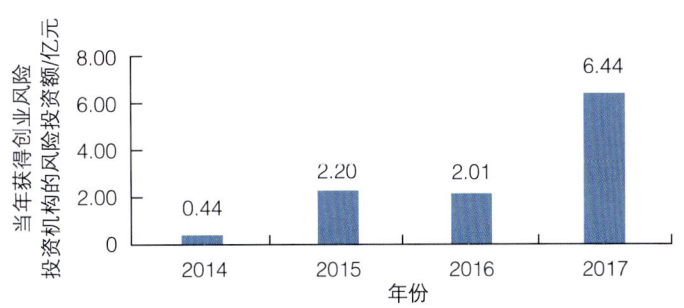

图 5-10　2014—2017年厦门火炬高新区当年获得创业风险投资机构的风险投资额

当年技术合同成交总额。2017年,厦门火炬高新区当年技术合同成交总额为25.04亿元(图5-11)。2014—2017年,厦门火炬高新区当年技术合同成交总额保持了稳定的增长,平均增长率为41.93%。

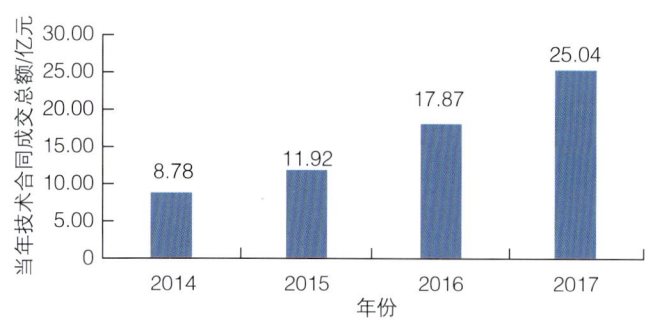

图5-11　2014—2017年厦门火炬高新区当年技术合同成交总额

企业当年万人发明专利申请数。2017年，厦门火炬高新区企业当年万人发明专利申请数为109件（图5-12）。2014—2017年厦门火炬高新区企业当年万人发明专利申请数保持了稳定增长，平均增长率为17.26%。

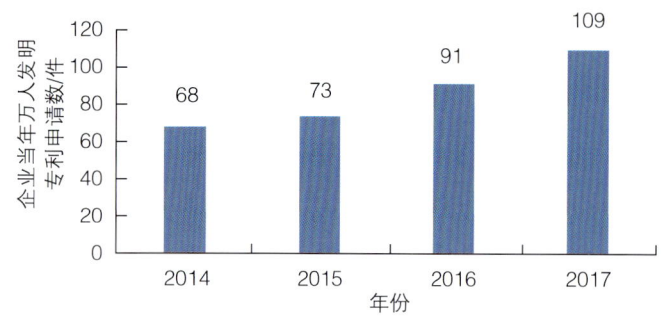

图5-12　2014—2017年厦门火炬高新区企业当年万人发明专利申请数

新产品销售收入。2017年，厦门火炬高新区新产品销售收入为944.03亿元（图5-13）。与2016年相比增长了13.32%。

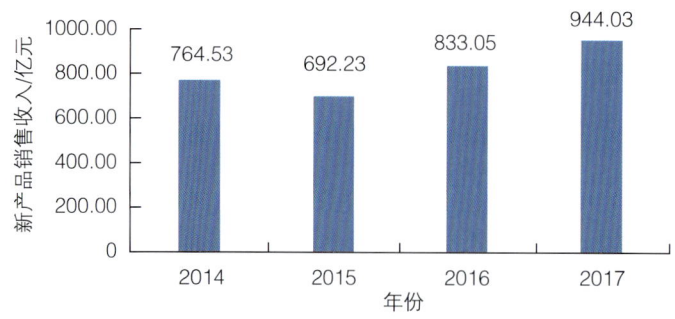

图5-13　2014—2017年厦门火炬高新区新产品销售收入

（三）产业升级分指数

产业升级：主要考察园区在提升产业发展活力、效率和促进产业发展中的努力与成效。

当年新增工商注册企业数。2017年，厦门火炬高新区当年新增工商注册企业数达1182家（图5-14）。2014—2017年厦门火炬高新区当年新增工商注册企业数保持了稳定而快速的增长，平均增长率为82.50%。

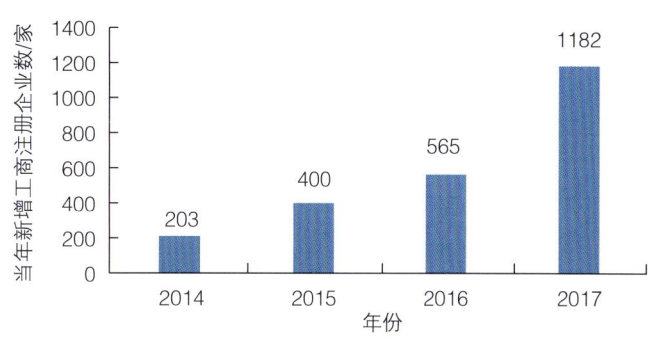

图5-14　2014—2017年厦门火炬高新区当年新增工商注册企业数

当年新上市企业数（含新三板）。截至2017年年末，厦门火炬高新区当年新上市企业数（含新三板）为16家（图5-15）。其中，新增新三板企业数为11家。与2016年相比，减少了20家。

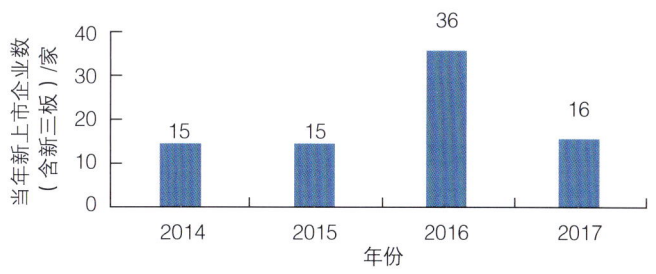

图5-15　2014—2017年厦门火炬高新区当年新上市企业数（含新三板）

瞪羚企业数。截至2017年年末，厦门火炬高新区瞪羚企业数为49家（图5-16）。与2016年相比，增加了17家。

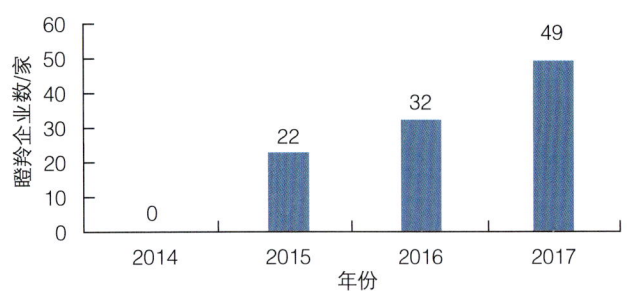

图 5-16　2014—2017年厦门火炬高新区瞪羚企业数

劳动生产率的增长率。2017年，厦门火炬高新区劳动生产率的增长率为-19.45%（图5-17）。与2016年相比，2017年厦门火炬高新区的该项指标有较大幅度降低。

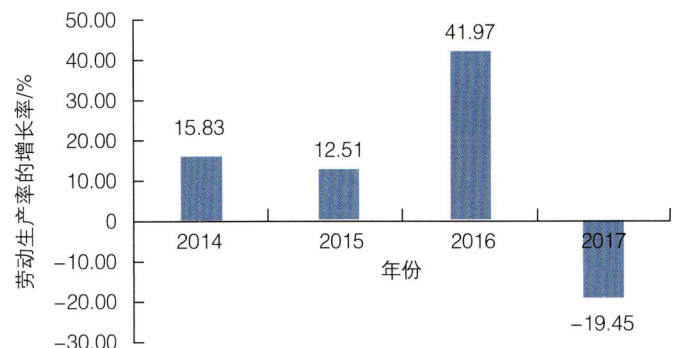

图 5-17　2014—2017年厦门火炬高新区劳动生产率的增长率

企业净资产利润率。2017年，厦门火炬高新区企业净资产利润率为5.06%（图5-18）。与2016年相比，厦门火炬高新区的该项指标略有下降。

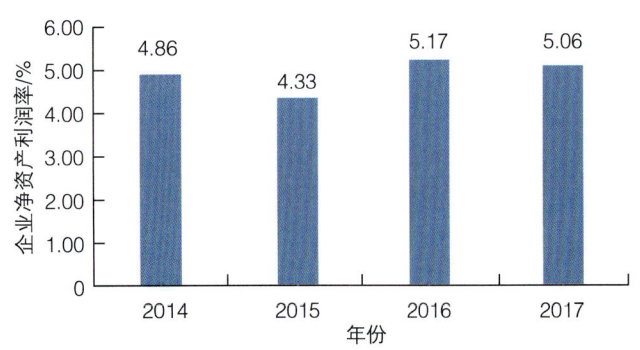

图 5-18　2014—2017年厦门火炬高新区企业净资产利润率

主导产业工业总产值占比。2017年，厦门火炬高新区主导产业工业总产值占比为89.75%（图5-19）。2014—2017年，该项指标基本持平。

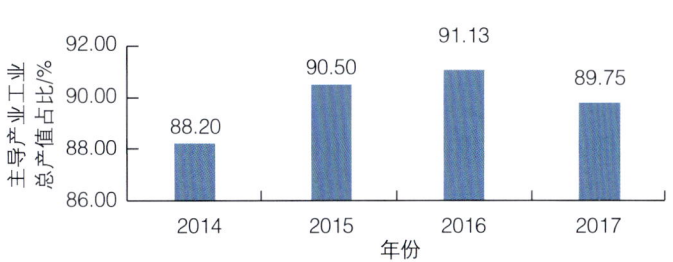

图5-19　2014—2017年厦门火炬高新区主导产业工业总产值占比

全口径增加值占福厦泉国家自创区GDP比例。2017年，厦门火炬高新区全口径增加值占福厦泉国家自创区GDP的比例为41.57%，比2016年增加了27.82%。这显示了厦门火炬高新区在建设福厦泉国家自创区中的引领示范与辐射带动作用进一步加强。

软件及信息服务产业营业收入增长率。2017年，厦门火炬高新区软件及信息服务产业营业收入增长率为19.80%（图5-20）。2014—2017年，厦门火炬高新区的该项指标持续下降。

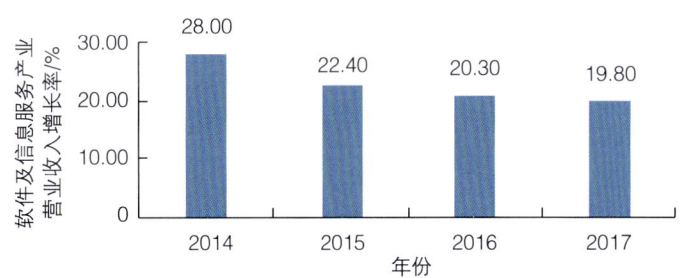

图5-20　2014—2017年厦门火炬高新区软件及信息服务产业营业收入增长率

集成电路产业工业总产值。2017年，厦门火炬高新区集成电路产业工业总产值为143.8亿元（图5-21）。2014—2017年，该项指标平均增长率为54.96%。

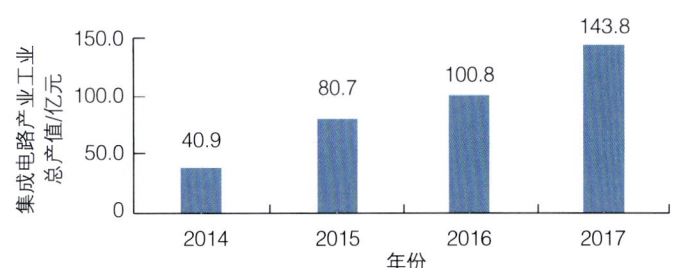

图5-21　2014—2017年厦门火炬高新区集成电路产业工业总产值

科技服务业营业收入增长率。2017年，厦门火炬高新区科技服务业营业收入增长率为75.00%（图5-22）。与2016年相比，厦门火炬高新区的该项指标明显下降，下降率为47.20%。

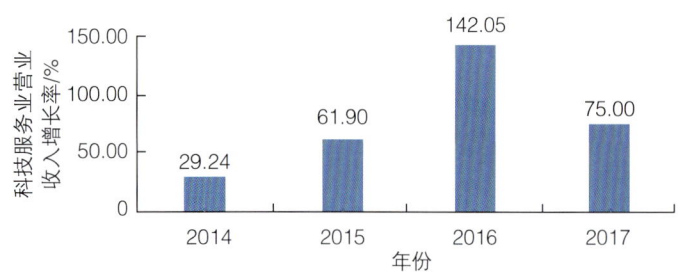

图 5-22　2014—2017年厦门火炬高新区科技服务业营业收入增长率

（四）双向开放分指数

双向开放：主要考察园区集聚和配置全球资源、开展对外竞争合作、打造具有国际影响力的经济体系的能力。

外籍常驻人员占从业人员比例。2017年，厦门火炬高新区外籍常驻人员占从业人员比例为0.56%（图5-23）。与2016年相比，厦门火炬高新区的该项指标增长了0.14%。2017年，高新区外籍常驻人员数为1196人，比2016年增加了426人。

当年新增欧美日专利申请数。2017年，厦门火炬高新区当年新增欧美日专利申请数为217件（图5-24）。2014—2017年，厦门火炬高新区当年新增欧美日专利申请数保持了稳步增长，平均增长率为30.85%。

进出口总额。2017年，厦门火炬高新区进出口总额为252.94亿美元（图5-25）。与2016年相比，厦门火炬高新区的该项指标增长了3.52%。

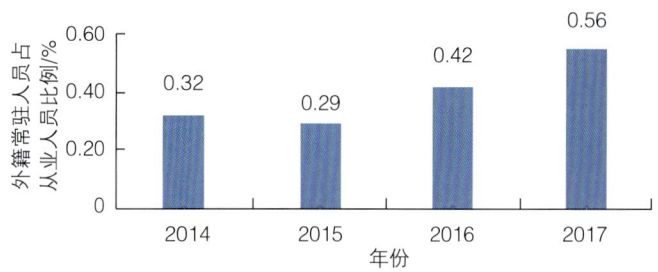

图 5-23　2014—2017年厦门火炬高新区外籍常驻人员占从业人员比例

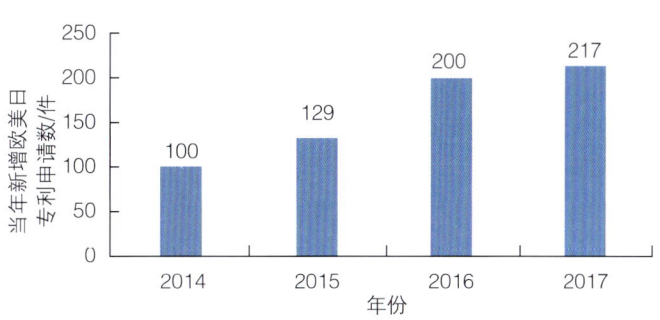

图 5-24　2014—2017年厦门火炬高新区当年新增欧美日专利申请数

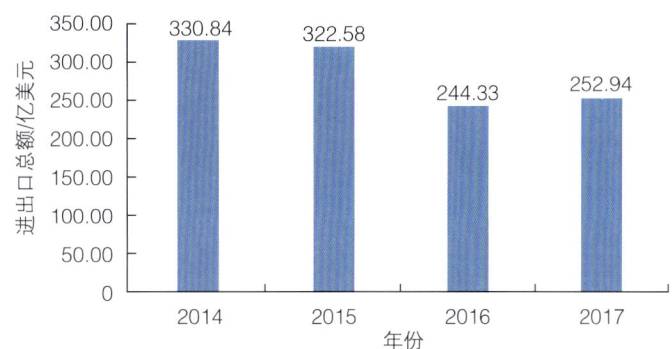

图 5-25　2014—2017年厦门火炬高新区进出口总额

设有在台分支机构的企业数。2017年，厦门火炬高新区设有在台分支机构的企业数为29家（图5-26）。与2016年相比，增长了1家。

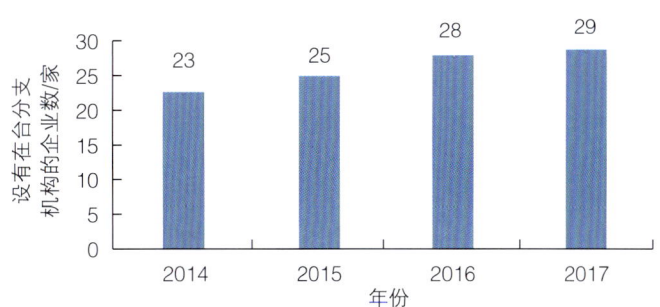

图 5-26　2014—2017年厦门火炬高新区设有在台分支机构的企业数

台资企业新增营业收入占新增营业总收入的比重。2017年，厦门火炬高新区台资企业新增营业收入占新增营业总收入的比例为2.66%（图5-27）。与2014年和2015年相比，该项指标有一定幅度下降。

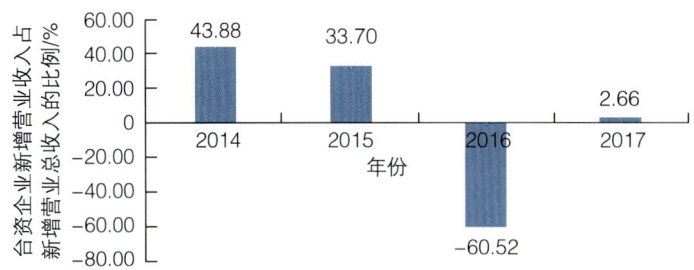

图 5-27 2014—2017年厦门火炬高新区台资企业新增营业收入占新增营业总收入的比例

台资企业新增投资额。2017年,厦门火炬高新区台资企业新增投资额为 83 999.96万美元(图5-28)。2014—2017年,厦门火炬高新区的该项指标呈现波动变化趋势。与2014年相比,厦门火炬高新区台资企业新增投资额增长率为18.53%。

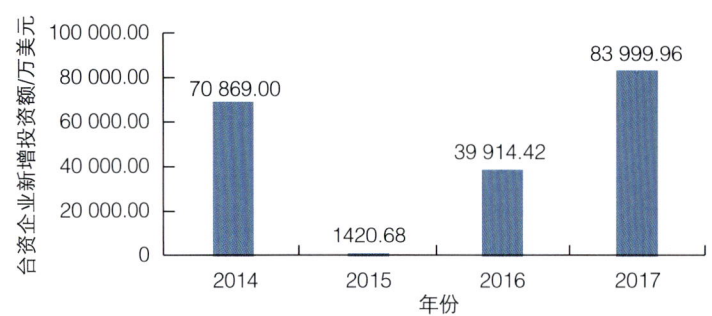

图 5-28 2014—2017年厦门火炬高新区台资企业新增投资额

在"一带一路"沿线国家有业务往来的企业数。2017年,厦门火炬高新区在"一带一路"沿线国家有业务往来的企业数为328家(图5-29)。2014—2017年,厦门火炬高新区的该项指标保持稳定增长,平均增长率为20.17%。

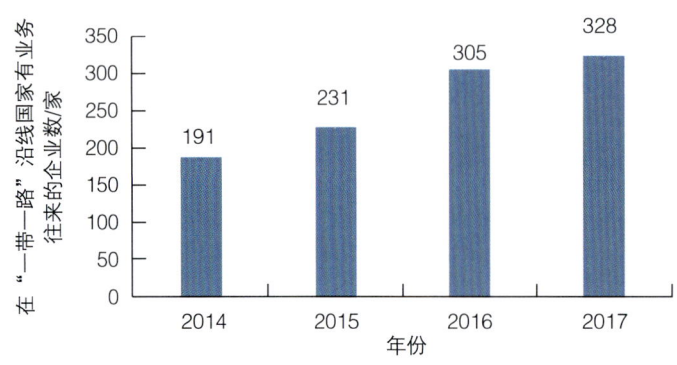

图 5-29 2014—2017年厦门火炬高新区在"一带一路"沿线国家有业务往来的企业数

(五)产业生态分指数

产业生态：主要考察为推进产城融合发展，形成有利于创新的城市环境，园区在经济、社会等方面所做的努力与贡献。

当年新增固定资产投资额。2017年，厦门火炬高新区当年新增固定资产投资额为279.42亿元（图5-30）。2014—2017年，厦门火炬高新区的当年新增固定资产投资额保持稳定增长，平均增长率为68.96%。

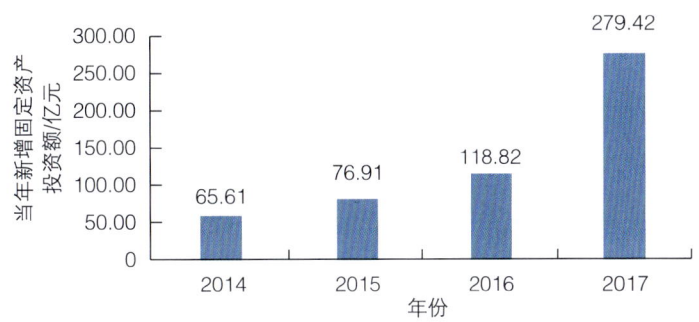

图5-30　2014—2017年厦门火炬高新区当年新增固定资产投资额

新增孵化器、加速器面积。2017年，厦门火炬高新区新增孵化器、加速器面积10.30万平方米（图5-31）。与2016年相比，新增孵化器、加速器面积减少0.80万平方米。

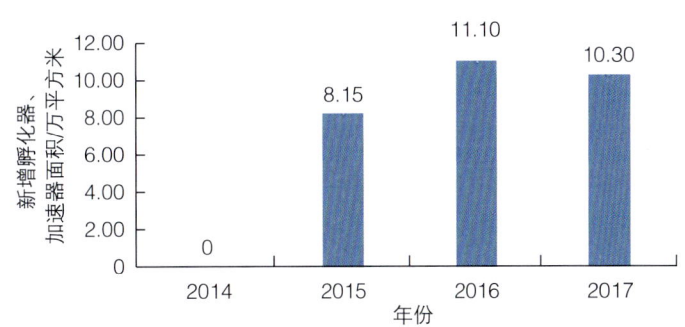

图5-31　2014—2017年厦门火炬高新区新增孵化器、加速器面积

众创空间举办的创新文化活动次数。2014年与2015年，厦门火炬高新区众创空间未举办大规模创新文化活动。2016年与2017年，厦门火炬高新区众创空间举办的总投资30万元以上的创新文化活动分别为8次与25次。这显示了厦门火炬高新区众创空间发展迅速，不断促进高新区大众创业、万众创新的纵深发展。

管委会当年可支配财力。2017年，厦门火炬高新区管委会当年可支配财力为41.54亿元（图5-32）。2014—2017年，厦门火炬高新区的该项指标保持了稳定增长，平均增长率为29.80%。

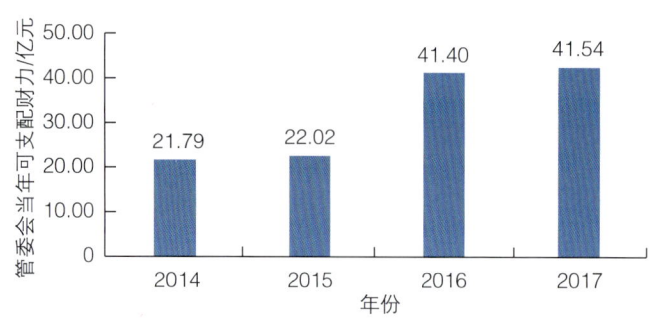

图 5-32　2014—2017年厦门火炬高新区管委会当年可支配财力

人均年收入与平均房价比。2017年，厦门火炬高新区人均年收入与平均房价比为3.19（图5-33）。与2016年相比，厦门火炬高新区的该项指标下降非常明显。

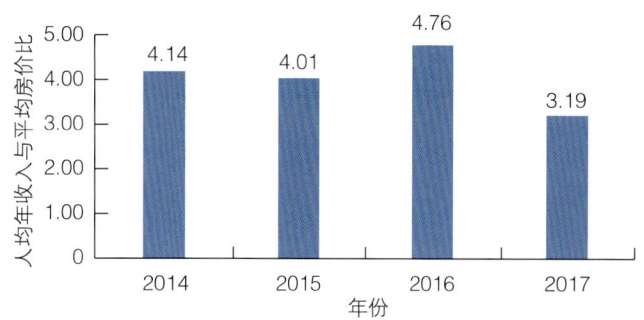

图 5-33　2014—2017年厦门火炬高新区人均年收入与平均房价比

三、厦门火炬高新区创新驱动发展建议

（一）建设高质量创新创业平台

近年来以新型研发机构和众创空间为代表，各国家高新区都发展出了多种创新创业的平台化组织（"双创"平台）。这种创新创业的平台化组织是新生事物，也是科技组织和创新模式响应新技术经济范式的表现，其组织方式展示出了新时代科技体制改革重要的演进方向，具有新时期推进国家科技体制改革的意义。尽管厦门火炬高新区创新创业指标方面发展态势良好，但仍与世界一流园区有较大差距。在经过前几年各级政府对各类"双创"平台的催生助长之后，厦门火炬高新区新型"双创"平台也需要高质量建设。结合实际，现阶段厦门火炬高新区高质量"双创"平台建设重点强调兼具创新开发、创业孵化、基金投资和人才培养一体化的平台组织功能。

开放吸纳全球创新创业人才的空间场景。围绕提升研发和创新竞争力的目标，加快建设与厦门理工学院共建的厦门市智慧交通诱导工程技术研究中心、厦门市LED显示屏工程技术研究中心等新型研发机构招揽全球人才。同时，大力实施人才引入计划，深入对接国家、省、市专项人才计划，启动人力资源产业园建设。建设科学家、院士等高端人才集中创新创业载体和基地，支持高层次人才创业发展。同时，支持区内龙头企业与省内外高校合作办学，进一步探索高校与企业合作共建二级学院、产业学院、研究生联合培养基地，建设实训基地。学习苏州工业园区、青岛高新区与深圳高新区等，探索中外合作模式，瞄准美国、德国、英国等国的优秀大学，支持其与区内院校合作共建国际合作大学，打造国际高等教育合作示范基地，集聚国际化产业后备人才。

为科技研发和创新过程搭建的资源链接及条件配置。发挥福厦泉自主创新示范区的政策优势，创新区域合作机制和路径。加强与福州、泉州等兄弟高新区的深入合作，共同成立创新联合体，推动企业联合开展科技攻关、科技成果转化、专业人才培养、资本运作，形成广泛的创新合作网络，借"一带一路"机遇融入全球产业链和创新链。

满足创新创业者开启新事业的资金支持或创新投资。加快发展科技金融，推进科技信贷模式创新，争取开展"投贷联动"试点。构建投资基金发展体系，充分调动社会资本参与创新。发展多层次资本市场，加快促进企业上市步伐。打造科技金融公共服务平台，营造良好金融服务环境。

（二）数字化和智能化与高质量的产业发展

近年来，厦门火炬高新区积极扩大产业规模，瞪羚企业等高成长企业发展迅速。但与此同时，也存在如企业盈利能力较差、劳动生产率增长率降低、主导产业带动经济发展能力不足等问题。新时代，厦门火炬高新区产业的高质量发展重点不能仅局限于提升产品规模，更重要的是要发展新产业和升级现有产业的生产方式，要做到这样3个词是关键：新动能、新兴产业和新生产方式。

新动能。在新时代新动能的主要来源是新技术，目前已经或正在引发变革的这些数字化和智能化技术主要是：①新的IT技术，5G时代已然来临；②互联网、物联网和区块链等技术；③云计算、大数据和存储等技术；④AR、VR和人工智能技术。目前，这些技术正作为新的一般性生产条件广泛进入经济和社会生活，把人类的生产活动托上新台阶。产业发展最核心的就是要把这些数字化和智能化技术作为新动能和拓展新空间。厦门火炬高新区应大力实施互联网+行动计划，深化供给侧结构性改革，建设创新型产业集群，促进产业向中高端迈进。全力推进互联网、大数据与制造业的深度融合，推动园区传统产业的信息化、智能化、服务化进程。推动企业开展智能工厂改造，建设制造业创新中心，大幅提升生产效率，改进盈利模式，加快转型步伐。鼓励与工业4.0相关的控制硬件、控制软件、终端硬件企业的集聚和发展，推动园区制造业逐步转型为以服务为基础的"软性制造+个性化定制"的高端制造业。

新兴产业。发展新兴产业和战略性新兴产业是当前国际竞争的焦点，也是国家能否在全球经济格局演变中制胜未来的关键，这是新时代厦门火炬高新区要强力推动发展的要务。发展新兴产业，关键在于大力推动领军龙头企业的发展。领军龙头企业作为高新区创新资源组织的核心载体，是新兴产业培育的关键，是科技园区实现可持续发展的重要支撑，因此，抓住产业转型升级的机会，在发展高新技术产业中培育创新型领军企业，对推进高新区的发展意义重大。厦门火炬高新区要加大力度培育行业领军龙头企业，实施龙头企业"千百十"扶持计划，激励人才、资金、技术和重大科技项目等优质发展资源加速向龙头企业集聚。推动现有大规模制造企业增强创新的组织和行为，使这些企业能够逐步由单纯的大规模企业发展成为创新型行业领军企业，并加快向平台型企业转型。紧跟新经济发展趋势，发挥政府作用配合创新型企业的资源整合，改善软件及信息服务产业营业收入增长率等下滑指标表现。同时，应紧跟新经济发展趋势，重点培植新材料、大数据与人工智能、物联网等战略性新兴产业，发挥政府作用配合创新型企业的资源整合，打造一批细分领域成长能力强、影响力大的瞪羚企业、独角兽企业。

新生产方式。新生产方式问题也是产业转型升级问题。新技术革命正带来产业生产方式的全新转变，就本质而言这场转变的趋势是：物质产品的生产从过去工业经济时代劳动力依附于机器的生产转变到新经济时代数据驱动的生产和非人工的智能生产，生产方式发生了重大转变。因此，当前制造产业的转型升级问题也就成为能否快速建立数字化和智能化的生产方式问题，目前广泛倡导的互联网+和工业4.0就是向这一方向的推动。

（三）发展新型教育与构建活力社区

所谓新型教育是指与创业和职业相结合的新兴体验型教育，厦门火炬高新区的未来发展应把高新区建设成新型教育和人才聚集的园地作为重要的建设议题。伴随信息和互联网技术的广泛普及，传授知识和接受知识的途径与方式都发生了根本性转变，"为知识而教育"的场景和条件几乎可以随时随地发生发展，这就使社会化的新型体验式教育广泛兴起。这种新型体验式教育重在"培养能够解决问题的人"，这样的教育培训由于其愈来愈迎合新时代结合职业生涯更新知识的需求，引发了全球性传统教育机构、社会力量和产业组织的广泛参与。

目前，谷歌、微软、阿里等一些世界知名企业都在发展这样的机构，法国的42编程学校、斯坦福等国际一流大学也都开始向这样的教学方向做改革的探索和努力，中国高新区内也有许多这样的教育机构出现，像重庆的互联网学院也都是政府和社会力量参与兴办的新型人才教育培养形式。这种新的人才培养方式和教育方式在很大程度上反映出新时代教育理念与教育模式变革的趋势，终将引发全球性教育体制和人才培养方式的全面变革。厦门火炬高新区应积极借"双创"平台之力，推广新型体验式培训教育，吸纳新生知识群体，这些知识群体的流动性和本地化存留可以改善原住民的人口结构与知识层级，为厦门火炬高新区不断注入新生活力。

此外，社交网络的发达程度也往往决定着一个园区的创造力和运行效率，这也是成就当今硅谷和中关村园区的优势所在。制定特别的引导措施和发挥政府的社会嵌入作用，培育和发展各类专业组织，重点包括行业协会，企业联盟，企业家联谊组织，创业投资社会联盟组织，中介、咨询和培训等社会组织。

第六章　郑州高新区创新发展指数[①]

郑州高新技术产业开发区（以下简称"郑州高新区"）成立于1988年，1991年经国务院批准为国家高新区，2016年4月，国务院正式批复以郑州、洛阳、新乡3个国家高新区为主体建设郑洛新国家自主创新示范区。经过20多年的发展，郑州高新区厚植全省创新资源富集的先发优势，大力实施创新驱动发展战略，"双创"热潮持续涌动，孵化培育能力显著增强，科技型企业快速崛起，新兴产业加速发展，内生增长动力日趋强劲，已成为创新引领、开放合作的区域创新中心。

一、郑州高新区总体概况

（一）孵化培育能力全国领先

郑州高新区坚持壮大培育科技型中小企业，营造发展内生动力的发展理念，构建了完善的创新创业孵化体系，园区已建成河南省大学科技园、创业中心、河南省专利孵化转移中心等13家省级以上孵化器（众创空间），市级以上众创空间数占全市的55%、全省的30%，汉威电子传感器众创空间入选首批国家专业化众创空间。高新区内集聚动漫创意、软件、广电计量检测等10多个公共技术服务平台，形成涵盖"众创空间—孵化器—加速器—产业园"的完整孵化服务链条。目前，郑州高新区建成了650万平方米的孵化面积，在全国高新区中领先，累计孵化毕业企业2300多家。

（二）科技创新产出优势明显

郑州高新区不断强化企业的创新主体作用，扎实推进知识产权工作，获批国家知识产权示范园区、国家专利质押融资试点区和河南省专利导航产业发展试验区，已经成为郑洛新国家自主创新示范区的创新高地。2017年，郑州高新区R&D支出占地区生产总值比例达6.5%，专利申请量突破11 000件，位居全省第一；万人有效发明专利拥有量近100件，居全国领先水平；威科姆、机械研究所、春泉、富耐克4家企业专利获得19届国家专利优秀奖，全区累计获得1项国家专利金奖、12项国家专利优秀奖。气体传感器、齿轮齿条装置等领域研发水平全国甚至世界领先。

[①] 本章由孙红军、张路娜、袁明、郑彦松等撰写。

(三)高端谋划发展智慧产业

郑州高新区以"聚焦智慧产业、建设智慧社会"为主攻方向,确定了"364"智慧产业生态体系,制定了"四链一城"的实践路径,全面开启建设国家自主创新示范区新征程。当前,郑州高新区正在谋划"聚焦智慧产业、建设智慧社会"国家自主创新示范区六大抓手级工程。一是3万户以上规模的智慧家庭2.0示范工程,依托区内科研院所可见光通信和拟态防御技术方面的技术优势,通过示范工程建设迅速带动智慧家居相关产业。二是中国智能传感谷建设,正在启动谋划5平方千米以上的中国智能传感谷,依托区内良好的智能传感器产业生态打造智能传感器产业组团。三是集聚一批信息安全和网络空间领域的高端研发机构、优质企业和优秀团队,依托区内产业生态打造千亿级信息安全和网络空间安全产业组团。四是持续抓好"北斗云谷"国家品牌建设,依托科研院所在北斗与遥感产业方面的技术优势和威科姆、天迈等企业的产业发展基础,加大对北斗应用推广力度,打造千亿级的产业组团。五是建设国家超级计算机中心,依托区内郑州大学已有经验,以郑大"双一流"大学建设为契机建设国家超算中心。六是智慧城市建设,依托区内智慧产业的发展和集聚,着力发展宜创宜业宜居的智慧新城,全面提升自创区发展水平,积极为郑州国家中心城市建设提供创新驱动引擎。

二、创新发展指数及其表现

(一)指标体系内容

根据郑州高新区作为位于省会城市的高新区具有创新资源相对集中的特点,结合国家高新区创新指数的整体指导方向,我们研究提出郑州高新区创新发展指数,包括4个一级指标和44个三级指标(表6-1)。

表6-1 郑州高新区创新发展指数

一级指标	二级指标	三级指标
创新驱动与创业活力	创新要素集聚	1.1 园区各类研发机构当量数
		1.2 管委会当年财政支出中对科技的投入额
		1.3 企业研发经费内部支出占营业收入比例
		1.4 企业研发人员全时当量数占从业人员比例
	创新产出绩效	1.5 万人当年新增的知识产权数(含注册商标)
		1.6 当年人均技术合同成交额
		1.7 新产品销售收入占营业收入比例

续表

一级指标	二级指标	三级指标
创新驱动与创业活力	创业孵化培育	1.8 省级以上孵化器数（含科技部备案的众创空间）
		1.9 当年新增的科技企业数
		1.10 当年各类孵化机构内新增在孵企业数
		1.11 当年新增"四上"企业数量
		1.12 当年新增各类上市企业数量
产业发展与经济效益	主导产业集聚	2.1 规上电子信息制造产业营业收入
		2.2 规上智能装备产业营业收入
		2.3 新兴产业（生物医药、新材料、科技服务业）营业收入
	产业结构优化	2.4 营业收入超30亿元高新技术企业数
		2.5 高新技术企业数占企业总数比例
		2.6 服务收入占营业总收入比例
		2.7 单位增加值综合能耗
	经济发展效益	2.8 人均增加值
		2.9 单位建设用地面积营业收入
		2.10 工业增加值率
		2.11 企业营业利润率
开放合作与协同发展	境外资源整合	3.1 境外留学归国人员和外籍常驻人员占从业人员的比例
		3.2 当年实际利用外资额
		3.3 外资研发机构当量数
		3.4 企业当年PCT专利申请数
	国际市场拓展	3.5 技术服务出口额占出口额比例
		3.6 当年内资控股企业的境外直接投资额
		3.7 企业设立的境外分支机构数
	多元融合发展	3.8 企业当年开展产学研合作费用支出占营业收入比例
		3.9 信息工程大学先进技术研究院拥有的军民融合项目数
		3.10 园区所在城市每平方米住房均价与园区从业人员平均月工资性收入比例
		3.11 园区拥有的各级各类医院、学校当量数

续表

一级指标	二级指标	三级指标	
服务环境与社会贡献	自然生态环境	4.1	当年园区所在城市空气质量优良天数
		4.2	园区绿化覆盖率
	社会服务环境	4.3	园区宽带网络覆盖水平
		4.4	当年财政新增基本公共服务支出
		4.5	国家级产业服务促进机构数
		4.6	企业当年获得创业风险投资机构的风险投资额
		4.7	在线政务服务用户规模
	园区社会贡献	4.8	从业人员人均工资性收入占人均增加值比例
		4.9	企业上缴税收总额
		4.10	当年吸纳高校应届毕业生就业数

（二）总的指数表现

2017年园区创新综合指数达到159.0，这一数字是以2015年标定100的指数为基期的，2016年的综合指数是119.3。由此测算，2016年较2015年增长了19.3，2017年较2016年增长了39.7（图6-1）。整体而言，郑州高新区创新综合指数呈现持续快速上升态势。

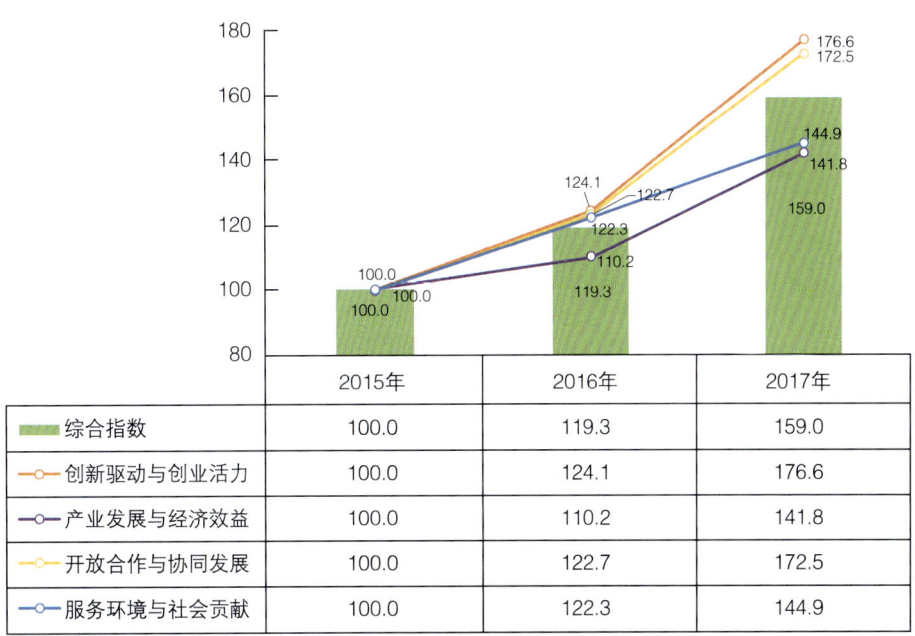

图6-1　2015—2017年郑州高新区创新指数变化

总体来看，在园区4个分项指数中，创新驱动与创业活力指数增长幅度最大，对综合指数贡献最大，反映园区在集聚创新创业资源、激发创新创业活力等方面表现较好。开放合作与协同发展指数增长幅度也相对较大，略低于创新驱动与创业活力指数，说明园区参与国际竞争合作、整合境外优质资源等方面也取得了较好成绩。产业发展与经济效益、服务环境与社会贡献指数虽然也呈现出增长态势，但增长相对缓慢，说明园区在产业成长壮大、产业结构优化、服务环境优化等方面还有较大提升空间，这与园区所处地域、发展阶段及重点工作部署有直接关系（图6-2）。

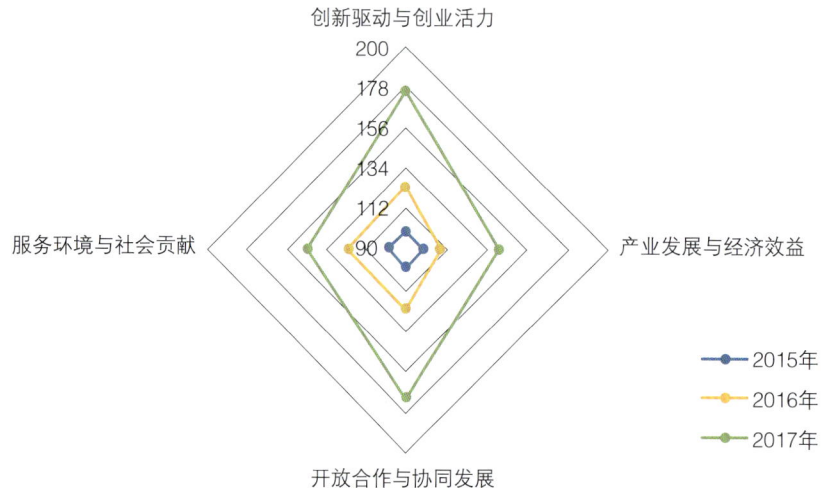

图6-2　2015—2017年郑州高新区创新指数分指数表现

创新驱动与创业活力。2015年、2016年、2017年郑州高新区创新驱动与创业活力指数分别为100、124.1、176.6（图6-3），2017年较2015年上升了76.6，创新驱动与创业活力指数在4个一级指标中增长幅度最快。整体而言，创新驱动与创业活力指数呈现持续快速上升态势，这种增长主要来源于园区创新要素持续集聚和创业孵化培育提升。

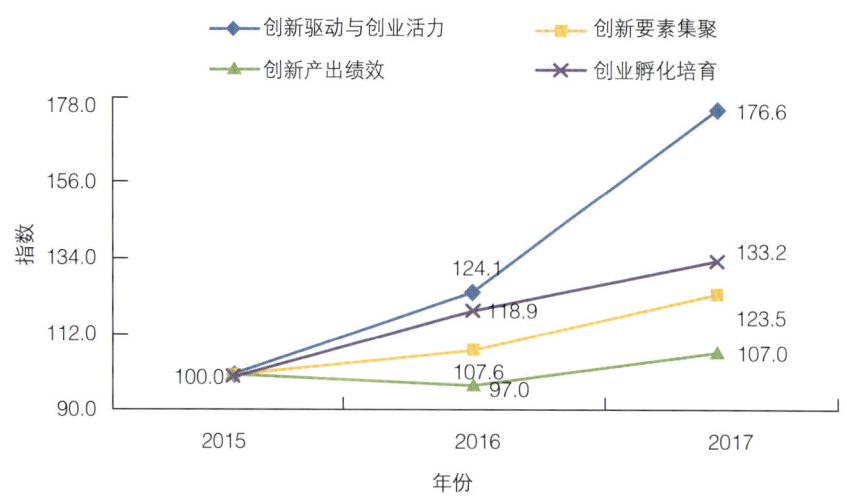

图6-3　2015—2017年郑州高新区创新驱动与创业活力指数及二级指标

产业发展与经济效益。2015年、2016年、2017年郑州高新区产业发展与经济效益指数分别为100、110.2、141.8（图6-4），2017年较2015年上升了41.8。整体而言，园区产业发展与经济效益指数呈现出持续快速增长态势，说明园区在产业升级和结构优化方面表现较好。这既体现了高新区战略新兴产业发展水平的提升，也体现了在新技术经济范式转变的过程中对传统装备制造产业的转型升级能力的增强。产业发展与经济效益指数增长主要源于产业结构优化。

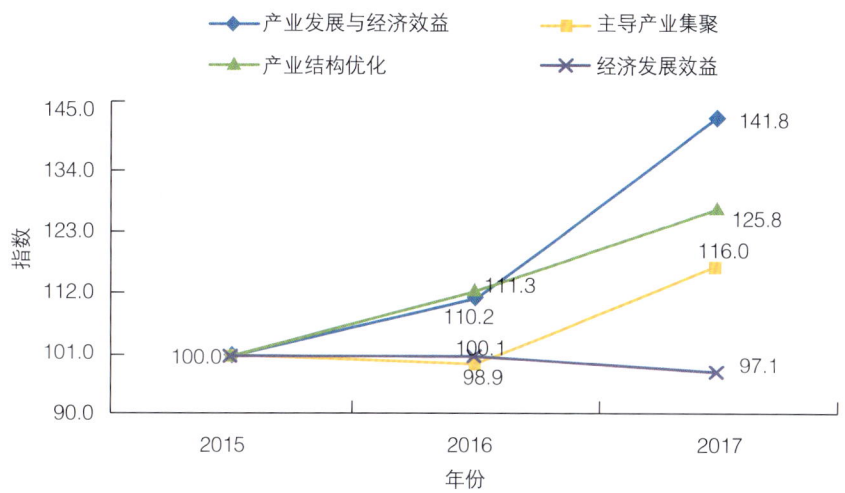

图6-4　2015—2017年郑州高新区产业发展与经济效益指数及二级指标

开放合作与协同发展。2015年、2016年、2017年郑州高新区开放合作与协同发展指数分别为100、122.7、172.5（图6-5），2017年较2015年上升了72.5，其中，2017年该指数出现了较大幅度的增长，这与园区大力鼓励企业走出去、完善进出口统计有直接关系。整体而言，该指数呈现出了持续快速增长态势，说明高新区境外创新创业资源整合与国际竞争能力在持续增强，该指数的增长主要源于境外资源整合和多元融合发展两个方面。

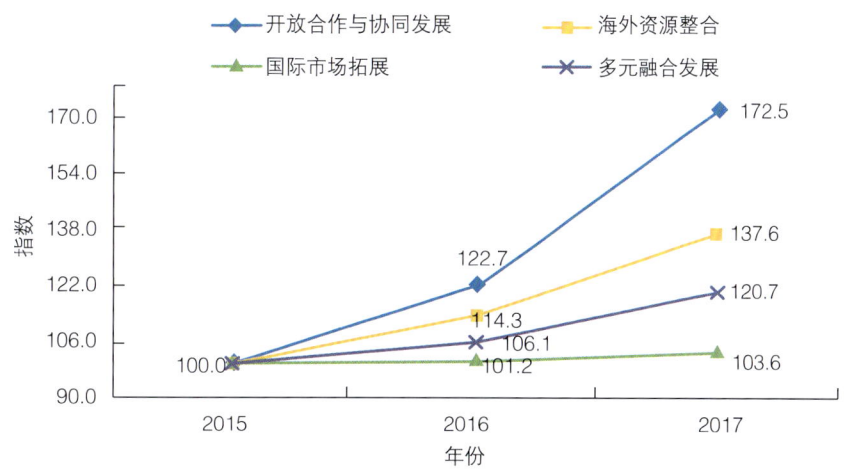

图6-5　2015—2017年郑州高新区开放合作与协同发展指数及二级指标

服务环境与社会贡献。2015年、2016年、2017年郑州高新区服务环境与社会贡献指数分别为100、122.3、144.9（图6-6），2017年较2015年上升了44.9。整体而言，园区服务环境与社会贡献指数呈现出了持续稳定增长态势，说明园区的自然生态环境、社会服务环境在持续优化和完善。

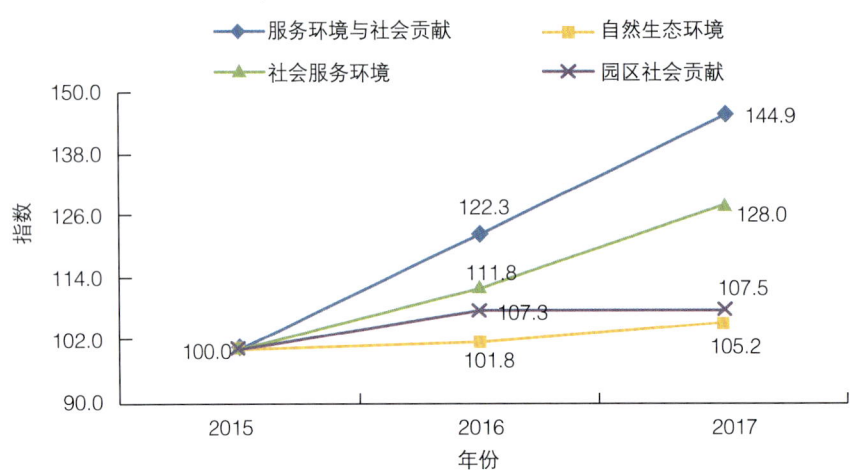

图6-6　2015—2017年郑州高新区服务环境与社会贡献指数及二级指标

（三）创新驱动与创业活力分指数

创新驱动与创业活力重点观察园区在中国创新驱动战略背景下的创新创业投入和创新创业绩效的情况，主要包括创新要素集聚、创新产出绩效、创业孵化培育3个方面。

创新要素集聚主要通过4个指标来表征，分别是：1.1园区各类研发机构当量数、1.2管委会当年财政支出中对科技的投入额、1.3企业研发经费内部支出占营业收入比例、1.4企业研发人员全时当量数占从业人员比例。

园区各类研发机构当量数。该指标鼓励园区积极引进和培育各类研发载体，反映园区整体的科研平台实力。2015年、2016年、2017年郑州高新区园区各类研发机构当量数分别为9家、15家、43家（图6-7），2017年较2015年增长了近4倍。整体而言，郑州高新区在该指标上呈现出持续快速上升的态势。

管委会当年财政支出中对科技的投入额。该指标反映园区政策支持环境，考察园区管委会在科技创新方面的投入力度，体现了管委会对创新创业的重视程度。2015年、2016年、2017年郑州高新区管委会当年财政支出中对科技的投入额分别是11.33亿元、17.40亿元、21.13亿元（图6-8），2017年较2015年增长了近1倍。整体而言，郑州高新区在该指标上呈现了持续增长态势。

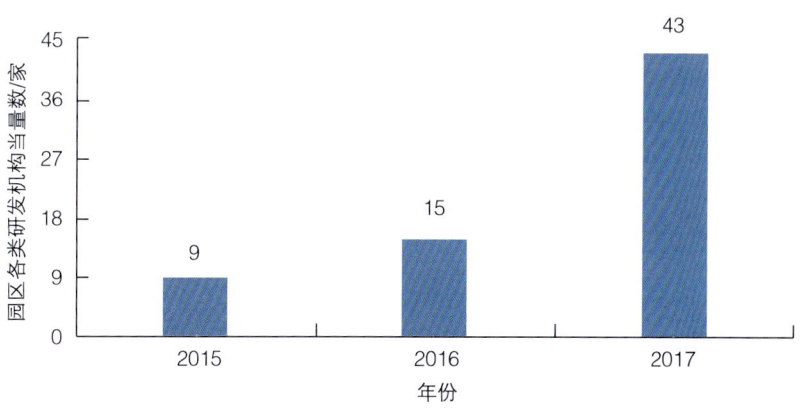

图6-7　2015—2017年郑州高新区园区各类研发机构当量数

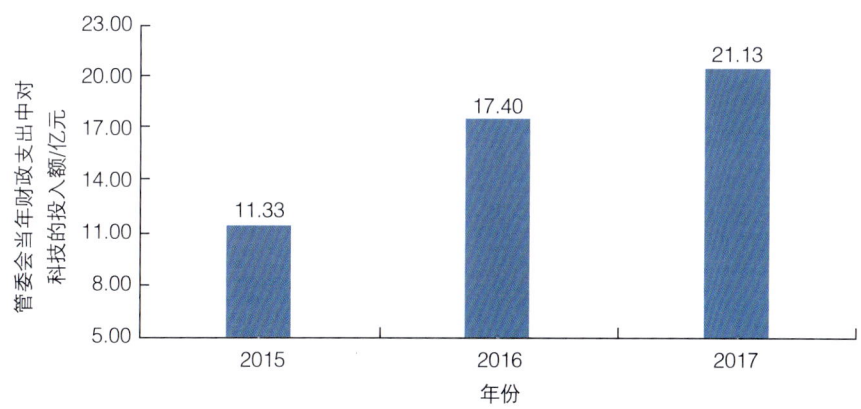

图6-8　2015—2017年郑州高新区管委会当年财政支出中对科技的投入额

企业研发经费内部支出占营业收入比例。该指标是度量企业研发投入强度的通用指标。2015年、2016年、2017年郑州高新区企业研发经费内部支出占营业收入比例分别是5.3%、5.0%、4.0%（图6-9），2017年较2015年出现了明显下滑。整体而言，郑州高新区在该指标上呈现出持续下降的态势，说明园区仍需引导和鼓励企业加大研发投入，增强企业自主创新意识。

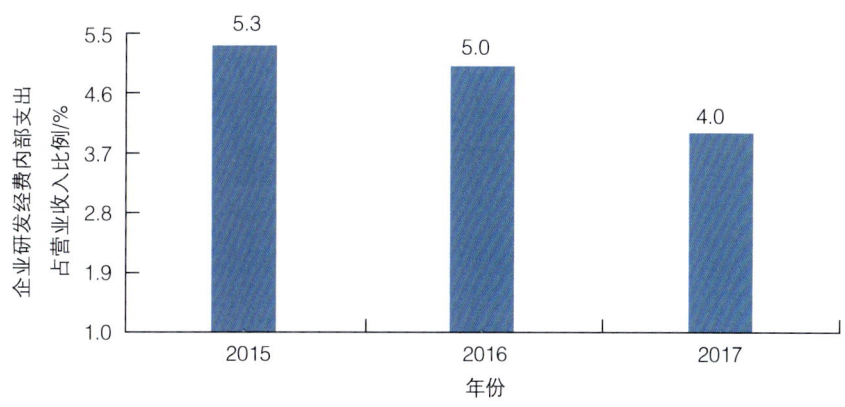

图6-9　2015—2017年郑州高新区企业研发经费内部支出占营业收入比例

企业研发人员全时当量数占从业人员比例。该指标衡量园区企业中实际从事研发活动人员的投入强度。2015年、2016年、2017年郑州高新区企业研发人员全时当量数占从业人员比例分别是4.35%、4.04%、7.15%（图6-10），2017年较2015年出现了明显增长。整体而言，郑州高新区在该指标上呈现出先缓慢下降后快速上升的变化态势。

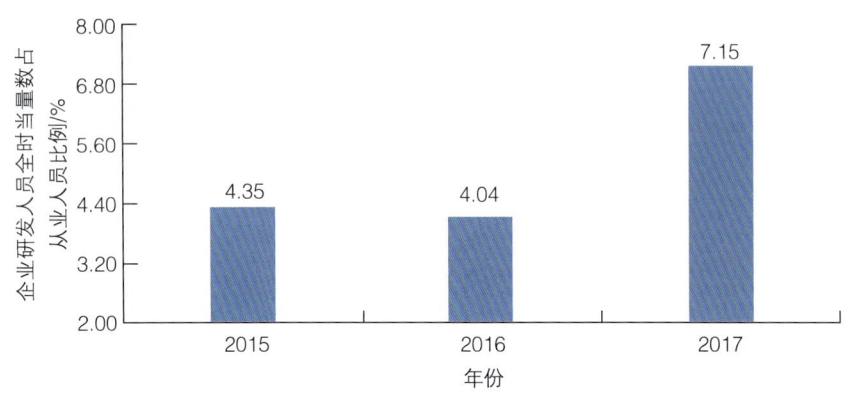

图6-10　2015—2017年郑州高新区企业研发人员全时当量数占从业人员比例

创新产出绩效主要通过3个指标来表征，分别是：1.5万人当年新增的知识产权数（含注册商标）、1.6当年人均技术合同成交额、1.7新产品销售收入占营业收入比例。

万人当年新增的知识产权数（含注册商标）。该指标综合衡量园区科技成果产出的强度和效率，将相关知识产权汇总一并考虑。2015年、2016年、2017年郑州高新区万人当年新增的知识产权数（含注册商标）分别是184.12件、170.66件、474.70件（图6-11），2017年较2015年增长了158%。整体而言，郑州高新区在该指标上呈现出先略微下降后大幅上升的发展态势。

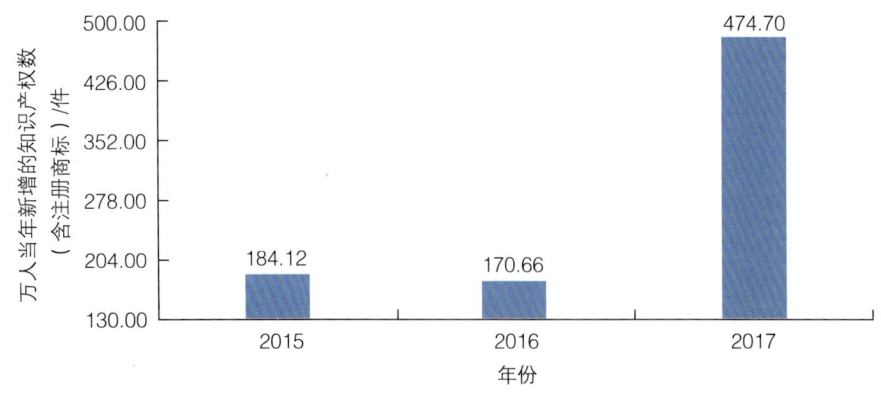

图6-11　2015—2017年郑州高新区万人当年新增的知识产权数（含注册商标）

当年人均技术合同成交额。该指标度量园区技术交易活动频度和规模。2015年、2016年、2017年郑州高新区当年人均技术合同成交额分别是13.04万元、11.04万元、15.41万元（图

6-12），2017年较2015年增长了18.17%。整体而言，郑州高新区在该指标上呈现出先小幅下降后大幅上升的发展态势。

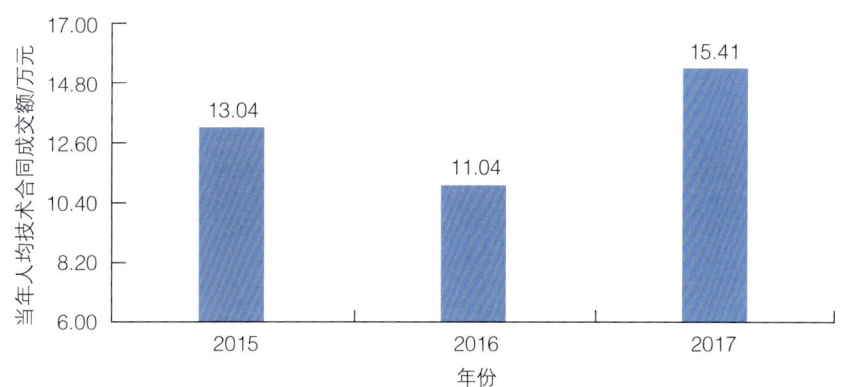

图6-12　2015—2017年郑州高新区当年人均技术合同成交额

新产品销售收入占营业收入比例。该指标反映园区在新旧动能转化方面的新产品产出成效。2015年、2016年、2017年郑州高新区新产品销售收入占营业收入比例分别是31%、25%、27%（图6-13），2017年较2015年呈现出下滑态势，说明园区仍需重点强化企业自主创新能力，提升企业新技术、新产品的研发能力，加快推动企业产品升级换代。

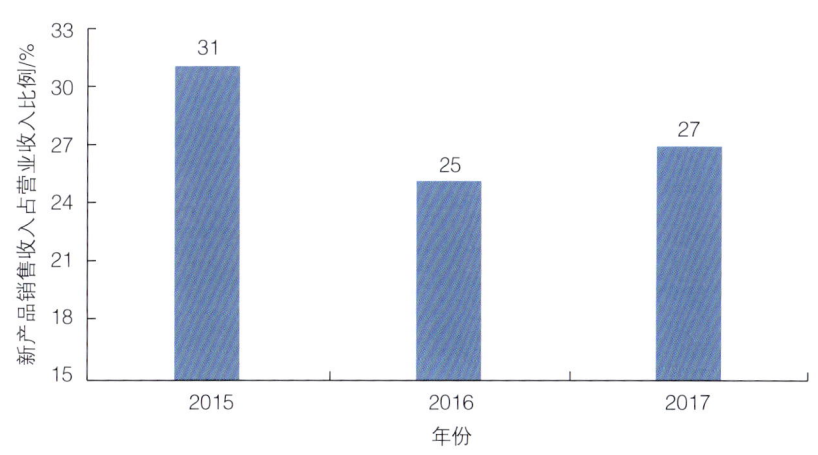

图6-13　2015—2017年郑州高新区新产品销售收入占营业收入比例

创业孵化培育主要通过5个指标来表征，分别为：1.8省级以上孵化器数（含科技部备案的众创空间）、1.9当年新增的科技企业数、1.10当年各类孵化机构内新增在孵企业数、1.11当年新增"四上"企业数量、1.12当年新增各类上市企业数量。

省级以上孵化器数（含科技部备案的众创空间）。引导高新区发展承载创新创业的孵化器，使用省级以上孵化器（含科技部备案的众创空间）指标更能反映机构位势和服务能力，也便于准确、统一口径地进行统计和比较。2015年、2016年、2017年郑州高新区省级以上孵化器数（含科技部备案的众创空间）分别为16家、21家、25家（图6-14），2017年较2015年增加了9家。整体而言，郑州高新区在该指标上呈现出持续快速上升的态势。

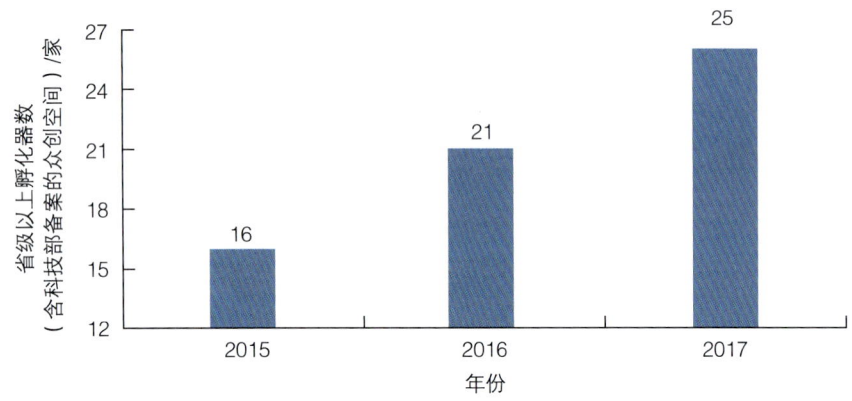

图6-14　2015—2017年郑州高新区省级以上孵化器数（含科技部备案的众创空间）

当年新增的科技企业数。该指标体现园区大众创业活力，反映园区对全国创业浪潮的响应和引领情况。2015年、2016年、2017年郑州高新区当年新增的科技企业数分别是92家、190家、341家（图6-15），2017年较2015年增长了249家。整体而言，郑州高新区在该指标上呈现出持续快速上升的态势。

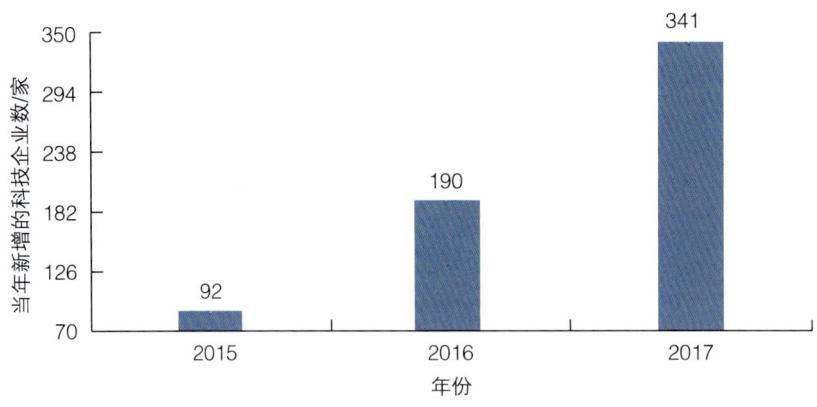

图6-15　2015—2017年郑州高新区当年新增的科技企业数

当年各类孵化机构内新增在孵企业数。该指标反映园区经济的成长性和发展潜力，衡量园区大众创业的后劲。2015年、2016年、2017年郑州高新区当年各类孵化机构内新增在孵企业数分别是130家、320家、282家（图6-16），2017年较2016年出现明显下滑。整体而言，郑州高新区在该指标上呈现出先大幅上升后小幅下滑的发展态势，说明园区仍需鼓励和支持各类创业孵化机构的发展，增强孵化机构孵化水平，助推创业机构提质增效。

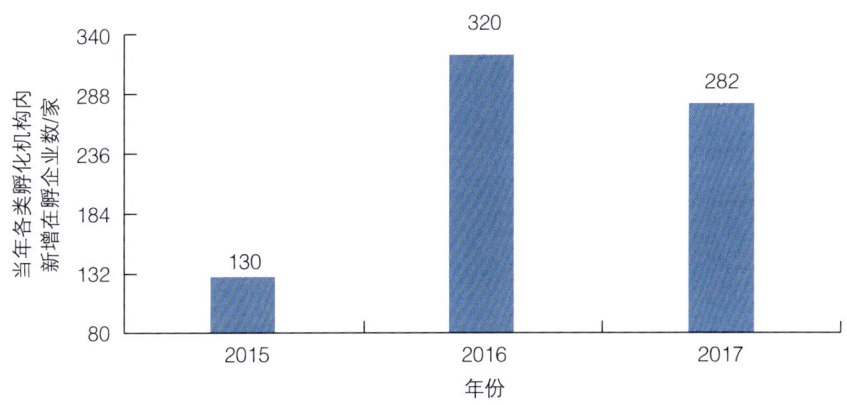

图6-16　2015—2017年郑州高新区当年各类孵化机构内新增在孵企业数

当年新增"四上"企业数量。该指标反映园区经济的成长性和发展潜力，衡量园区经济发展体量和规模。2015年、2016年、2017年郑州高新区当年新增"四上"企业数量分别为61家、72家、94家（图6-17），2017年较2015年增长了54.1%。整体而言，郑州高新区在该指标上呈现出持续上升态势。

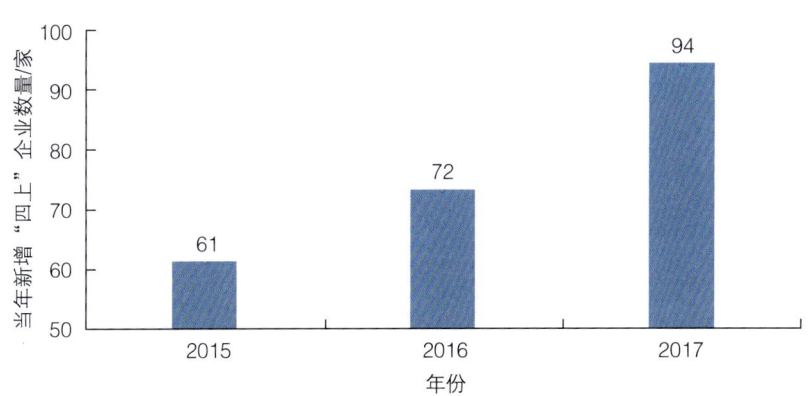

图6-17　2015—2017年郑州高新区当年新增"四上"企业数量

当年新增各类上市企业数量。该指标反映园区整体的经济质量和活力。2015年、2016年、2017年郑州高新区当年新增各类上市企业数量分别是30家、36家、53家（图6-18），2017年较2015年增长了76.7%。整体而言，郑州高新区在该指标上呈现出持续快速上升态势。

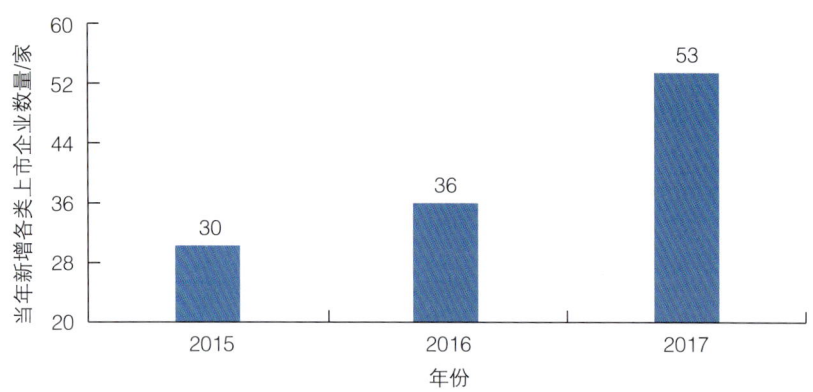

图6-18　2015—2017年郑州高新区当年新增各类上市企业数量

（四）产业发展与经济效益分指数

产业发展与经济效益重点观察园区在中国经济进入高质量发展的阶段下，在增强主导产业发展动能、孵化培育产业、提升产业发展质量、发展制造业服务业和战略新兴产业等方面的努力和成效，主要从主导产业集聚、产业结构优化、经济发展效益等方面进行分析。

主导产业集聚主要通过3个指标来表征，分别是：2.1规上电子信息制造产业营业收入、2.2规上智能装备产业营业收入、2.3新兴产业（生物医药、新材料、科技服务业）营业收入。

规上电子信息制造产业营业收入。该指标反映园区电子信息制造产业发展规模。2015年、2016年、2017年郑州高新区规上电子信息制造产业营业收入分别为78亿元、70亿元、179亿元（图6-19），2017年较2015年增长了近1.3倍。整体而言，郑州高新区在该指标上呈现出小幅下降后大幅上升的发展态势，这与园区集中优势"双创"资源（人才、资金、政策优势突出）大力发展电子信息制造产业有直接关系。

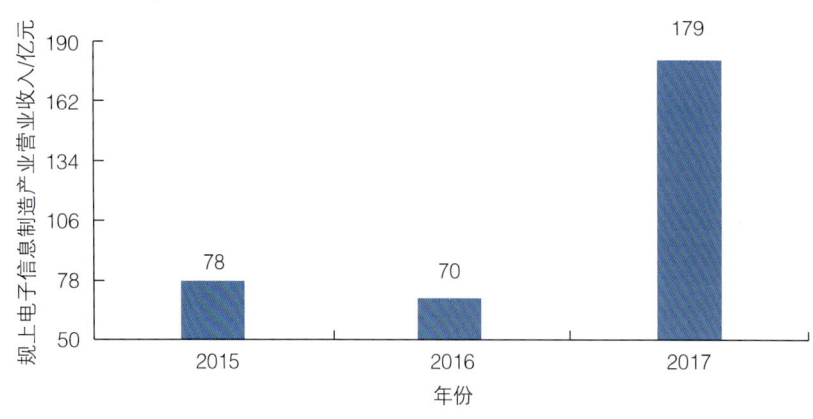

图6-19　2015—2017年郑州高新区规上电子信息制造产业营业收入

规上智能装备产业营业收入。该指标反映园区智能装备产业的发展体量和规模,同时也侧面反映园区装备产业智能化改造程度。2015年、2016年、2017年郑州高新区规上智能装备产业营业收入分别为26亿元、25亿元、37亿元(图6-20),2017年较2015年增长了42.3%。整体而言,郑州高新区在该指标上呈现出先小幅下降后大幅上升的态势。

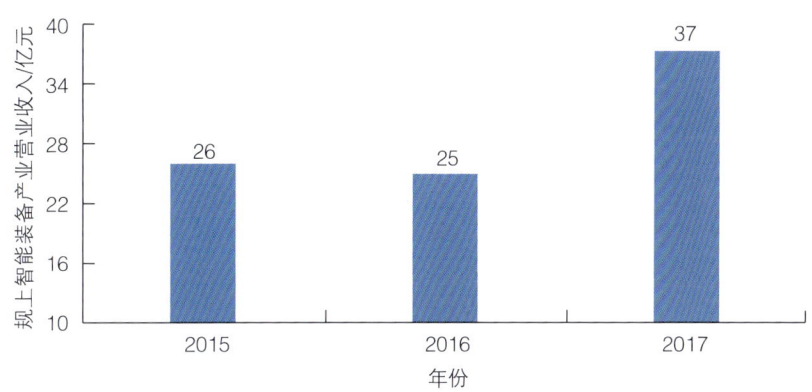

图6-20　2015—2017年郑州高新区规上智能装备产业营业收入

新兴产业(生物医药、新材料、科技服务业)营业收入。该指标反映园区生物医药、新材料、科技服务业等新兴产业的发展实力和发展规模。2015年、2016年、2017年郑州高新区新兴产业(生物医药、新材料、科技服务业)营业收入分别为25亿元、26亿元、36亿元(图6-21),2017年较2015年增长了44%。整体而言,郑州高新区在该指标上呈现出快速上升的发展态势。

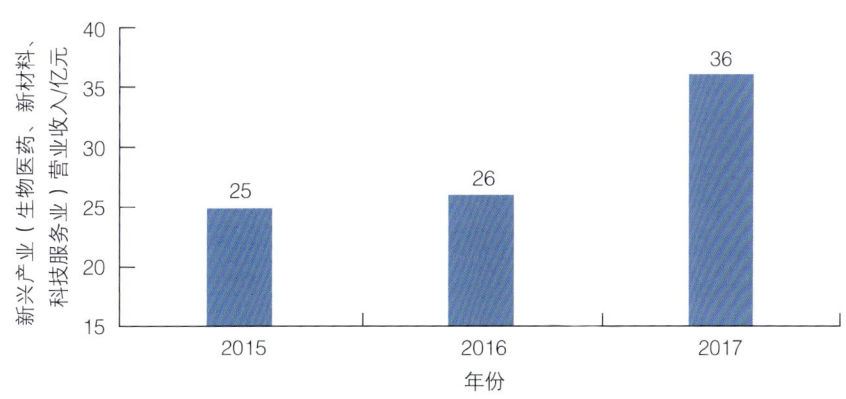

图6-21　2015—2017年郑州高新区新兴产业(生物医药、新材料、科技服务业)营业收入

产业结构优化主要由4个指标进行表征,分别是:2.4营业收入超30亿元高新技术企业数、2.5高新技术企业数占企业总数比例、2.6服务收入占营业总收入比例、2.7单位增加值综合能耗。

营业收入超30亿元高新技术企业数。该指标反映园区企业创新创业提质增效的潜能。2015年、2016年、2017年郑州高新区营业收入超30亿元高新技术企业数分别为7家、9家、15家(图

6-22），2017年较2015年增长了1倍多。整体而言，郑州高新区在该指标上呈现出持续快速上升的态势。

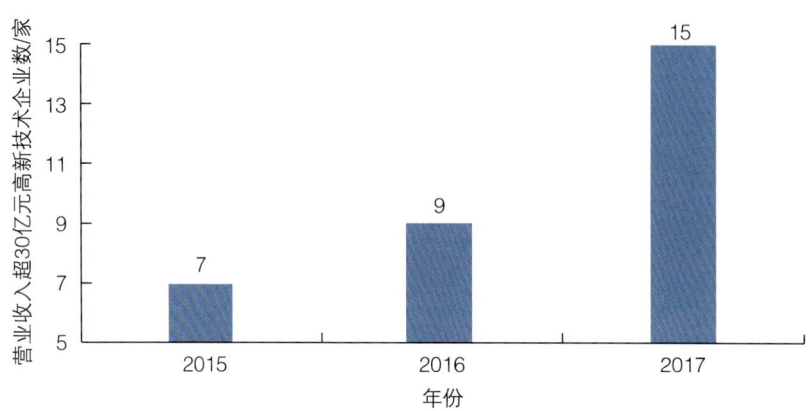

图6-22　2015—2017年郑州高新区营业收入超30亿元高新技术企业数

高新技术企业数占企业总数比例。该指标衡量高技术产业在整个工业结构中所处的地位，反映园区产业转型升级的成效。2015年、2016年、2017年郑州高新区高新技术企业数占企业总数比例分别为38.0%、53.9%、55.8%（图6-23），2017年较2015年出现大幅增长。整体而言，郑州高新区在该指标上呈现出持续快速增长的态势。

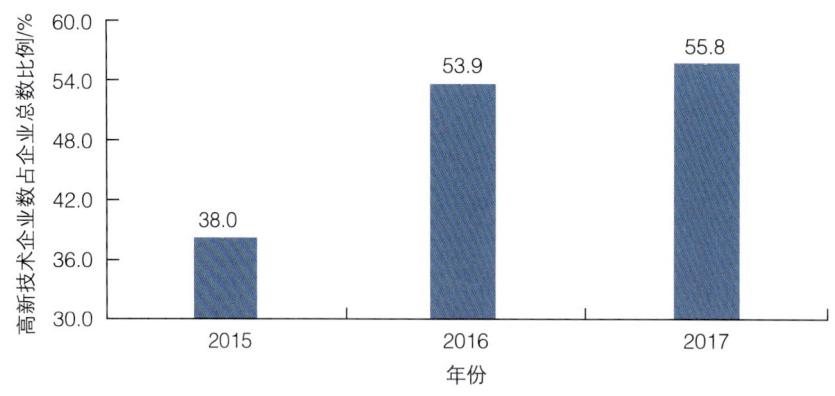

图6-23　2015—2017年郑州高新区高新技术企业数占企业总数比例

服务收入占营业总收入比例。该指标反映园区产业结构及服务业的繁荣程度。2015年、2016年、2017年郑州高新区服务收入占营业总收入比例分别为7.5%、7.5%、16.1%（图6-24），2017年较2015年增长了1.1倍多，这与园区致力于产业转型升级和产业结构优化、大力培育和发展多元化服务业有直接关系。

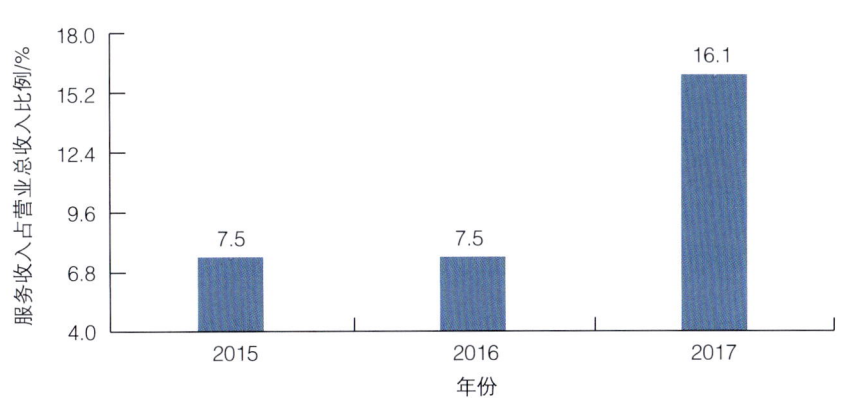

图6-24　2015—2017年郑州高新区服务收入占营业总收入比例

单位增加值综合能耗。该指标是全球度量产业能耗的重要指标，也是衡量园区低碳经济实现程度的重要参考。2015年、2016年、2017年郑州高新区单位增加值综合能耗分别为0.160吨标准煤/万元、0.321吨标准煤/万元、0.424吨标准煤/万元（图6-25）。该指标为负向变动指标（即指标数值越低越好），2017年较2015年增长了1.65倍。整体而言，郑州高新区在该指标上呈现出连续稳定增长态势，说明园区要引导和支持企业改变传统经营模式，深入开展节能减排工作，推动产业转型升级。

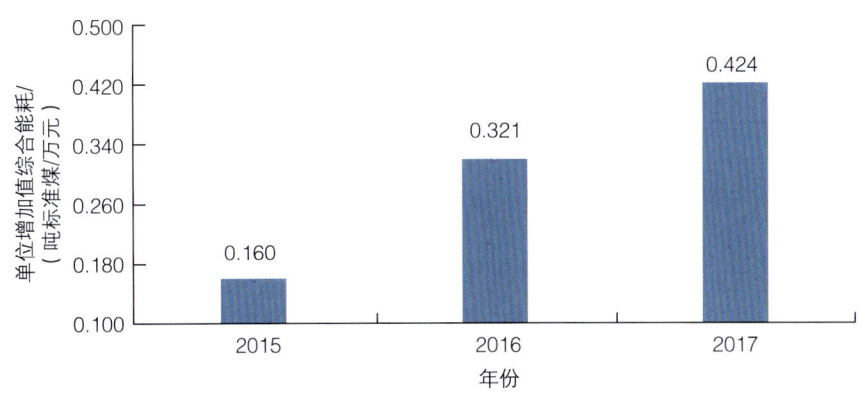

图6-25　2015—2017年郑州高新区单位增加值综合能耗

经济发展效益主要由4个指标进行表征，分别是：2.8人均增加值、2.9单位建设用地面积营业收入、2.10工业增加值率、2.11企业营业利润率。

人均增加值。该指标度量园区价值创造的绩效和效率，与全员劳动生产率一样，是衡量人均价值创造的国际通用指标。2015年、2016年、2017年郑州高新区人均增加值分别为34.72万元、28.11万元、20.59万元（图6-26），2017年较2015年下降了40.7%。整体而言，郑州高新区在该指标上呈现出持续下滑态势，说明园区未来仍需大力推动产业转型升级和产业结构优化，提升人均价值创造能力。

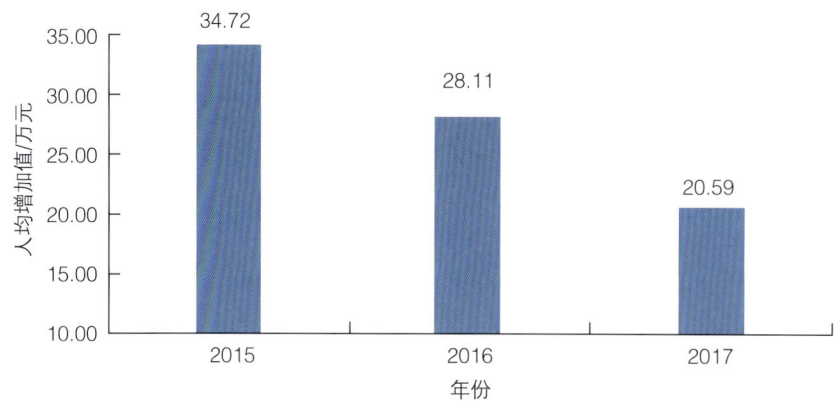

图6-26 2015—2017年郑州高新区人均增加值

单位建设用地面积营业收入。该指标衡量园区单位土地面积的产出效益，实质反映园区产业集约、高效、高质发展水平。2015年、2016年、2017年郑州高新区单位建设用地面积营业收入分别为15.9亿元/平方千米、23.1亿元/平方千米、26.8亿元/平方千米（图6-27），2017年较2015年增长了68.6%。整体而言，郑州高新区在该指标上呈现出持续快速上升的发展态势。

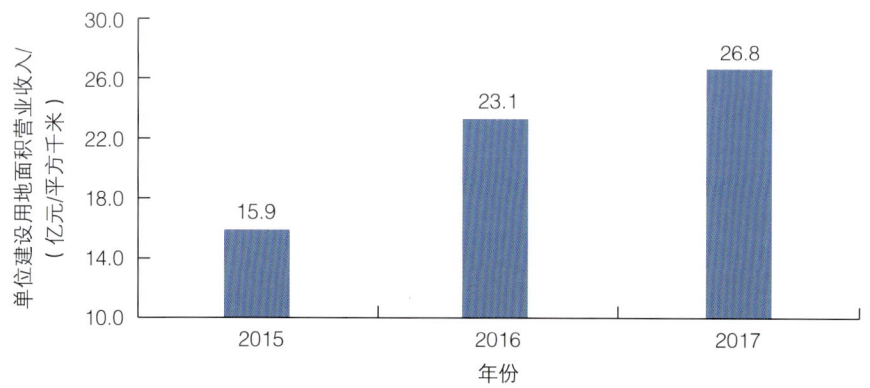

图6-27 2015—2017年郑州高新区单位建设用地面积营业收入

工业增加值率。该指标度量园区工业的价值创造能力，郑州高新区工业增加值率水平低于全国平均水平，此指标需特别重视。2015年、2016年、2017年郑州高新区工业增加值率分别为21.0%、18.5%、20.1%（图6-28），2017年较2015年有小幅下降，说明园区仍需大力推动工业企业转型升级，提升产业附加价值，助推产业提质增效。

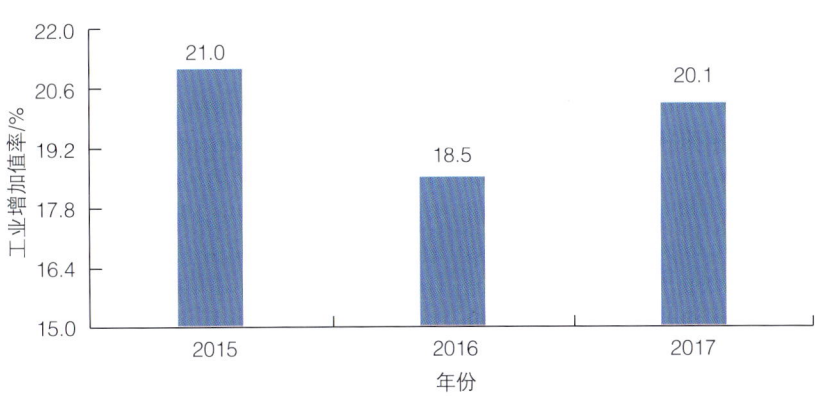

图6-28　2015—2017年郑州高新区工业增加值率

企业营业利润率。企业的盈利能力和水平能够体现企业现实生存状况，反映园区经济的活力和可持续发展能力。2015年、2016年、2017年郑州高新区企业营业利润率分别为9.0%、8.5%、6.6%（图6-29），2017年较2015年下降了26.7%。整体而言，郑州高新区在该指标上呈现出持续下降的发展态势，说明园区需进一步减轻企业负担，引导和支持企业成长壮大，增强企业盈利能力。

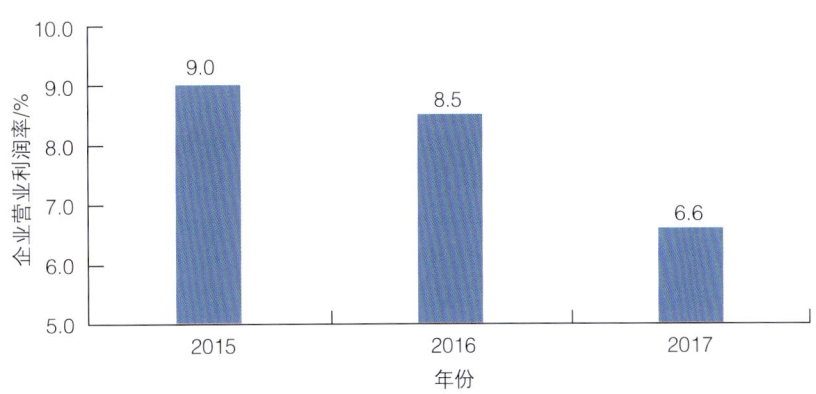

图6-29　2015—2017年郑州高新区企业营业利润率

（五）开放合作与协同发展分指数

开放合作与协同发展重点观察园区在全面开放的背景下，在国际合作与交流、境外市场拓展、跨界融合发展3个方面所取得的成效，主要包括境外资源整合、国际市场拓展、多元融合发展3个指标。

境外资源整合主要由4个指标进行表征，分别是：3.1境外留学归国人员和外籍常驻人员占从业人员的比例、3.2当年实际利用外资额、3.3外资研发机构当量数、3.4企业当年PCT专利申请数。

境外留学归国人员和外籍常驻人员占从业人员的比例。国际化的核心是人员的国际化，该指标集中体现国际化水平。2015年、2016年、2017年郑州高新区境外留学归国人员和外籍常驻人员占从业人员的比例分别为1.37%、1.25%、0.95%（图6-30）。整体而言，该指标呈现出持续下降态势，说明园区仍需重点关注境外高端人才的引培工作，赋予园区创新发展的新血液。

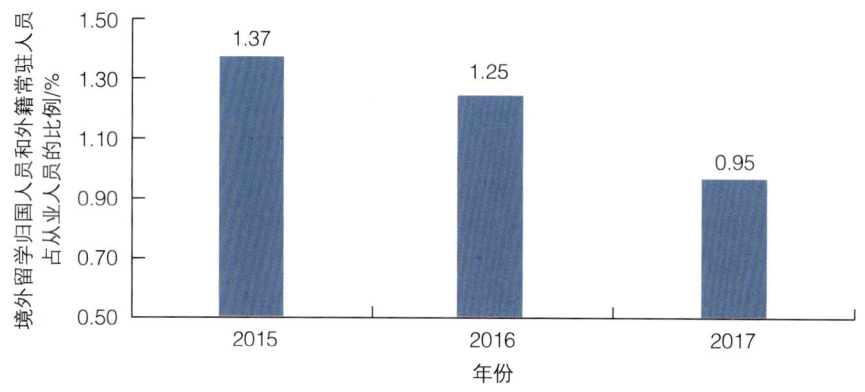

图6-30　2015—2017年郑州高新区境外留学归国人员和外籍常驻人员占从业人员的比例

当年实际利用外资额。该指标反映园区对全球资本及全球资源的吸引和整合能力。2015年、2016年、2017年郑州高新区当年实际利用外资额分别为36.58亿元、44.32亿元、51.22亿元（图6-31），2017年较2015年增长了40.0%。整体而言，郑州高新区在该指标上呈现出持续上升的发展态势。

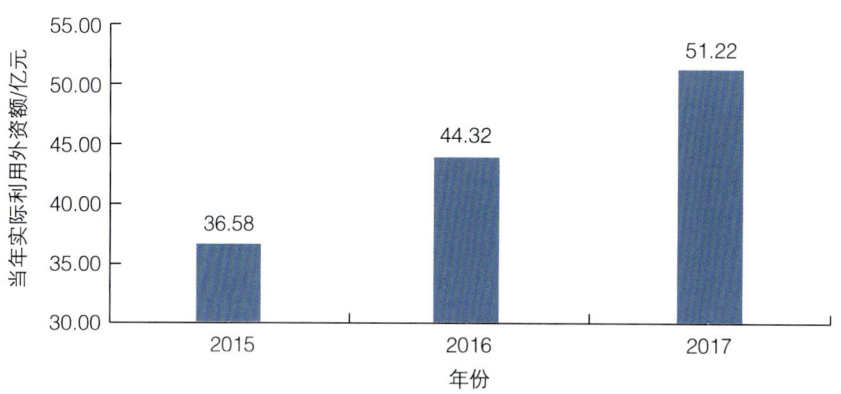

图6-31　2015—2017年郑州高新区当年实际利用外资额

外资研发机构当量数。该指标反映园区对国际创新平台资源的集聚能力。2015年、2016年、2017年郑州高新区外资研发机构当量数分别为9家、11家、39家（图6-32），2017年较2015年增长了3倍多。整体而言，郑州高新区该指标呈现出快速上升的发展态势。

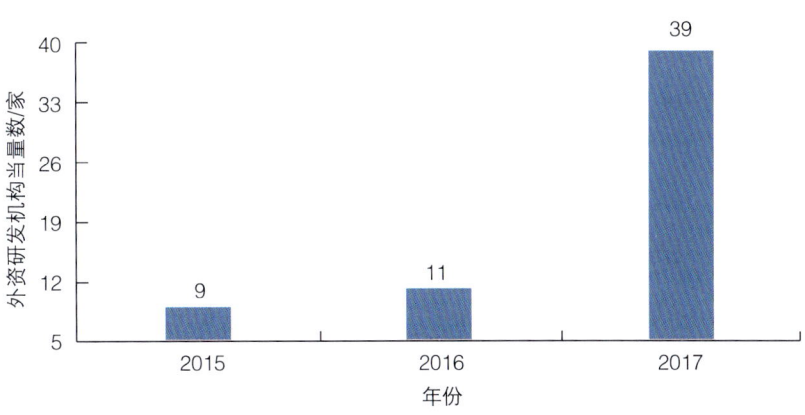

图6-32 2015—2017年郑州高新区外资研发机构当量数

企业当年PCT专利申请数。专利的全球化布局是开展国际产业竞争的重要手段，鼓励企业申请国际性专利是当前阶段和未来的重要政策导向。2015年、2016年、2017年郑州高新区企业当年PCT专利申请数分别为2件、11件、54件（图6-33），2017年较2016年增长了近4倍。整体而言，郑州高新区该指标呈现出快速上升的发展态势。

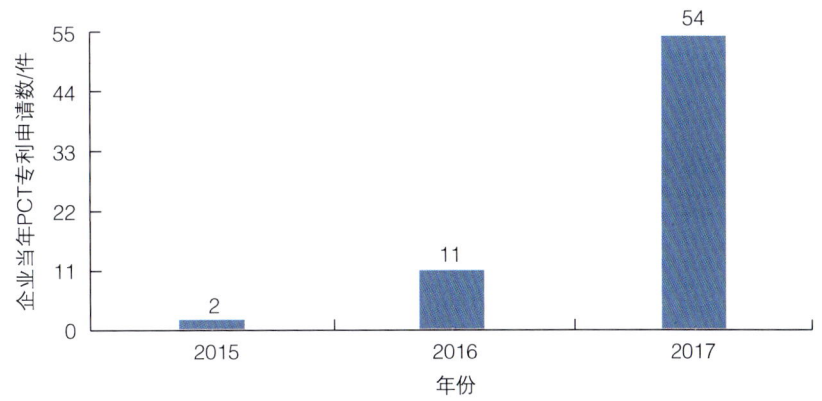

图6-33 2015—2017年郑州高新区企业当年PCT专利申请数

国际市场拓展主要由3个指标进行表征，分别是：3.5技术服务出口额占出口额比例、3.6当年内资控股企业的境外直接投资额、3.7企业设立的境外分支机构数。

技术服务出口额占出口额比例。该指标引导企业优化出口结构，发展壮大园区高技术产品和技术服务的国际市场与国际竞争力。2015年、2016年、2017年郑州高新区技术服务出口额占出口额比例分别为0.47%、0.26%、0.26%（图6-34），2017年较2015年下降了44.7%。整体而言，郑州高新区在该指标上呈现出下降趋势，说明园区未来仍需进一步发展技术服务业，积极推动技术服务业参与国际竞争，加快技术服务走出去的步伐。

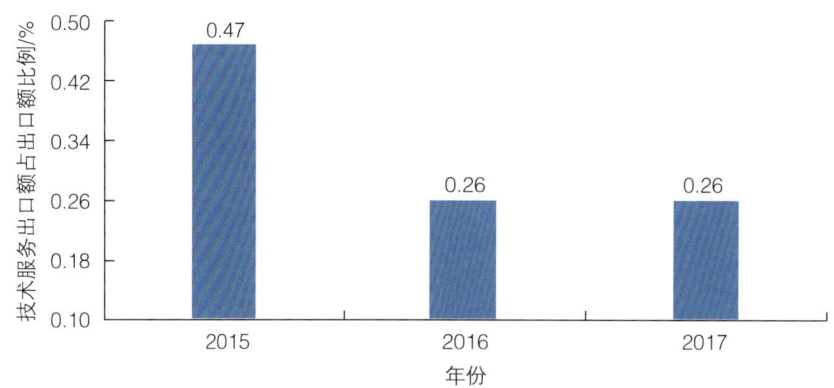

图6-34 2015—2017年郑州高新区技术服务出口额占出口额比例

当年内资控股企业的境外直接投资额。该指标鼓励和支持企业"走出去"、参与境外投资与兼并，从资本数额角度反映园区产业的国际竞争力。2015年、2016年、2017年郑州高新区当年内资控股企业的境外直接投资额分别为25.36亿元、51.29亿元、44.50亿元（图6-35），2017年较2016年下降了13.2%。整体而言，郑州高新区在该指标上呈现出了先快速上升后快速下降的发展趋势，原因可能是园区企业对外投资具有周期性。

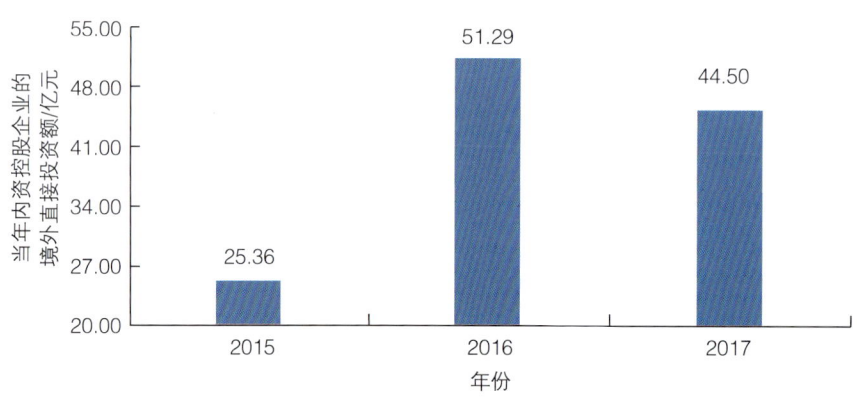

图6-35 2015—2017年郑州高新区当年内资控股企业的境外直接投资额

企业设立的境外分支机构数。该指标引导园区企业在境外设立相应机构，整合国际创新资源、开拓全球市场。2015年、2016年、2017年郑州高新区企业设立的境外分支机构数分别为55家、65家、96家（图6-36），2017年较2015年增长了41家。整体而言，郑州高新区在该指标上呈现出了持续增长态势。

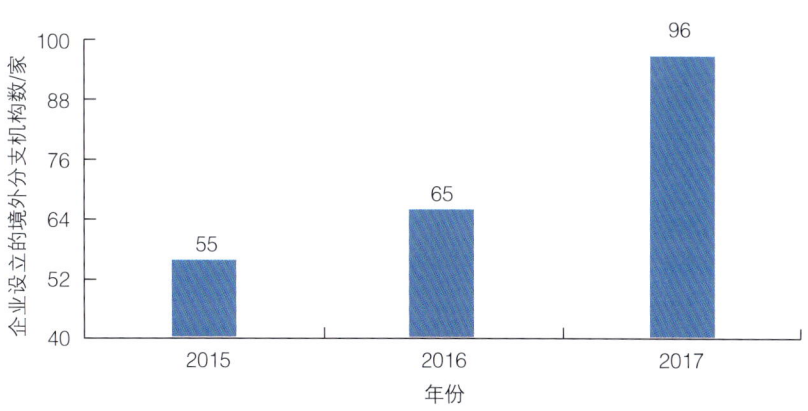

图6-36　2015—2017年郑州高新区企业设立的境外分支机构数

多元融合发展主要由4个指标进行表征，分别是：3.8企业当年开展产学研合作费用支出占营业收入比例，3.9信息工程大学先进技术研究院拥有的军民融合项目数，3.10园区所在城市每平方米住房均价与园区从业人员平均月工资性收入比例，3.11园区拥有的各级各类医院、学校当量数。

企业当年开展产学研合作费用支出占营业收入比例。该指标衡量园区企业整合国内外创新资源进行开放创新的情况。2015年、2016年、2017年郑州高新区企业当年开展产学研合作费用支出占营业收入比例分别为0.36%、0.09%、0.13%（图6-37）。整体而言，郑州高新区在该指标上呈现出先大幅下降后小幅上升的发展态势，说明园区要进一步鼓励和支持企业加强与海内外高校、科研机构等各类创新主体的合作及交流，拓宽产学研合作范围，加快科技成果转移转化。

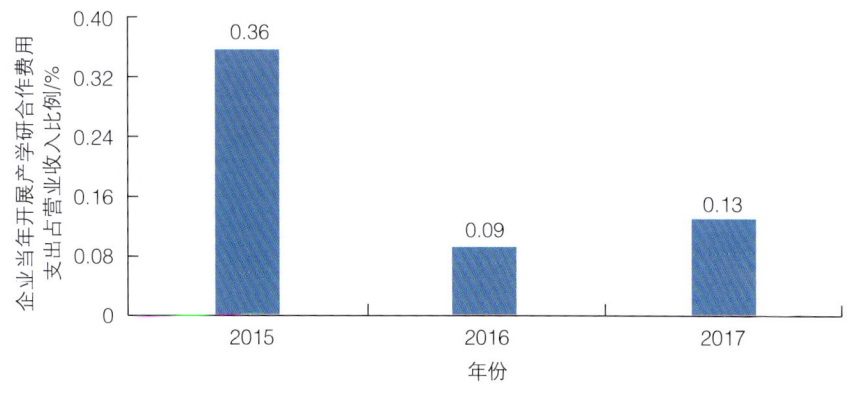

图6-37　2015—2017年郑州高新区企业当年开展产学研合作费用支出占营业收入比例

信息工程大学先进技术研究院拥有的军民融合项目数。研究院遵循"以军带民，以民促军，军民融合，协同发展"的原则，紧贴国家经济建设和国防建设需求，依托信息工程大学在信息技术领域的技术、成果、人才等综合优势，结合郑州良好的区位优势、信息产业基础与政策环境，实施"军转民""民参军",加速科研成果形成生产力和战斗力。2015年、2016年、2017年郑州高新区信息工程大学先进技术研究院拥有的军民融合项目数分别为0件、3件、16件(图6-38),2017年较2016年增长了4倍。整体而言,郑州高新区在该指标上呈现出了持续快速增长的态势。

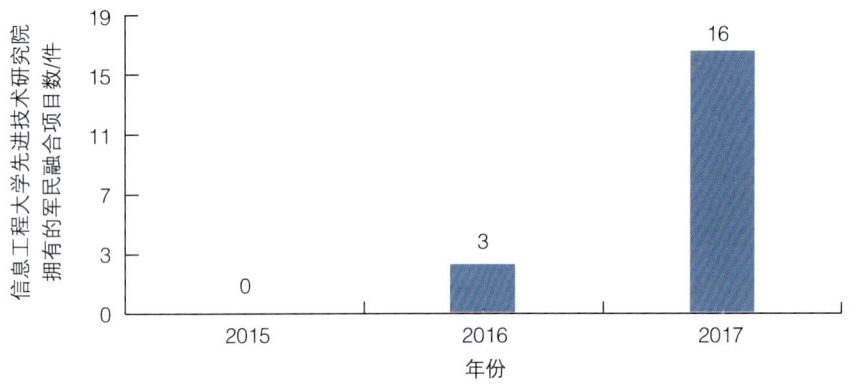

图6-38 2015—2017年郑州高新区信息工程大学先进技术研究院拥有的军民融合项目数

园区所在城市每平方米住房均价与园区从业人员平均月工资性收入比例。该指标主要反映园区的宜居宜业水平。2015年、2016年、2017年郑州高新区园区所在城市每平方米住房均价与园区从业人员平均月工资性收入比例分别为160%、182%、146%(图6-39),2017年较2015年下降了8.8%。整体而言,郑州高新区在该指标上呈现出了先上升后下滑的变化态势。

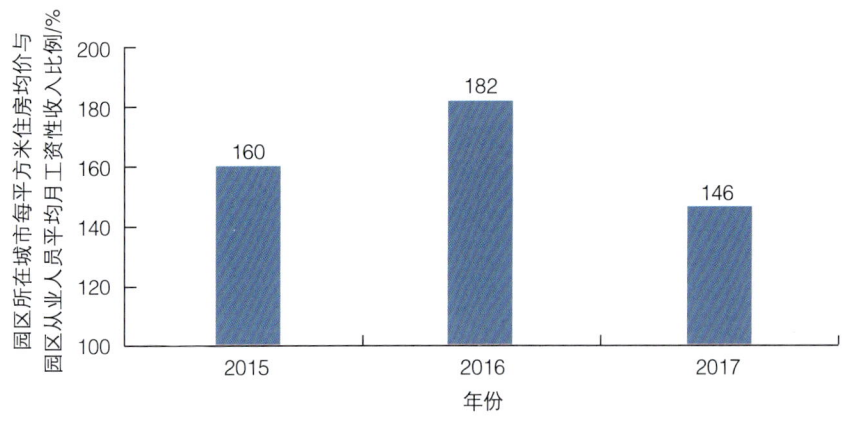

图6-39 2015—2017年郑州高新区园区所在城市每平方米住房均价与园区从业人员平均月工资性收入比例

园区拥有的各级各类医院、学校当量数。该指标反映园区相关配套服务设施的发展情况,代表园区产城融合水平。2015年、2016年、2017年郑州高新区园区拥有的各级各类医院、学校当量数分别为33家、36家、37家(图6-40),2017年较2015年增加了4家。整体而言,郑州高新区在该指标上呈现出了持续增长的态势。

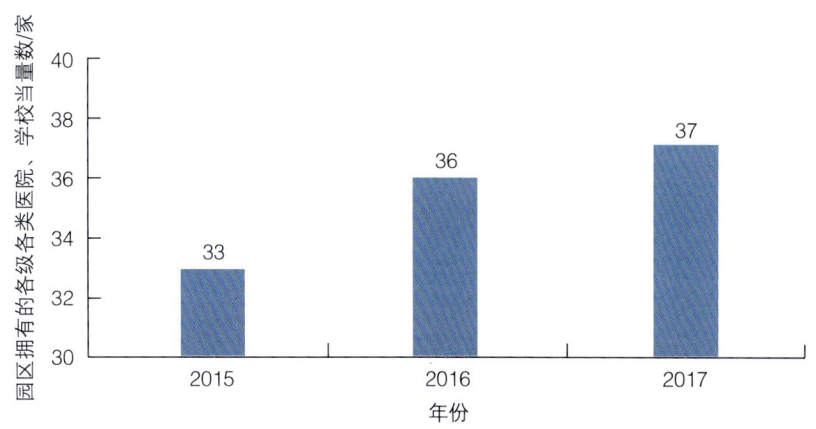

图6-40 2015—2017年郑州高新区园区拥有的各级各类医院、学校当量数

（六）服务环境与社会贡献分指数

服务环境与社会贡献重点观察园区在自然生态环境、社会服务环境、园区社会贡献等方面所做出的努力和成效。

自然生态环境由2个指标进行表征，4.1当年园区所在城市空气质量优良天数、4.2园区绿化覆盖率。

当年园区所在城市空气质量优良天数。该指标反映园区生态环境状况，是衡量产城融合发展的关键指标。2015年、2016年、2017年郑州高新区当年园区所在城市空气质量优良天数分别为138天、159天、201天（图6-41），2017年较2015年增加了63天。整体而言，郑州高新区在该指标上呈现出了持续上升的态势。

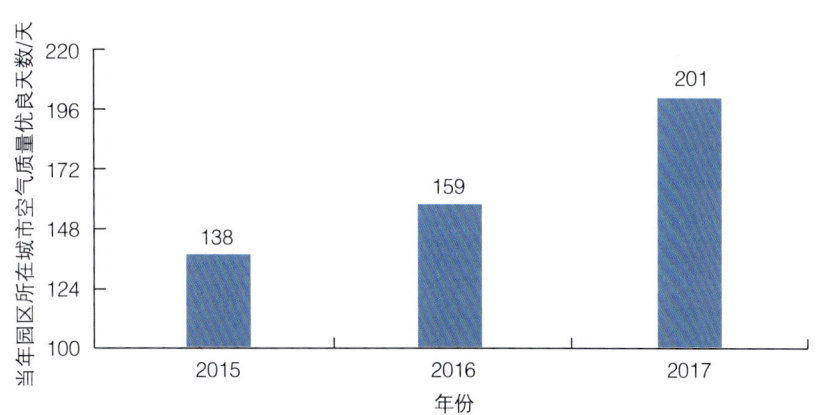

图6-41 2015—2017年郑州高新区当年园区所在城市空气质量优良天数

园区绿化覆盖率。该指标度量园区自然生态环境状况。2015年、2016年、2017年郑州高新区

园区绿化覆盖率分别为36%、37%、40%（图6-42），2017年较2015年有明显增长。总体而言，郑州高新区在该指标上呈现出持续上升的发展态势。

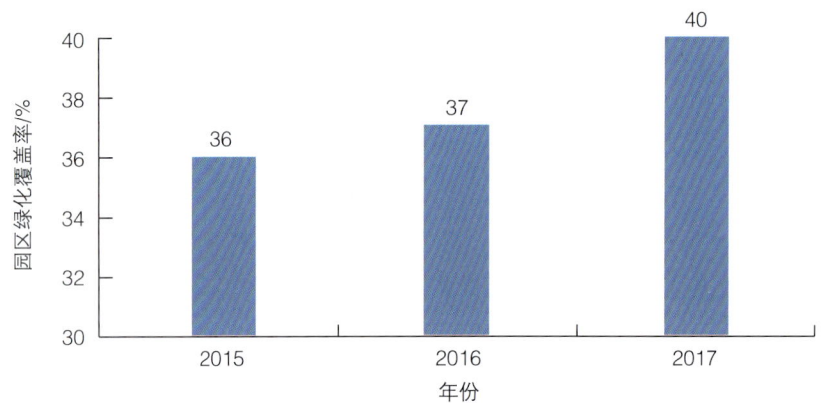

图6-42　2015—2017郑州高新区园区绿化覆盖率

社会服务环境由5个指标进行表征，分别是：4.3园区宽带网络覆盖水平、4.4当年财政新增基本公共服务支出、4.5国家级产业服务促进机构数、4.6企业当年获得创业风险投资机构的风险投资额、4.7在线政务服务用户规模。

园区宽带网络覆盖水平。该指标主要反映园区智能网络发展水平，是发展智慧产业的基础。2015年、2016年、2017年郑州高新区园区宽带网络覆盖水平分别为50%、58%、79%（图6-43），2017年较2015年增长了58%。整体而言，郑州高新区在该指标上呈现出快速上升的态势。

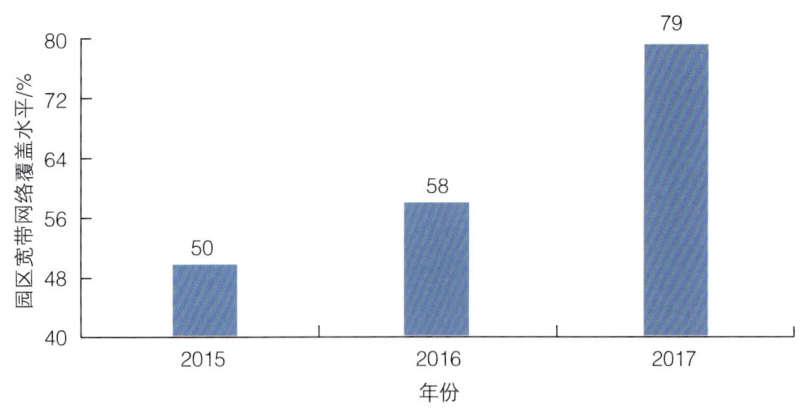

图6-43　2015—2017年郑州高新区园区宽带网络覆盖水平

当年财政新增基本公共服务支出。该指标衡量园区基本公共服务发展情况。2015年、2016年、2017年郑州高新区当年财政新增基本公共服务支出分别为5.3亿元、6.1亿元、8.2亿元（图6-44），2017年较2015年增长了54.7%。整体而言，郑州高新区在该指标上呈现出持续增长态势。

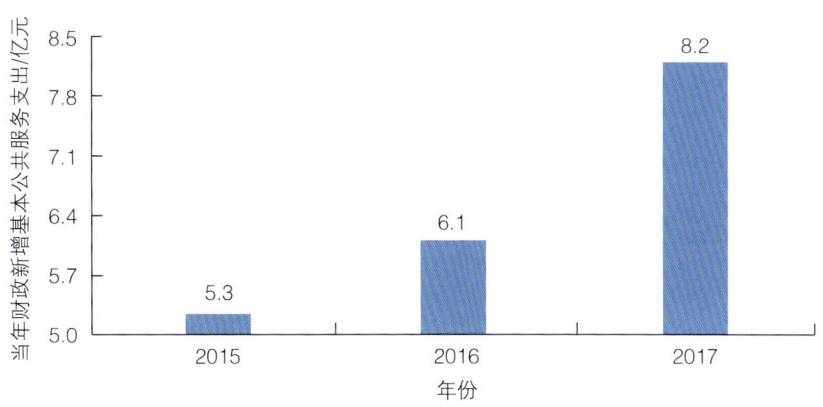

图6-44　2015—2017年郑州高新区当年财政新增基本公共服务支出

国家级产业服务促进机构数。该指标衡量园区引导产业服务机构在园区集聚情况，使用国家级产业服务促进机构更能反映机构位势和服务能力。2015年、2016年、2017年郑州高新区国家级产业服务促进机构数分别为6家、7家、10家（图6-45），2017年较2015年增加了4家。整体而言，郑州高新区在该指标上呈现出持续增长态势。

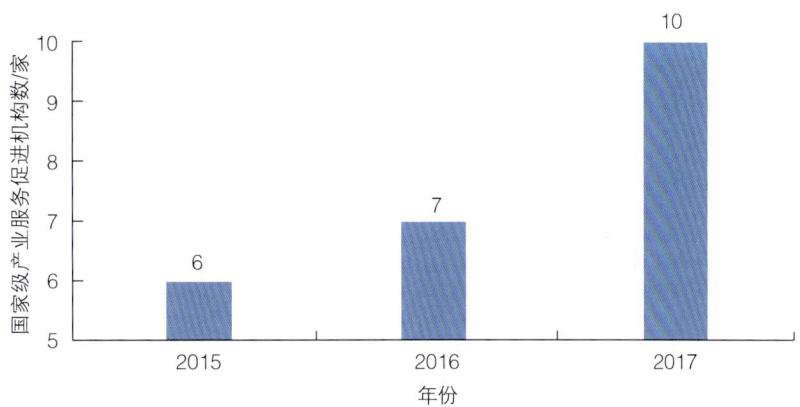

图6-45　2015—2017年郑州高新区国家级产业服务促进机构数

企业当年获得创业风险投资机构的风险投资额。该指标反映园区通过创新创业吸引社会资本投入的情况，包括天使投资、风险投资等，侧面反映园区科技金融发展的繁荣程度。2015年、2016年、2017年郑州高新区企业当年获得创业风险投资机构的风险投资额分别为4.94亿元、6.80亿元、6.98亿元（图6-46）。整体而言，郑州高新区在该指标上呈现出了持续快速增长态势。

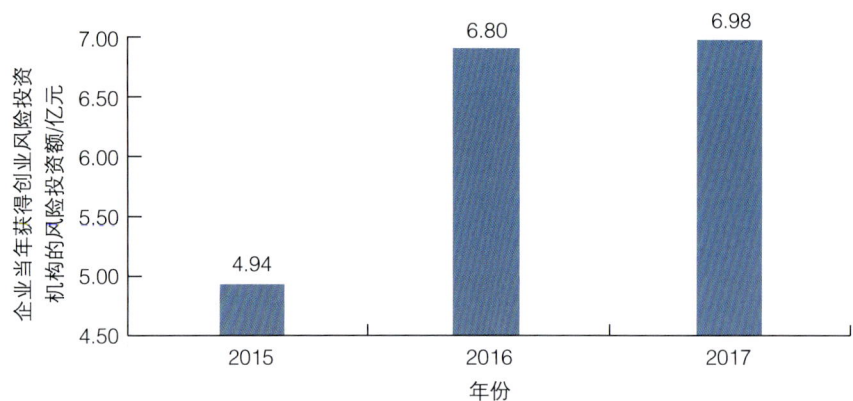

图6-46　2015—2017年郑州高新区企业当年获得创业风险投资机构的风险投资额

在线政务服务用户规模。该指标主要衡量政府提供的政务服务规模，表征政府对园区创新创业活动的支持力度。2015年、2016年、2017年郑州高新区在线政务服务用户规模分别为12万人、17万人、21万人（图6-47），2017年较2015年增长了75.0%。整体而言，郑州高新区在该指标上呈现持续增长的态势。

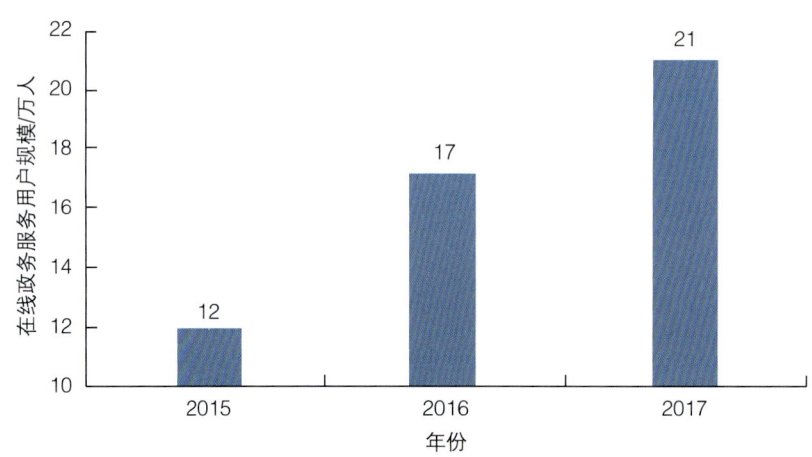

图6-47　2015—2017年郑州高新区在线政务服务用户规模

园区社会贡献由3个指标进行表征，分别是：4.8从业人员人均工资性收入占人均增加值比例、4.9企业上缴税收总额、4.10当年吸纳高校应届毕业生就业数。

三、各指标态势总结与综合分析

（一）各指标态势总结

由以上各定量指标数据分析可知，44个定量指标中有42个指标是正向增长指标、2个指标

（2.7单位增加值综合能耗、3.10园区所在城市每平方米住房均价与园区从业人员平均月工资性收入比例）是负向变动指标（即该指标数值越小越好）。2015—2017年，郑州高新区数据持续增长指标有26个，持续下降指标有5个；指标数值2016年下滑但2017年上升呈现"V"形变化的指标有8个；指标数值2016年上升但2017年下滑呈现"∧"形变化的指标有5个（表6-2）。整体而言，郑州高新区持续优化指标约占59.1%，表明郑州高新区创新资源持续集聚、创新活力日益迸发、"双创"环境逐步完善。

表6-2 郑州高新区创新指数不同类型指标汇总

持续增长指标			
1.1	园区各类研发机构当量数	3.3	外资研发机构当量数
1.2	管委会当年财政支出中对科技的投入额	3.4	企业当年PCT专利申请数
1.8	省级以上孵化器数（含科技部备案的众创空间）	3.7	企业设立的境外分支机构数
1.9	当年新增的科技企业数	3.9	信息工程大学先进技术研究院拥有的军民融合项目数
1.11	当年新增"四上"企业数量	3.11	园区拥有的各级各类医院、学校当量数
1.12	当年新增各类上市企业数量	4.1	当年园区所在城市空气质量优良天数
2.3	新兴产业（生物医药、新材料、科技服务业）营业收入	4.2	园区绿化覆盖率
2.4	营业收入超30亿元高新技术企业数	4.3	园区宽带网络覆盖水平
2.5	高新技术企业数占企业总数比例	4.4	当年财政新增基本公共服务支出
2.6	服务收入占营业总收入比例	4.5	国家级产业服务促进机构数
2.7	单位增加值综合能耗	4.6	企业当年获得创业风险投资机构的风险投资额
2.9	单位建设用地面积营业收入	4.7	在线政务服务用户规模
3.2	当年实际利用外资额	4.8	从业人员人均工资性收入占人均增加值比例
"V"形变化指标（2016年下滑，2017年上升）			
1.4	企业研发人员全时当量数占从业人员比例	2.1	规上电子信息制造产业营业收入
1.5	万人当年新增的知识产权数（含注册商标）	2.2	规上智能装备产业营业收入
1.6	当年人均技术合同成交额	2.10	工业增加值率
1.7	新产品销售收入占营业收入比例	3.8	企业当年开展产学研合作费用支出占营业收入比例

续表

"∧"形变化指标（2016年上升，2017年下滑）	
1.10 当年各类孵化机构内新增在孵企业数	4.9 企业上缴税收总额
3.6 当年内资控股企业的境外直接投资额	4.10 当年吸纳高校应届毕业生就业数
3.10 园区所在城市每平方米住房均价与园区从业人员平均月工资性收入比例	—
持续下滑指标	
1.3 企业研发经费内部支出占营业收入比例	3.1 境外留学归国人员和外籍常驻人员占从业人员的比例
2.8 人均增加值	3.5 技术服务出口额占出口额比例
2.11 企业营业利润率	—

结合郑州创新指数的观测维度（4个一级指标和12个二级指标）及具体指标数值的动态变化趋势，分别从创新创业、产业成长、开放合作、服务环境4个方面对郑州高新区的创新发展情况进行归纳和总结，进一步明确园区创新发展的优势和不足，以期为园区推动创新创业升级、加快产业高质量发展提供有益的参考和借鉴。

（二）创新创业综合分析

郑州高新区创新创业要素持续集聚，创业孵化培育能力逐步增强。例如，1.1园区各类研发机构当量数、1.2管委会当年财政支出中对科技的投入额、1.8省级以上孵化器数（含科技部备案的众创空间）、1.9当年新增的科技企业数、1.11当年新增"四上"企业数量、1.12当年新增各类上市企业数量等指标都呈现出了持续增长态势。一方面是郑州高新区高度重视创新创业工作，致力于营造大众创业、万众创新的文化氛围，推动创新创业环境优化；另一方面是随着信息技术迅猛发展及交通条件大幅改善，郑州高新区的地理区位优势愈加明显，更加有利于汇集创新创业资源。

但郑州高新区科技创新投入和新产品创造能力有待进一步提升。主要表现在1.3企业研发经费内部支出占营业收入比例、1.7新产品销售收入占营业收入比例等指标2017年相比2015年均出现明显下滑，尤其是1.3企业研发经费内部支出占营业收入比例指标呈现出持续下滑态势，这说明园区仍存在企业研发投入不足和产品更新换代滞后等问题，要引导和支持企业增加研发投入，以政府资金撬动企业更多投入研发资金，助推企业迭代推出新技术、新产品。

（三）产业成长综合分析

郑州高新区新兴产业发展潜力凸显，产业结构日益优化，经济效益越发明显。例如，2.3新兴产业（生物医药、新材料、科技服务业）营业收入、2.4营业收入超30亿元高新技术企业数、2.5高新技术企业数占企业总数比例、2.6服务收入占营业总收入比例、2.9单位建设用地面积营业收入等指标均呈现出持续上升态势。

但郑州高新区新兴产业（除电子信息、智能装备产业外）体量和规模有待进一步扩展。主要表现在园区电子信息产业"一产独大"，生物医药、新材料、科技服务业的发展规模相对较小。一方面由于园区发展早期集中优势资源大力发展电子信息产业，导致新兴产业发展较为滞后；另一方面由于园区产业进入深度转型调整期，尤其是园区新兴产业处于提档升级的关键节点，在国际经济复苏乏力、国内经济增速放缓的背景下，新兴产业也尚未充分释放出生机和活力。

（四）开放合作综合分析

郑州高新区深化对外交流与合作，境外资源整合能力持续增强。例如，3.2当年实际利用外资额、3.3外资研发机构当量数、3.4企业当年PCT专利申请数、3.7企业设立的境外分支机构数等指标呈现持续稳定增长态势。一方面得益于园区大力实施全面开放战略；另一方面得益于园区地理位置优势凸显。

但郑州高新区国际高端人才较少，产学研合作能力有待进一步提升。主要表现在3.1境外留学归国人员和外籍常驻人员占从业人员的比例指标出现连续下滑态势，3.8企业当年开展产学研合作费用支出占营业收入比例指标2017年较2015年出现大幅下降，说明园区未来不仅要整合利用境外优质的创新创业资源，大力引进和培育高端境外人才，而且还要引导和支持企业加强与国内外高校、科研机构、企业的交流及合作，拓宽园区企业产学研合作范围，提升产学研合作水平。

（五）服务环境综合分析

郑州高新区自然生态环境持续优化，社会服务环境日益完善。例如，4.1当年园区所在城市空气质量优良天数、4.2园区绿化覆盖率、4.3园区宽带网络覆盖水平、4.4当年财政新增基本公共服务支出、4.5国家级产业服务促进机构数、4.6企业当年获得创业风险投资机构的风险投资额、4.7在线政务服务用户规模等指标均呈现出持续改善的发展态势。说明了园区在自然环境、社会服务等方面具有强大的优化潜能。随着园区自然与社会环境的日益完善，优质创新资源将持续向园区汇集及跨区域多元创新主体的深度融合将成为常态。

但郑州高新区的社会贡献能力有待进一步强化。主要表现在：4.9企业上缴税收总额、4.10当年吸纳高校应届毕业生就业数两个指标均出现了波动，这两个指标2017年较2016年出现了下滑。因此，未来应进一步关注园区的社会价值，在城市经济贡献、上缴税费、解决就业等方面持续发力，加快将园区建成幸福、和谐、魅力的样板区和示范区。

第七章 东莞松山湖高新区创新指数[①]

东莞松山湖高新技术产业开发区（以下简称东莞松山湖高新区）2001年11月经广东省人民政府批准设立，2010年9月由国务院批准为国家高新技术产业开发区。松山湖高新区规划控制面积72平方公里，坐拥8平方公里的淡水湖和14平方公里的生态绿地，先后被授予"中国最具发展潜力的高新技术产业开发区""跨国公司最佳投资开发区""信息产业国家高技术产业基地""国家火炬创新创业园""省部共建中国东莞留学人员创业园""粤港澳文化创意产业实验园区"等荣誉称号。作为东莞"四位一体"主城区的重要组成部分，东莞松山湖高新区将建设成为科技进步和自主创新的重要载体，成为东莞科学发展示范区、产业升级引领区，成为珠三角乃至全中国产业转型的科技中心，为广东探索科学发展新模式提供示范。

一、创新指数编制背景与意义

（一）创新指数编制背景

党的十九大报告着眼于国内外经济发展背景的新变化、新趋势，突出强调创新是引领发展的第一动力，是建设现代化经济体系的战略支撑。国家自主创新示范区（以下简称自创区）是引领带动中国经济实现高质量发展的重要载体。珠三角国家自创区于2015年获批，包含了广州、东莞松山湖、珠海、佛山、惠州仲恺、中山火炬、江门、肇庆8个国家高新区。加上2014年获批的深圳国家自创区，广东省委、省政府明确以深圳、广州为龙头，连同东莞、珠海、佛山、惠州、中山、江门、肇庆7个地级市共同创建，形成了"1+1+7"珠三角国家自创区建设格局，赋予了东莞松山湖高新区引领带动自创区发展的重大使命。

在新的发展形势下，东莞松山湖高新区作为东莞市的科技创新中心，以供给侧结构改革为统领，深入实施创新驱动发展战略，着力推动科技与产业相融合，持续集聚创新创业资源，构建良好的创新创业生态，充分发挥在全市自创区建设中的核心、主导和引领作用，力争在全省建设国家科技产业创新中心的战略部署中走在前列。

为全方位、多角度地衡量东莞松山湖高新区的创新发展动态，我们与东莞松山湖高新区管

[①] 本章由孙红军、张路娜、袁明、黎高明等撰写。

委会联合编制了东莞松山湖高新区创新指数，以2015—2017年的数据为基础，重点围绕创新驱动、产业成长、开放合作、营商环境等方面进行了深入分析，明确了东莞松山湖高新区的整体创新发展态势，梳理了高新区的竞争优势和发展差距，为东莞松山湖高新区创新驱动发展提供决策建议。

（二）创新指数编制意义

东莞松山湖高新区构建创新指数，有利于推动园区以下4个方面的工作。

第一，有助于完善创新统计。在新技术革命不断推进之际，新业态、新模式、新组织不断涌现，传统的统计体系难以发挥有效监测与指导作用，尤其是对创新创业高度活跃的高新区来说，对创新创业类指标的统计完善，对创新统计工作的推进和优化有重要影响。因此，通过构建创新指数，有利于东莞松山湖高新区进一步完善创新统计体系，更好地掌握创新发展进程。

第二，有助于科学诊断问题。通过构建创新指数，形成一套集中反馈创新发展水平并融合本地特色的指标体系，并通过指标数据分析，发现自身创新发展的动态变化，明确园区优势、不足和潜在问题。

第三，有助于明确发展目标。结合数据分析，对东莞松山湖高新区现阶段发展状况和未来发展趋势形成科学、客观的认识，进而明确发展目标，制定有针对性的工作推进举措，逐步形成科学的决策和执行机制，为创新工作的开展提供有力"抓手"。

第四，有利于树立区域品牌。通过制定创新指数指标体系，并实现持续监测和分析，有利于东莞松山湖高新区凝练区域特色，宣传本地亮点，逐步增强和扩大影响力，进而获取上级部门的大力支持，吸引创新创业人才的重点关注。

二、创新指数编制思路与内容

（一）立足新导向，探索新思路

东莞松山湖高新区面对上述新背景、新变化、新理念，围绕园区创新发展现状，我们认为需要着力推进泛创新与泛资本的深度融合（图7-1），加快落实创新驱动发展战略。其中，泛创新包括技术创新、产业创新、开放创新、创新环境4个方面；泛资本包括金融资本、人力资本、社会资本、环境资本。金融资本是泛金融资本概念，指金融机构或部门的营运资金。金融机构包括银行、投资公司、资产管理公司、基金保险公司、金融集团、证券公司、投资银行等。人力资本是指存在于人体之中的具有经济价值的知识、技能和体力（健康状况）等质量因素之和。社会资本是指个体或团体之间的关联——社会网络、互惠性规范和由此产生的信任，是人们在社会结构中所处的位置给其带来的资源。社会资本是人与人之间的联系，存在于人际关系的结构之中。社会资本与人力资本一样,这种个人与组织的他人之间的联系可以给其个人带来未来的收益。社会资本往往是针对某种组织而言的,其外在的指标可以表现为声誉、人缘、口碑等。环境资本包括自然环境资本和社会环境资本两个重要的组成部分,是由企业的利益相关者,诸如供应商、客户、债权人、员工、政府、社区等构成企业生存和发展的环境要素提供,以诸如使企业缴纳税收、履行社会责任等方式获得资本回报。

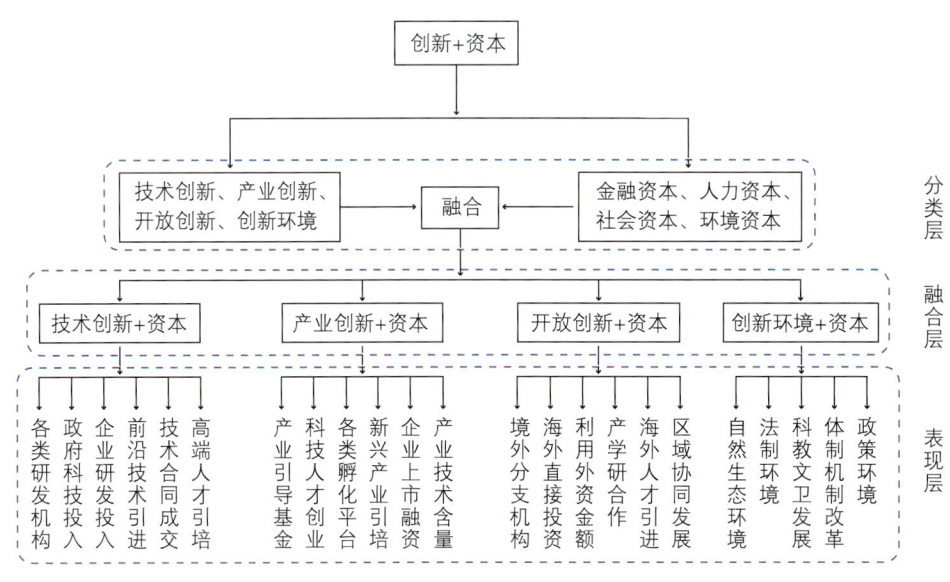

图7-1 东莞松山湖高新区创新指数设计思路

东莞松山湖高新区以泛创新与泛资本的深度融合为"抓手",能够持续集聚创新创业资源,持续增进园区创新创业活力,持续推动产业转型升级,加快实现经济高质量发展。

一是推进技术创新与资本的融合。技术创新与资本深度融合实质为园区致力于重大新颖技术研发、生产、市场化的活动过程,是打造园区内生增长机制的核心动力。为推动技术创新与资本的深度融合,园区需重点关注"创新平台、创新人才、技术研发、成果转化"的关联互动,推动新技术、新产品快速迭代,力争将东莞松山湖高新区打造成"创新密集、创意迸发、创业活跃"的动力源头。

二是推进产业创新与资本的融合。资本是产业发展的重要因素,也是产业创新的基础条件。新产业的形成实质为资本的转移过程,这是因为新产业必须有新的资本(金融、人力、社会资本等)供给。就高新技术产业而言,依靠现代化的生产设备和生产手段进行生产,其资本的投入与传统产业相比要大得多。因此,产业创新与资本融合是推进园区高端产业发展的重要支撑。以互联网、大数据、人工智能为代表的新技术经济范式极大地推动了新业态、新模式的更迭,为产业创新与资本深度融合奠定了技术基础。因此,东莞松山湖高新区通过创业平台、创业人才、创业资本、创业政策的深度融合,加快推进装备制造业向高端化、智能化、服务化方向迈进,积极培育发展战略性新兴产业，促进产业转型升级，实现经济跨越式发展。

三是推动开放创新与资本的融合。开放创新与资本融合实质为整合利用内外部资源和内外部市场的创新性活动。园区应把外部创意和外部市场化渠道的作用上升到和封闭式创新模式下的内部创意及内部市场化渠道同样重要的地位，均衡协调内部和外部的资源进行创新，不仅仅把创新的目标寄托在传统的产品经营上，还应积极寻找外部的合资、技术特许、人才共享、委外研究、技术合伙、战略联盟或风险投资等合适的商业模式，快速地把创新思想变为现实产品与利润。因此，东莞松山湖高新区推动开放创新与资本深度融合，要树立开放合作的发展理念，大力整合利用内外部新知识、新技术、新模式，并通过投资、项目和生产的过程，向市场进行技术转让和资产分派。

四是推动创新环境与资本的融合。创新环境与资本融合主要表现在两个方面：一是物质创新环境，具体包括机器、设备、厂房、建筑物、交通运输设施等；二是人文创新环境，具体包括科学和人文精神、国家政策制度、学术传统、科研氛围等。物质与人文创新环境的互动关联，是提升创新环境竞争力和影响力的核心内容。东莞松山湖高新区作为东莞市高新技术研发和制造的核心基地，需在高端电子信息、生物技术、机器人产业等主导产业领域，大力推动创新环境与资本深度融合，加快推动能够承载高端知识活动的城市建设和社会建设，为深入贯彻落实创新驱动发展战略提供优质的社会环境和自然环境，力争在智慧化公共服务、生态化优美环境、国际化人居社区、友好性政务管理等方面走在全国前列。

以国内外先进园区的本质特点和发展趋势为着眼点，以"创新与资本紧密融合"为基本理论依据，基于国内外发展形势变化、新技术经济范式变化、国家总体战略、广东省和东莞市决策部署及东莞松山湖高新区的特色基础，研究和构建了东莞松山湖高新区创新指数评价指标体系，指标体系共分为创新驱动、产业成长、开放合作、营商环境4个一级指标（图7-2）。

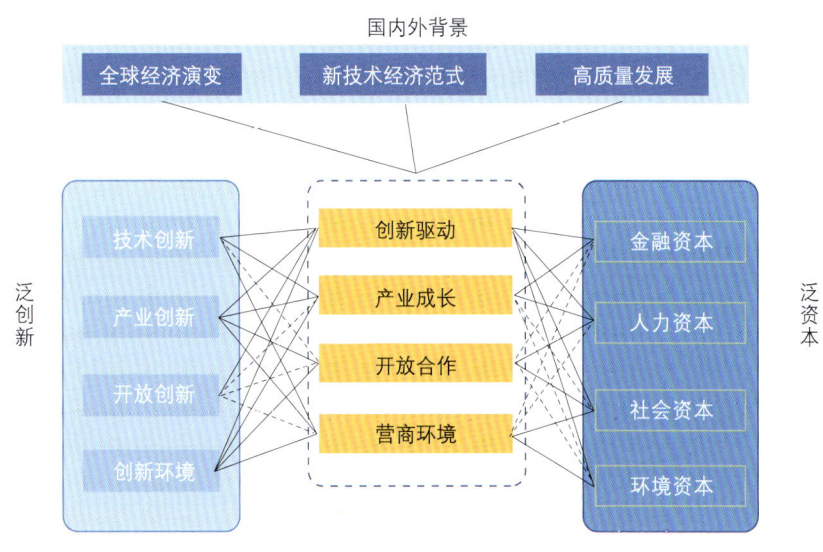

图7-2 东莞松山湖高新区创新指数一级指标

（二）明确新视角，确定新体系

通过对一级指标的剖析和分解，形成指标体系的二级指标，确立系统的创新监测维度，并由专家小组按照一定的指标选取原则，既借鉴国内外已有评价指标的研究成果，又加入东莞松山湖高新区特色指标，确定能够体现创新创业生态要素的指标，建立系统的多层次评价指标体系。

创新指数指标体系由4个一级指标、12个二级指标和40个三级指标构成（表7-1）。

表7-1　东莞松山湖高新区创新指数指标体系

一级指标	二级指标	
创新驱动	1.1	企业研发人员全时当量
创新驱动	1.2	中高级职称专业技术人员
	1.3	企业内部研发经费支出占营业收入比例
	1.4	管委会当年财政科技拨款
	1.5	省级以上各类研发机构数
	1.6	省级以上孵化器数
	1.7	新型研发机构数
	1.8	企业当年国内发明专利授权数
	1.9	万人当年新增的知识产权数（含注册商标）
	1.10	当年认定登记的技术合同成交总额
	1.11	省级以上孵化载体新增在孵企业数
产业成长	2.1	园区工商注册企业累计数
	2.2	园区高新技术企业累计数
	2.3	园区"四上"企业累计数
	2.4	园区各类上市企业累计数
	2.5	规上电子信息产业总产值
	2.6	规上高技术制造业（电子信息除外）总产值
	2.7	高技术服务业占服务业营业收入的比例
	2.8	人均增加值
	2.9	园区单位产业用地营业收入
	2.10	企业营业利润率
	2.11	园区GDP占全市GDP的比重

续表

一级指标	二级指标
产业成长	2.12　园区当年财政税收总额
	2.13　当年吸纳高校应届毕业生就业数
开放合作	3.1　企业委托境外单位开展科技活动的经费支出
	3.2　当年新增欧美日专利申请数
	3.3　海外留学归国人员和外籍常驻人员占从业人员的比例
	3.4　当年内资控股企业的海外直接投资额
	3.5　企业设立的境外分支机构数
	3.6　当年新增境外注册商标数
	3.7　高新技术企业出口额占园区出口总额的比例
	3.8　企业累计参与制定产业国际标准数
营商环境	4.1　单位增加值综合能耗
	4.2　万元GDP工业废水排放量
	4.3　当年园区所在城市空气质量优良天数
	4.4　园区九年义务教育万人拥有学位数
	4.5　企业当年获得创业风险投资机构的风险投资额
	4.6　当年财政新增基本公共服务支出
	4.7　政务服务业务规模
	4.8　政务服务业务办理平均时长

一级指标为创新驱动、产业成长、开放合作、营商环境4个体现创新发展能力的综合指标。

①创新驱动重点观察园区在中国"创新驱动发展"战略背景下的创新创业投入和创新创业产出，包括创新要素投入、双创平台建设、创新创业绩效三方面。

②产业成长重点观察园区在国家经济高质量发展的背景下，在企业成长壮大、产业结构优化、经济社会效益三方面所做出的努力和成效。

③开放合作重点观察园区在全面开放的背景下，在国际交流合作、海外市场拓展、对外产业竞争三方面所做出的努力和成效。

④营商环境重点观察园区在自然生态优化、商务环境营造、政务服务成效三方面所做出的努力和成效。

根据上述主要的观察视角，形成东莞松山湖高新区创新指数评价指标体系的基本框架结构，如图7-3所示。

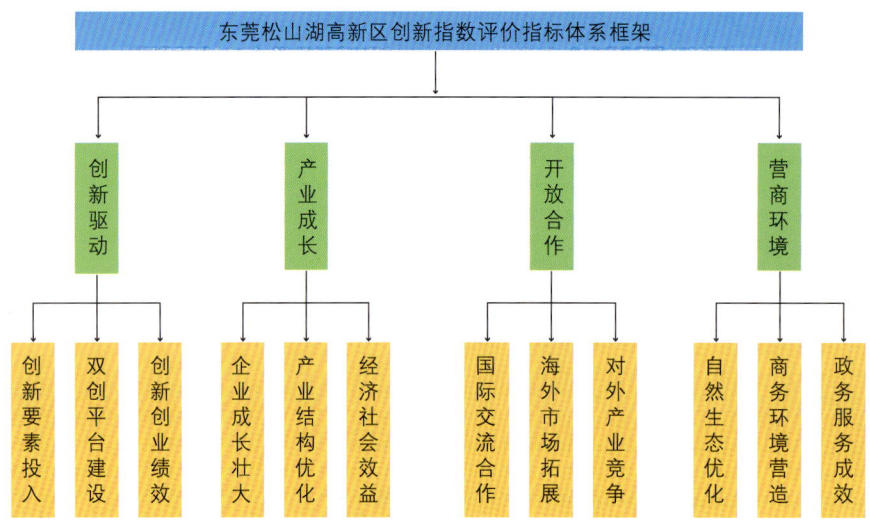

图7-3　东莞松山湖高新区创新指数总体框架

三、东莞松山湖高新区创新指数表现

（一）总指数表现

以2015年为基期，分别计算创新驱动、产业成长、开放合作、营商环境4个分指数，同时，采用加权方法，将4个分指数合成东莞松山湖高新区创新总指数，全面、多角度衡量高新区创新发展的总体趋势。2017年的园区创新总指数达到171.88，这一数字是以2015年标定100.00的指数为基期，2016年的指数是135.82。由此测算，2016年较2015年增长了35.82，2017年较2016年增长了36.06，两年增长基本一致（图7-4）。整体而言，创新总指数呈现持续快速上升态势。

从分指数来看，创新驱动指数增长幅度最快，对总指数贡献最大，反映园区创新创业较为活跃。产业成长指数增长幅度也较大，说明园区在培育企业成长壮大、推动产业转型升级等方面取得了较好成绩。开放合作和营商环境指数增长相对缓慢，说明园区在国际交流与合作、自然生态、商务环境、政务服务环境等方面还有较大提升空间。

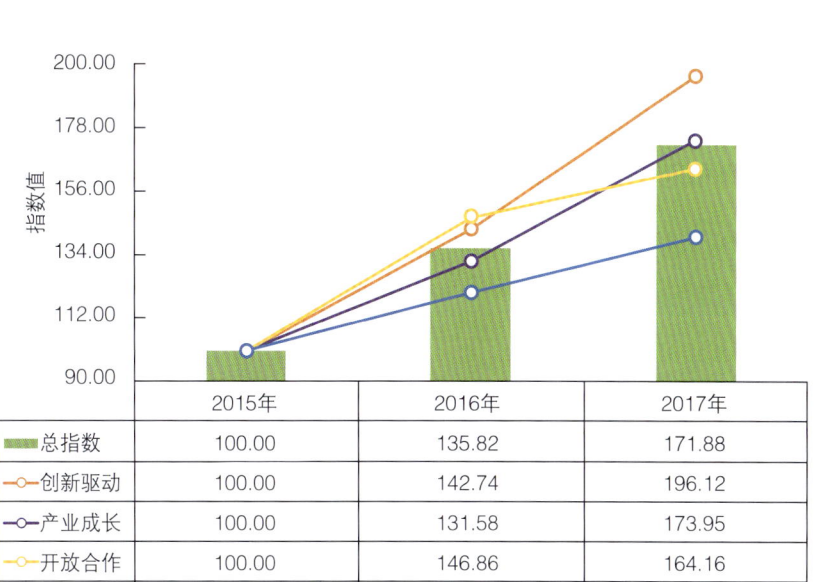

图7-4　2015—2017年东莞松山湖高新区创新指数

（二）分指数表现

对东莞松山湖高新区创新指数的4个一级指标和12个二级指标的细化分析结果显示：

创新驱动指数呈现大幅增长态势。2015年、2016年、2017年创新驱动指数分别为100.00、142.74、196.12（图7-5），2017年较2015年增长了96.12，创新驱动指数在4个一级指标中增长最快。整体而言，创新驱动指数呈现大幅增长态势，这种增长主要来源于园区创新创业绩效的提升。园区企业当年国内发明专利授权数呈现快速增长态势，由2015年的352件猛增至2017年的1115件；当年认定登记的技术合同成交总额由2015年的2113万元猛增至2017年的10 614万元；省级以上孵化载体新增在孵企业数由2015年的211家增长至2017年的331家。

图7-5　2015—2017年东莞松山湖高新区创新驱动指数及其二级指标表现

产业成长指数呈现快速增长态势。2015年、2016年、2017年产业成长指数分别为100.00、131.58和173.95（图7-6），2017年较2015年增长了73.95。整体而言，产业成长指数呈现快速增长态势，该指数增长主要源于企业成长壮大和产业结构优化，说明园区近两年在产业培育和结构优化方面表现较好。这既体现了高新区战略新兴产业发展水平的提升，又体现了在新技术经济范式转变的过程中对传统装备制造产业转型升级能力的增强。园区高新技术企业从2015年的101家增长至2017年的253家；园区"四上"企业由2015年的125家增长至2017年的201家；规上高技术制造业（电子信息除外）总产值由2015年的95.23亿元增长至2017年的223.44亿元；高技术服务业占服务业营业收入的比例由2015年的0.92%增长至2017年的1.07%。

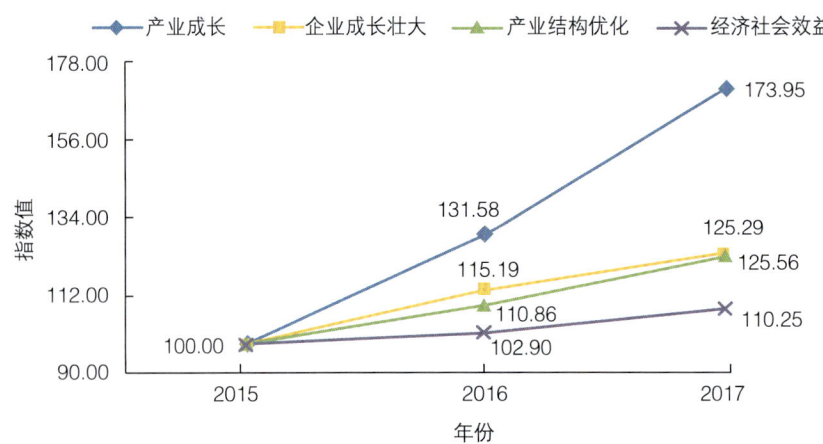

图7-6　2015—2017年东莞松山湖高新区产业成长指数及其二级指标表现

开放合作指数呈现增长放缓态势。2015年、2016年、2017年开放合作指数分别为100.00、146.86和164.16（图7-7），2016年较2015年增长了46.86，2017年较2016年增长了17.3。其中，2016年该指数出现了较大幅度的增长，这与园区引进华为、大力鼓励企业"走出去"、完善进出口统计有直接关系。整体而言，该指数呈现持续增长态势（增长放缓），说明高新区整合海外创新创业资源与参与国际竞争能力在持续增强。开放合作指数的增长来源于园区的海外市场拓展和对外产业竞争的能力。近年来，东莞松山湖高新区全面推进对外合作，加快整合全球创新创业资源，积极拓展海外市场。园区当年新增境外注册商标数由2015年的67件增长至2017年的186件；高新技术企业出口额占园区出口总额的比例由2015年的81.96%增长至2017年的92.51%。

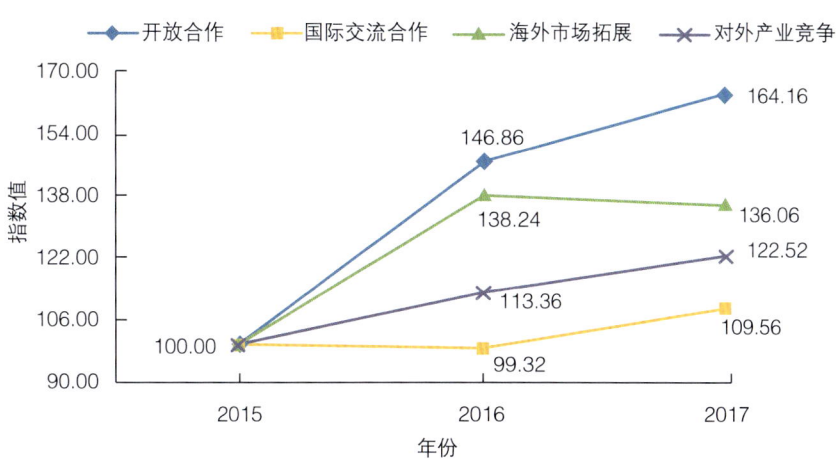

图7-7　2015—2017年东莞松山湖高新区开放合作指数及其二级指标表现

营商环境指数呈现持续稳定增长态势。2015年、2016年、2017年营商环境指数分别为100.00、120.77和140.16（图7-8），2017年较2015年增长了40.16。整体而言，营商环境指数呈现持续稳定增长态势，说明园区的商务环境、政务服务在持续优化和完善。营商环境指数的增长主要源于商务环境优化。园区九年义务教育万人拥有学位数由2015年的1757.96个增长至2017年的1836.74个；当年财政新增基本公共服务支出由2015年的3.86亿元增长至2017年的6.43亿元；政务服务业务办理平均时长由2015年的9.9分钟/件缩减至2017年的8.5分钟/件。

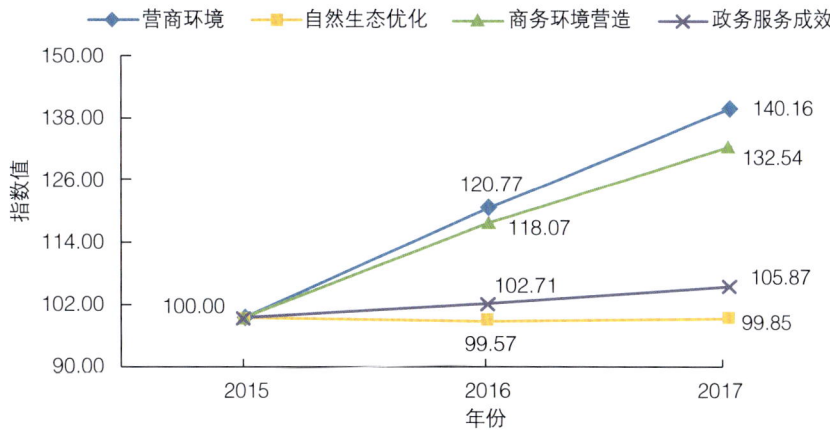

图7-8　2015—2017年东莞松山湖高新区营商环境指数及其二级指标表现

四、基于创新指数的总体分析与建议

（一）创新发展的基本态势

结合东莞松山湖高新区创新指数的观测维度（4个一级指标和12个二级指标）及具体指标数值

的动态变化趋势，分别从创新驱动、产业成长、开放合作、营商环境4个方面对东莞松山湖高新区的创新发展情况进行归纳和总结，进一步明确园区创新发展的优势和不足，以期为园区推动创新创业升级、加快产业高质量发展提供有益的参考和借鉴。

（1）创新驱动

东莞松山湖高新区创新创业要素持续集聚，双创产出能力逐步增强。例如，1.1企业研发人员全时当量、1.2中高级职称专业技术人员、1.5省级以上各类研发机构数、1.6省级以上孵化器数、1.7新型研发机构数、1.8企业当年国内发明专利授权数、1.9万人当年新增的知识产权数（含注册商标）、1.10当年认定登记的技术合同成交总额、1.11省级以上孵化载体新增在孵企业数等指标都呈现持续增长态势。一方面是由于园区高度重视创新创业工作，致力于营造大众创业万众创新的文化氛围，推动创新创业环境优化；另一方面是随着信息技术的迅猛发展及交通条件的大幅改善，园区的地理区位优势愈加明显，更加有利于汇集创新创业资源。

但是，东莞松山湖高新区科技创新投入有待进一步增强。主要表现在：1.3企业内部研发经费支出占营业收入比例、1.4管委会当年财政科技拨款等指标均出现波动，尤其是1.4管委会当年财政科技拨款指标2017年出现了明显下滑，说明园区仍存在企业和政府创新资金投入不足等问题。政府不仅要加大对科技的财政支持力度，而且还要积极引导和支持企业增加研发投入，以政府资金撬动企业更多研发投入，助推园区创新创业升级。

（2）产业成长

东莞松山湖高新区新兴产业发展潜力凸显，产业结构日益优化，经济社会效益越发明显。例如，2.6规上高技术制造业（电子信息除外）总产值、2.7高技术服务业占服务业营业收入的比例、2.8人均增加值、2.9园区单位产业用地营业收入、2.11园区GDP占全市GDP的比重、2.12园区当年财政税收总额、2.13当年吸纳高校应届毕业生就业数等指标均呈现持续上升态势。

但是，东莞松山湖高新区战略性新兴产业（电子信息产业除外）体量和规模有待进一步扩大。主要表现在园区电子信息产业"一产独大"，智能装备及机器人、新能源、新材料、生物技术和高技术服务业发展规模相对较小。一方面由于园区早期集中优势资源大力发展电子信息产业，导致新兴产业发展较为滞后；另一方面由于园区产业进入深度转型调整期，尤其是智能装备制造业处于提挡升级的关键节点，在国际经济复苏乏力、国内经济增速放缓的背景下，新兴产业尚未充分释放出生机和活力。

（3）开放合作

东莞松山湖高新区深化对外交流与合作，产业对外竞争力持续增强。例如，3.1企业委托境外单位开展科技活动的经费支出、3.5企业设立的境外分支机构数、3.6当年新增境外注册商标数、3.7高新技术企业出口额占园区出口总额的比例、3.8企业累计参与制定产业国际标准数等指标呈现持续稳定增长态势。一方面得益于园区大力实施全面开放战略，加快推动企业"走出去"；另一方面得益于园区地理区位优势凸显，国内外优质创新创业资源加速汇入园区。

但是，东莞松山湖高新区国际高端人才较少，企业海外投资能力有待进一步提升。主要表现在：3.3海外留学归国人员和外籍常驻人员占从业人员的比例指标出现连续下滑态势，3.4当年内资控股企业的海外直接投资额指标2017年较2016年出现较大幅度下滑，说明园区未来不仅要整合利用海外优质的创新创业资源，大力引进和培育高端海外人才，而且还要引导和支持企业进行海外投资，完善企业海外投资服务，加快推动高技术产品和服务"走出去"。

（4）营商环境

东莞松山湖高新区商务环境持续优化，政务服务成效显著。例如，4.5企业当年获得创业风险投资机构的风险投资额、4.6当年财政新增基本公共服务支出、4.7政务服务业务规模、4.8政务服务业务办理平均时长等指标均呈现持续改善的发展态势，说明园区在商务环境、政务服务等方面具有强大的优化潜能。随着园区营商环境的日益完善，优质创新资源将持续向园区汇集，跨区域多元创新主体的深度融合将成为常态。

但是，东莞松山湖高新区自然生态环境有待进一步改善。主要表现在：4.1单位增加值综合能耗、4.2万元GDP工业废水排放量、4.3当年园区所在城市空气质量优良天数等指标均出现了波动，尤其是2017年园区自然生态环境较2015年出现了恶化。因此，园区应进一步加大节能减排力度，发展绿色低碳经济，在优美生态、宜居社区、智慧城市等建设方面不懈努力，加快建成全国产城融合样板和示范区。

（二）未来发展的重点建议

（1）加强创新创业投入，激发创新创业活力

加大科技创新投入力度。进一步实施和推行科技重大专项和科技计划，鼓励和支持企业围绕自身技术优势开展科技专项的申报工作，对申报成功的企业，财政给予资金、技术、人才等方面的支撑，借以撬动企业增加研发经费投入。鼓励和支持企业逐年增加研发投入，对园区内获得高技术产业发展、扶持企业自主创新、先进制造业发展等项目资金的，财政按照1∶1的比例跟进支持。全面落实研发仪器设备加速折旧、企业研发费用加计扣除、"双软"企业优惠等普惠政策。

建设高质量创新平台。以建设国家综合性科学中心为目标，加快推进中子科学城规划建设，为承载高端创新项目提供支撑。依托行业协会、优势骨干企业，围绕产业细分领域的关键、薄弱技术，以提升自主研发和原始创新能力为目标，鼓励和支持引进和培育国家重点实验室和国家工程技术研究中心。

打造"众创空间—孵化器—加速器—产业园"链式创业孵化体系。依托园区国家级孵化器和众创空间，加快构建一批低成本、便利化、专业化创业孵化载体，尤其是围绕新材料、新能源、智能装备、生物医药等产业及细分领域，加快布局和建设一批专业化的孵化器和众创空间，着力

进行产业细分领域的关键技术研发、孵化和培育。大力推动以社会力量（培训辅导、创业投资等专业化机构、行业领军企业、社会组织，以及天使投资人、成功企业家）为主构建创业孵化载体。对在建但孵化能力不强的众创空间和孵化器，管委会要积极与清华启迪、上海杨浦科技创业中心等机构建立战略合作，全面提升科技孵化器的管理运营水平。

（2）聚焦战略性新兴产业，持续优化产业结构

实施多元化企业培育计划。聚焦智能装备及机器人、新材料、新能源等产业领域，实施多元化的企业培育计划。推行"领军企业计划"，支持培育或引进一批具有一定规模、创新能力强、处于行业领军地位的科技型重点企业、领军企业。进一步实施"瞪羚企业计划"，进一步健全"瞪羚企业"认定与扶持体系，加强帮助一批创新型科技中小企业的孵化成长，培育其成为"瞪羚企业"。学习借鉴中关村、武汉光谷等先进经验，研究制定"中小微科技企业培育发展实施方案（雏鹰企业计划）"，加快中小微科技企业培育和孵化。

扩大高技术服务业发展规模。大力发展研发设计服务，建立支撑产业结构调整的研发设计服务体系，壮大专业研发设计服务企业。加强科研资源整合，发展研发设计服务企业，鼓励企业将可外包的研发设计业务发包给研发设计服务企业。鼓励和支持工业设计服务中心和实施示范工程，完善工业设计知识产权交易和中介服务体系，建设研发设计交易市场，打造一批具有国际竞争力的研发设计服务企业和知名品牌。拓展信息技术服务范围，充分发挥现有信息网络基础设施的作用，大力发展网络信息服务和三网融合业务，着力推进网络技术和业务创新，培育基于移动互联网、云计算、物联网等新技术、新模式、新业态的信息服务。推动电子信息产品制造企业由单纯提供产品向提供综合解决方案和信息服务转变，延展电子信息产品售后服务。

推动制造业智能化改造。开展企业智能化改造示范工程，根据企业发展基础和水平差异，以制造业转型升级和提质增效为导向，因地制宜实施企业关键岗位"机器换人"，生产线智能化改造和智能车间、智能工厂建设，全力打造园区智能化生产引领品牌。构建智能制造发展生态，鼓励和支持围绕主导产业中龙头企业的智能化改造工作，加快集聚一批以工业机器人、高档数控机床、智能物流与仓储装备、智能传感器为重点的智能制造中小企业和专业性强、行业特色明显的系统解决方案供应商，打造园区主导行业的高端智能化形象。

（3）坚持"引进来"与"走出去"相结合，提升开放合作水平

全面融入"一带一路"。紧抓"一带一路"机遇，搭建全球开放的虚拟创新网络平台，增强对全球范围专家、科技企业、服务机构及其他各类合作伙伴的搜索和连接。支持和推动特色优势产业拓展海外市场，支持有实力、有条件的企业在境外建立生产研发基地，承揽国际工程项目，跨国兼并收购重点企业，推动企业在境外建设合作园区，建设一批国际合作创新中心，实施一批国际科技合作和产业化项目。

拓宽海外人才引进渠道。由政府主导，园区相关部门协调联动，搭建技术创新人才引进与服

务的网络，利用网络平台，向海内外统一宣传广东与东莞人文、地理、经济、社会风貌，并积极发布人才引进的优惠政策。定期举办海外创新创业人才洽谈会，以此为依托，每年定期收集松山湖创新创业人才需求情况，并组织专门用人单位与海外创业人才进行面对面交流沟通。选派优秀双创人才到国内外著名高校、专业机构和企业学习研修，并进行高层次、国际化系统培训，着重培养和提高双创人才创新发展、决策管理、资本运作、市场开拓和国际竞争能力。

助力企业海外投资。推动园区管委会从单纯的管理职能向服务职能转变，为企业海外投资提供全方位服务（加强境外投资宏观指导，优化境外投资综合服务，完善境外投资全程监管，促进境外投资持续健康发展，维护中国国家利益和国家安全）。具体包括引进和培育企业海外投资服务促进机构，设立企业海外投资基金，完善企业海外投资培训服务，建立中小企业海外投资联盟等；为企业海外投资建立信息资讯服务系统，在海外举办多种形式的洽谈会，帮助企业寻找海外投资项目等。

（4）着力营造优质营商环境，助推创新创业提质增效

营造优美自然环境。重点围绕传统制造产业细分领域，引进和培育处理工业"三废"和资源回收利用的产业，不断提升废弃资源循环利用的产业化水平。加大对企业研发和引进节能环保生产技术的财政支持，对审批立项的企业节能减排技术创新项目提供更多的无偿资助或贴息贷款资助，加强对立项资金的使用监督。加强企业节能减排的制度建设，对能源消费和排放总量不同的企业实施分类管理制度，规定不同的降耗标准。

完善创业融资环境。依托基金小镇，探索建立政府引导、企业参股、专业公司运营的科技金融模式，构建多层次、多类型创业投资和产业投资发展基金，为种子期、初创期和成长期企业提供资金支持，着力构建全链条金融服务支撑体系。此外，大力引进基金、风投、互联网金融、股权众筹融资平台、要素交易市场等新型金融企业，激励金融服务创新，全面提升科技金融服务能力。

打造高效政务服务环境。加快运用"互联网+政务服务"，强化部门间的协同，推动政务数据资源在不同部门、不同层级之间共享，尽可能通过网络核验减少应交材料，推动政务服务事项跨地区、跨部门、跨层级办理，真正实现政务数据多跑路、企业少跑腿。鼓励通过政务服务APP、政府门户网站、短信平台等方式开通指尖政务、掌上政务，积极推行预约服务、延时服务和行政指导服务，打造"24小时不打烊"园区线上政务服务平台。进一步创新政务服务方式方法，对重点项目采取容缺后补、承诺制、上门办理、全程代办等服务方式，探索实行"项目服务专员"等服务机制，全力保障重点项目在行政审批领域快速推进，最大限度利企便民，切实优化营商环境。推行审批服务过程和结果公开公示，引进社会媒体开展广泛有效的监督，及时查处违法、违规、违纪问题。

第八章　佛山高新区创新发展指数[①]

佛山高新区是1992年经国务院批准建设的国家级高新区，经过27年的发展建设，已成为佛山市科技创新和产业升级的主要引擎，是粤桂黔高铁经济带合作试验区（广东园）、珠三角国家自创区、粤港澳大湾区等国家战略的核心区之一，也是国家创新型特色园区、国家知识产权试点园区、广东省金融科技产业融合创新综合试验区、珠江西岸装备制造产业创新基地。在2017年科技部火炬中心发布的国家高新区综合排名中，佛山高新区在全国（146+1家）国家高新区中位列第29位，较2016年提升了9位，已经进入国家高新区第一梯队序列。

一、创新发展指数构建背景与特点

（一）创新发展指数构建背景

制造业面临转型关键期和变革机遇期。近年来，以德美日为代表的先进国家对制造业的关注已经上升到国家战略层面，德国工业4.0、美国先进制造伙伴计划AMP、美国工业互联网、日本的机器人计划、社会5.0等相继出台，支持国内企业发展高端制造、智能制造成为先进国家共同的选择。中国也于2015年5月发布《制造业2025》，启动"1+X"规划体系（"1"是指《中国制造2025》，"X"是指11个配套的实施指南、行动指南和发展规划），鼓励国内制造业创新发展。

在中国经济发展由工业大国向工业强国转型的关键期，制造业的转型升级和战略性新兴产业的培育已经成为国内制造赶超升级的关键点。佛山高新区是中国民营制造业的重要发源地，民营制造业的发展在中国具有典型性和领先性，民营制造业的创新发展能力是佛山高新区创新发展的重要支撑和体现。

创新驱动成为高质量发展的核心战略。高质量发展，是体现新发展理念的发展，是创新成为第一动力、协调成为内生特点、绿色成为普遍形态、开放成为必由之路、共享成为根本目的的一种状态。当前，佛山高新区已经成为三大国家级区域发展战略的核心区之一，分别涉及粤港澳大湾区、珠三角国家自创区、粤桂黔高铁经济带，同时受到"一带一路"、广东自贸区等国家战

[①]　本章由何燕、韩思源、马文静、洪森等撰写。

略的辐射带动。其中，粤港澳大湾区是在"一带一路"背景下，以港深为核心，以23座城市为主体，将重点打造成为"全球科技创新中心，以及全球先进制造业中心、国际金融航运和国际贸易中心"，为佛山高新区实现国际化发展打造了新的发展平台。制定一套指导佛山高新区的创新发展指数，是响应国家高质量发展指标体系建设号召而开展的积极探索。

（二）创新发展指数三大特点

佛山高新区2017年全年地区生产总值达到1454亿元，同比增长9%；实现工业总产值4141亿元，同比增长8.8%；实际上缴税费总额195亿元，同比增长8.9%。根据科技部最新通报情况，佛山高新区在全国国家高新区综合排名中前进至29位。综合来看，近年来，佛山高新区综合实力得到较大提升，与其独特的"创新发展"模式密不可分。其特点总结如下。

（1）中小型民营企业为创新主体

佛山高新区以民营企业、中小企业为主。以核心区南海园为例，南海园拥有6万多家制造业企业，但是，规上企业占比不足10%。这决定了园区企业虽有创新发展意识，但是创新能力有限。具体表现在两个方面：一是企业普遍重视创新。根据粤港澳大湾区研发强度的数据显示，2017年，佛山投入研发创新的资金是224亿元，超过了国内14个省、直辖市、自治区研发创新的投入，也高于本省的平均水平（广东的研发投入强度是2.56%，佛山为2.72%），研发投入强度已经超过了发达国家的平均水平。二是创新环节上以应用创新、集成创新、跟随创新为主要特点。与中关村、广州、深圳等国内创新活跃区域相比，佛山高新区中小企业普遍不具备参与国家重大创新项目和进行前沿产业技术的研发能力，基础和原始创新能力弱。国家级创新创业平台偏少，具有重大创新发现、引领所在行业创新水平的企业偏少。

（2）先进制造是产业创新发展的重点

佛山高新区具备较好的先进制造产业基础。装备制造是佛山高新区的支柱产业。围绕装备制造，高新区现已形成汽车整车及零部件制造、高端装备制造、光电、新材料、智能家电、生命健康等高新技术产业集群，并建有广东省智能制造示范基地、广东生物医药产业基地、广东新光源产业基地、中欧科技合作产业园等特色产业园。口腔医疗器械获批国家创新型产业集群试点。佛山高新区是佛山市打造万亿规模先进装备制造产业基地的主力，正着力打造珠江西岸装备制造产业创新基地。

以先进制造为核心积极拓展新兴产业领域。佛山高新区正以智能制造为主攻方向，大力发展3D打印、机器人、互联网+等新兴产业。佛山高新区借助科技部、中关村、佛山市三方共建中国"互联网+智能制造"试点城市的契机，推动在园传统企业纳入互联网+示范企业之列，海天、维尚、林氏木业等成为跨界融合突出代表，高新区成功获批省首批创建"互联网+"小镇。此外，在军民融合这一特殊领域发展势头良好。高新区借助强大的制造业基础、雄厚的民间资本和极具开拓精神的企业家队伍，已经成功与中国空间技术研究院、航天科技集团等进行合作，在科技成果转化方面成效突出。

先进制造产业创新环境正在逐步完善。佛山高新区在体制机制、产学研合作、国际化等方面开展了多元化的路径探索。在体制机制上，通过继续深化"园镇融合"体制改革，努力打造省市区镇四级事权同办示范区，通过探索相对集中行政许可权改革，深化行政审批制度改革，实现"三级审批、一站办结"等方式提升营商环境，佛山高新区荣膺"2018中国十佳最具投资营商价值园区"；在重大产业创新平台建设上，突出创新发展、跨界融合，不断深化与中国工程院、中国科学院、清华大学等大院名校的合作，以及与航天科技集团、航天科工集团、中国空间技术研究院等为代表的国防军工企业合作，共建了深圳清华研究院佛山创新中心、佛山智能装备技术研究院、广工大数控装备协同创新研究院、东软华南IT创业园、广东3D打印应用技术创新中心、广东国防科技工业技术成果产业化应用推广中心、佛山中国空间技术研究院创新中心、广东省医学科学院（南海）转化医学中心等一批创新合作平台。同时，针对重大、原始创新平台不足的情况，引入和筹备了佛山先进制造科学与技术广东省实验室（广东省首批4家省实验室之一）；在国际开放合作上，通过搭建国际科技成果转化平台，与瀚海控股集团合作共建瀚海（佛山）国际创新中心和海外创新中心，与深圳清华大学研究院合作共建北美和英国商务联络处，与澳大利亚南澳大学合作共建国际技术转移中心，探索打造"跨境加速器"，拓展国际化合作新路径。搭建招才引智对接桥梁，与瑞士相关前沿创新机构积极开展国际创新技术交流合作，积极举办"醒狮杯"国际工业设计大赛等各种国际项目对接活动，构筑起融入本土、通达世界的对接平台。鼓励各类主体"走出去"，支持企业通过自建、并购、合资、参股、租赁等多种方式建立海外研发中心、实验室等，开展关键核心技术研发和产业化应用研究。这些措施有效地改善了园区现有资源不足以支撑产业创新发展的状况。

（3）以高端人才为代表的创新资源短缺仍需弥补

对高端人才的争夺在中国各城市已经纷纷展开，且日趋激烈。佛山高新区所在佛山市缺乏较好的大学和科研院所，能吸纳的高学历人才相对偏少，创新团队和专业人才更多地靠"人才引进"。但是，与广州、深圳、东莞等高新区相比，佛山在交通区位、城市环境、创新氛围等方面也不具优势。园区虽然提供了比邻近园区更有力的人才政策，但是人才引进仍然面临较大的困难。从指标来看，主要涉及本科学历以上人数、硕士和博士人数、人均工资性收入等指标。

二、创新发展指数目标功能与内容

（一）创新发展指数三大功能

目前，中关村、张江、杭州、长沙、成都、武汉等高新区纷纷制定和颁布了自身的创新发展指数。佛山高新区已经进入三次创业阶段，创新和发展已经成为佛山高新区新一轮发展的主题。研究和制定佛山高新区创新发展指数，既是顺应时代趋势，又是实现创新发展所需，对于认清创新发展规律，指导高新区未来高质量发展具有重要意义。

佛山高新区创新发展指数需要实现诊断监测、政策评价、完善统计三大功能。

（1）诊断监测

制定创新发展指数，有利于对佛山高新区"一区五园"的创新发展情况形成持续、动态的监测体系，指导高新区的科学发展；有利于对佛山高新区的科技创新工作成效、存在的不足和发展的优势形成动态反馈，助力十三五"进入全国高新区20强"的目标实现，指导高新区的科学发展。

（2）政策评价

佛山高新区创新发展指数的性质是属于政策评价，即评价的目的或评价结果所揭示的是佛山高新区是否吻合创新经济发展的趋势，是否吻合国家的战略需求，以及是否有效达到了支撑和引领地方经济社会发展的使命。佛山高新区创新发展指数反映了佛山高新区现有政策体系的工作重点和工作成效，有助于完善未来的政策体系。

（3）完善统计

党的十九大和中央经济工作会议指出，必须加快形成推动高质量发展的指标体系、政策体系、标准体系、统计体系、绩效评价、政绩考核，创建和完善制度环境。构建科学、适用、动态的高新区创新发展统计指标体系，是对中央经济政策的积极响应，有利于指导佛山高新区完善现有统计工作，加快建立适应国家高新区新发展形势的统计指标体系，是对现有国民统计、火炬统计工作的重要补充，对提高佛山高新区现有统计数据质量、提升统计服务水平、完善现有统计制度具有重大意义。

（二）创新发展指标选取原则

具体选取的指标可以分为三大类：一是在国内外比较通行的共性指标；二是具体反映佛山高新区发展特色性的指标；三是反映新的发展趋势的创新性指标。在指标设计上，遵循以下五大原则。

①系统性和重点性结合，全面关注园区内科技创新创业、新兴经济业态、知识市场发育、创新对社会经济发展的贡献等各个方面的情况，并选取有代表性的个案指标增强揭示力。

②监测和引领并重，一方面关注常规性指标，用于整体监测引导；另一方面关注反映创新发展的新趋势、国家发展战略导向的创新型指标，用于创新发展的引领。

③通用与特色结合，充分吸收和采纳国际通用、国内通用的评价指标，使评价指标体系具有较强的适应性，部分指标与"国家高新区评价体系"已有指标保持相对一致，适当考虑国际可比

性；同时，考虑佛山高新区特色性指标，如实反映园区个性特征。

④科学性与实践性兼顾，指标既要反映规模和总量，又要反映质量和效益，科学、全面地测度佛山高新区的创新能力，同时要立足于园区实际，充分考虑指标的可采集性、可对比性，以及指标之间的互补性、独立性。

⑤静态与动态合理分配，园区创新发展是动态变化的过程，在保持关键指标稳定性的同时，随着园区发展变化适时调整相关指标，以便指标体系能始终准确地反映园区创新趋势，实现稳定性与动态性的统一。

（三）创新发展指数具体内容

佛山高新区创新发展包括5个评价维度，即佛山高新区创新发展评价指标体系的5个一级指标。

①"国际影响力"的维度：表现为在创新全球化和中国全面改革开放的战略背景下，佛山高新区集聚和配置全球资源、开展国际竞争合作、打造具有国际影响力的经济体系的能力。

②"变革响应力"的维度：表现为在全球新技术、新范式变革浪潮中，佛山高新区响应、创造和引领变化的水平和能力，特别是颠覆式创新能力、迭代式创新能力。

③"创新驱动力"的维度：表现为在"创新驱动发展"战略背景下，佛山高新区的创新能力和创新绩效，包括创新主体培育、创新投入、创新环境和创新成效等方面。

④"经济成长力"的维度：表现为在"新常态"背景下，佛山高新区为实现"高质量发展"，在提升经济发展活力、效率和促进经济发展中的努力和成效。

⑤"协同发展力"的维度：表现在为了动员全社会的创新参与，形成有利于创新的社会环境，佛山高新区在产业协同发展、社会效益辐射、区域经济带动等方面的做法和成效。

佛山高新区创新发展指数包括5个一级指标和33个二级指标（表8-1）。

表 8-1　佛山高新区创新发展指数

一级指标	二级指标
国际影响力	1.1　园区进出口总额
	1.2　当年内资控股企业的海外直接投资额
	1.3　营业收入过百亿元企业数
	1.4　从业人员中留学归国和常驻外籍人员数占比
	1.5　当年外商实际投资额
	1.6　园区外商投资设立的研发机构数

续表

一级指标	二级指标	
国际影响力	1.7	当年授权欧美日专利数
	1.8	园区拥有海外注册商标的企业数
变革响应力	2.1	新型研发机构数
	2.2	众创空间数
	2.3	新产品销售收入占营业收入比例
	2.4	园区高技术服务业收入占营业收入比例
	2.5	制造业企业服务性收入占比
创新驱动力	3.1	国家级研发机构数
	3.2	经认定的高新技术企业数
	3.3	高层次科技领军人才数
	3.4	企业万元销售收入中R&D经费支出
	3.5	管委会当年财政科技拨款
	3.6	当年新增发明专利授权数
	3.7	企业人均技术合同交易额
经济成长力	4.1	先进制造产业产值占比
	4.2	新材料产业产值
	4.3	企业营业利润率
	4.4	人均增加值
	4.5	工业增加值率
	4.6	单位增加值综合能耗
	4.7	瞪羚企业数
	4.8	上市企业总数
协同发展力	5.1	当年获得创业风险投资机构的风险投资额
	5.2	园区企业注册资本总额
	5.3	当年吸纳高校应届毕业生数
	5.4	人均工资性收入
	5.5	园区增加值（GDP）在佛山市占比

三、佛山高新区创新发展指数表现

（一）总指数表现

测算显示，以2015年为基期100.0，2017年佛山高新区创新发展总指数达到141.9，较2016年增长了22个点（图8-1）。近3年的指数实现持续提升，说明佛山高新区近年创新发展表现总体向好。

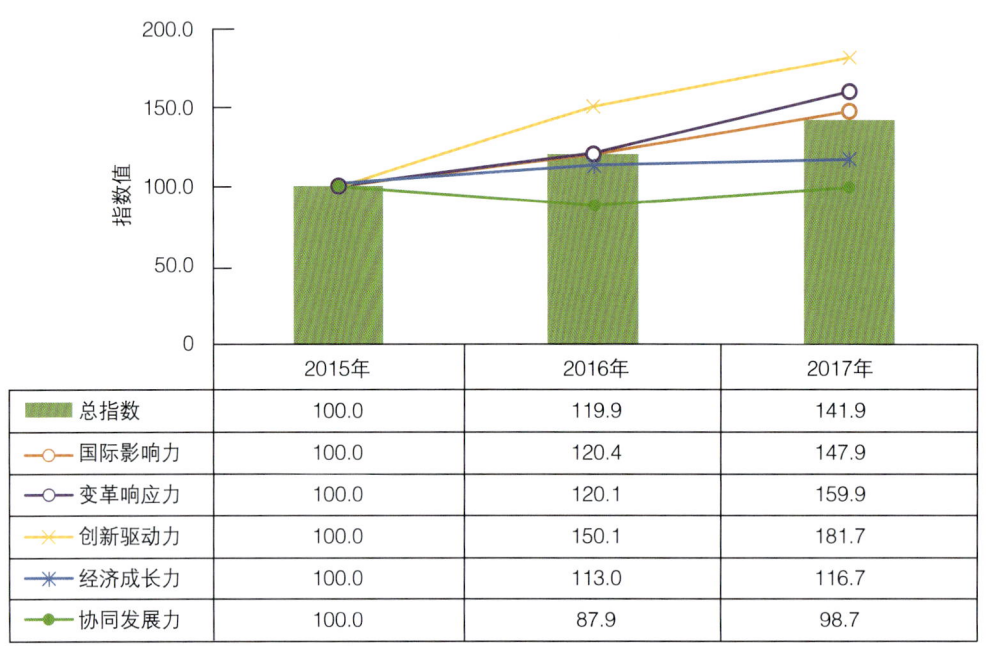

图 8-1　2015—2017年佛山高新区创新发展指数

在5个一级指标中，2017年，变革响应力、创新驱动力、国际影响力增长幅度都较大，对总指数增长贡献较大。尤其是创新驱动力分指数，达到2015年以来的最高值181.7；变革响应力分指数达到159.9，说明佛山高新区在整合创新创业要素、增强创新能力、响应新经济发展趋势及鼓励大众创新创业方面工作成效显著。相较之下，协同发展力分指数2017年相比2016年呈现上升势头，但是低于2015年的指数，说明佛山高新区在加强产业协同、区域协同等方面还需加强力度（图8-2）。

2017年佛山高新区国际影响力分指数为147.9。2015—2017年，国际影响力分指数呈现持续上升态势，体现了佛山高新区近几年在国际化建设方面力度较大，成效显著。

2017年佛山高新区变革响应力分指数为159.9。2015—2017年，变革响应力分指数呈现持续增长态势，体现了佛山高新区响应新一轮新技术革命的能力在逐步提升。

2017年佛山高新区创新驱动力分指数为181.7。2015—2017年，创新驱动力分指数呈现较快提升态势，体现了佛山高新区的创新投入增强，创新支撑能力大大增强，创新成效较为显著。

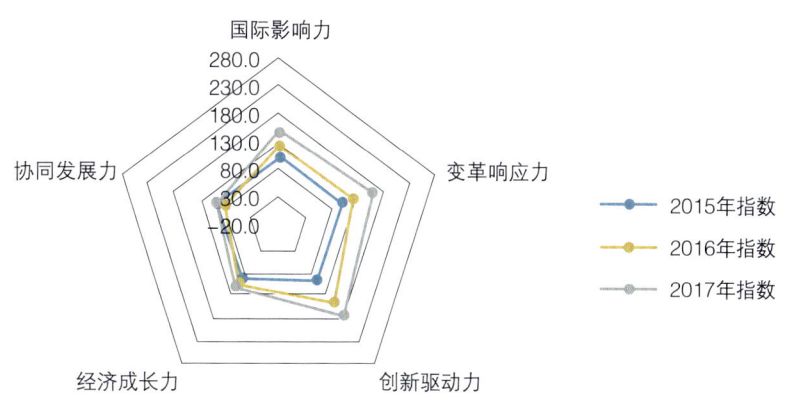

图 8-2　2015—2017年佛山高新区创新发展分指数

2017年佛山高新区经济成长力分指数为116.7。2015—2017年，经济成长力分指数呈现缓慢上升状态，体现了佛山高新区在发展高科技产业、提升经济效率和活力方面的主要成效。

2017年佛山高新区协同发展力分指数达到98.7。2015—2017年，协同发展力分指数呈现先下降后上升状态。

在33个二级指标中，佛山高新区2015—2017年波动上升指标有26个，波动持平指标有4个，波动下降指标有3个，指标显示佛山高新区在提升创业发展质量及园区辐射带动能力等方面还需进一步加强。从24个共性指标来看（其余9个为特色指标），相较于全国、广东省的国家高新区表现，佛山高新区表现最为突出的在于：参与海外品牌建设企业数、新型研发机构数、高企数量规模、内资企业专利产出及企业盈利能力等方面，在园区进出口规模、利用外资规模等方面表现也不俗；但在高技术服务业发展、创业企业质量等方面还需要加强。

从"一区五园"的表现来看，对佛山高新区创新发展贡献最大的是南海园，其次是高明园；对佛山高新区创新发展贡献最小的是三水园，其次是顺德园。从分析中可以看到，各分园区在佛山高新区的创新发展中各有优势，建议继续加强分园区的统筹发展，才能更好地形成创新合力，推动佛山高新区实现高质量发展。

（二）国际影响力分指数

国际影响力考察园区对全球经济的影响程度、对国际资源的利用及高新区的国际竞争表现。

（1）经济影响

经济影响共设3个指标考察佛山高新区经济发展对国际经济的影响，分别是1.1园区进出口总额、1.2当年内资控股企业的海外直接投资额、1.3营业收入过百亿元企业数。

园区进出口总额。该指标反映园区的全球贸易规模和影响。2017年，佛山高新区进出口总额达到670.74亿元（图8-3），在全国国家高新区中排名（以下简称全国排名）第20位（全国均值353.03亿元），在广东省国家高新区中排名（以下简称广东省排名）第7位（广东省均值886.96亿元）。2015—2017年，佛山高新区进出口总额主要呈现波动变化。佛山高新区进出口贸易规模较大、态势良好，主要得益于近年来"一带一路"沿线国家和地区进出口贸易快速增长。

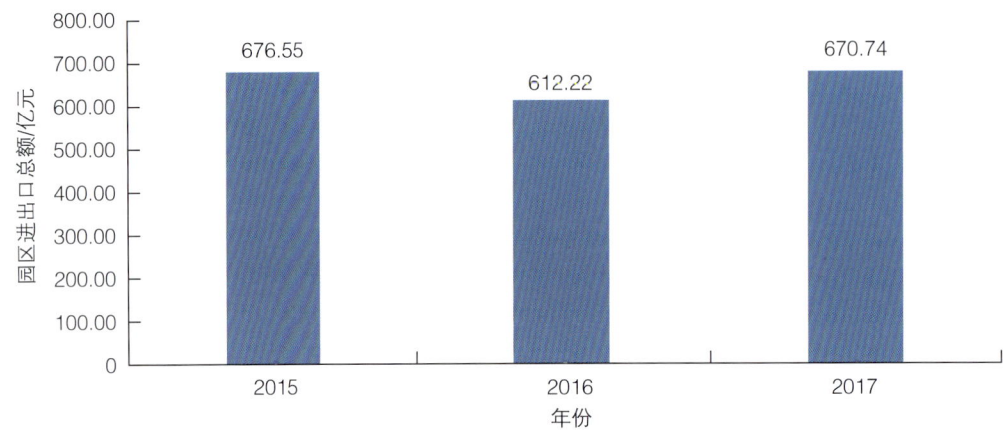

图8-3　2015—2017年佛山高新区进出口总额

当年内资控股企业的海外直接投资额。该指标反映企业"走出去"拓展国际市场和整合全球资源的能力。2015—2017年，佛山高新区的当年内资控股企业的海外直接投资额保持平均18.7%的高速增长，企业对海外投资的意愿和力度普遍加强。2017年，佛山高新区当年内资控股企业的海外直接投资额达到6.65亿元（图8-4），该指标在全国排名第26位（全国均值6.20亿元），在广东省国家高新区中排名第4位（广东省均值10.20亿元）。说明本土企业海外资本扩张程度高于全国多数高新区，表现突出。

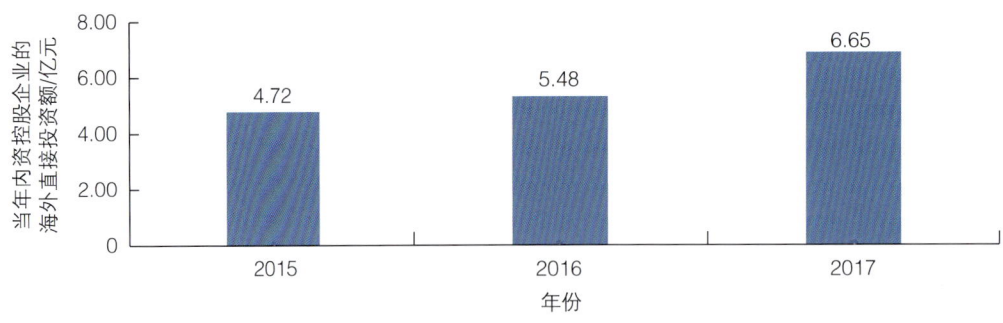

图8-4　2015—2017年佛山高新区当年内资控股企业的海外直接投资额

营业收入过百亿元企业数。该指标考察园区具有一定全球市场和品牌影响力的企业规模。2015—2017年，佛山高新区营业收入过百亿元企业数保持3家（图8-5），分别是海信科龙电器股份有限公司、本田汽车零部件制造有限公司、佛山市海天（高明）调味食品有限公司。

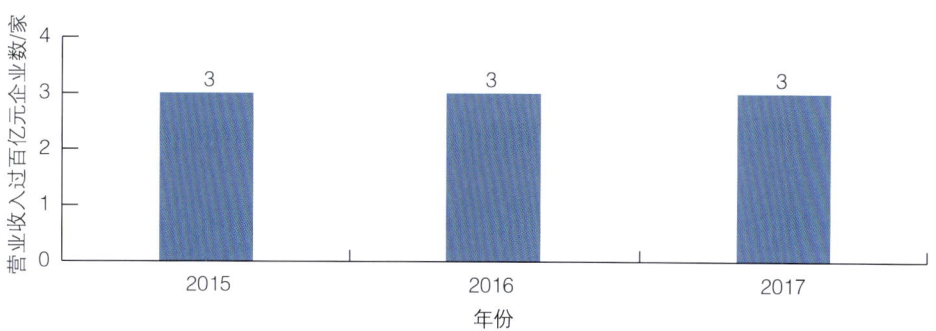

图8-5 2015—2017年佛山高新区营业收入过百亿元企业数

（2）国际资源

国际资源共设3个指标考察佛山高新区对国际创新资源的利用情况。分别是1.4从业人员中留学归国和常驻外籍人员数占比、1.5当年外商实际投资额、1.6园区外商投资设立的研发机构数。

从业人员中留学归国和常驻外籍人员数占比。该指标体现了园区国际化水平和吸引国际人才的能力，反映对全球人才的凝聚力。2017年，佛山高新区从业人员中留学归国和常驻外籍人员数占比为0.88%（图8-6），在全国排名第29位，在广东省排名第2位，近几年保持相对平稳。总体来看，随着佛山高新区企业近年国际化发展需求的增加，以及向海外招聘人才力度的加强，佛山高新区国际影响力逐步提升，对国际高端人才的吸引力也在增强。

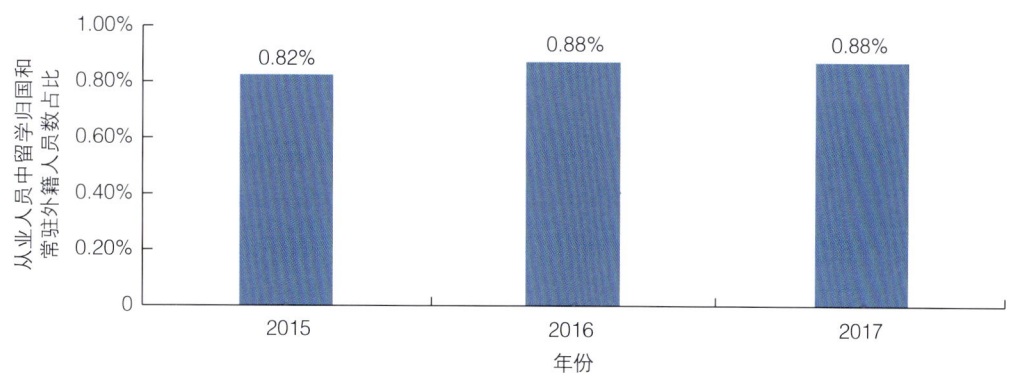

图8-6 2015—2017年佛山高新区从业人员中留学归国和常驻外籍人员数占比

当年外商实际投资额。2017年，佛山高新区当年外商实际投资额达到48.28亿元（图8-7），实现了2015年以来平均9.5%的持续增长。从总量上看，在全国排名第18位，在广东省排名第2位。在外资回流和产业东西转移的大背景下，佛山高新区获得外商投资依然持续增长，这与园区企业主动加快转型升级，产业发展符合未来发展趋势紧密相关。

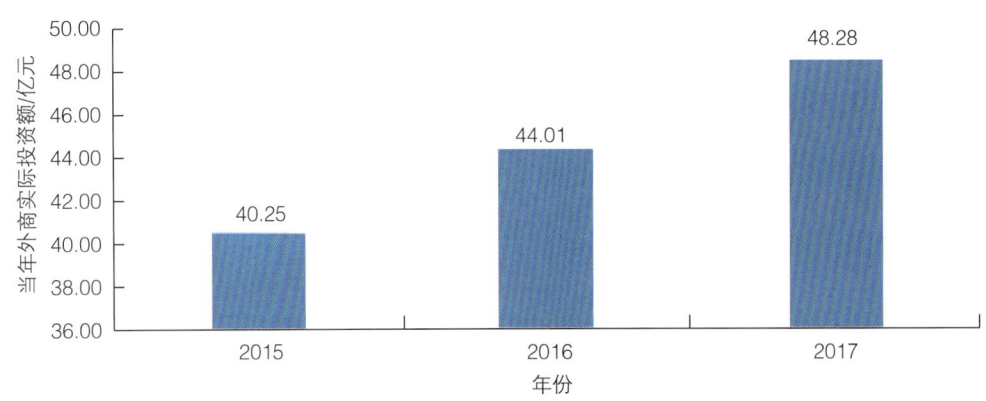

图 8-7　2015—2017年佛山高新区当年外商实际投资额

园区外商投资设立的研发机构数。2017年，佛山高新区园区外商投资设立的研发机构数为39家（图8-8），较2016年增加17家。从总量上看，在全国中排名第15位，在广东省排名第5位。外商投资设立的研发机构数代表了园区对外资企业研发资源的利用和在国际创新链的融入程度。与1.5当年外商实际投资额结合来看，表明佛山具备较好的外商营商氛围，具备向世界一流园区迈进的潜力。

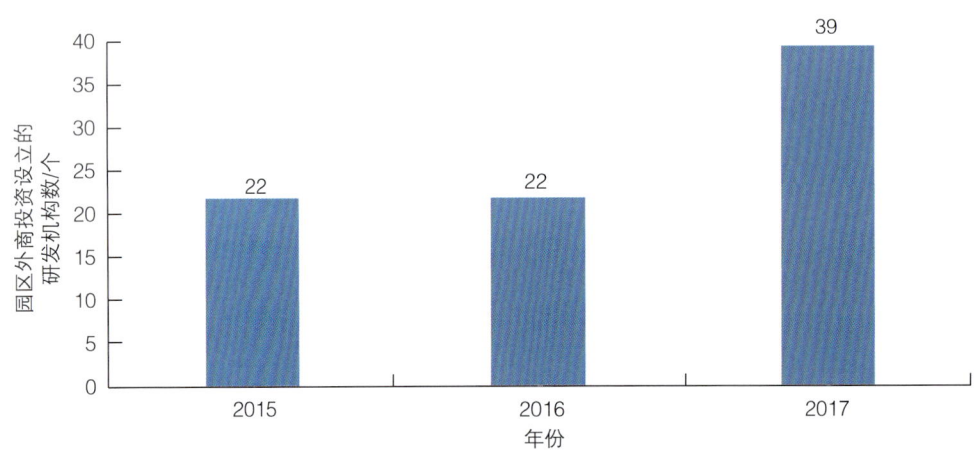

图 8-8　2015—2017年佛山高新区园区外商投资设立的研发机构数

（3）国际创新

国际创新共设2个指标考察佛山高新区创新成效的国际影响，分别是1.7当年授权欧美日专利数、1.8园区拥有海外注册商标的企业数。

当年授权欧美日专利数。该指标反映园区国际水平上的知识和技术首创能力。2017年，佛山高新区当年授权欧美日专利数为90件（图8-9），实现了2015年以来45.2%的平均增长率高速增长。从数量上看，在全国排名第17位，在广东省排名第4位。受园区跨国企业影响和本土企业的国际拓展影响，佛山高新区企业在欧美日等发达国家市场的创新产出要好于中国多数高新区。

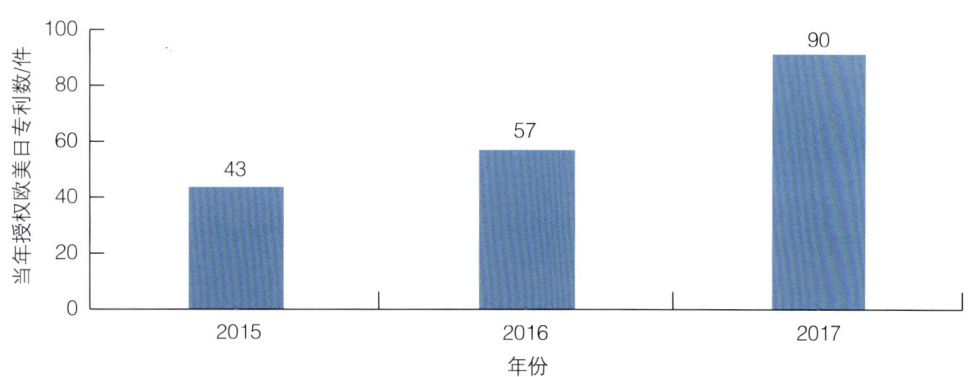

图8-9　2015—2017年佛山高新区当年授权欧美日专利数

园区拥有海外注册商标的企业数。该指标衡量园区企业通过创新来抢占行业国际话语权的表现和成效。2017年，佛山高新区园区拥有海外注册商标的企业数达到150家（图8-10），自2015年以来实现了较快增长，平均增长率达到113.4%，说明有越来越多的企业重视海外品牌建设和海外市场拓展。该指标在全国排名第7位，在广东省排名第2位，表现突出。

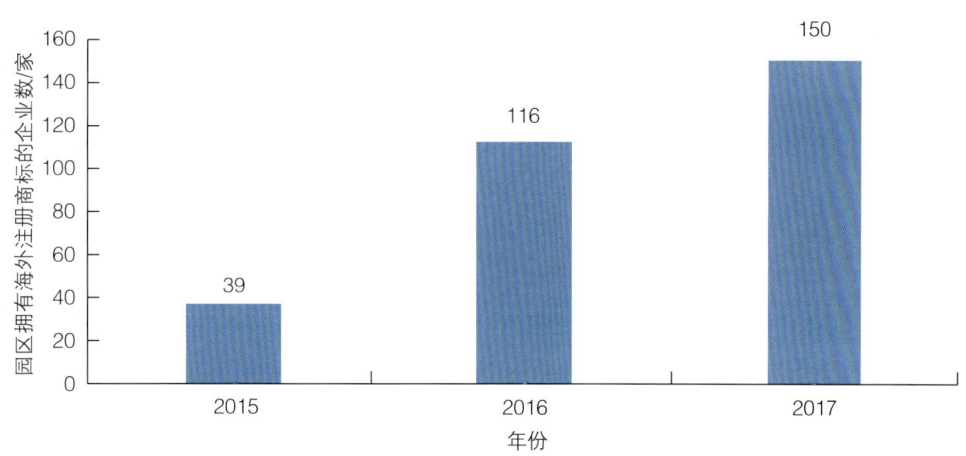

图8-10　2015—2017年佛山高新区园区拥有海外注册商标的企业数

（三）变革响应力分指数

变革响应力主要考察在新一代技术革命背景下，佛山高新区适应变化、创造变化和引领变化的能力，主要体现在组织变革、产品变革、模式变革等多个方面。

（1）组织变革

组织变革共设2个指标考察在新一轮技术变革下，佛山高新区民营企业适应变革和孕育小微企业的能力，分别是2.1新型研发机构数、2.2众创空间数。

新型研发机构数。该指标能够反映科研机构改革成效和市场上科研机构的发展活力。2017年，佛山高新区共有省级及以上新型研发机构数为13家（图8-11），较2016年翻了一番，实现了大幅增长，在全国排名第11位，在广东省排名第3位。佛山高新区近年来强化与中国工程院、中国科学院、清华大学等大院名校合作，同时积极链接航天科技集团、航天科工集团、中国空间技术研究院等国防军工资源，成功打造了深圳清华研究院佛山创新中心、佛山智能装备技术研究院、广工大数控装备协同创新研究院、广东3D打印应用技术创新中心、中国（广东）机器人集成创新中心、广东国防科技工业技术成果产业化应用推广中心、佛山中国空间技术研究院创新中心、广东省医学科学院（南海）转化医学中心等一批新型研发机构和重大创新平台，为进一步加强产学研合作，推动产业升级和培育新兴产业起到了良好的支撑作用。

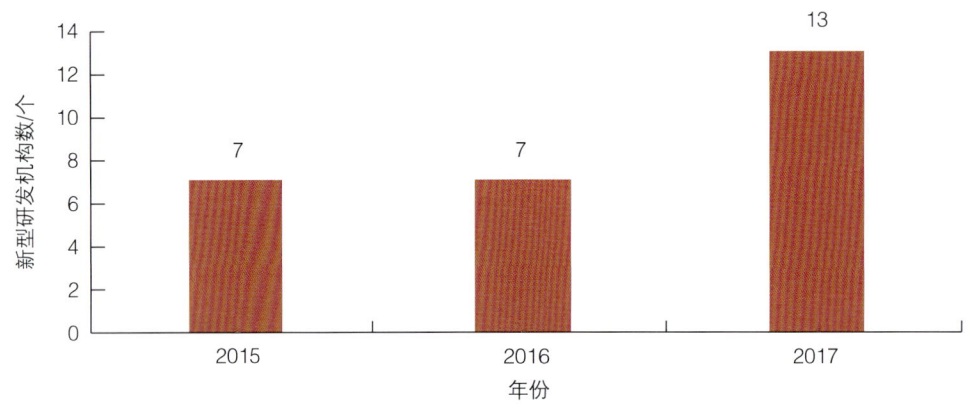

图 8-11　2015—2017年佛山高新区新型研发机构数

众创空间数。众创空间是推动组织变革的主体力量。2017年，佛山高新区众创空间数达到29家（图8-12），较2016年增长了11家。其中，科技部备案的众创空间数从2015年的0家增加到2017年的13家，表明佛山高新区众创空间建设虽然起步较晚，但是发展迅速，依托创业18MALL、东软华南IT创业园、工匠创客汇等众创空间，佛山高新区创业环境得到较大改善。

（2）产品变革

产品变革共设2个指标考察佛山高新区制造新产品和产生新服务的能力，分别是2.3新产品销售收入占营业收入比例、2.4园区高技术服务业收入占营业收入比例。

新产品销售收入占营业收入比例。2017年，佛山高新区新产品销售收入占营业收入比例为29.98%（图8-13）。2015—2017年，佛山高新区的该项指标基本保持了稳步增长。该数值在全国排名第39位（全国均值22.90%），在广东省排名第5位（广东省均值34.97%）。

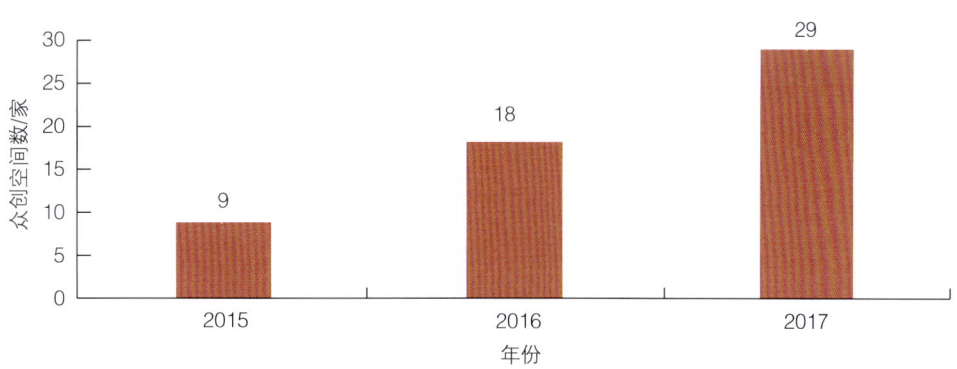

图8-12 2015—2017年佛山高新区众创空间数

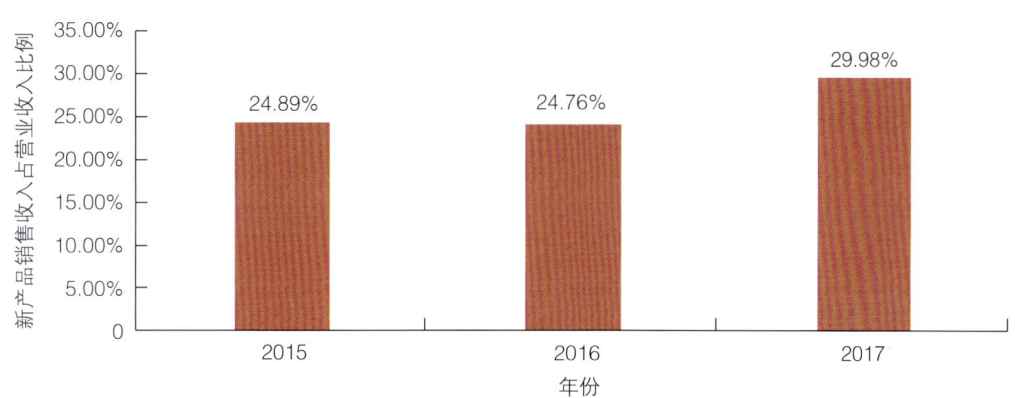

图8-13 2015—2017年佛山高新区新产品销售收入占营业收入比例

园区高技术服务业收入占营业收入比例。该指标衡量园区服务业及服务业新业态的发展情况。2017年，佛山高新区园区高技术服务业收入占营业收入比例为0.84%（图8-14），较2015年实现了持续提升。与全国和广东省高新区均值相比，均处于比值相对较低的状态（全国均值为12.10%、排名第88位；广东省均值6.50%，排名第8位）。除了受佛山高新区实体经济为主的经济结构影响外，与园区城市形态层次不高，高端服务业缺乏系统规划、长期发展缓慢也有较大关系。

（3）模式变革

模式变革设1个指标考察佛山高新区制造业产业价值提升的程度，主要指2.5制造业企业服务性收入占比。

制造业企业服务性收入占比。该指标反映园区制造业服务化发展的进程。2017年，佛山高新区制造业企业服务性收入占比为6.09%（图8-15），近3年实现了平稳增长。佛山高新区主导产业以制造业为主，近几年，针对企业转型的迫切需求，佛山高新区通过出台帮助企业技改、增资扩产、扶持高新技术企业发展等一系列政策，大力发展机器人、3D打印等"互联网+"新兴产业，引导产业转型升级，并取得初步成效。

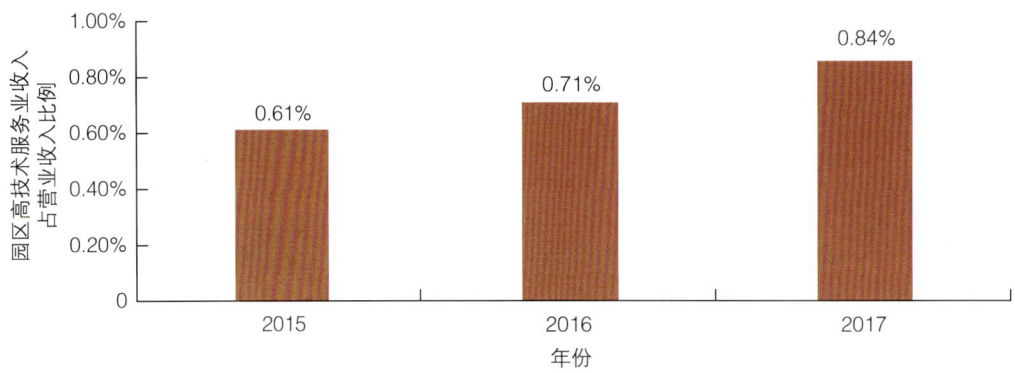

图 8-14　2015—2017年佛山高新区园区高技术服务业收入占营业收入比例

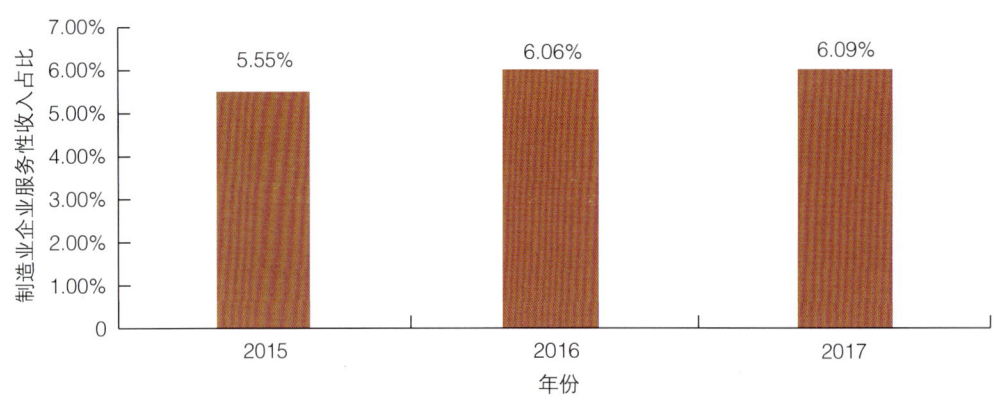

图 8-15　2015—2017年佛山高新区制造业企业服务性收入占比

（四）创新驱动力分指数

创新驱动力主要考察园区内在的创新基础、创新投入水平及创新活动的绩效产出。

（1）创新支撑

创新支撑共设3个指标考察佛山高新区创新主体的规模与实力，分别是3.1国家级研发机构数、3.2经认定的高新技术企业数、3.3高层次科技领军人才数。

国家级研发机构数。该指标反映园区培育研发载体、完善创新环境的情况。2017年，佛山高新区国家级研发机构数达到75家（图8-16）。就数量而言，佛山高新区在全国排名第16位，在广东省排名第2位，表现十分抢眼。国家级研发机构是佛山高新区加强基础创新、应用创新的重要力量，近年来，佛山高新区尤其加强与中国工程院、中国科学院、清华大学等高端科研院所合作，建设了广工大数控装备协同创新研究院、佛山智能装备技术研究院、广东3D打印应用技术创新中心等10多个与本地产业相契合的创新创业服务平台，国家级研发机构数量不断增长。

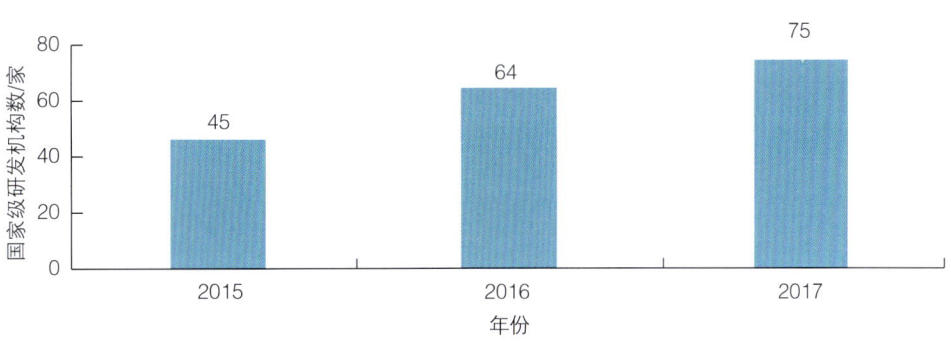

图 8-16　2015—2017年佛山高新区国家级研发机构数

经认定的高新技术企业数。高新技术企业是园区实现创新的主体。2017年，佛山高新区经认定的高新技术企业数达到346家（图8-17），较2016年增加了73家，实现了较快增长。从数量上看，佛山高新区在全国排名第11位，在广东省排名第4位（全国均值93家，广东省均值299家），高新技术企业数规模较大。2015—2017年，该指标平均增长率达到138.4%。近年来，佛山高新区大力开展高新技术企业认定和培育入库工作培训班，出台一系列政策加强对高新技术企业的扶持，成立高新技术企业服务联盟，对高新技术企业数量的增长起到了积极作用。佛山市也出台了《佛山市高新技术企业树标提质行动计划（2018—2020年）》，未来将更重视高新技术企业发展质量和创新能力的挖掘。

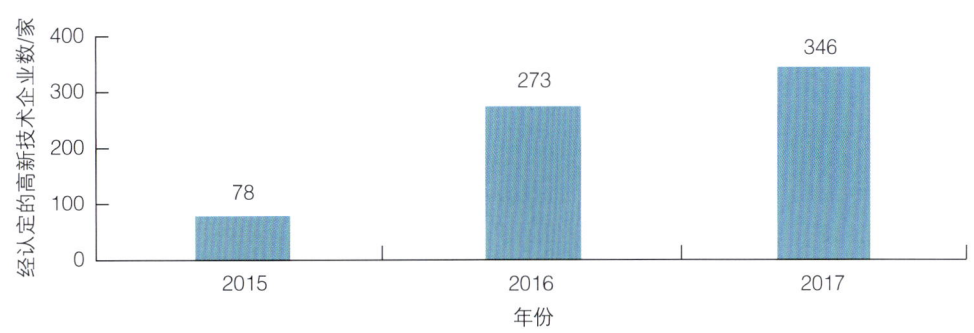

图 8-17　2015—2017年佛山高新区经认定的高新技术企业数

高层次科技领军人才数。该指标主要包括创新创业团队和千人计划人才，是推动创新创业的重要力量。2017年，佛山高新区高层次科技领军人才数达到96人（图8-18），平均增长率达到26.8%，其中，千人计划人才达到24人，实现连续3年持续较快增长。

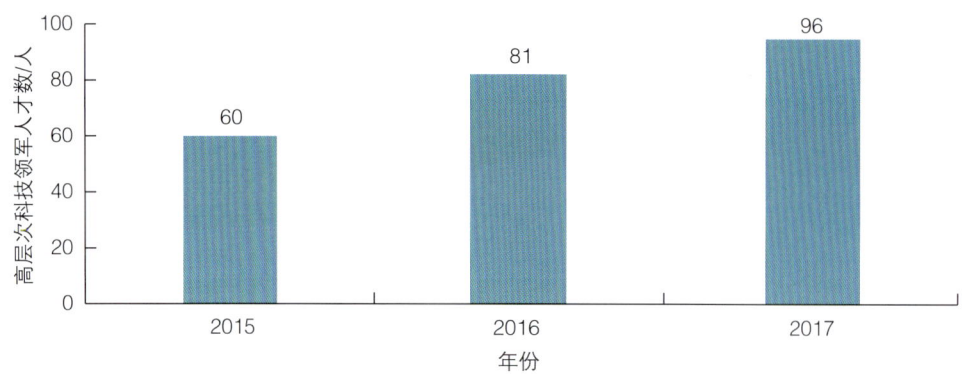

图 8-18　2015—2017年佛山高新区高层次科技领军人才数

（2）创新投入

创新投入共设2个指标考察佛山高新区创新的投入力度，分别是3.4企业万元销售收入中R&D经费支出、3.5管委会当年财政科技拨款。

企业万元销售收入中R&D经费支出。2017年，佛山高新区企业万元销售收入中R&D经费支出达到239元（图8-19），高于全国和广东省国家高新区平均水平（全国均值245.3元，广东省均值251.9元）。2015—2017年，平均增长率为16.6%，实现了平稳增长。根据测算，2017年佛山高新区企业研发投入强度（企业研发经费与主营业务收入之比）达到2.30%，较2016年提升0.21个百分点。而粤港澳大湾区研发投入强度的数据显示，佛山的研发投入强度已经超过OECD 2.40%的平均水平（广东2016年的研发投入强度是2.56%，深圳为4.10%，佛山为2.72%）。

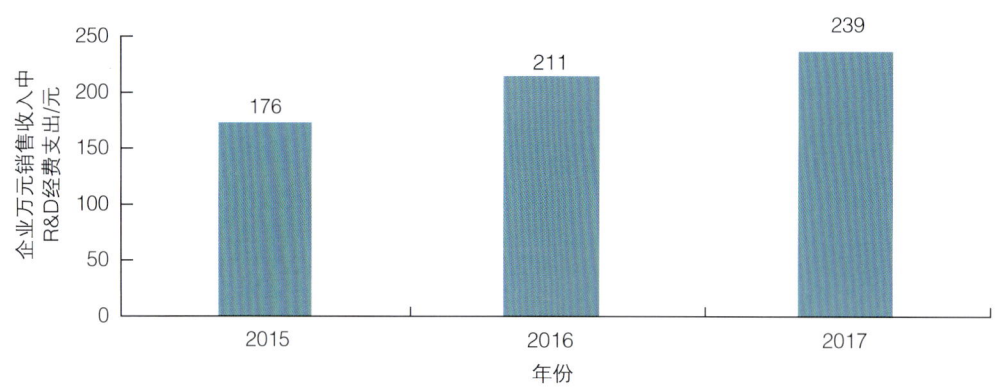

图8-19　2015—2017年佛山高新区企业万元销售收入中R&D经费支出

管委会当年财政科技拨款。2017年，佛山高新区管委会当年财政科技拨款达到9.41亿元（图8-20），是2016年的1.81倍，实现了2015—2017年平均44.7%的稳步增长。该指标远高于同期全国国家高新区平均水平（5.70亿元）和广东省国家高新区平均水平（17.00亿元），分别排名第24位和第4位。这表明佛山高新区对科技创新非常重视。

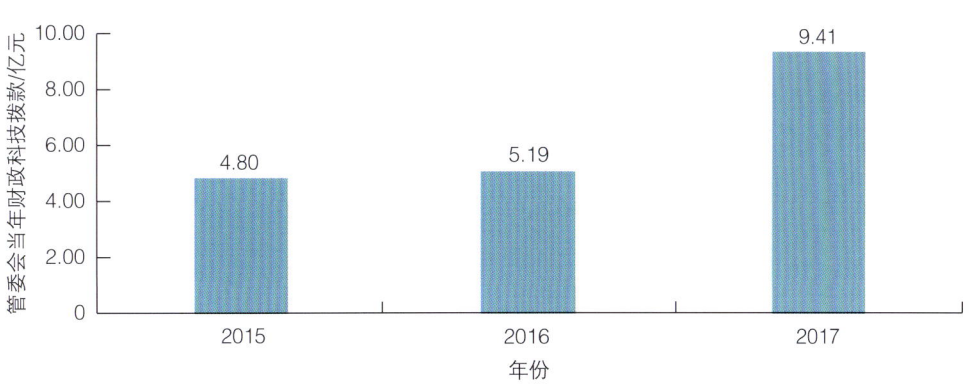

图 8-20 2015—2017年佛山高新区管委会当年财政科技拨款

（3）创新成效

创新成效共设2个指标考察佛山高新区创新活动的主要成效，分别是3.6当年新增发明专利授权数、3.7企业人均技术合同交易额。

当年新增发明专利授权数。2017年，佛山高新区当年新增发明专利授权数达到1426件（图8-21）。2015—2017年，该指标实现了年均48.3%的快速稳步增长。该指标在全国和广东省国家高新区中也有不俗表现，高于全国和广东省平均水平（分别为734件和1430件），分别排名第15位和第4位。

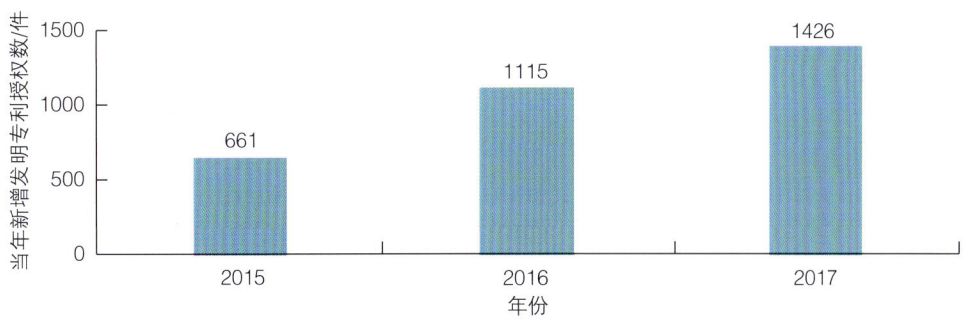

图 8-21 2015—2017年佛山高新区当年新增发明专利授权数

企业人均技术合同交易额。2017年，佛山高新区企业人均技术合同交易额为0.21万元（图8-22），较2016年略有下降。2015—2017年，该指标呈现小幅波动增长态势，年均增长率为7.8%。从数值上看，佛山高新区该指标也低于全国和广东省国家高新区平均水平（分别为2.20万元和0.60万元），说明技术交易相对不活跃，还有较大的提升空间。

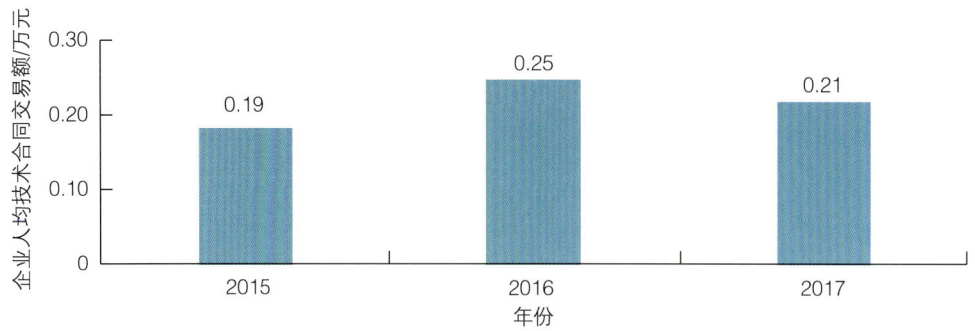

图 8-22　2015—2017年佛山高新区企业人均技术合同交易额

（五）经济成长力分指数

经济成长力主要考察园区在提升经济质量、加强经济效率、激发经济活力方面取得的成效。

（1）经济质量

经济质量共设3个指标考察佛山高新区在优化产业结构、增强企业发展质量方面取得的成效，分别是4.1先进制造产业产值占比、4.2新材料产业产值、4.3企业营业利润率。

先进制造产业产值占比。2017年，佛山高新区先进制造产业产值占比为29.74%（图8-23），较2016年进一步提升。先进制造是佛山高新区的支柱产业，佛山高新区集珠江西岸装备制造产业创新基地、广东省智能制造示范基地、广东新光源产业基地等称号于一身，近年更是顺应新一代科技革命和产业变革机遇趋势，紧抓"中国制造2025"战略，加大智能数控、3D打印、机器人等产业培育力度，积极实施"机器引领"计划、机器人及智能装备生产应用"百千万"工程，进一步扩大了先进制造产业集群效应。

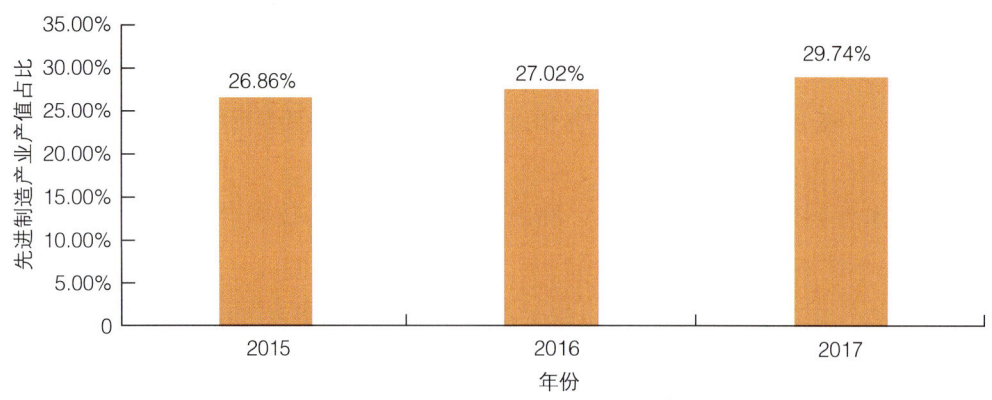

图 8-23　2015—2017年佛山高新区先进制造产业产值占比

新材料产业产值。2017年，佛山高新区新材料产业产值达到1201.05亿元（图8-24），较

2016年略有下降。佛山是陶都、有色金属之都，而佛山高新区聚集了较多的陶瓷、铝材加工企业，正以新材料为主要产业方向进行转型升级，使得高新区新材料产业结构正处于不断的优化过程。

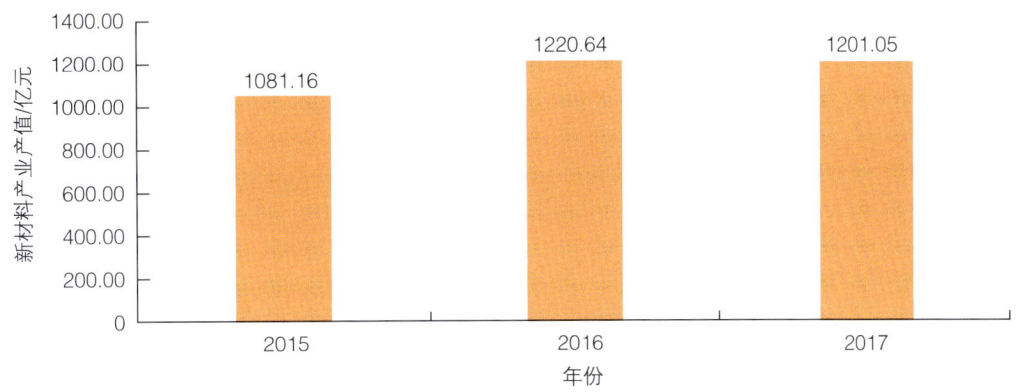

图8-24　2015—2017年佛山高新区新材料产业产值

企业营业利润率。截至2017年年底，佛山高新区企业营业利润率达到7.77%（图8-25），较2016年提升了0.26个百分点，高于全国和广东省国家高新区均值（分别为7.00%和6.80%），分别排名第36位和第3位。2015—2017年，该指标表现为平稳增长态势。这说明，相对全国多数高新区，佛山高新区企业盈利能力较好，企业发展比较稳定。

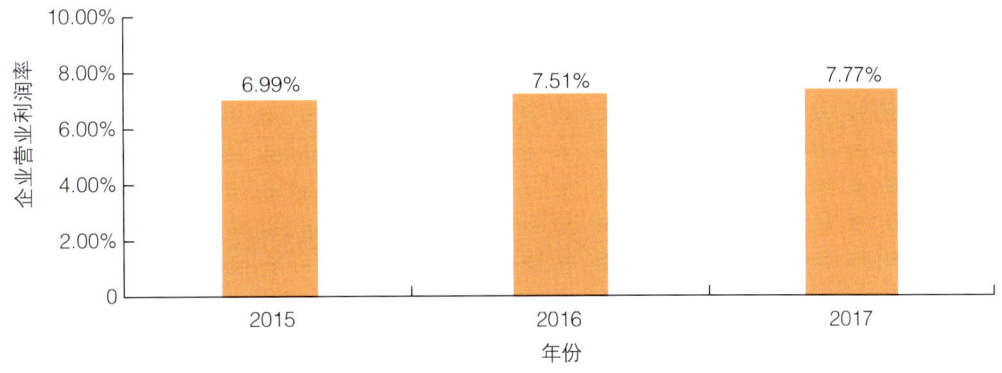

图8-25　2015—2017年佛山高新区企业营业利润率

（2）经济效率

经济效率共设3个指标考察佛山高新区在经济产出、工业发展、绿色发展等方面的主要表现，分别是4.4人均增加值、4.5工业增加值率、4.6单位增加值综合能耗。

人均增加值。该指标衡量单位经济产出的重要指标。2017年，佛山高新区人均增加值达到29.2万元（图8-26），较2016年略有提升。该指标在广东省排名第3位，但较全国国家高新区均值

（32.7万元）还有一定距离，在全国排名第63位。

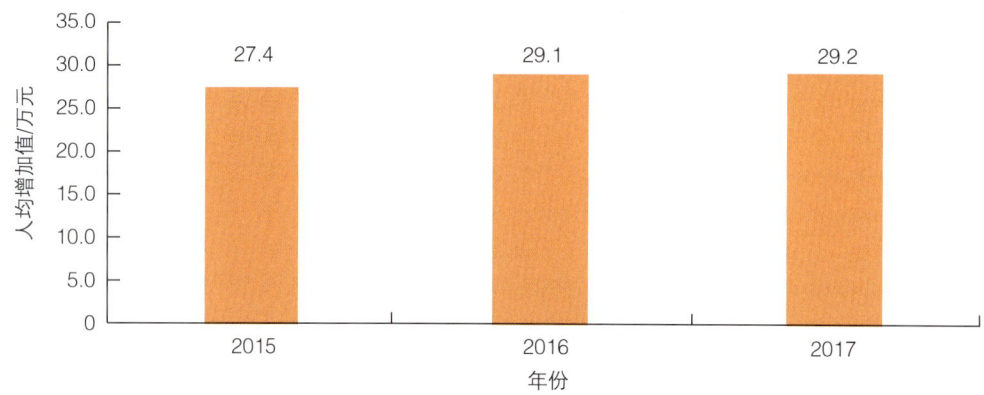

图8-26　2015—2017年佛山高新区人均增加值

工业增加值率。该指标是一个地区工业企业盈利能力和发展水平的综合体现。2017年，佛山高新区工业增加值率为21.4%（图8-27），与2016年大致持平。该指标略高于全国国家高新区均值（21.2%），在广东省排名第3位（均值18.8%）。

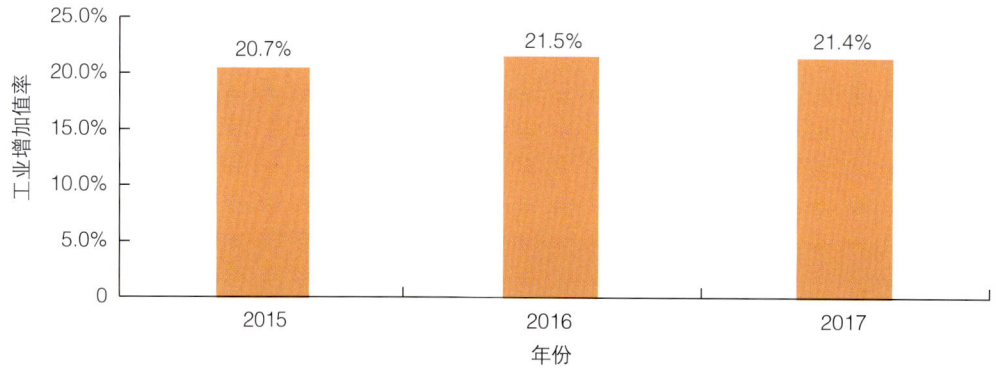

图8-27　2015—2017年佛山高新区工业增加值率

单位增加值综合能耗。2017年，佛山高新区单位增加值综合能耗为0.20吨标准煤/万元（图8-28），较2016年有所下降，说明近年佛山高新区在节能降耗方面投入力度较大。

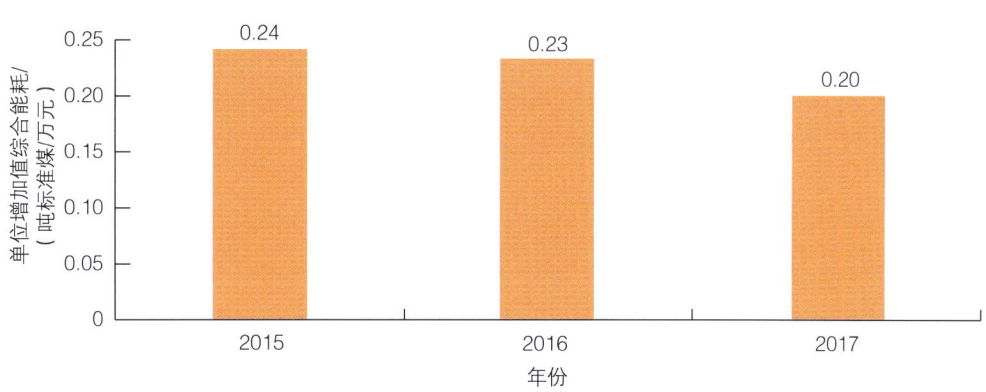

图 8-28　2015—2017年佛山高新区单位增加值综合能耗

（3）经济活力

经济活力共设2个指标考察佛山高新区企业发展的活力度，分别是4.7瞪羚企业数、4.8上市企业总数。

瞪羚企业数。瞪羚企业指创业后跨过死亡谷进入高成长期的企业，具有成长速度快、创新能力强、专业领域新、发展潜力大的特征。2017年，佛山高新区瞪羚企业数为21家（图8-29）。近年来，佛山高新区此指标呈现小幅波动。针对瞪羚企业数增长缓慢的现状，2018年佛山高新区加大了支持力度，研究出台了《瞪羚企业认定及扶持办法》《单打冠军认定及扶持办法》，同时设立每年6000万元额度的扶持资金和每年2000万元的单打冠军扶持资金，在高成长企业的选拔和支持上不断加强力度。

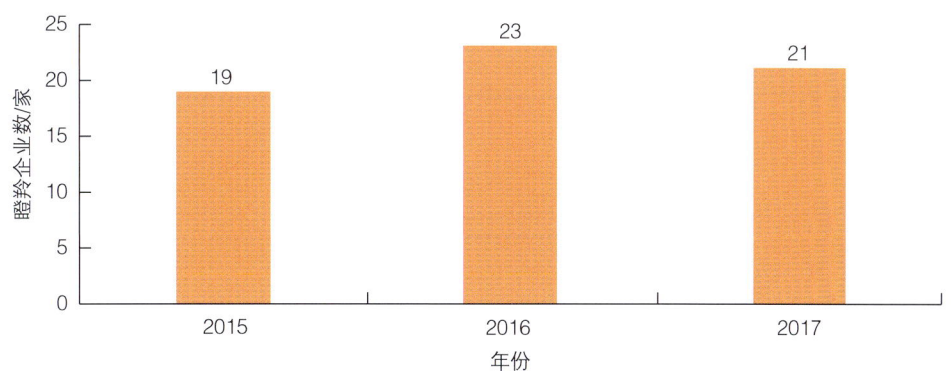

图 8-29　2015—2017年佛山高新区瞪羚企业数

上市企业总数。上市企业是园区发展水平和活力较高的企业群体，可以反映园区整体的经济质量和活力。2017年，佛山高新区上市企业总数达到76家（图8-30），较2016年增加4家。

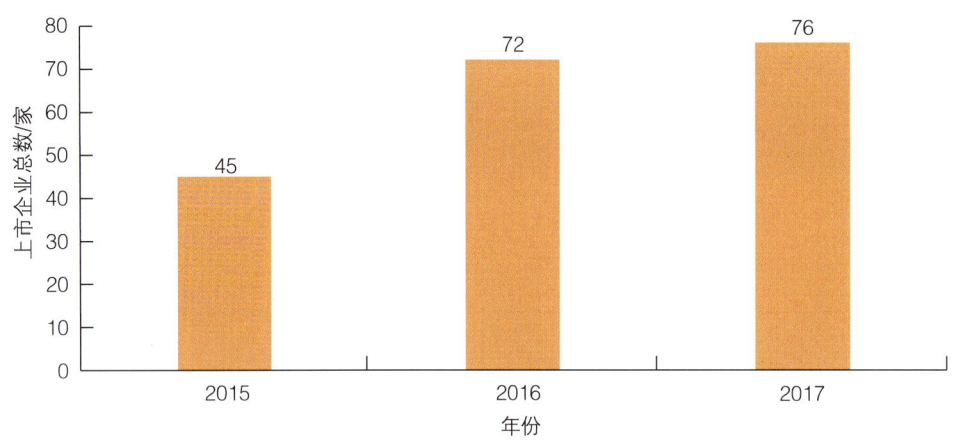

图 8-30 2015—2017年佛山高新区上市企业总数

（六）协同发展力分指数

协同发展力主要考察园区在促进产业跨界融合、提升社会贡献、加强区域合作方面取得的成效。

（1）产业协同

产业协同设1个指标考察佛山高新区通过吸纳社会资本促进产业发展的能力，重点在于有增长潜力的创新创业企业，是指5.1当年获得创业风险投资机构的风险投资额。

当年获得创业风险投资机构的风险投资额。该指标反映园区通过创新创业吸引社会资本投入的成效。2017年，佛山高新区当年获得创业风险投资机构的风险投资额为0.51亿元（图8-31）。2015—2017年，该项指标呈现先快速下降后缓慢回升态势。从数值来看，佛山高新区距离全国和广东省国家高新区平均水平还有较大差距（全国均值2.38亿元，广东省均值3.80亿元）。佛山高新区需要进一步提升创业企业的数量和质量。

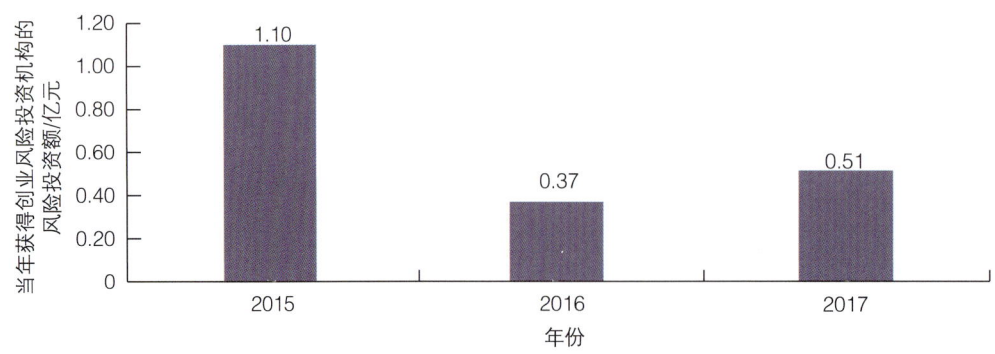

图 8-31 2015—2017年佛山高新区当年获得创业风险投资机构的风险投资额

（2）社会协同

社会协同共设3个指标考察佛山高新区在吸纳大学生就业、提升人民生活收入水平等方面所做的贡献，分别是5.2园区企业注册资本总额、5.3当年吸纳高校应届毕业生数、5.4人均工资性收入。

园区企业注册资本总额。该指标反映园区动员社会资本参与创新发展的规模和水平。2017年，佛山高新区园区企业注册资本总额达到582.27亿元（图8-32），保持了持续增长。

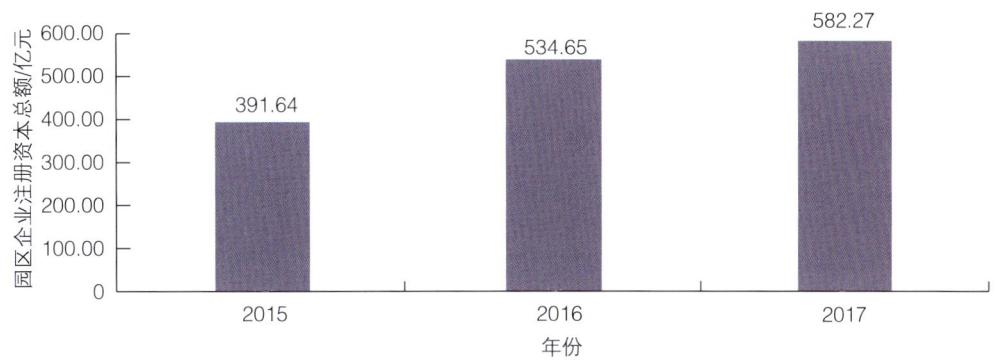

图 8-32　2015—2017年佛山高新区园区企业注册资本总额

当年吸纳高校应届毕业生数。2017年，佛山高新区当年吸纳高校应届毕业生数达到0.69万人（图8-33），较2015年增加0.12万人。从数量上看，该指标高于全国和广东省国家高新区平均水平，在全国和广东省分别排名第19位和第4位（全国和广东省均值分别为0.40万人和0.57万人）。

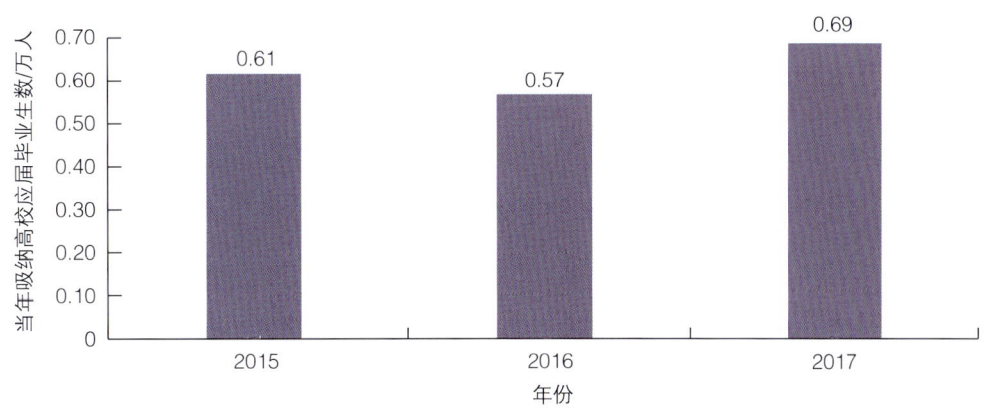

图 8-33　2015—2017年佛山高新区当年吸纳高校应届毕业生数

人均工资性收入。2015—2017年，佛山高新区人均工资性收入在经历了2016年同比大幅增长后，略有回落，达到9.39万元（图8-34）。在广东省排名第4位（均值9.71万元）。

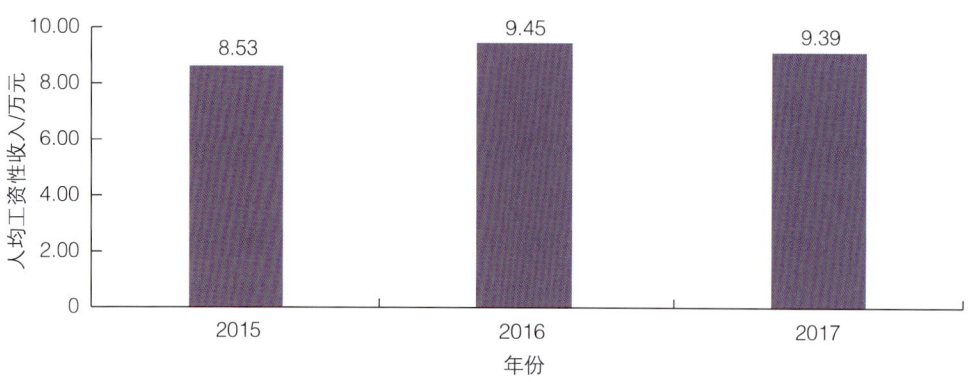

图 8-34　2015—2017年佛山高新区人均工资性收入

（3）区域协同

区域协同设1个指标考察佛山高新区对所在城市所做的经济贡献，是指5.5园区增加值（GDP）在佛山市占比。

园区增加值（GDP）在佛山市占比。2017年，佛山高新区园区增加值（GDP）在佛山市占比为15.23%（图8-35），较2016年下降了0.23个百分点。2015—2017年，该指标总体在15.0%～15.5%呈现小幅波动。国家高新区应当成为区域创新、区域经济发展的重要推动力量，佛山高新区的辐射带动作用还需进一步提升。

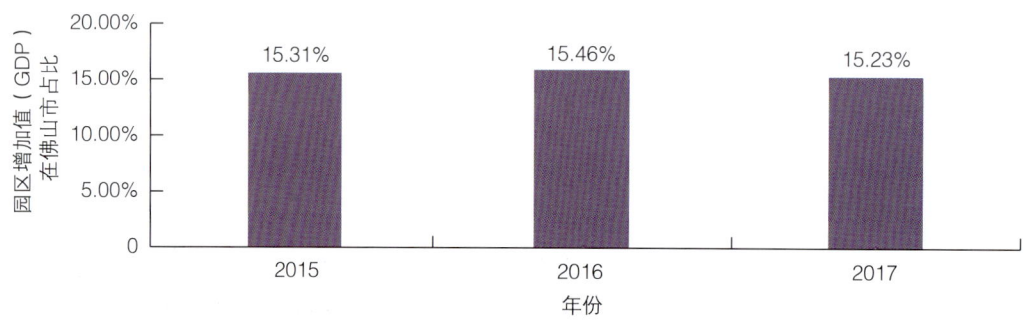

图 8-35　2015—2017年佛山高新区园区增加值（GDP）在佛山市占比

（七）一区多园指标表现

从分园区2017年的指标表现来看，对佛山高新区创新发展贡献最大的是南海园（最大值出现频次为13次），其次是高明园（最大值出现频次为7次）；对佛山高新区创新发展贡献最小的是三水园（最小值出现频次为11次），其次是顺德园（最小值出现频次为10次）。

南海园的相对优势在于：国际贸易规模较大，外企资金和研发资源利用率较高，拥有超大规模企业、新型研发机构、众创空间，管委会对创新支持力度大，新材料产业规模大，上市企业数较多，吸纳高校就业和地区总产值较高。但是，园区新产品产出规模不高。

高明园的相对优势在于：拥有超大规模企业，企业国际品牌意识较高，技术交易市场相对活跃，制造业产业规模大，企业盈利能力较强。但是，园区创新创业的基础较差，企业对创新重视不够，创新能力普遍不强。

三水园的相对优势在于：拥有国际视野的人才较多，高技术产出比重较高，制造业服务产出水平较高，高新技术企业总数和人均产值、人均收入较高。但是，园区在利用外资和外资研发资源上表现不佳。

顺德园的相对优势在于：拥有超大规模企业，国家级研发机构数较多，具备参与基础创新、重大创新的良好基础。但是，园区技术交易不活跃，人均产值不高，产业价值转化程度不高。

禅城园的相对优势在于：内资企业海外投资较多，国际知识产权意识强烈，企业更重视研发创新，众创空间数较多且获得风险投资的企业较多，节能降耗水平较高。但是，园区拥有海外品牌的企业和地区总产值规模偏小。

由此可见，在创新发展过程中，佛山高新区分园区各有优劣。建议继续加强分园区的统筹发展，才能更好地形成创新合力，推动佛山高新区实现高质量发展。

第九章　中国动力谷·株洲高新区创新发展指数[①]

株洲高新区成立于1992年5月，同年11月经国务院批准为国家级高新技术产业开发区。2000年，经科技部批准同意，株洲高新区实行"一区四园"的发展格局。"一区"，即株洲国家级高新技术产业开发区，"四园"，即河西示范园、田心高科园、董家塅高科园、金山科技工业园。株洲市天元区2000年与高新区进行职能归并，实行统一的领导体制、财政体制、人事管理和机构设置。经过20多年的发展，株洲高新区先后获得全国科技进步先进城区、全国和谐社区建设示范城区、国家知识产权示范园区、国家新型工业化产业示范基地等13项国家级荣誉，已成为株洲最具活力的经济增长极、城市拓展的"主阵地"和社会文明的"展示窗"。

一、中国动力谷与株洲高新区发展概况

（一）中国动力谷的提出

美国硅谷、武汉光谷、长沙麓谷等高新技术产业开发区的快速发展，是株洲高新区建设中国动力谷的概念源头。2013年7月，株洲高新区提出打造中国动力谷的战略构想；同年8月，株洲市委市政府将打造中国动力谷上升为全市发展战略；同年年底，打造中国动力谷被纳入科技部与湖南省的部省共建项目。2015年8月，总投资逾200亿元的中国动力谷自主创新园正式开园，旨在通过集成的政策政务、人才服务、科技金融、公共技术、商务配套，聚集创新资源和引进、培育企业研发机构，打造中国动力谷的核心驱动区。

动力产业是制造业的"心脏"和"起搏器"。株洲高新区在高铁动力、航空动力、汽车动力等产业方面优势明显，预计到2021年，三大产业产值将达4000亿元，其中，轨道交通产业2000亿元、航空产业1000亿元、汽车产业1000亿元。当前，株洲高新区处于二次创业向三次创业的过渡阶段，既要完成二次创业阶段的任务，又要以三次创业的理论为指导来建设高新区。具体而言，二次创业"创新环境与产业化"的建设目标尚未完全达到，需要进一步引进高端人才、打造创新平台等，建设和优化创造创新要素聚集的环境，并继续大力推动科技成果的产业化；同时，三次

[①] 本章由孙红军、张路娜、袁明、聂敏林等撰写。
中国动力谷是株洲市委市政府提出的品牌战略，是面向株洲全市范围的，株洲高新区是中国动力谷的核心区。

创业"创新生态"的建设时代已经到来，高新区需要以创新创业为核心，全方位打造高端产业、营造领先市场、构筑活力社会、建设宜居宜业城区，以及为此提供更全面的创新政策支持。因此，在新形势、新背景下，株洲高新区以新阶段的理论为指导，在深入分析现状和发展基础的前提下，结合自身存在的问题和先进高新区的发展经验和发展趋势，立足省市政府对中国动力谷高标准的建设要求，找准中国动力谷的建设和发展定位。

（二）株洲高新区发展态势

经过20多年发展建设，株洲高新区高新技术产业迅猛发展，产业转型升级步伐明显加快。2017年，全区完成高新技术产业产值1560亿元，占全区规模以上工业产值比例达85%。新注册企业1700多家，在已有的轨道交通、通用航空、新能源汽车三大动力产业的基础上，瞄准国家加快培育和发展战略性新兴产业的重点方向，逐步形成了新一代信息技术、新能源、新材料等战略性新兴产业，并迅速发展壮大。

始终把创新引领摆在园区发展的核心位置，着力提升园区自主创新能力。2017年，株洲高新区新建国家级创新平台2家、省级创新平台10家。同时，充分利用国家自主创新示范区的优势，全面建成省轨道交通自动化技术与装备协同创新中心，各实验室均已实现对外开放、资源共享。正式启动了国家新能源机动车质量监督检测中心株洲分中心、湖南省轨道交通创新研究院、新能源汽车协同创新研究院等创新公共服务平台建设；发挥企业创新主体作用，推进中车在株洲加快建设轨道交通国家专业化众创空间；启动建设工信部赛宝电子信息株洲研究院、中德智能制造技术公共服务项目、国家轨道交通和新能源汽车知识产权运营中心等一批产业公共服务平台。拥有国家级科技企业孵化器2家、国家级众创空间4家，入驻了创业团队213个，引进了立方新能源、嘉成科技等200家科技型中小企业，形成了"创业苗圃—孵化器—加速器"完备的创新创业孵化链条。着力培育创新人才，大力实施"万名人才计划""科技领军人才计划""中国动力谷双创人才"等高层次人才引进培育工程，吸引各类中高级专业技术人才聚集高新区。新增罗安、吴澄、桂卫华3个院士工作站，服务高新区两院院士达10名，新引进国家"千人计划"专家15名、"双创人才"1300余名，全区各类人才突破10万名。推动科技金融结合，着力打造天台路金融街、高科总部壹号金融服务聚集区。省股交所株洲分所挂牌运营，成立投融资促进协会，为企业解决29.8亿元融资。飞鹿涂料、宏达电子在创业板上市，新增新三板、四板挂牌企业12家。园区+产业+资本不断融合，主导和参与设立了动力谷产业发展投资母基金等15支产业创投基金，总金额达到100亿元，为园区产业发展提供了强大的资金保障。

积极开展对外开放合作，提升整合全球创新创业资源的能力。抢抓国家实施"一带一路"机遇，充分发挥轨道交通装备、硬质合金、航空装备等产业的先发优势，加强与国内外产业资本的对接与合作，助推株洲打造世界级先进制造业中心。中车株机和中车株所继过去成功收购英国的丹尼克斯IGBT和SMD公司深海机器人技术的基础上，又在跨境并购上迈出了新的步伐，先后收购德国博戈公司橡塑业务、捷克斯柯达交通业务等，时代新材与空客合作建设复合材料创新中心，高新区也在北美设立中国动力谷高技术转移中心，与香港汽车零部件工业协会合作搭建汽车零部件和汽车后市场服务的协作平台。2017年，高新区成功举办轨道交通、通用航空、新能源汽车等7场产业高峰论坛，目前已有69个项目落地建设。

加强中国动力谷宣传力度，不断扩大动力品牌影响力。动力谷展示中心建成并投入使用，设有轨道交通、通用航空、新能源汽车等6个展厅，是国内最大的动力产业专业展示馆，集中展现了中国动力谷的产业特色、发展历程和创新成果。高新区还建立了中国动力谷视觉识别系统并规范使用，强化了中国动力谷的地理标识，并整合中央、省、市媒体资源，建设中国动力谷官方网站、微博、微信公众号等新媒体，加大中国动力谷宣传力度。

目前，株洲高新区以调整产业结构、转变经济发展方式为导向，以创新创业升级为目标，以推进长株潭国家自主创新示范区发展、深化国家创新型特色园区建设为主线，全面推进"动力高新、活力高新、实力高新、魅力高新"建设，奋力争先进位，打造国内外一流的"动力谷"。

（三）株洲高新区新使命

"中国动力谷"是新时期株洲市提出的重大战略性部署，其实质是围绕株洲动力产业，增强园区自主研发和创造能力，加快科技成果转化的步伐，尤其是加快生产性服务业发展促进园区产业结构的优化升级，培育新经济增长点和促进现代服务业发展，全面提升园区动力产业的全球竞争力和形成面向全球的创新引领。

株洲高新区建设中国动力谷的举措具体包括：加快动力产业向智能化、高端化转变，发挥其在全球动力产业的示范作用；大力发展相关的新兴产业和现代服务业，促进产业结构的优化升级；积极营造创新创业生态环境，促进株洲高新区产业内生机制的形成，实现高新区的可持续健康发展。因此，中国动力谷有以下三层含义。

中国，代表参与全球竞争与合作的意义。结合国家"一带一路"和全面开放的发展机遇，株洲高新区致力于将动力谷建成国内乃至全球动力产业的主导引领区，通过大力实施"走出去、开放创新"战略，形成对全球创新资源的整合，能够代表国家全面参与动力产业的全球竞争。

动力，代表产业特色。指向株洲高新区充分利用已有的动力产业基础优势，大力发展配套产业、生产性服务业、战略性新兴产业，深度挖掘产品的附加价值，拉长产业链，提升动力产业技术研发和创造能力，形成具有全球性动力产业领域特色的区域优势。

谷，代表创新创业生态环境。指向中国动力谷既要充分依托株洲高新区动力产业的特色优势，又要营造促进动力产业发展的创新创业生态环境，激发园区创新创业活力，催生园区内生增长动力机制的建立。通过发展高端的产业、营造领先的市场、构筑活力的社会、建设宜居宜业的城区、提供政策支持等方面，全面构建以创新创业为核心的创新经济生态。

在上述语义下，中国动力谷发展的必然走向是中国动力产业发展的引领示范区、全球动力产业创新网络中的关键节点和原创技术的重要策源地，并且一定会成为践行国家新一轮全面改革、开放创新战略的先行试验区及长株潭城市群经济发展的增长极。

二、中国动力谷·株洲高新区创新指数构建

（一）创新指数构建逻辑

综合考虑新时代株洲高新区建设中国动力谷的使命和内涵，我们提出构建中国动力谷·株洲高新区创新指数的4个评价维度，即4个一级指标。

①"全球竞争力"的维度：表现为在创新全球化和中国全面开放的战略背景下，株洲高新区开展国际竞争与合作、打造具有国际影响力的产业和经济体系的能力。

②"产业成长力"的维度：即反映为了实现动力制造产业的转型升级，中国动力谷在促进经济增长，催生产业发展活力，提升制造服务业、现代服务业、战略新兴产业发展质量，优化产业结构等方面所做出的努力和绩效。

③"创新驱动力"的维度：即反映园区落实"创新驱动发展"战略，中国动力谷集聚创新创业要素资源、创新创业的表现和绩效。

④"共享发展力"的维度：即反映中国动力谷在推进产城融合、军民融合，以及引领长株潭地区协同发展，营造有利于创新创业的区域环境方面，株洲高新区在经济、社会等方面的努力与成效。

基于一级指标框架，确立每个维度的观察视角，也即形成评价指标体系的二级指标。全球竞争力重点观察园区在全球变局下的经济影响、开放创新、产业竞争3个方面的能力。产业成长力重点观察园区在经济高质量发展背景下，在增强动力产业发展动能，提升产业发展质量、发展制造业服务业和战略新兴产业等方面的努力和成效。创新驱动力重点观察园区在中国"创新驱动发展"战略背景下的创新创业能力和创新创业绩效，包括创新资源、创新绩效、创业水平3个方面。共享发展力重点观察园区在区域协同发展、军民融合、社会贡献等方面的做法和成效。

根据上述主要的观察视角，形成创新指数评价指标体系的基本框架结构，如图9-1所示。

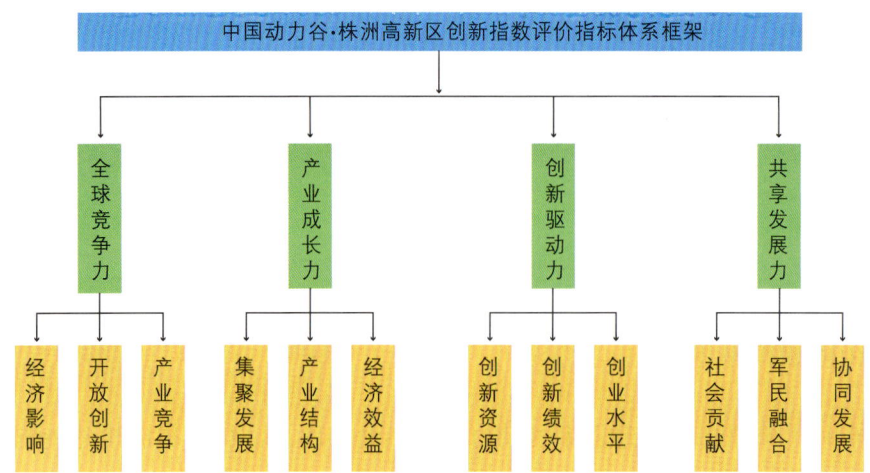

图9-1　中国动力谷·株洲高新区创新指数评价指标体系框架

（二）创新指数指标框架

根据指标体系的构建逻辑和指标选择原则，在一级指标维度和二级指标观察视角的框定下，最终确定中国动力谷·株洲高新区创新指数评价指标体系包括：4个一级指标、12个二级指标、40个三级指标，如表9-1所示。

表9-1　中国动力谷·株洲高新区创新指数评价指标体系

一级指标	二级指标	三级指标
全球竞争力	经济影响	1.1　年末上市企业总市值
		1.2　动力产业的营业总收入
		1.3　园区进出口总额
		1.4　当年外商实际投资额
	开放创新	1.5　企业当年PCT专利申请数
		1.6　从业人员中留学归国和常驻外籍人员数占比
		1.7　企业设置的境外分支机构
	产业竞争	1.8　园区当年拥有海外直接投资的企业数
		1.9　企业累计参与制定产业国际标准数
		1.10　高技术产品和技术服务出口额占比
产业成长力	集群发展	2.1　园区营业总收入
		2.2　当年新增注册工商企业数

续表

一级指标	二级指标	三级指标	
产业成长力	集群发展	2.3	当年新增动力企业数
		2.4	营业收入过百亿元动力企业数
	产业结构	2.5	高技术服务业营业收入
		2.6	制造业企业当年软件著作权申请数
		2.7	新兴产业营业收入（电子信息、新材料、新能源等）
		2.8	单位增加值综合能耗
	经济效益	2.9	工业增加值率
		2.10	人均增加值
		2.11	企业营业利润率
创新驱动力	创新资源	3.1	企业万元销售收入中R&D经费支出
		3.2	管委会当年财政科技拨款
		3.3	园区各类研发机构当量数
		3.4	高新技术企业数占企业总数比例
		3.5	企业本科及以上学历人员占从业人员比例
		3.6	园区当年职业教育毕业学生数
	创新绩效	3.7	当年新增发明专利授权数
		3.8	企业人均技术合同交易额
		3.9	新产品销售收入占营业收入比例
	创业水平	3.10	园区各类创新创业服务机构当量数
		3.11	园区当年各类孵化机构内新增在孵企业数
		3.12	当年获得创业风险投资机构的风险投资额
共享发展力	社会贡献	4.1	园区GDP占株洲市GDP比重
		4.2	企业上缴税收总额
		4.3	当年吸纳高校应届毕业生就业数
	军民融合	4.4	涉及军民融合企业数
		4.5	军民融合促进机制
	协同发展	4.6	企业当年开展产学研合作费用占营业收入比例
		4.7	协同发展机制

三、中国动力谷·株洲高新区创新指数表现

（一）总指数表现

测算显示，2017年中国动力谷·株洲高新区创新总指数达到125.1。这一数字是以2015年标定100.0的指数为基期，2016年的指数为109.2，2017年的指数为125.1（图9-2）。由此测算，2016年较2015年增长9.2，2017年较2016年增长15.9。整体而言，中国动力谷·株洲高新区创新总指数呈现快速上升态势。

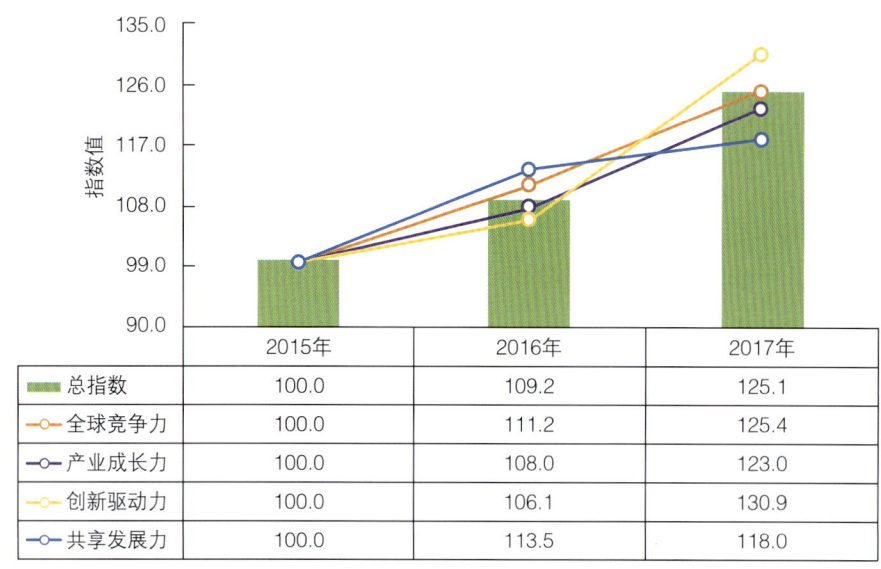

图9-2　2015—2017年中国动力谷·株洲高新区创新指数

从分指数表现来看（图9-3），创新驱动力分指数增长幅度最大，对总指数贡献最大，反映园区在创新创业活力提升方面表现较好。产业成长力分指数增长幅度相对较大，说明园区在产业转型升级、促进经济高质量发展方面取得较好成绩。

全球竞争力分指数、共享发展力分指数虽也呈现增长态势，但增长相对缓慢，两者增幅基本一致，说明株洲高新区在参与国际竞争，促进产学研合作、军民融合及区域协同发展方面还有较大提升空间，这与园区所处地域、发展阶段及重点工作部署有直接关系。

第九章　中国动力谷·株洲高新区创新发展指数

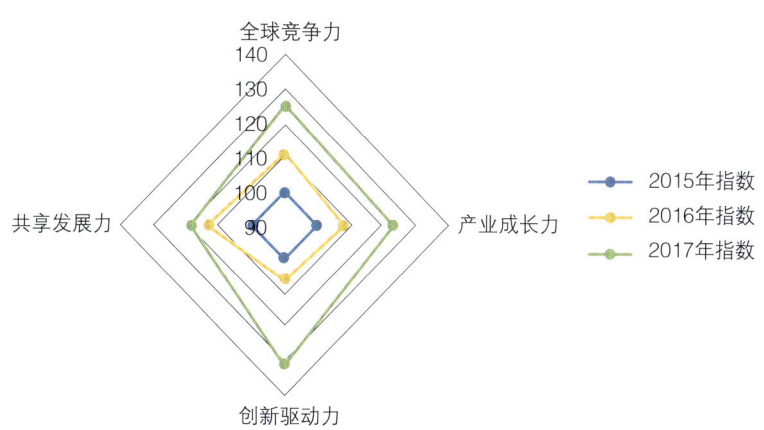

图9-3　中国动力谷·株洲高新区创新指数分指数

（1）全球竞争力

2015—2017年，园区全球竞争力分指数分别为100.0、111.2、125.4（图9-4），2017年较2015年增长了25.4。整体而言，全球竞争力分指数呈现稳定上升态势，这种增长主要来源于园区开放创新能力的提升。

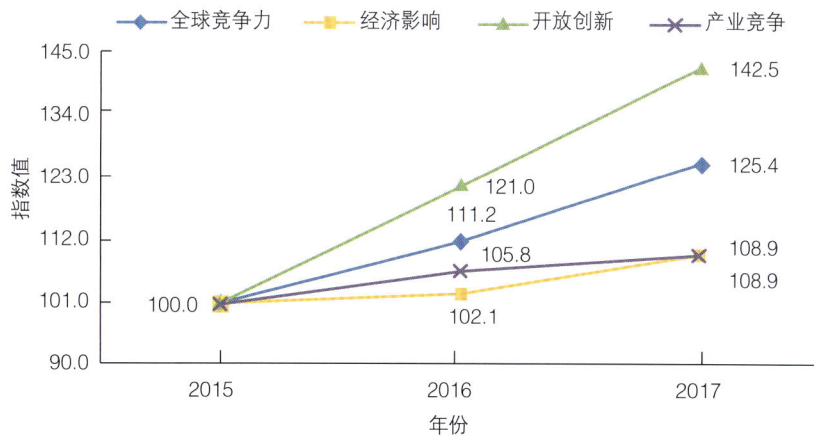

图9-4　2015—2017年中国动力谷·株洲高新区全球竞争力分指数及其二级指标

（2）产业成长力

2017年，园区产业成长力分指数达到123.0，较2015年增长了23.0；2016年为108.0（图9-5），较2015年增长了8.0。产业成长力在4个一级指标中增长幅度相对较快，说明株洲高新区近两年在产业升级和结构优化方面表现较好。这既体现了株洲高新区战略新兴产业发展水平的提升，也体现了在新技术经济范式转变的过程中对传统装备制造产业转型升级能力的增强。产业成长力分指数的增长主要源于产业集群发展和产业结构优化。

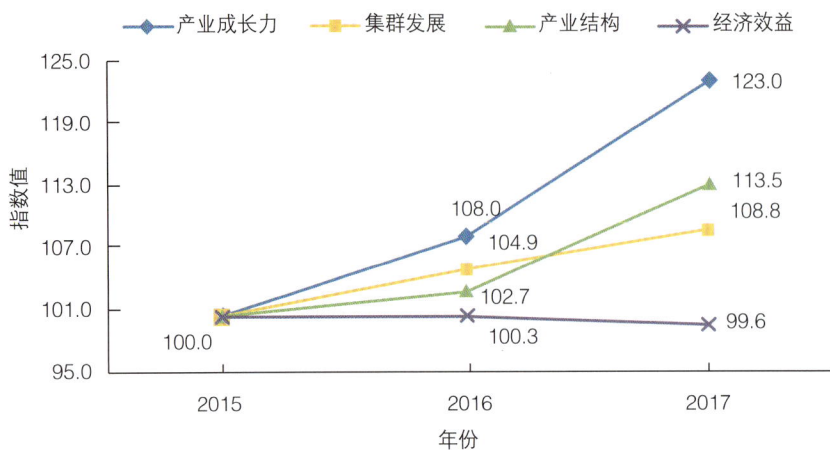

图9-5　2015—2017年中国动力谷·株洲高新区产业成长力分指数及其二级指标

（3）创新驱动力

2017年，园区创新驱动力分指数达到130.9，较2016年增长了24.8；2016年为106.1（图9-6），较2015年增长了6.1。该指数反映了株洲高新区的创新资源集聚能力、科学技术创新能力、科技成果转化能力和创业孵化能力在持续增强。创新驱动力分指数的增长主要源于创新资源投入和创业水平提升两大指标。

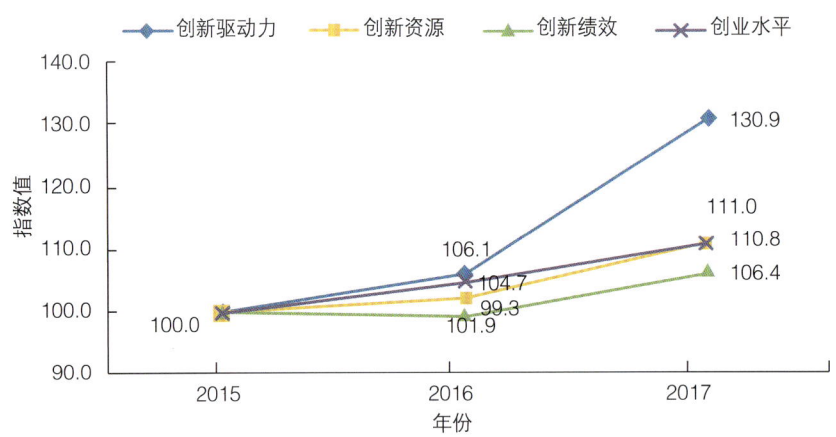

图9-6　2015—2017年中国动力谷·株洲高新区创新驱动力分指数及其二级指标

（4）共享发展力

2017年，园区共享发展力分指数达到118.0，较2016年增长了4.5；2016年为113.5（图9-7），较2015年增长了13.5。共享发展力即为了推进社会发展、军民融合及区域协同发展，形成有利于创新的区域环境，株洲高新区在经济、社会等方面所做的努力与贡献。共享发展力分指数的增长主要源于军民融合和协同发展两大指标。

第九章 中国动力谷·株洲高新区创新发展指数

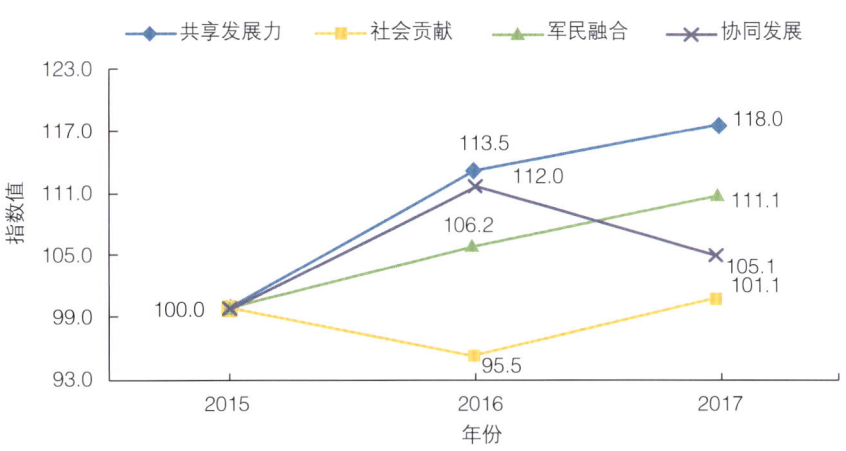

图9-7 2015—2017年中国动力谷·株洲高新区共享发展力指数及其二级指标

（二）全球竞争力分指数

全球竞争力揭示株洲高新区在创新全球化背景下，整合全球资源、参与国际竞争的能力，主要从园区经济影响、开放创新、产业竞争3个方面进行分析。

（1）经济影响

经济影响主要通过4个指标来表征，分别是1.1年末上市企业总市值、1.2动力产业的营业总收入、1.3园区进出口总额、1.4当年外商实际投资额。

年末上市企业总市值。该指标通过上市公司反映园区总体的经济竞争实力。2015—2017年，株洲高新区年末上市企业总市值分别为668亿元、594亿元和814亿元（图9-8）。2017年该指标达到最高，为814亿元，整体而言，近3年株洲高新区在该指标上表现不太平稳，呈现出先下降后上升的变化态势。

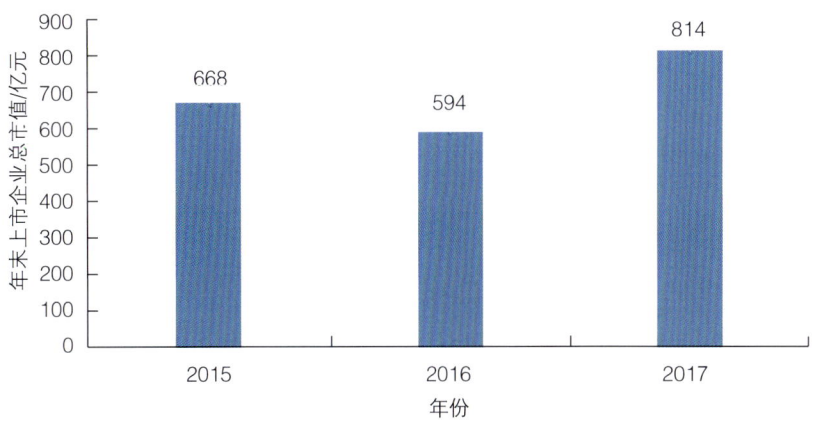

图9-8 2015—2017年中国动力谷·株洲高新区年末上市企业总市值

动力产业的营业总收入。该指标反映园区动力产业发展规模，表征园区动力产业参与国际竞争的能力。2015—2017年，株洲高新区动力产业的营业总收入分别是1014.3亿元、1084.9亿元和1191.4亿元（图9-9），2017年较2015年增长了17.5%，呈现持续快速增长态势。

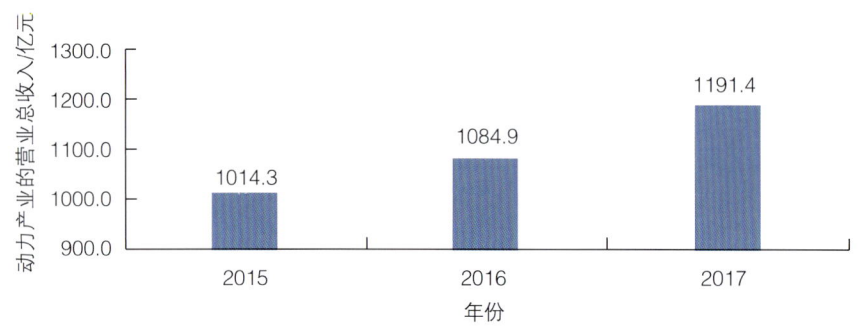

图9-9　2015—2017年中国动力谷·株洲高新区动力产业的营业总收入

园区进出口总额。该指标衡量园区的国际贸易总规模，反映园区经济的全球拓展能力。2015—2017年，株洲高新区园区进出口总额分别是100.5亿元、113.4亿元和113.4亿元（图9-10），其中，2017年与2016年保持一致。整体而言，园区进出口发展情况相对稳定。

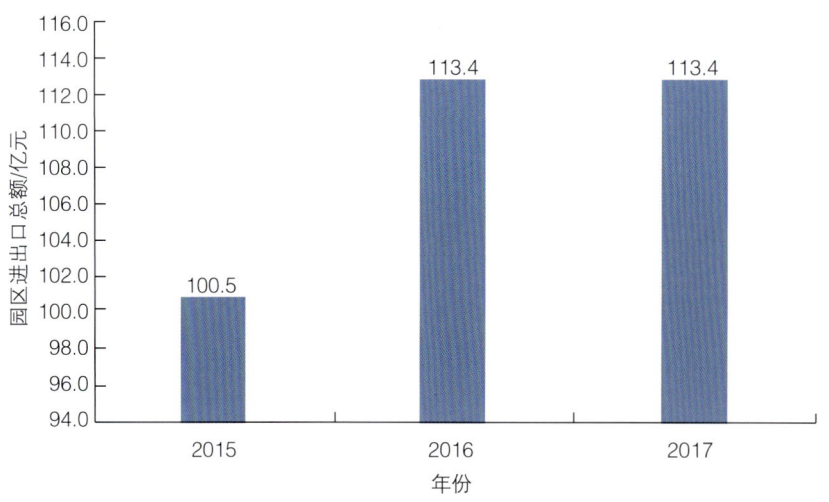

图9-10　2015—2017年中国动力谷·株洲高新区园区进出口总额

当年外商实际投资额。该指标从资本数额角度反映园区对全球资本的吸引和整合能力。2015—2017年，株洲高新区当年外商实际投资额分别是2.8亿美元、3.2亿美元和4.1亿美元（图9-11），2017年较2015年增长了46.4%，呈现持续快速增长态势。

第九章 中国动力谷·株洲高新区创新发展指数

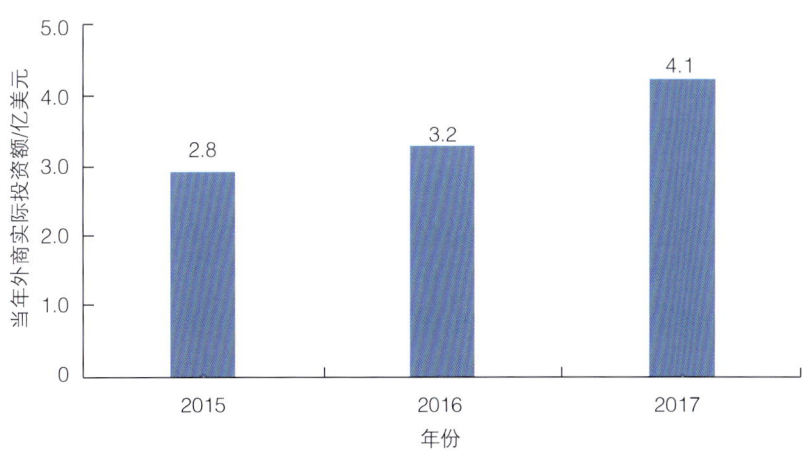

图9-11 2015—2017年中国动力谷·株洲高新区当年外商实际投资额

（2）开放创新

开放创新主要通过3个指标来表征，分别是1.5企业当年PCT专利申请数、1.6从业人员中留学归国和常驻外籍人员数占比、1.7企业设置的境外分支机构。

企业当年PCT专利申请数。该指标反映企业依靠技术提升核心竞争力，实现做大做强，在海外站稳脚跟及引领变革的能力。2015—2017年，株洲高新区企业当年PCT专利申请数分别是21件、30件和45件（图9-12），2017年较2015年增长了114.3%，整体上呈现持续快速增长态势。

图9-12 2015—2017年中国动力谷·株洲高新区企业当年PCT专利申请数

通过与重点园区进行对比可知（图9-13），株洲高新区该指标表现较差，远远落后于青岛、潍坊、长沙等高新区，青岛高新区该指标达到633件。由此可知，株洲高新区仍需进一步加快PCT专利申请，积极整合和利用国内外优质创新创业资源，提升创新国际化水平。

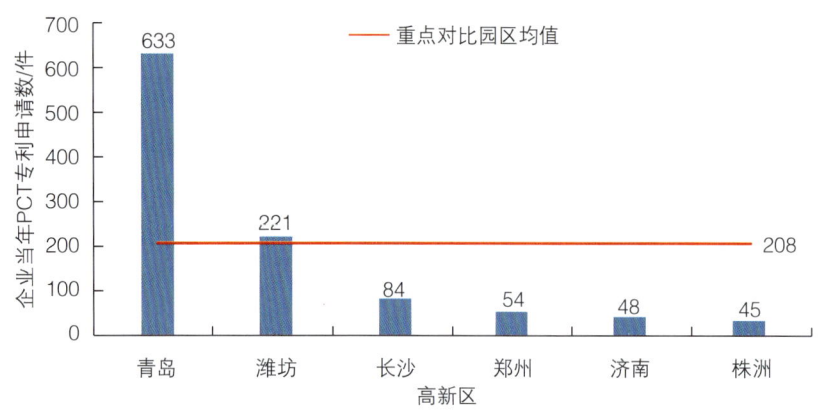

图9-13　2017年各园区企业当年PCT专利申请数

从业人员中留学归国和常驻外籍人员数占比。该指标集中体现园区国际化水平和吸引国际人才的能力，反映园区对全球人才的凝聚力。2015—2017年，株洲高新区从业人员中留学归国和常驻外籍人员数占比分别是0.56%、0.44%和0.33%（图9-14），整体上呈现持续下降态势。

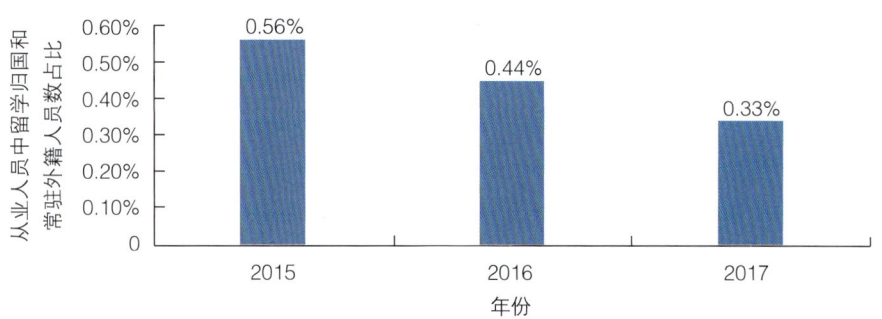

图9-14　2015—2017年中国动力谷·株洲高新区从业人员中留学归国和常驻外籍人员数占比

通过与重点园区进行对比可知（图9-15），株洲高新区该指标表现较差，远远落后于郑州、长沙等高新区，郑州高新区该指标达到0.95%。同时，株洲高新区该指标也明显低于全国国家高新区的均值和重点对比园区的均值。由此可见，株洲高新区仍需进一步加快引进海外人才的步伐，积极整合和利用国内外创新创业资源。

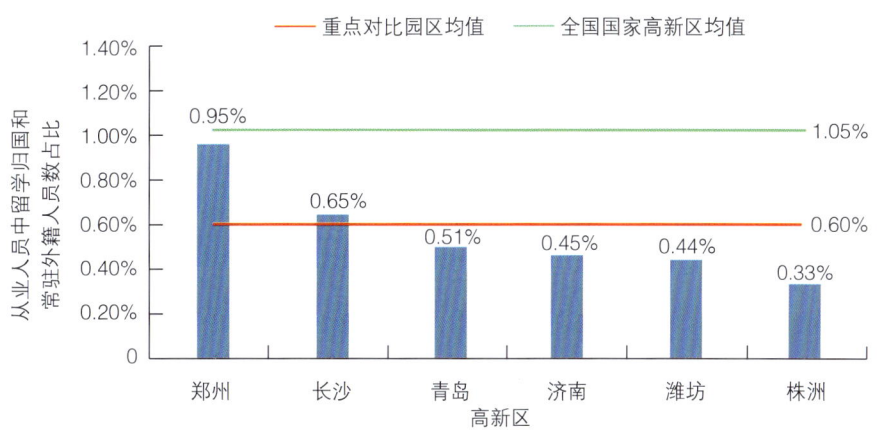

图9-15 2017年各园区从业人员中留学归国和常驻外籍人员数占比

企业设置的境外分支机构。该指标反映企业设立的海外研发、生产和销售等机构,以及拓展海外市场、在海外站稳脚跟的能力。2015—2017年,株洲高新区企业设置的境外分支机构分别达到41家、49家和57家(图9-16),2017年较2015年增长了39%,整体上呈现稳定增长态势。

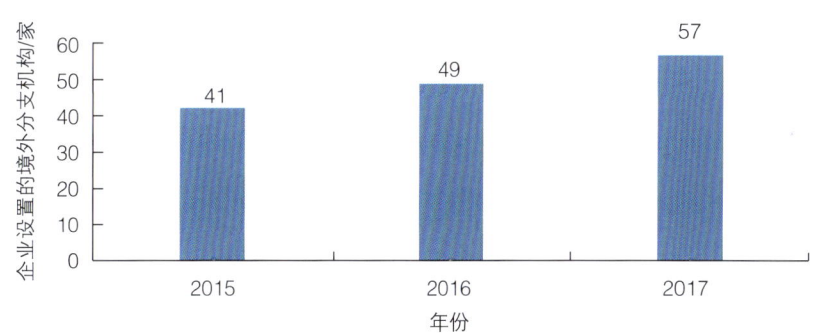

图9-16 2015—2017年中国动力谷·株洲高新区企业设置的境外分支机构

通过与重点园区进行对比可知(图9-17),株洲高新区该指标表现较差,远远落后于长沙、潍坊、郑州等高新区,长沙高新区该指标达到284家。同时,株洲高新区该指标虽略高于全国国家高新区的均值,但明显低于重点对比园区的均值。由此可见,株洲高新区仍需进一步加快企业"走出去"的步伐,提升园区企业国际化水平。

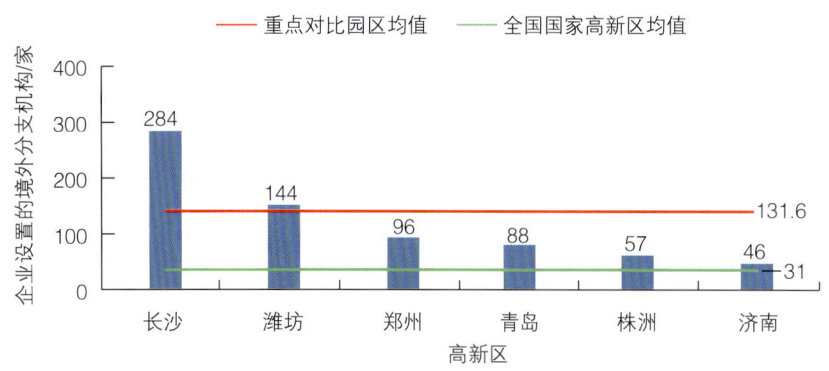

图9-17 2017年各园区企业设置的境外分支机构

（3）产业竞争

产业竞争主要通过3个指标来表征，分别是1.8园区当年拥有海外直接投资的企业数、1.9企业累计参与制定产业国际标准数、1.10高技术产品和技术服务出口额占比。

园区当年拥有海外直接投资的企业数。该指标从资本数额角度反映园区内企业"走出去"、拓展国际市场和整合全球资源的能力。2015—2017年，株洲高新区园区当年拥有海外直接投资的企业数分别是4家、6家和8家（图9-18），2017年较2015年增长了1倍，整体上呈现持续稳定增长态势。

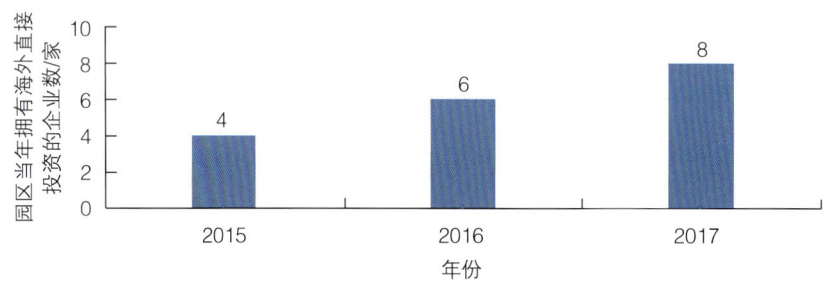

图9-18 2015—2017年中国动力谷·株洲高新区园区当年拥有海外直接投资的企业数

企业累计参与制定产业国际标准数。该指标衡量园区企业通过技术创新来抢占行业国际话语权的表现和成效，可与硅谷等发达园区进行比较。2015—2017年，株洲高新区该指标相对稳定，数值分别是8项、10项和10项（图9-19）。由于是累计统计的指标，株洲高新区该指标2017年与2016年保持不变，说明园区要进一步鼓励和支持园区企业参与制定和完善国际标准，增强园区企业的国际影响力和知名度。

第九章 中国动力谷·株洲高新区创新发展指数

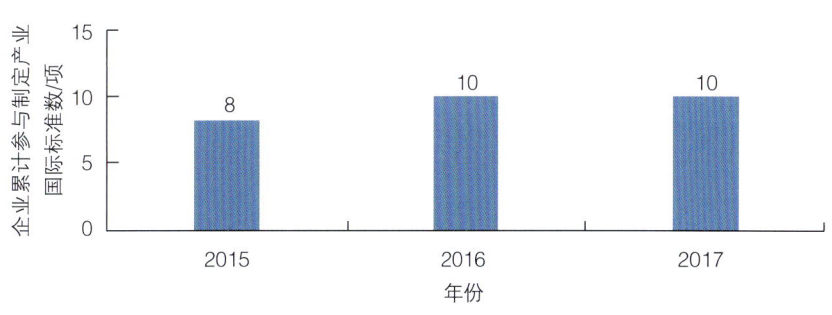

图9-19 2015—2017年中国动力谷·株洲高新区企业累计参与制定产业国际标准数

通过与重点园区进行对比可知（图9-20），株洲高新区该指标表现较好，排名第2位，高于青海、长沙等高新区，这说明株洲高新区与重点对比园区相比，具有一定的优势。

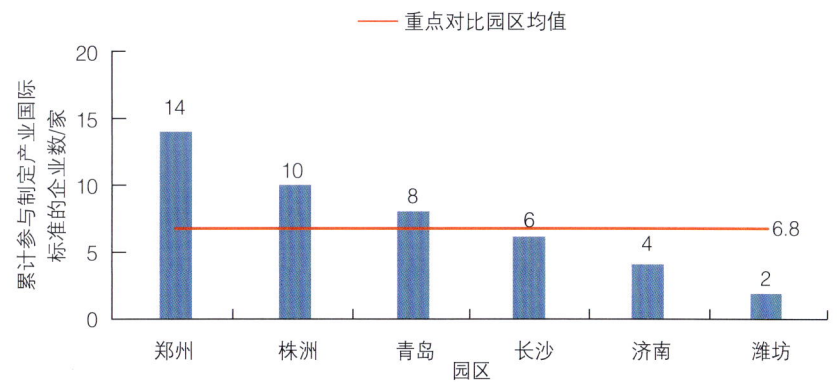

图9-20 2017年各园区累计参与制定产业国际标准的企业数

高技术产品和技术服务出口额占比。该指标以企业高技术产品和技术服务出口来反映园区产业的国际竞争力和影响力，可与硅谷等发达园区进行比较。2015—2017年，株洲高新区高技术产品和技术服务出口额占比分别是96.9%、91.7%和91.3%（图9-21），2017年较2015年出现较大幅度的下降，这说明园区在高技术产品和技术服务方面的创新能力有待进一步提升。

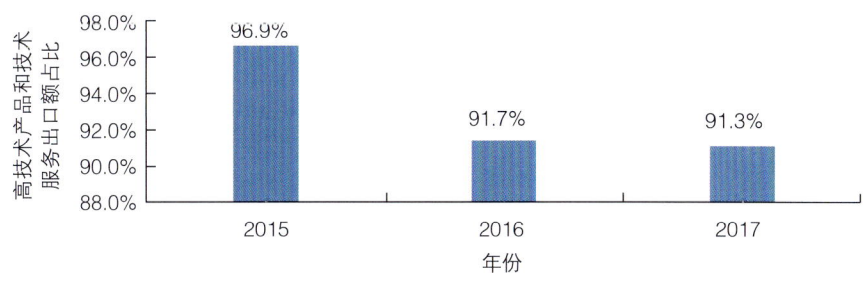

图9-21 2015—2017年中国动力谷·株洲高新区高技术产品和技术服务出口额占比

(三)产业成长力分指数

产业成长力主要从集群发展、产业结构、经济效益3个方面来反映园区产业转型升级能力。

（1）集群发展

集群发展主要通过4个指标来表征，分别是2.1园区营业总收入、2.2当年新增注册工商企业数、2.3当年新增动力企业数、2.4营业收入过百亿元动力企业数。

园区营业总收入。该指标反映园区产业发展规模和水平。2015—2017年，株洲高新区园区营业总收入分别为1819.4亿元、1908.5亿元和2164.9亿元（图9-22），2017年较2015年增长了19%。整体而言，株洲高新区该指标呈现明显增长态势。

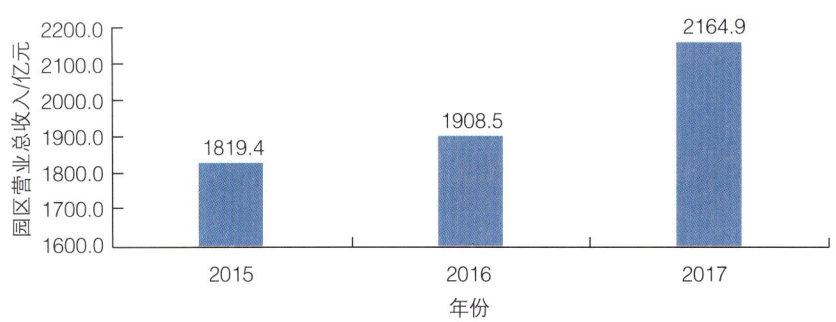

图9-22　2015—2017年中国动力谷·株洲高新区园区营业总收入

通过与重点园区进行对比可知（图9-23），株洲高新区该指标表现较差，远远低于重点对比园区的均值，说明株洲高新区与重点对比园区相比，在经济体量和发展规模等方面处于劣势。

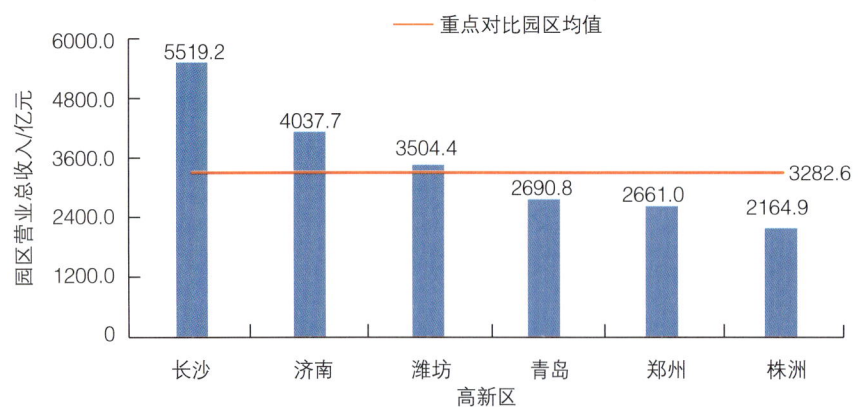

图9-23　2017年各园区营业总收入

当年新增注册工商企业数。该指标反映园区创业的活力，表征园区未来创造价值的能力。2015—2017年，株洲高新区当年新增注册工商企业数分别为1444家、1536家和1774家（图

9-24），2017年较2015年增长了22.9%。整体而言，株洲高新区该指标呈现持续稳定增长态势。

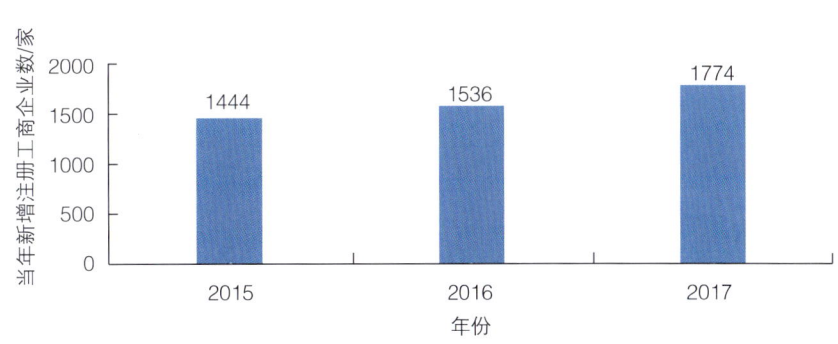

图9-24　2015—2017年中国动力谷·株洲高新区当年新增注册工商企业数

通过与重点园区进行对比可知（图9-25），株洲高新区该指标表现较差，远远落后于济南、长沙、郑州、潍坊高新区，济南高新区该指标达到7391家。同时，株洲高新区该指标也明显低于重点对比园区均值。由此可见，株洲高新区仍需进一步营造大众创业、万众创新的氛围，激活园区创新创业活力。

当年新增动力企业数。该指标反映园区动力产业集聚程度和特色产业可持续发展潜力。2015—2017年，株洲高新区当年新增动力企业数分别为101家、154家和220家（图9-26），2017年较2015年增长了117.8%。整体而言，株洲高新区该指标呈现持续快速增长态势。

营业收入过百亿元动力企业数。该指标反映园区动力产业发展成效、竞争能力、质量水平。2015—2017年，株洲高新区营业收入过百亿元动力企业数分别为5家、5家和4家（图9-27），2017年较2015年出现了下降。总体来说，株洲高新区该指标呈现稳定发展态势。

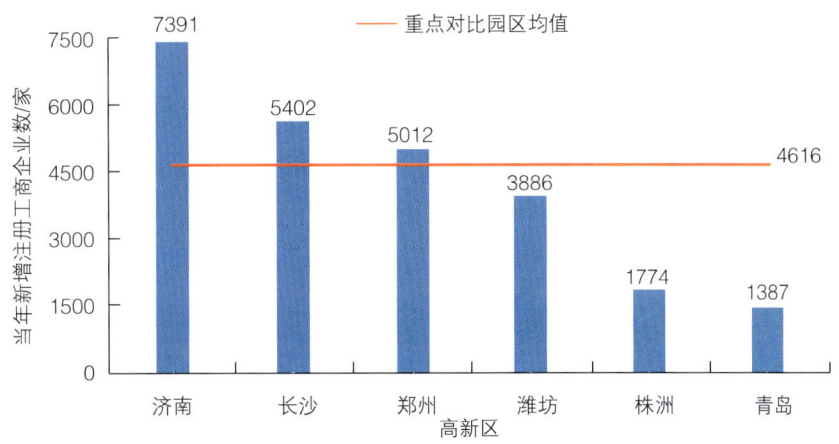

图9-25　2017年各园区当年新增注册工商企业数

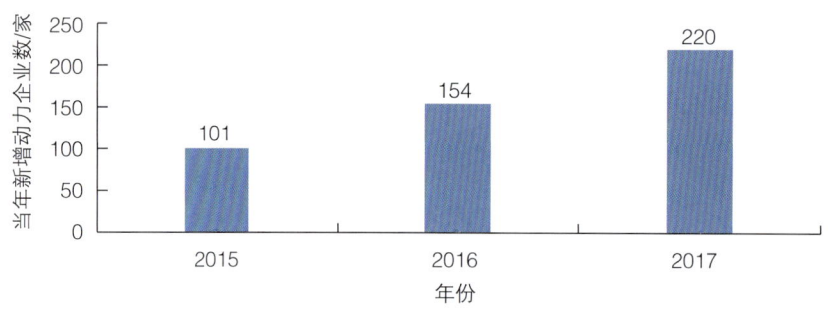

图9-26　2015—2017年中国动力谷·株洲高新区当年新增动力企业数

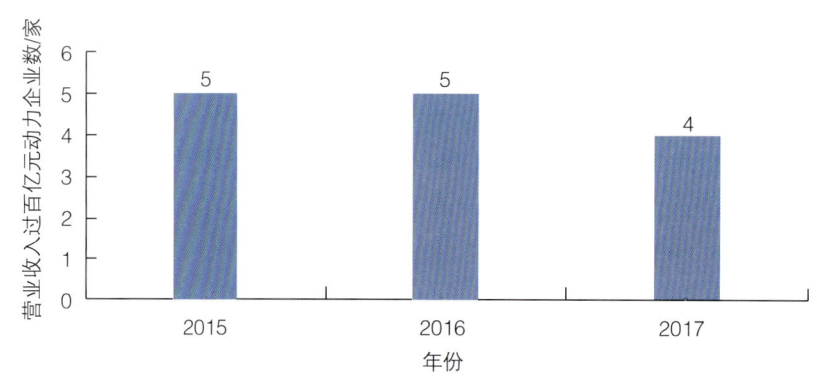

图9-27　2015—2017年中国动力谷·株洲高新区营业收入过百亿元动力企业数

（2）产业结构

产业结构主要通过4个指标进行表征，分别是2.5高技术服务业营业收入、2.6制造业企业当年软件著作权申请数、2.7新兴产业营业收入、2.8单位增加值综合能耗。

高技术服务业营业收入。该指标衡量园区高技术服务业及其新业态的发展情况，是园区推动服务变革的基础，反映园区变革引领能力在服务业发展方面的表现。2015—2017年，株洲高新区高技术服务业营业收入分别为25.2亿元、23.2亿元和44.9亿元（图9-28），2017年较2015年增长了近1倍。整体而言，株洲高新区该指标呈现先缓慢下降后快速上升的发展态势。

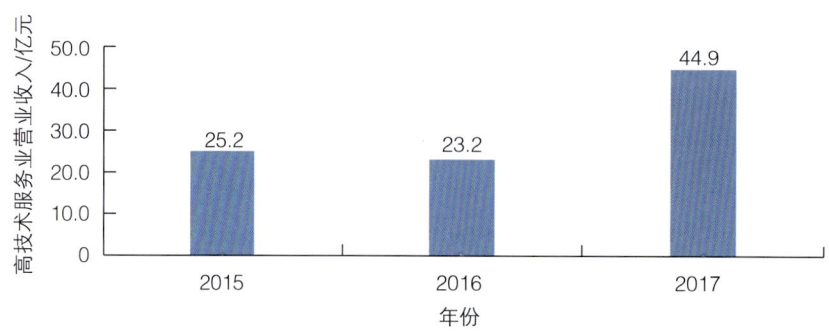

图9-28　2015—2017年中国动力谷·株洲高新区高技术服务业营业收入

通过与重点园区进行对比可知（图9-29），株洲高新区该指标表现较差，远远落后于济南、长沙、郑州、青岛、潍坊高新区，济南高新区该指标达到617.6亿元，而且，株洲高新区也明显低于重点对比园区均值。由此可见，株洲高新区仍需进一步培育和发展高技术服务业，优化园区产业结构。

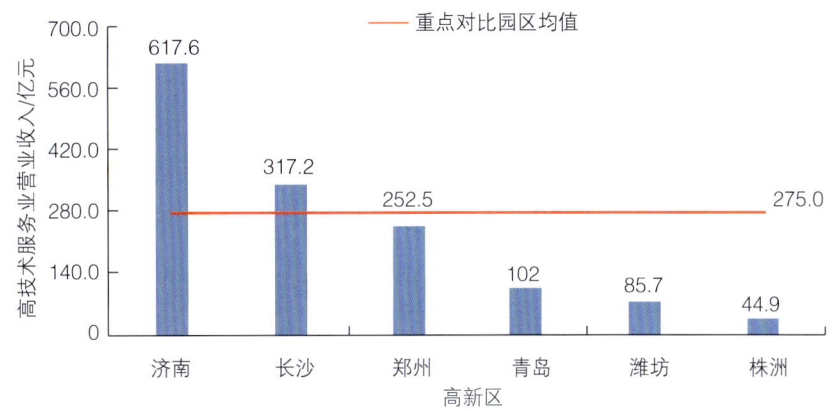

图9-29　2017年各园区高技术服务业营业收入

制造业企业当年软件著作权申请数。该指标表征制造业企业技术实力水平及市场对企业技术实力的认可。2015—2017年，株洲高新区制造业企业当年软件著作权申请数分别为116件、132件和166件（图9-30），2017年较2015年增长了43.1%。整体而言，株洲高新区该指标呈现稳定增长的发展态势。

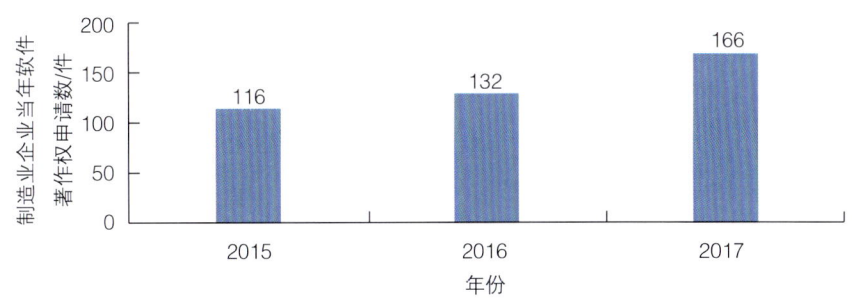

图9-30　2015—2017年中国动力谷·株洲高新区制造业企业当年软件著作权申请数

新兴产业营业收入。该指标反映园区以新技术、新产品、新业态、新模式为代表的新经济的发展情况，根据实际发展情况，选取有代表性的产业，如电子信息、新材料、新能源等。2015—2017年，株洲高新区新兴产业营业收入分别为645亿元、676亿元和744亿元（图9-31），2017年较2015年增长了15.3%。整体而言，株洲高新区该指标呈现稳定增长的发展态势。

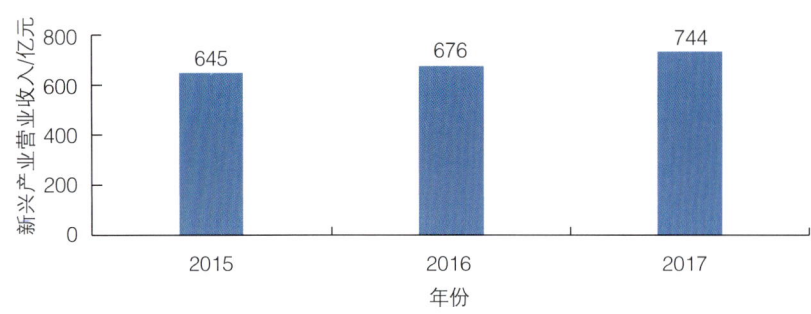

图9-31　2015—2017年中国动力谷·株洲高新区新兴产业营业收入

单位增加值综合能耗。该指标是度量园区产业能耗的重要指标，也是衡量园区低碳经济实现程度的重要参考，该指标数值越低，说明园区绿色低碳经济发展水平越高。2015—2017年，株洲高新区单位增加值综合能耗分别为0.269吨标准煤/万元、0.327吨标准煤/万元和0.377吨标准煤/万元（图9-32），2017年较2015年增长了40%。总体来说，株洲高新区该指标呈现较快的增长态势，说明株洲高新区单位增加值综合能耗在逐年增加，园区实现绿色低碳经济发展的压力日益增大。

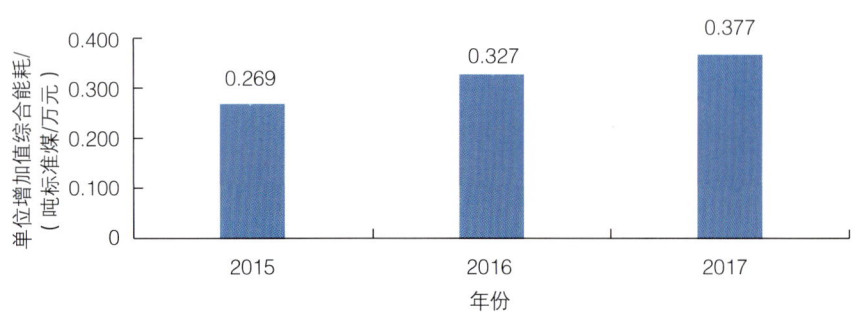

图9-32　2015—2017年中国动力谷·株洲高新区单位增加值综合能耗

通过与重点园区进行对比可知（图9-33），株洲高新区该指标表现相对济南、长沙等高新区较差，同时，株洲高新区该指标数值也远远高于重点对比园区均值，但低于全国国家高新区均值。由此可知，株洲高新区需进一步推动绿色低碳经济的发展。

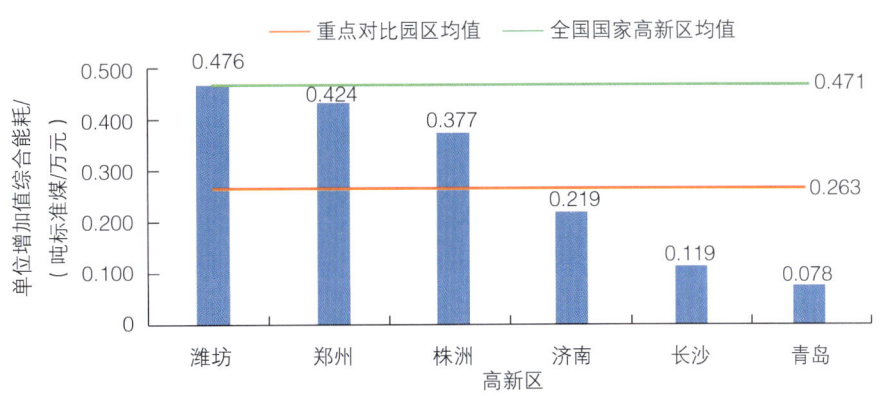

图9-33 2017年各园区单位增加值综合能耗

（3）经济效益

经济效益主要通过3个指标进行表征，分别是2.9工业增加值率、2.10人均增加值、2.11企业营业利润率。

工业增加值率。该指标度量园区产业的价值创造能力。增加值率是一个地区工业企业盈利能力和发展水平的综合体现，其高低直接决定着一个地区的发展水平、效益水平和综合成长能力。2015—2017年，株洲高新区工业增加值率分别为20.8%、21.0%和20.1%（图9-34），整体呈现先上升后下降的发展态势，但2017年较2015年低。因此，株洲高新区未来发展仍然需要重点关注产业的价值创造能力，推动产业高质量发展。

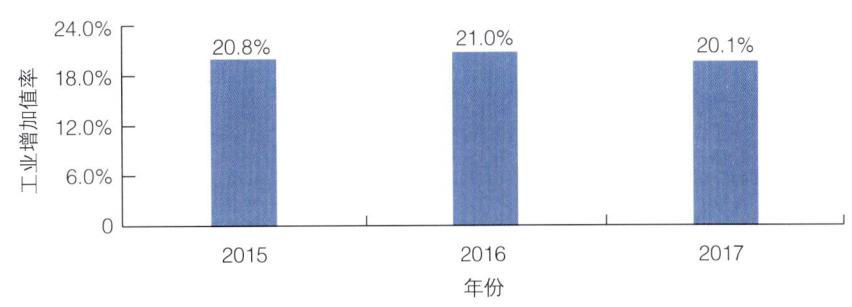

图9-34 2015—2017年中国动力谷·株洲高新区工业增加值率

通过与重点园区进行对比可知（图9-35），株洲高新区该指标表现相对较差，落后于青岛、潍坊高新区，青岛高新区该指标达到23.4%。同时，株洲高新区该指标略高于重点对比园区均值，略低于全国国家高新区均值。

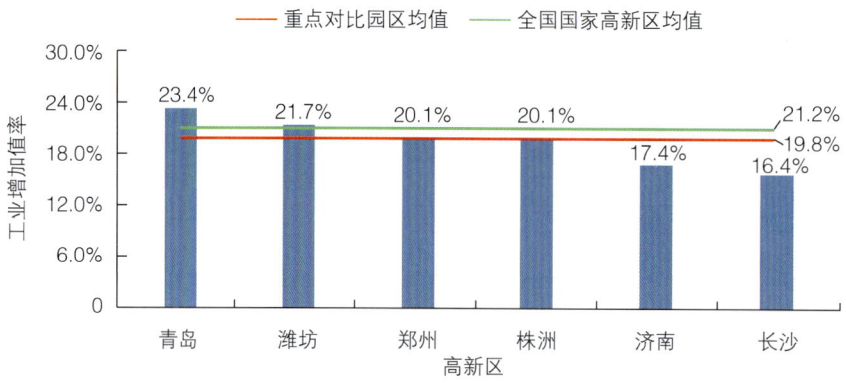

图9-35　2017年各园区工业增加值率

人均增加值。该指标反映园区人均价值的创造能力或产业价值创造效率。2015—2017年，株洲高新区人均增加值分别为33.5万元、32.5万元和28.6万元（图9-36），整体呈现持续下降态势。

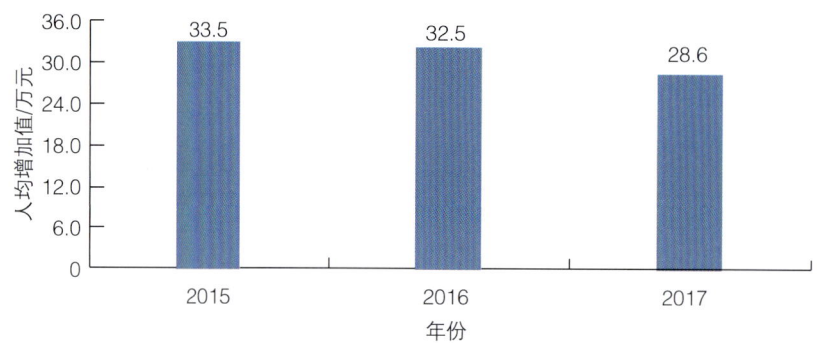

图9-36　2015—2017年中国动力谷·株洲高新区人均增加值

通过与重点园区进行对比可知（图9-37），株洲高新区该指标表现较差，落后于青岛、潍坊、济南高新区，但高于长沙高新区。同时，株洲高新区该指标也低于重点对比园区均值和全国国家高新区均值。由此可知，株洲高新区需进一步推动产业结构优化升级，提升产业价值创造效率。

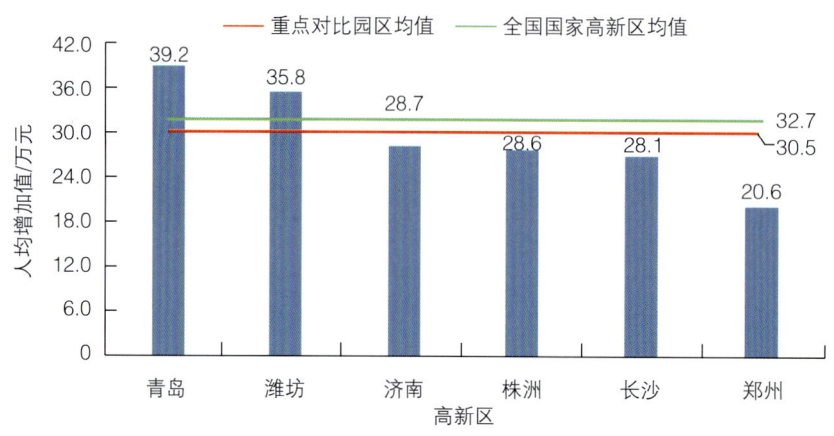

图9-37　2017年各园区人均增加值

企业营业利润率。该指标表征企业的盈利能力，能够体现企业现实生存状况、园区经济发展活力和未来可持续发展能力。2015—2017年，株洲高新区企业营业利润率分别为5.1%、5.4%和5.9%（图9-38），2017年较2015年上升了15.7%。整体而言，株洲高新区该指标呈现持续增长态势。

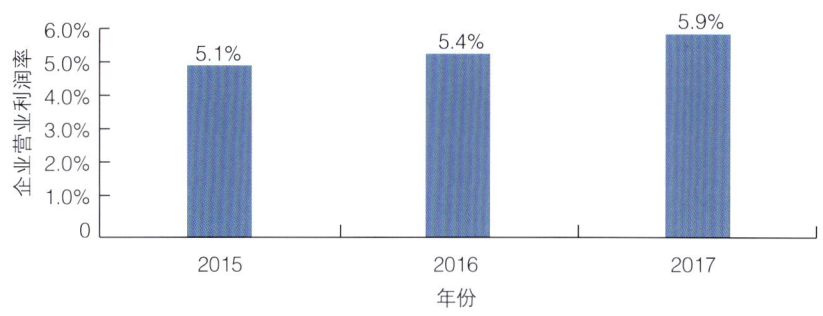

图9-38　2015—2017年中国动力谷·株洲高新区企业营业利润率

通过与重点园区进行对比可知（图9-39），株洲高新区该指标表现相对较差，远远低于青岛、长沙等高新区。同时，株洲高新区该指标也明显低于全国国家高新区均值。由此可知，株洲高新区未来仍需要重点关注企业发展质量和盈利能力的提升。

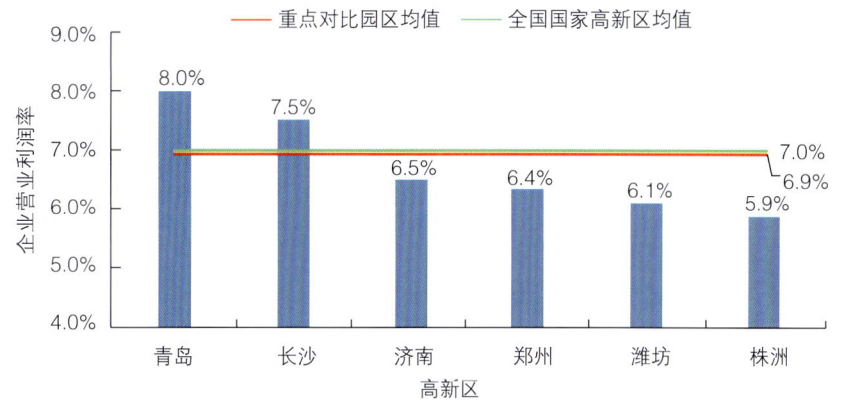

图9-39　2017年各园区企业营业利润率

（四）创新驱动力分指数

创新驱动力重点观察园区在中国"创新驱动发展"战略背景下的创新创业能力和创新创业绩效，包括创新资源、创新绩效、创业水平3个方面。

（1）创新资源

创新资源主要通过6个指标表征，分别是3.1企业万元销售收入中R&D经费支出、3.2管委会当年财政科技拨款、3.3园区各类研发机构当量数、3.4高新技术企业数占企业总数比例、3.5企业本科及以上学历人员占从业人员比例、3.6园区当年职业教育毕业学生数。

企业万元销售收入中R&D经费支出。该指标衡量园区企业的科技研发投入规模和力度，是国际上用来衡量一个国家或一个地区在创新方面投入水平的通用指标。2015—2017年，株洲高新区企业万元销售收入中R&D经费支出分别为364.7元、270.8元和310.3元（图9-40），2017年较2015年出现了明显的下降。整体而言，该指标呈现先快速下降后缓慢上升的态势。这说明园区要进一步鼓励和引导企业关注研发活动和加大研发投入，配备高质量研发人员，提升企业研发质量。

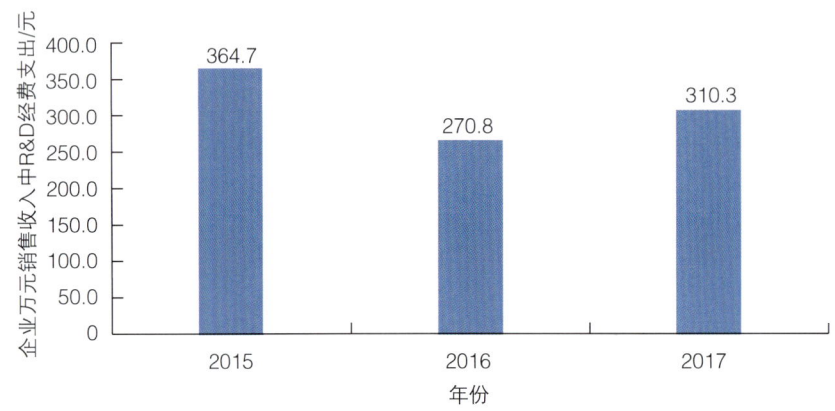

图9-40　2015—2017年中国动力谷·株洲高新区企业万元销售收入中R&D经费支出

通过与重点园区进行对比可知（图9-41），株洲高新区该指标表现相对较好，明显高于重点对比园区均值和全国国家高新区均值，但低于青岛、长沙高新区。

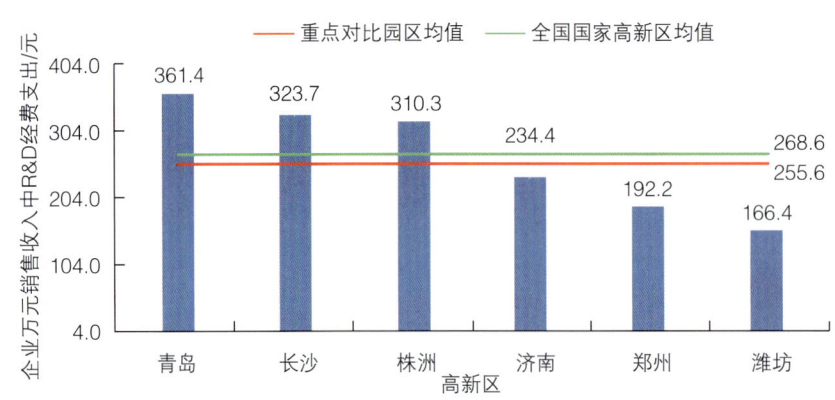

图9-41　2017年各园区企业万元销售收入中R&D经费支出

管委会当年财政科技拨款。该指标反映园区政策支持环境，考察园区管委会在科技创新方面的投入力度。2015—2017年，株洲高新区管委会当年财政科技拨款分别为3.5亿元、4.2亿元和6.8

亿元（图9-42），2017年较2015年增长了94.3%。整体而言，该指标呈现持续快速增长态势。

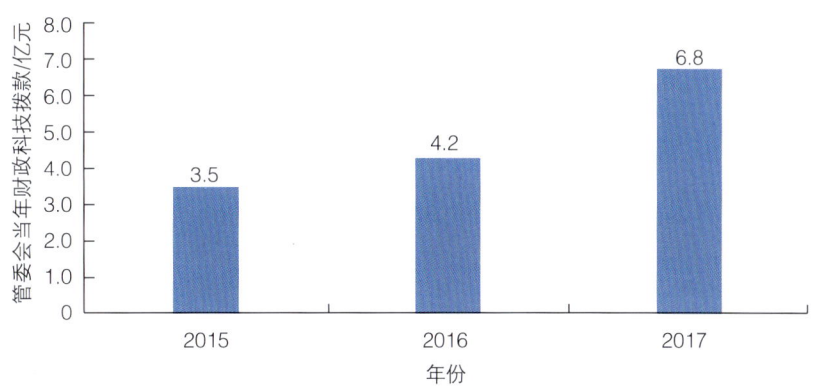

图9-42　2015—2017年中国动力谷·株洲高新区管委会当年财政科技拨款

通过与重点园区进行对比可知（图9-43），株洲高新区该指标表现相对较差，虽高于全国国家高新区均值，但明显低于重点对比园区均值，尤其是与郑州、长沙、潍坊高新区差距较大。因此，株洲高新区未来需要重点加大财政对科技的支持力度。

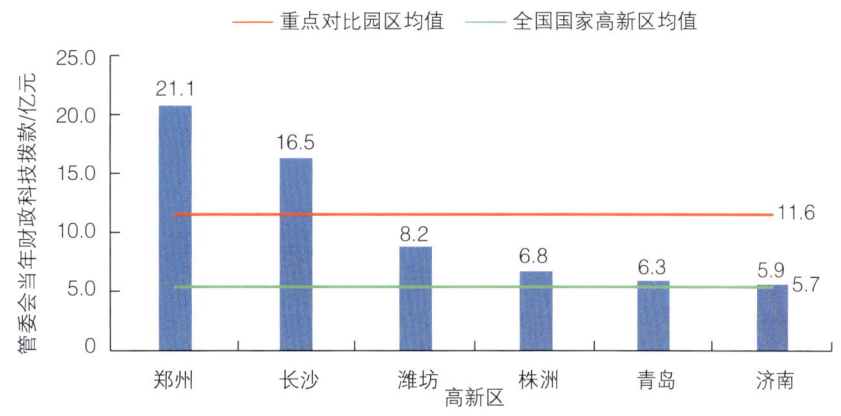

图9-43　2017年各园区管委会当年财政科技拨款

为进一步分析株洲高新区研发机构的发展质量，本研究采用国家级研发机构数进行说明。通过与重点园区进行对比可知（图9-44），株洲高新区该指标表现相对较差，尤其是与长沙高新区存在较大的差异。此外，株洲高新区该指标虽然明显高于全国国家高新区均值，但明显低于重点对比园区均值。因此，株洲高新区未来需要重点引进和培育高质量的研发机构，致力于高新技术研发和原始创新能力提升，推动现有创新创业载体的升级。

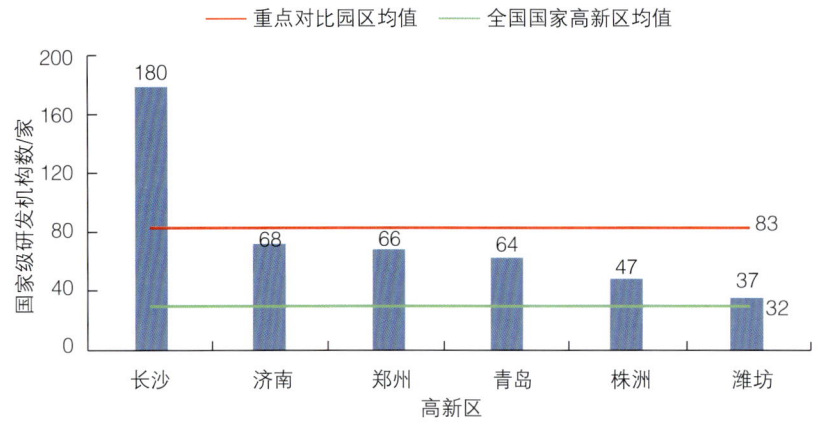

图9-44　2017年各园区国家级研发机构数

高新技术企业数占企业总数比例。该指标反映园区企业发展质量水平的高低，表征园区产业结构升级和优化能力。2015—2017年，株洲高新区高新技术企业数占企业总数比例分别为42.1%、45.9%和51.4%（图9-45），2017年较2015年增长了22.1%。整体而言，株洲高新区该指标呈现稳定增长态势。

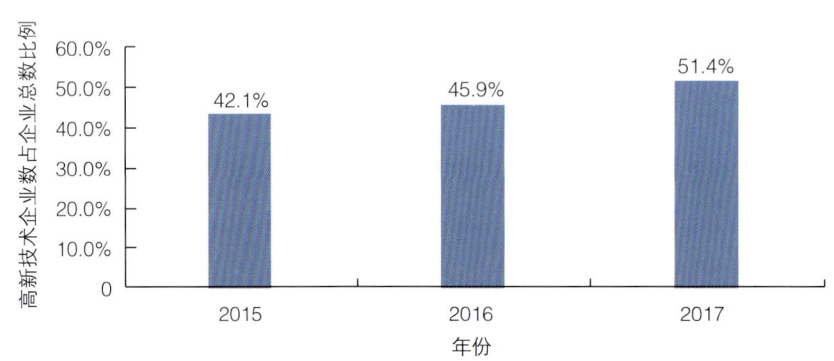

图9-45　2015—2017年中国动力谷·株洲高新区高新技术企业数占企业总数比例

通过与重点园区进行对比可知（图9-46），株洲高新区该指标表现相对较差，与青岛、长沙等高新区存在较大的差异。此外，株洲高新区该指标虽然高于全国国家高新区均值，但明显低于重点对比园区均值。因此，株洲高新区未来需要重点引进和培育高新技术企业和高成长性企业，支持和引导企业提升技术创新能力。

第九章 中国动力谷·株洲高新区创新发展指数

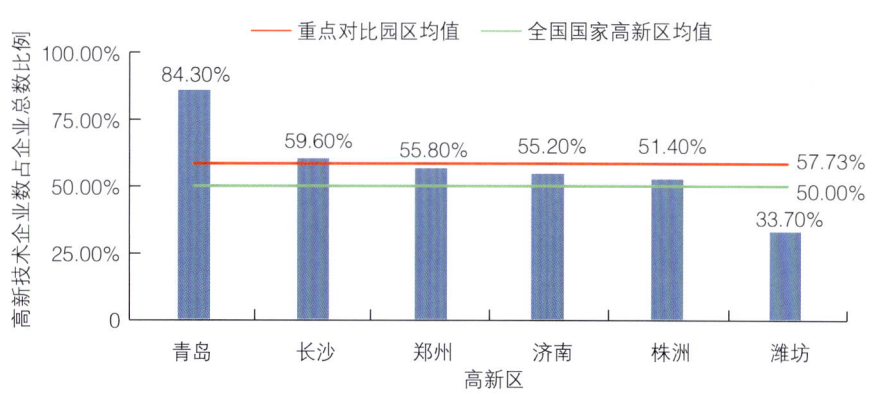

图9-46 2017年各园区高新技术企业数占企业总数比例

企业本科及以上学历人员占从业人员比例。本科及以上学历人员是科技创新的主要人才，反映园区创新人才的实力，侧面反映支撑产业未来持续创新发展的动力和环境。2015—2017年，株洲高新区企业本科及以上学历人员占从业人员比例分别为34.7%、34.4%和34.2%（图9-47），该指标呈现持续下滑态势。因此，株洲高新区仍需进一步完善人才发展环境，积极引进和培育高端技术创新人才。

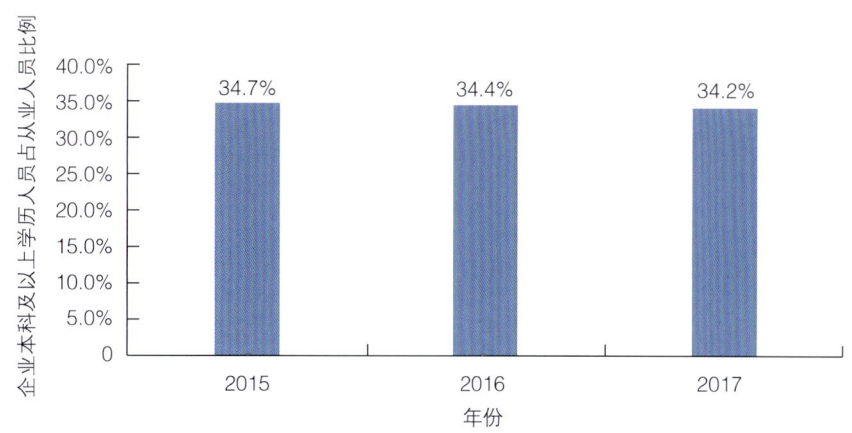

图9-47 2015—2017年中国动力谷·株洲高新区企业本科及以上学历人员占从业人员比例

通过与重点园区进行对比可知（图9-48），株洲高新区该指标表现略低于长沙高新区，但与济南、郑州高新区差距较大。此外，株洲高新区该指标也明显低于重点对比园区均值。因此，株洲高新区未来需要重点关注高端人才、创新创业队伍的建设和发展。

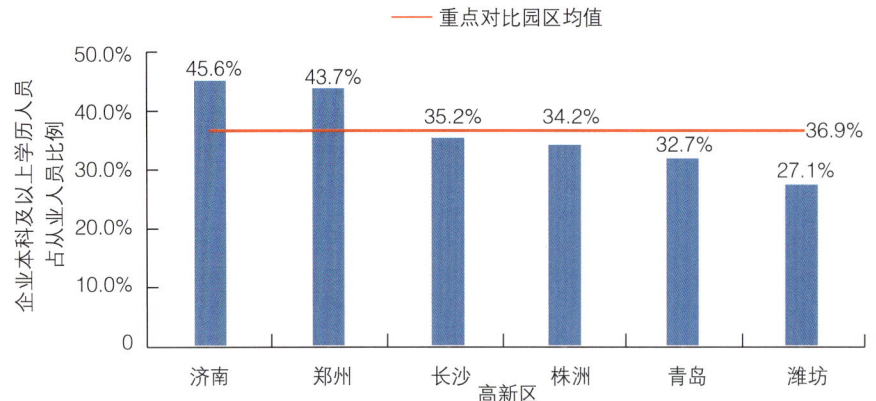

图9-48 2017年各园区企业本科及以上学历人员占从业人员比例

园区当年职业教育毕业学生数。该指标反映园区职业技术教育的发展水平，衡量园区未来专业技能人才发展的潜力。2015—2017年，株洲高新区园区当年职业教育毕业学生数分别为1478人、1656人和2001人（图9-49）。整体而言，株洲高新区该指标呈现持续快速增长态势。

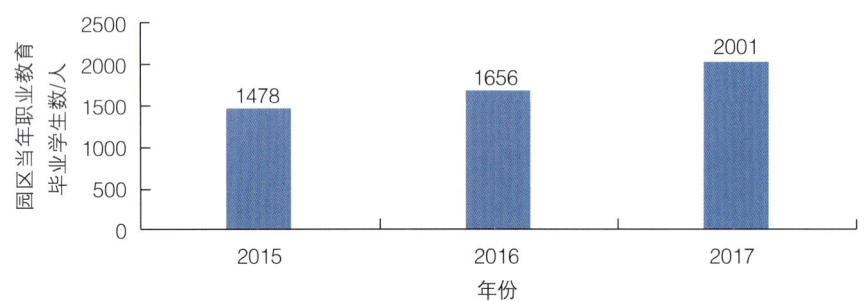

图9-49 2015—2017年中国动力谷·株洲高新区园区当年职业教育毕业学生数

（2）创新绩效

创新绩效主要通过3个指标进行表征，分别是3.7当年新增发明专利授权数、3.8企业人均技术合同交易额、3.9新产品销售收入占营业收入比例。

当年新增发明专利授权数。发明专利在中国专利类型中的技术含量最高，该指标反映园区实际的创新成果。2015—2017年，株洲高新区当年新增发明专利授权数分别为585件、926件和1100件（图9-50），2017年较2015年增长近1倍。整体而言，该指标呈现持续快速增长态势。

第九章 中国动力谷·株洲高新区创新发展指数

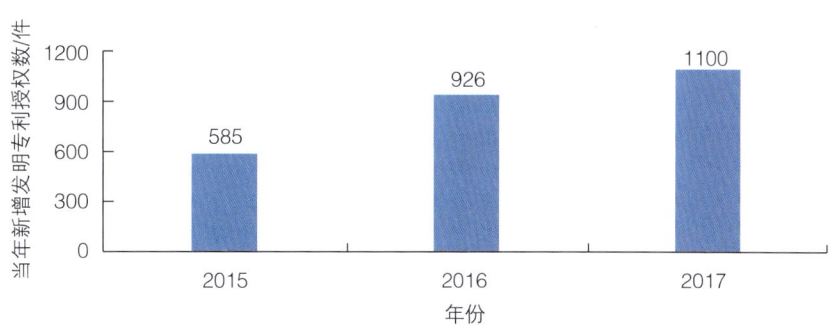

图9-50 2015—2017年中国动力谷·株洲高新区当年新增发明专利授权数

通过与重点园区进行对比可知（图9-51），株洲高新区该指标与长沙、青岛等高新区差距较大。此外，株洲高新区该指标也明显低于重点对比园区均值。因此，株洲高新区未来需要重点关注创新创业活动，鼓励和支持企业、高校、科研院所大力创新产出水平。

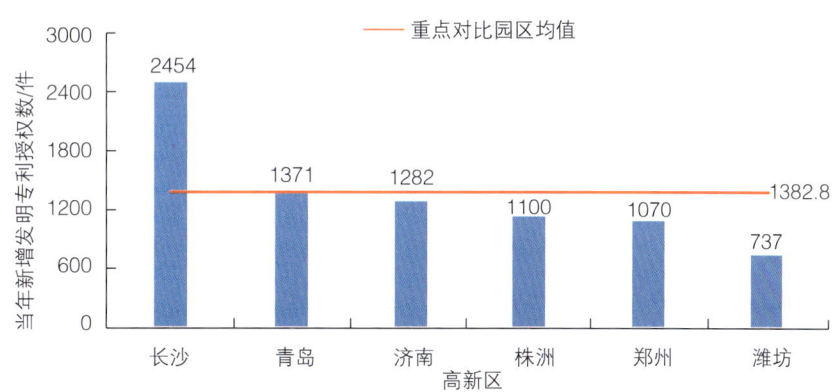

图9-51 2017年各园区当年新增发明专利授权数

企业人均技术合同交易额。该指标反映园区在科技成果转化活跃度、科技成果吸纳能力、科技中介机构服务能力等方面做出的努力和成效。2015—2017年，株洲高新区企业人均技术合同交易额分别为3.6亿元、2.3亿元和4.9亿元（图9-52），其中，2016年出现了明显下滑，2017年又出现明显上升，该指标波动较大。可见，株洲高新区需要重点关注科技研发、成果转化和交易等方面的工作。

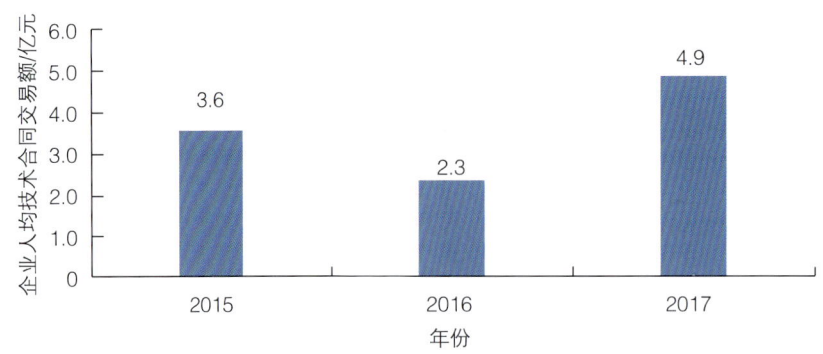

图9-52　2015—2017年中国动力谷·株洲高新区企业人均技术合同交易额

通过与重点园区进行对比可知（图9-53），株洲高新区该指标表现相对较差，低于重点对比园区均值和全国国家高新区均值。因此，株洲高新区需要重点关注科技研发、科技成果转移转化等方面的工作。

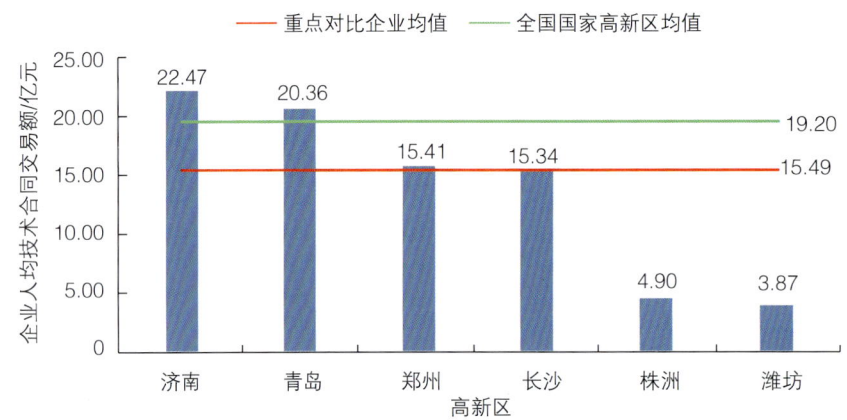

图9-53　2017年各园区企业人均技术合同交易额

新产品销售收入占营业收入比例。园区企业通过销售新产品实现的收入实质反映企业通过技术创新或工艺创新实现产品升级的能力。2015—2017年，株洲高新区新产品销售收入占营业收入比例分别为33.6%、30.7%和28.7%（图9-54），2017年较2015年有明显下滑。整体而言，该指标呈现持续下滑态势。

第九章 中国动力谷·株洲高新区创新发展指数

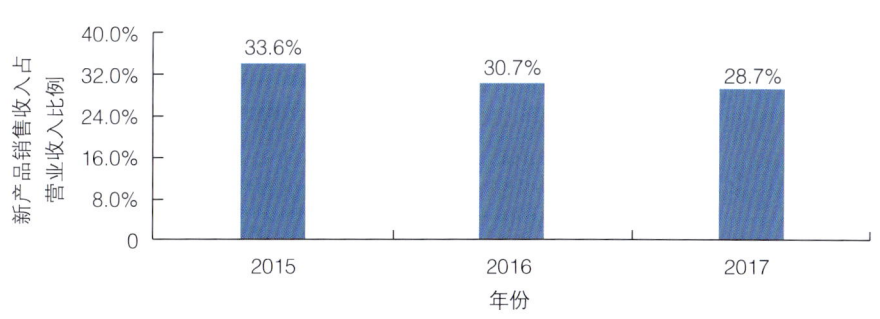

图9-54　2015—2017年中国动力谷·株洲高新区新产品销售收入占营业收入比例

（3）创业水平

创业水平主要通过3个指标进行表征，分别是3.10园区各类创新创业服务机构当量数、3.11园区当年各类孵化机构内新增在孵企业数、3.12当年获得创业风险投资机构的风险投资额。

园区各类创新创业服务机构当量数。该指标主要用于引导各类创新创业服务机构在园区聚集，使用各类产业服务促进机构更能全面反映机构位势和服务能力。2015—2017年，株洲高新区园区各类创新创业服务机构当量数分别为23.3家、27.8家和35.5家。整体而言，株洲高新区该指标呈现持续稳定增长态势。

为了进一步揭示株洲高新区与重点对比园区在创新创业服务机构数量上的差异（图9-55），我们采用国家级孵化器数进行说明和分析。通过与重点园区进行对比可知，株洲高新区该指标表现相对较差，低于重点对比园区均值和全国国家高新区均值。因此，株洲高新区需要重点关注高质量的创新创业机构或载体建设等方面的工作。

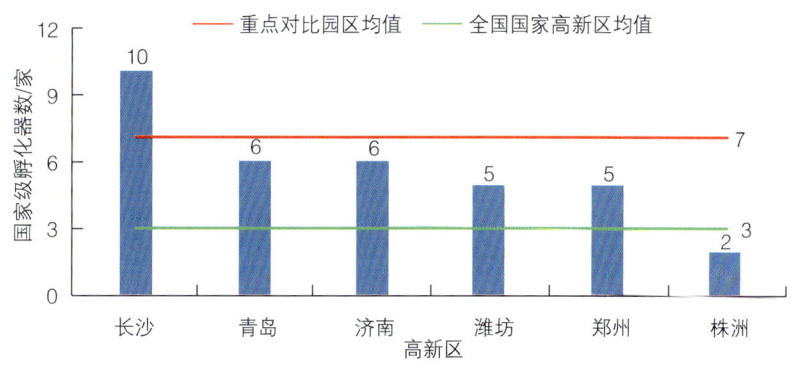

图9-55　2017年各园区国家级孵化器数

园区当年各类孵化机构内新增在孵企业数。该指标衡量园区培育创新创业企业的能力，同时也体现出园区为营造大众创业、万众创新氛围所做出的努力和成效。2015—2017年，株洲高新区园区当年各类孵化机构内新增在孵企业数分别为524家、606家和785家（图9-56），2017年较2015年增长近50%。整体而言，株洲高新区该指标呈现持续快速增长态势。

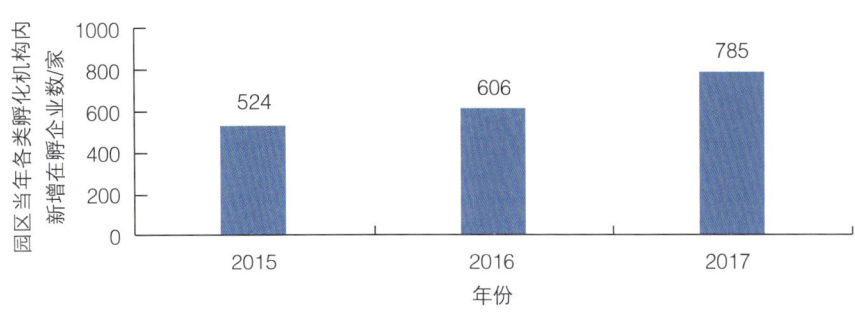

图9-56 2015—2017年中国动力谷·株洲高新区园区当年各类孵化机构内新增在孵企业数

当年获得创业风险投资机构的风险投资额。该指标反映园区通过创新创业吸引社会资本投入的情况，包括天使投资、风险投资等，侧面反映园区创新创业生态的繁荣程度。2015—2017年，株洲高新区当年获得创业风险投资机构的风险投资额分别为0.30亿元、0.38亿元和0.45亿元，2017年较2015年增长了50%。整体而言，株洲高新区该指标呈现持续稳定增长态势。

通过与重点园区进行对比可知（图9-57），株洲高新区该指标表现相对较差，低于重点对比园区均值。因此，株洲高新区需要重点关注创业风险投资机构等方面的工作。

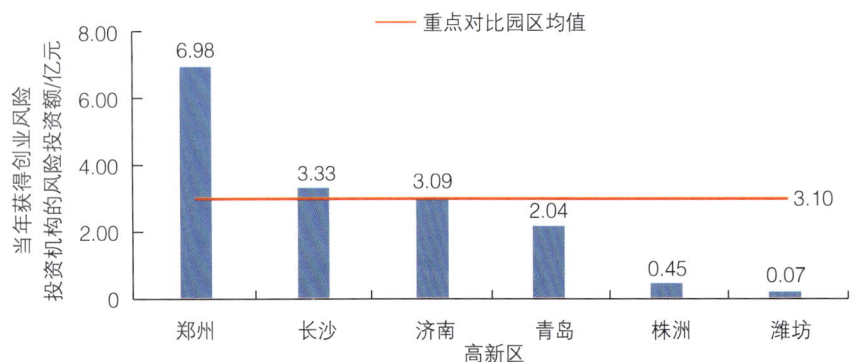

图9-57 2017年各园区当年获得创业风险投资机构的风险投资额

（五）共享发展力分指数

共享发展力主要从社会贡献、军民融合、协同发展3个方面进行表征。

（1）社会贡献

社会贡献通过3个指标进行表征，分别是4.1园区GDP占株洲市GDP比重、4.2企业上缴税收总额、4.3当年吸纳高校应届毕业生就业数。

园区GDP占株洲GDP比重。该指标反映株洲高新区对株洲市经济发展的引领带动作用。2015—2017年，株洲高新区园区GDP占株洲GDP比重分别为28.5%、28.7%和29.5%（图9-58），2017年较2015年有小幅增长。整体而言，株洲高新区该指标呈现稳定增长态势。

第九章 中国动力谷·株洲高新区创新发展指数

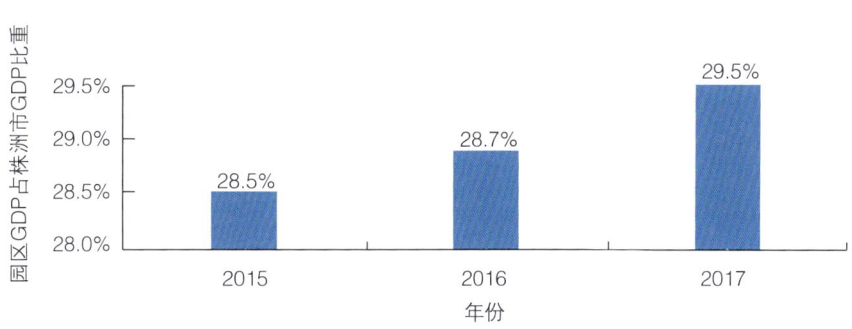

图9-58 2015—2017年中国动力谷·株洲高新区园区GDP占株洲GDP比重

通过与重点园区进行对比可知（图9-59），株洲高新区该指标表现相对较好，明显高于长沙、济南等高新区。因此，园区在该指标上具有明显优势，对株洲市经济的发展起到了巨大的推动作用。

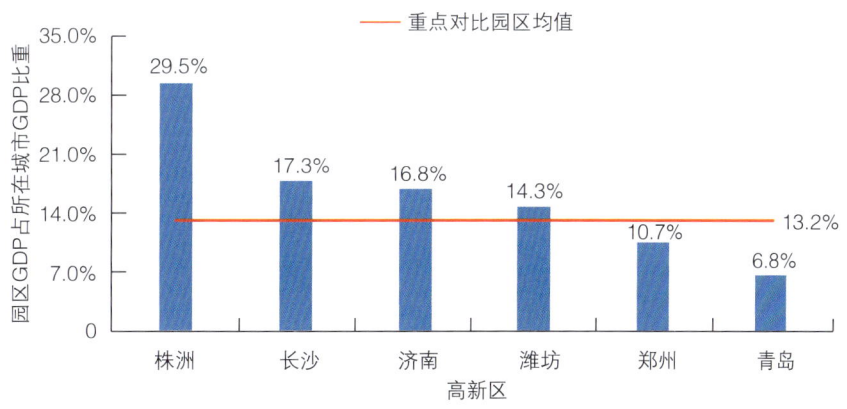

图9-59 2017年各园区GDP占所在城市GDP比重

企业上缴税收总额。该指标度量企业为国家和区域在财政上做出的贡献，同时间接反映园区的可支配财力情况。2015—2017年，株洲高新区企业上缴税收总额分别为102.2亿元、95.0亿元和103.2亿元，2017年较2015年有小幅增长。总体而言，株洲高新区该指标呈现先下降后上升的态势。

通过与重点园区进行对比可知（图9-60），株洲高新区该指标表现相对较差，明显低于重点对比园区均值。因此，株洲高新区需要重点关注企业盈利和创税能力提升等方面的工作。

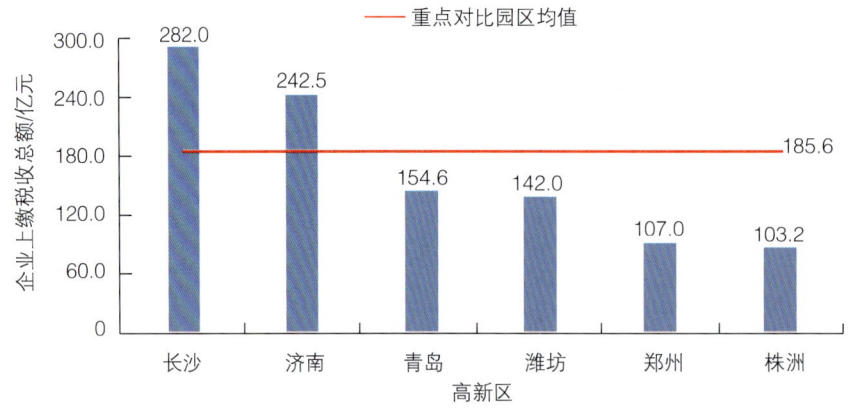

图9-60 2017年各园区企业上缴税收总额

当年吸纳高校应届毕业生就业数。该指标衡量园区在发展社会民生、解决社会就业方面所做的努力。2015—2017年，株洲高新区当年吸纳高校应届毕业生就业数分别为2862人、2208人和2948人，2017年较2015年有小幅增长。整体而言，株洲高新区该指标呈现先下降后上升的发展态势。

通过与重点园区进行对比可知（图9-61），株洲高新区该指标表现相对较差，明显低于重点对比园区均值。因此，株洲高新区需要重点关注社会就业等方面的工作。

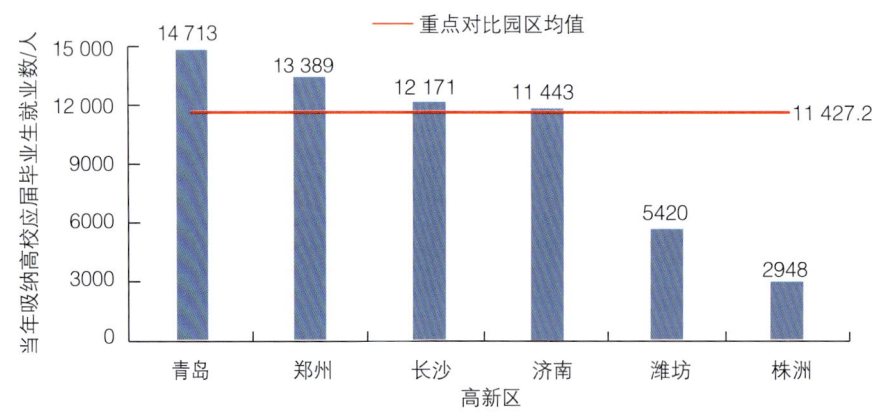

图9-61 2017年各园区当年吸纳高校应届毕业生就业数

（2）军民融合

军民融合主要反映园区推动军民融合的成效，代表指标是4.4涉及军民融合企业数。2015—2017年，株洲高新区涉及军民融合企业数分别为48家、61家和72家（图9-62），2017年较2015年增长了50%。整体而言，株洲高新区该指标呈现持续快速增长态势。

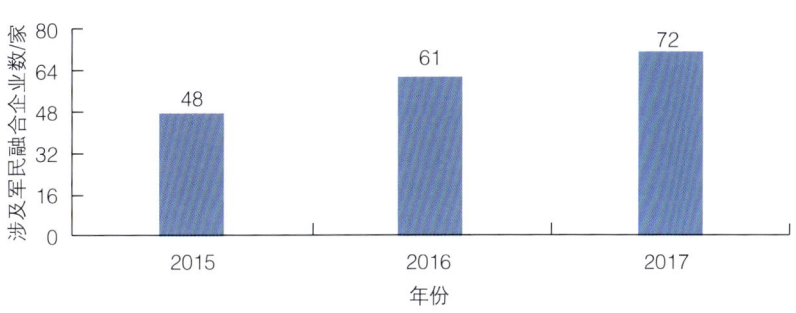

图9-62 2015—2017年中国动力谷·株洲高新区涉及军民融合企业数

军民融合促进机制。该指标衡量园区在军民融合企业引入、军民协同创新平台建设、相关支持政策出台、军民通用技术共享、军民产业跨界合作机制等方面进行的机制探索。2015—2017年，株洲高新区在军民融合促进机制方面的专家打分分别为50、60和70（图9-63）。整体而言，株洲高新区越来越重视制定和完善军民融合促进机制。

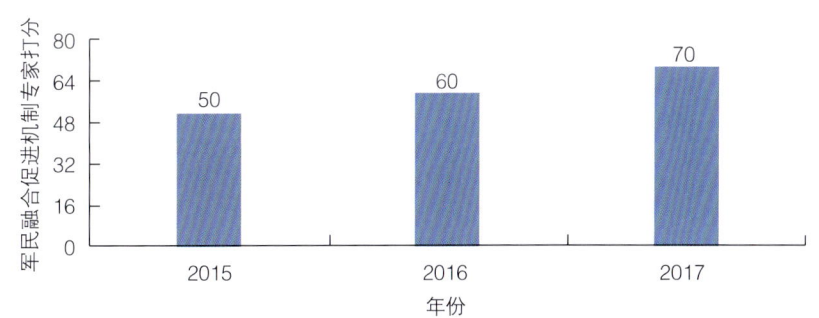

图9-63 2015—2017年中国动力谷·株洲高新区军民融合促进机制专家打分

（3）协同发展

协同发展代表指标是4.6企业当年开展产学研合作费用占营业收入比例。该指标衡量园区企业产学研融合能力，表征园区未来创新创业活动的潜力。2015—2017年，株洲高新区企业当年开展产学研合作费用占营业收入比例分别为0.15%、0.29%和0.16%（图9-64），2017年较2015年有小幅增长。整体而言，株洲高新区该指标呈现先上升后下降的发展态势。

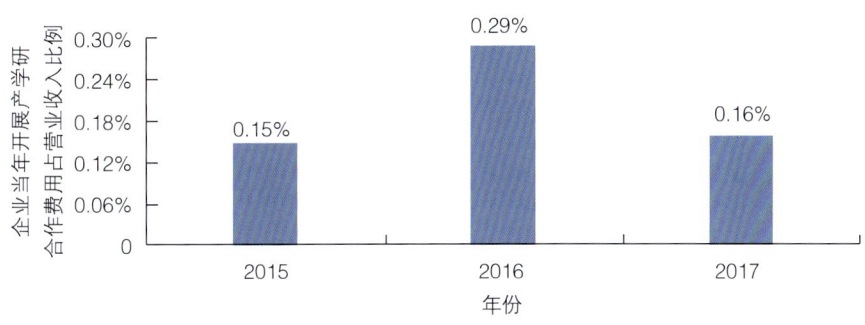

图9-64 2015—2017年中国动力谷·株洲高新区企业当年开展产学研合作费用占营业收入比例

协同发展机制。该指标衡量园区在产业协同创新（跨区域产业联盟、创新联合体建设、科技创新资源共享）、人才交流互动（人才双向流动）、区域联合承办创新创业活动、协同创新推进机制、政策先行先试（长株潭自创区的政策引领）等方面的成效。2015—2017年，株洲高新区在协同发展机制方面的专家打分分别为60、70和80（图9-65）。整体而言，株洲高新区越来越重视制定和完善协同发展机制。

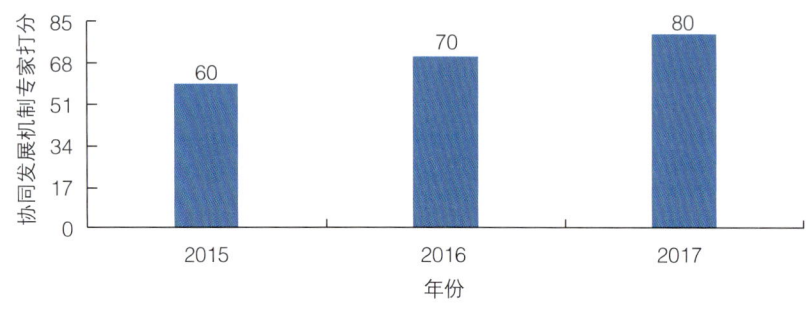

图9-65　2015—2017年中国动力谷·株洲高新区协同发展机制专家打分

第十章　中国医药城·泰州高新区创新发展指数[①]

泰州医药高新技术产业开发区（又称"中国医药城"，以下简称"泰州医药高新区"）坐落于长三角重要成员城市江苏省泰州市，由科研开发区、生产制造区、会展交易区、康健医疗区、教育教学区、综合配套区等功能区组成。2005年2月，江苏省委、省政府为加快产业结构调整、促进产业升级，综合医药产业基础等优势，做出"加快建设医药产业园，打造中国医药城"的战略决策。2009年3月，经国务院批准，泰州医药高新技术产业园升级为国家高新技术产业开发区，成为中国首家国家级医药高新区，下辖泰州医药高新技术产业园区、泰州经济开发区（出口加工区）、泰州高等教育园区（泰州高教园区），以及泰州市周山河街区、泰州数据产业园区和泰州滨江工业园区等多个功能性园区及街道，致力将园区打造成为中国产业规模最大、产业链最完善的医药产业基地。

一、理论指导：创新生态系统再认识

以苹果公司的巨大成功和硅谷的持续领先为标志，创新范式开始了新一轮的变革与升级。普遍认为，创新范式的这次升级就是从工程化机械式的创新体系迈向生态化有机式的创新生态系统，其实质是创新范式的演变，与从现在开始到未来10~20年正在孕育发生的新科技革命、新产业变革密切关联，也必将对未来世界格局产生深刻而长远的影响，从而也带动了创新生态系统研究的兴起。

对创新生态系统的研究，其主流理论传承于演化经济学，又有许多新的发展：一方面，创新的实践揭示出"用户导向的创新"日益重要，进而形成"政府（公共机构）—企业（产业）—大学科研—用户（市民）"的"四螺旋"创新范式3.0与开放式创新2.0；另一方面，创新系统范式研究越来越多借鉴生态学理论和视角，以更强的生物学隐喻来揭示创新的系统范式。

由此，李万、常静[②]等对创新生态系统进行了定义：是指一个区间内各种创新群落之间及与创新环境之间，通过物质流、能量流、信息流的联结传导，形成共生竞合、动态演化的开放、复

[①] 本章由冯磊、张路娜、郭正东等撰写。

[②] 李万，常静，等.创新3.0与创新生态系统[J].科学学研究，2014（12）：1761-1770.

杂系统。该系统的根本目标是：在可持续发展理念下促进创新持续涌现，通过将创新投入、创新需求、创新基础设施与创新管理在创新过程中的有机结合，实现高质量的经济发展。

具体到园区层面，中国的国家高新区目前已经呈现一系列新的发展态势，突出表现在以世界一流园区为标志，中国高新区开始进入创新范式3.0的发展阶段，强调园区创新生态的营造。从而使中国高新区的发展呈现3个阶段的明显特点：园区1.0阶段，主要走的是工业园的发展道路，基于"生产要素"的供给，以"利于生产"和"扩大生产"为动机，着重生产和企业的聚集和布局；园区2.0阶段，基于创新的商业化活动，高新区围绕创新的商业化过程链条，集聚大量的科技创新资源，不断在产业区的建设框架下注入科技园区和创新系统的发展内涵；目前，高新区开始迈入园区3.0阶段，强调打造以创新创业为核心的创新生态，突出表现为各类创新主体的关系链接和交互平台，以及支撑创新创业的空间和文化构造，形成以创新创业为内核的经济社会活动空间。

二、泰州医药高新区发展概况与指标构建

（一）发展特色

江苏是生物医药产业大省，泰州的生物医药产业占全省的1/4。当前，泰州医药产业已形成以泰州医药高新区为龙头，以扬子江药业、济川药业、苏中药业、中丹药业和江山药业主题园区为辐射的集群化发展格局。

泰州医药高新区以国家火炬计划医药特色产业基地为基础，整合全市资源，科学规划，经过10多年建设，已经发展成为一个综合性体系，初步形成了疫苗、诊断试剂及高端医疗器械、生物制药、化学药新型制剂、中药现代化、保健品六大产业基地。以创新体系为载体，加快推进产业转型升级。紧紧依托部省共建机制，全面深化产学研合作，创新平台不断完善，创新成果加快落地。建成国家精细化学品质量监督检验中心、江苏省首家药品专用公共型保税仓库；成立江苏省食品药品检验所、医疗器械检验所2个分所，江苏省药品集中采购分中心、省体外诊断试剂检测中心落户。成立泰州医药高新区创新成果产权交易中心，委托登记挂牌项目207个，总金额达25.42亿元。截至2017年年底，泰州医药高新区累计落地申报高端医药成果500多项。

泰州医药高新区以国家工业和信息化部国家财政资金支持的华创医药研发平台为载体，重点支持重大医药研发项目、关键设备引进、重要公共服务平台建设。目前，泰州医药高新区基因库、蛋白库、组织样本库及亚洲规模最大的干细胞库基本建成；医药大小分子筛选等16个公共技术平台运营和管理模式进一步创新，建成了公共服务平台仪器共享系统，覆盖了六大仪器共享平台。泰州医药高新区共引进各类高层次人才1583名，拥有一批以留学归国人员和博士研究生为主的创业团队。其中，国际领军型人才100多名，22人入选国家"千人计划"，64人入选江苏省"双

创计划"，5个团队入选江苏省"创新团队"。

泰州医药高新区以资本体系为纽带，建设科技金融示范区。遵循生物医药产业与金融资本相融共生的特点，积极创建科技金融示范区，推进科研资本、产业资本、金融资本相互融合。一是资本体系日趋完善。2017年，区内已完成组建和正在组建的基金共计15支，总规模58亿元，先后引进了2支种子基金，设立了3支创投基金，组建了6支股权基金，成立了小额贷款担保公司，建立了"统贷"平台，组建了"金融超市"，逐步建立起政府扶持、信贷支撑、股权投资、上市培育的现代资本服务体系。二是企业上市取得突破。专门组建金融服务中心，指导企业做好上市前期工作，鼓励成长型企业加速进军资本市场，区内企业泰凌医药已在香港主板上市；构建新三板上市快速通道，区内美时医疗、亿腾药业、中卫康、泰德医药等企业上市进程提速。

（二）指标构建

结合新阶段创新发展新的变化趋势，泰州医药高新区创新发展指数评价指标体系的设计，围绕泰州医药高新区打造"全球有影响力的医药产业基地"的定位，以"高端要素集聚、产业高端发展、产业高效发展"的评价视角，立足泰州医药高新区的特色和问题，构建评价体系的基本框架。高端要素集聚，揭示园区生物医药产业高质量发展过程中高端要素的集聚，主要观察维度是高端人才、高端资本和高端平台。产业高端发展，重点反映园区生物医药产业创新发展的质量，主要从企业的创新能力、高成长性和可持续发展性等方面进行考量。产业高效发展，主要体现园区生物医药产业在高质量发展过程中的效率提升，包括高效集聚、高效生产、高效收益和高效孵化4个方面。

上述反映问题的方面也构成了评价的主要观察视角，由此形成泰州医药高新区创新发展指数指标体系的基本监测框架。该指标体系包括3个一级指标，在10个维度下共计选取28个二级指标，如表10-1所示。

表10-1　泰州医药高新区创新发展指数

一级指标	维度	二级指标
高端要素集聚	高端人才	1.1　专业人才密集程度
		1.2　医药产业从业人员中海外留学归国人员和外籍常驻员工占比
		1.3　累计引入的"千人计划"人数
	高端资本	1.4　医药产业营业收入
		1.5　医药相关产业基金规模
		1.6　政府医药产业科技财政投入

续表

一级指标	维度	二级指标	
高端要素集聚	高端平台	1.7	各类孵化机构当量数
		1.8	各类研发机构当量数
		1.9	各类金融机构数量
产业高端发展	创新能力	2.1	自主创新程度
		2.2	累计获得的新药临床批件数
		2.3	累计获得的新药证书数
		2.4	医药企业累计主导制定的标准数
		2.5	医药企业研发经费支出占营业收入比例
	高成长性	2.6	医药领域上市公司数量
		2.7	医药行业细分领域排名前十的企业数
		2.8	医药产业当年获得风险投资的企业数
	可持续发展性	2.9	单位增加值综合能耗
		2.10	单位增加值水耗
产业高效发展	高效集聚	3.1	医药产业集聚程度
		3.2	医药产业领域人均技术合同交易额
	高效生产	3.3	劳动生产率
		3.4	工业增加值率
	高效收益	3.5	企业利润率
		3.6	园区企业人均工资性收入
		3.7	新产品销售收入
	高效孵化	3.8	医药企业孵化成功率
		3.9	每千平方米孵化面积的就业人数

三、泰州医药高新区创新驱动发展指数表现

（一）总体指数表现

测算显示，2017年泰州医药高新区创新发展综合指数达到159.2（图10-1）。该数值是以2015年为基数100.0计算得出，2016年的综合指数为126.3，较2015年增加26.3，2017年较2016年增加32.9，2017年的指数增长率为26.0%。

第十章 中国医药城·泰州高新区创新发展指数

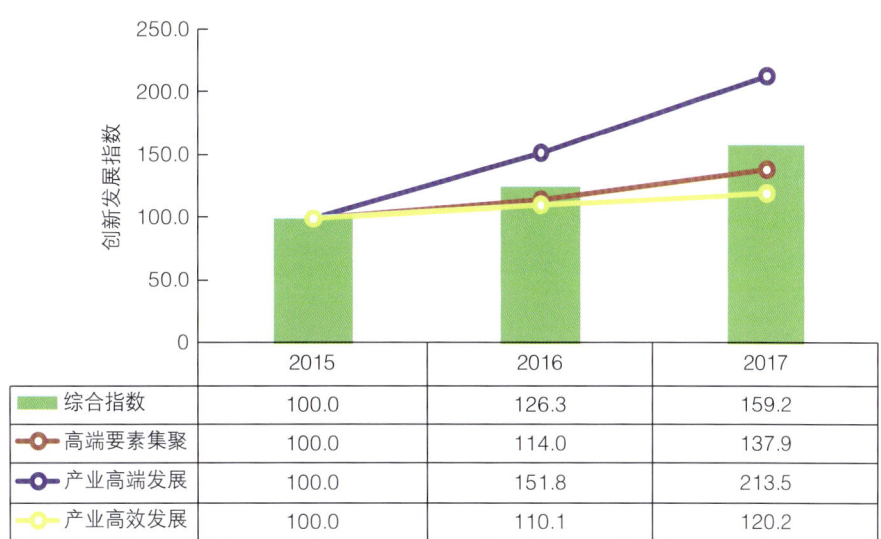

图10-1 泰州医药高新区创新发展指数

2017年，泰州医药高新区高端要素集聚指数达到137.9。该指数2016年为114.0，较2015年提高14.0，2017年比2016年增长了23.9。反映了泰州医药高新区高端资源愈渐丰富，且呈加速集聚态势。高端人才和资本的流入需要高端平台作为支撑，而丰富、功能健全的高端平台也成为不断吸引外来资源的优良载体，形成了良性的互补机制。

2017年，泰州医药高新区产业高端发展指数达到213.5。该指数2016年为151.8，较2015年提高51.8，2017年比2016年增长了61.7。产业高端发展指数在3个一级指标中增长率最高，体现了泰州医药高新区近三年在提升创新能力、培育高成长性企业等方面表现优异，尤其是细分领域产业的培育和标准的制定方面，有着广阔的市场前景。

2017年，泰州医药高新区产业高效发展指数达到120.2。该指数2016年为110.1，较2015年提高10.1，2017年比2016年增长了10.1。反映了泰州医药高新区在产业培育与集聚、生产效率效益提升等方面稳步前进，作为高质量发展的重要一环，不断提高劳动生产的效率、投资收益的效率、产业扩大的效率，需要园区和企业的共同努力。

总体来看，泰州医药高新区创新发展指数中，高端要素集聚、产业高端发展和产业高效发展3项分指数近三年均呈现正向增长，展现了泰州医药高新区生物医药产业高质量发展的良好态势（图10-2）。其中，产业高端发展指数增幅最大，对综合指数贡献最大，在分项权重相近的情况下，反映出泰州医药高新区生物医药产业是在以创新实力引领高质量发展。产业高效发展指数相对涨幅最小，但仍在稳定增长，从具体指标来看，该项分指数主要集中在收益类效率增长，在生物医药这种长周期的创新经济活动背景下属于正常，同时也说明泰州医药高新区生物医药产业正处在上升发展期，后劲十足。

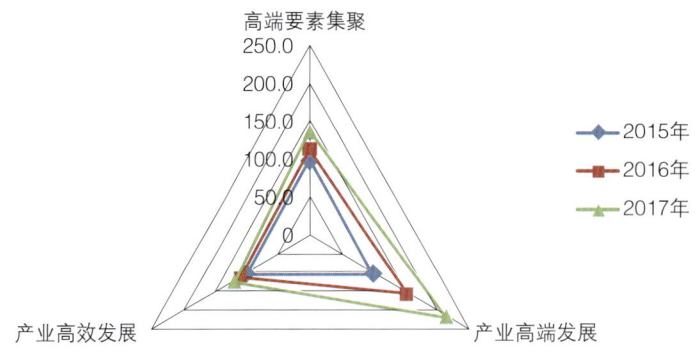

图10-2　泰州医药高新区创新发展分指数变化

（二）高端要素集聚分指数

高端要素集聚指数揭示园区生物医药产业高质量发展过程中高端要素的集聚，主要观察维度是高端人才、高端资本和高端平台。

专业人才密集程度。生物医药作为智力密集型的典型产业，专业人才的集聚是产业发展的基础。2017年，泰州医药高新区万人本科以上学历人数达到4166.4人（图10-3），接近半数，同比增长20.4%。2015—2017年，该指标稳定增长，泰州医药高新区生物医药产业正在形成人才优势。

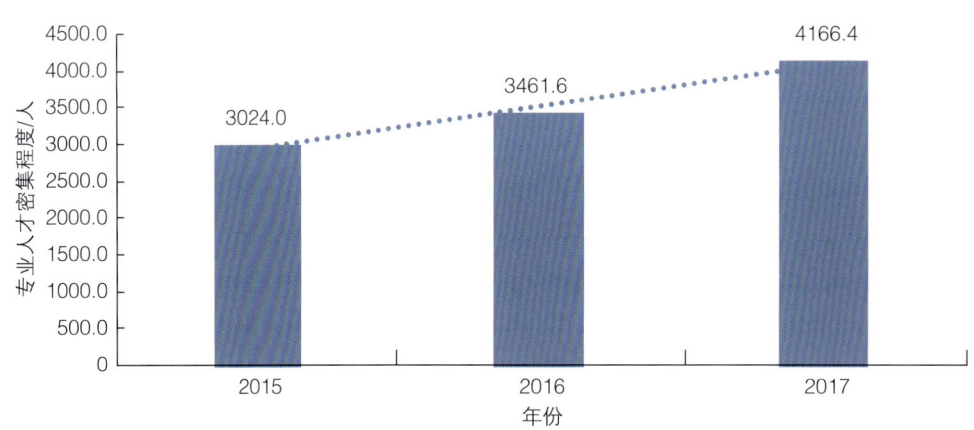

图10-3　2015—2017年泰州医药高新区专业人才密集程度

医药产业从业人员中海外留学归国人员和外籍常驻员工占比。众所周知，中国的生物医药产业虽然有不少领域在国际上颇具显示度，但总体而言还是与美国等发达国家在整体发展水平、前沿领域研究等方面存在不小的差距，如此背景下，人才的国际化，尤其是生物医药相关领域人才的国际化就显得尤为重要。2017年，泰州医药高新区医药产业从业人员中海外留学归国人员和外籍常驻员工占比为0.67%（图10-4）。2015—2017年，该指标出现先降后升的情况，整体呈下降趋势。

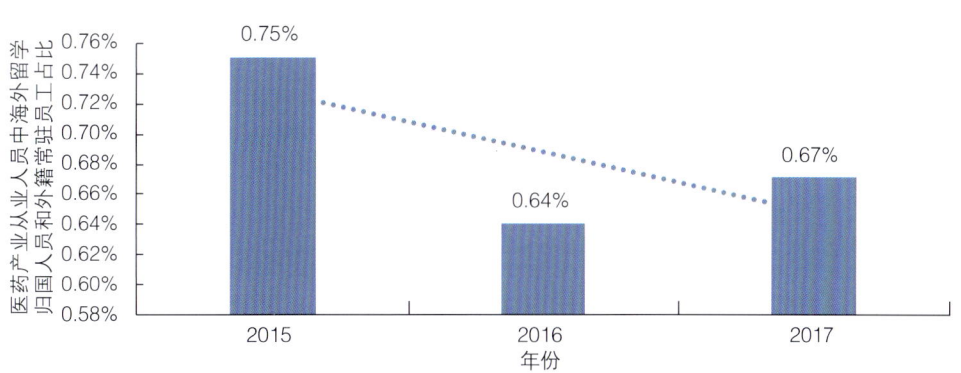

图10-4　2015—2017年泰州医药高新区医药产业从业人员中海外留学归国人员和外籍常驻员工占比

累计引入的"千人计划"人数。"千人计划"即"海外高层次人才引进计划",是围绕国家发展战略目标布局的人才引进计划。泰州医药高新区发展生物医药产业,需要一批能够突破关键技术、发展高新产业、带动新兴学科的战略科学家和领军人才入园创新创业,"千人计划"符合这样的人才要求。泰州医药高新区高度重视对尖端人才的招引,2017年,泰州医药高新区累计引入的"千人计划"人数达到了55人(图10-5)。2015—2017年,这一指标持续增长,既说明高新区对尖端人才求贤若渴,极度重视,也说明高端人才对泰州医药高新区发展环境的认可。

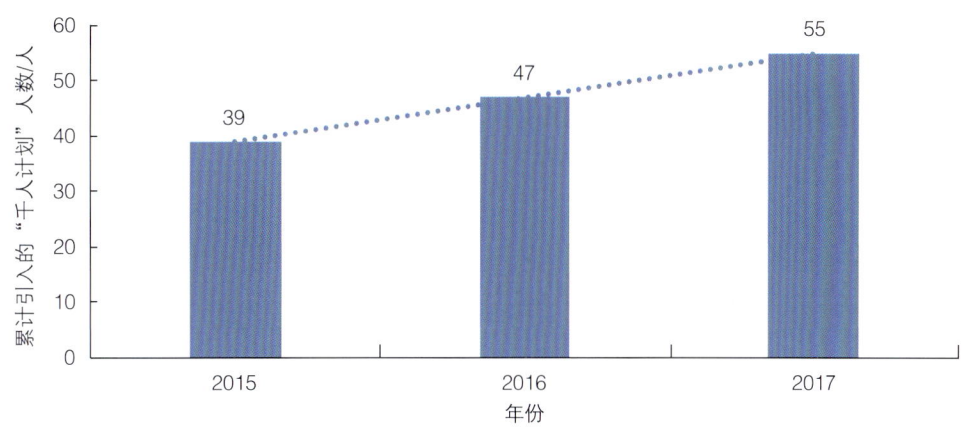

图10-5　2015—2017年泰州医药高新区累计引入的"千人计划"人数

医药产业营业收入。生物医药产业发展程度如何,产业的营业收入是一个直观的指标,能在一定程度上体现产业的规模。2017年,泰州医药高新区生物医药产业营业收入为340亿元(图10-6),较2016年增长了28.3%。2015—2017年,生物医药产业营业收入加速增长,创新驱动发展的成效逐步显现。

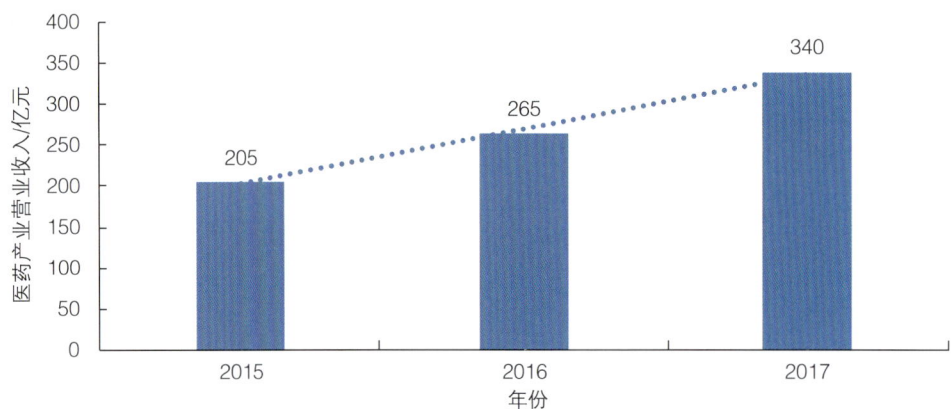

图10-6 2015—2017年泰州医药高新区医药产业营业收入

医药相关产业基金规模。该指标反映园区生物医药产业的资本活跃程度。2017年，泰州医药高新区医药相关产业基金规模达到8.75亿元（图10-7），较2016年增加了34.6%。说明资本市场正在加大对园区生物医药产业的投入力度，一方面反映出园区对生物医药产业的支持力度逐渐加大；另一方面也反映出产业的良好发展前景对资本的吸引力。

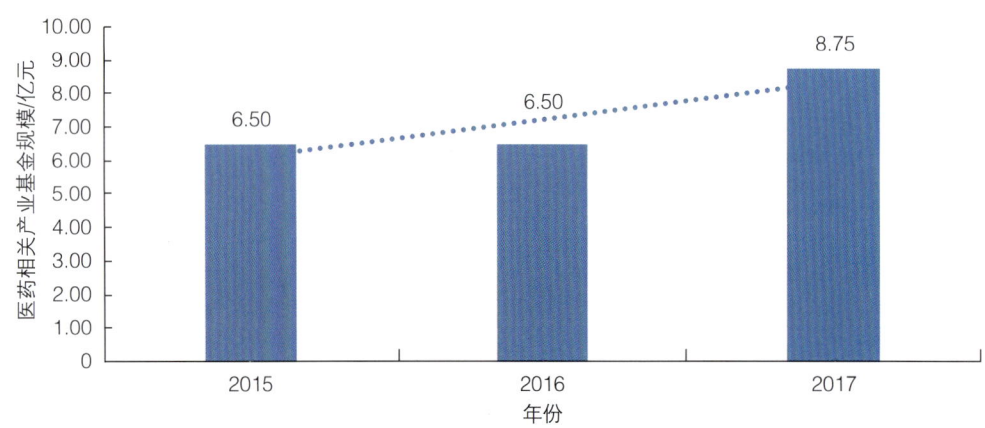

图10-7 2015—2017年泰州医药高新区医药相关产业基金规模

政府医药产业科技财政投入。该指标可直观衡量政府作为投入主体对生物医药创新活动的支持力度。2017年，泰州医药高新区管委会医药产业科技财政投入达到1.75亿元（图10-8），较2016年增长62.0%，占整体科技财政投入的一半以上。2015年该指标为0.75亿元。2015—2017年，该指标持续上升，充分体现了泰州医药高新区管委会对生物医药产业的重视和支持力度。

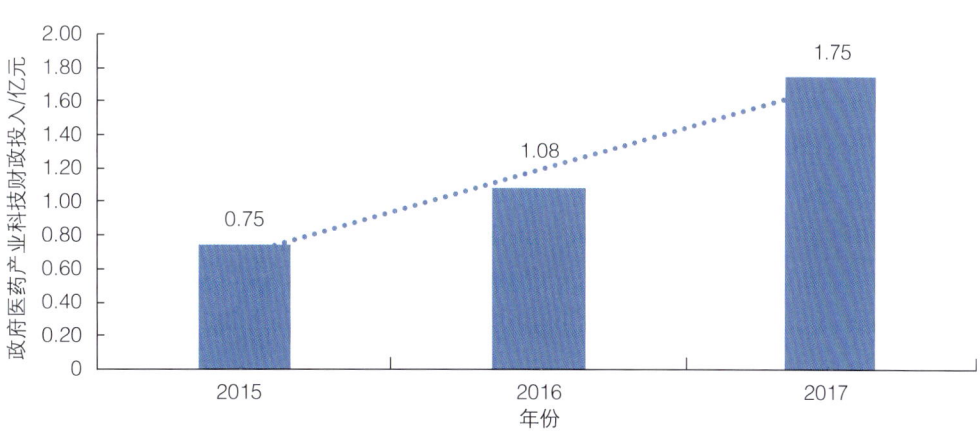

图10-8 2015—2017年泰州医药高新区政府医药产业科技财政投入

各类孵化机构当量数。该指标反映泰州医药高新区培育新企业的服务承载能力。2017年,泰州医药高新区各类孵化机构当量数达到16.0个(图10-9)。2015—2017年,该指标持续增长,说明园区正在加大对企业的培育和支持力度。

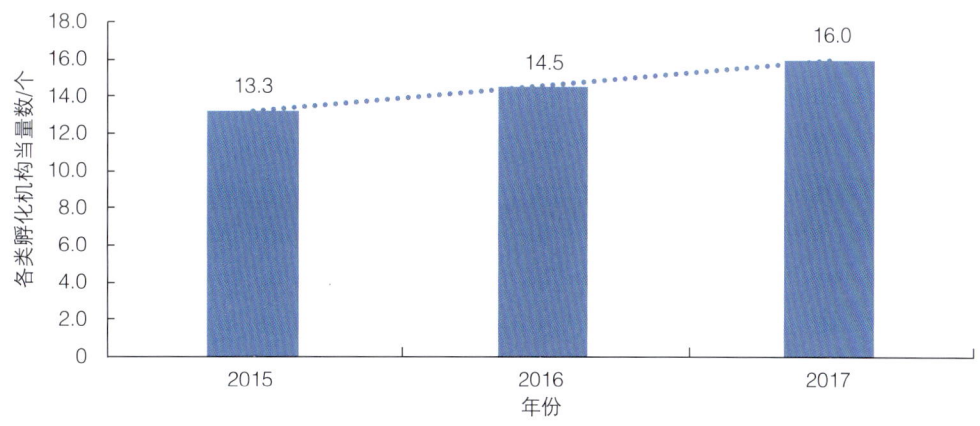

图10-9 2015—2017年泰州医药高新区各类孵化机构当量数

各类研发机构当量数。该指标反映高新区提升企业技术研发的服务能力,尤其是重技术、重研发的生物医药产业,丰富、功能健全的公共研发平台对中小企业的成长至关重要。2017年,泰州医药高新区各类研发机构当量数为29.8个(图10-10)。2015—2017年,该指标持续增长,既反映了企业对研发平台的需求,也体现了园区对研发服务的大力支持。

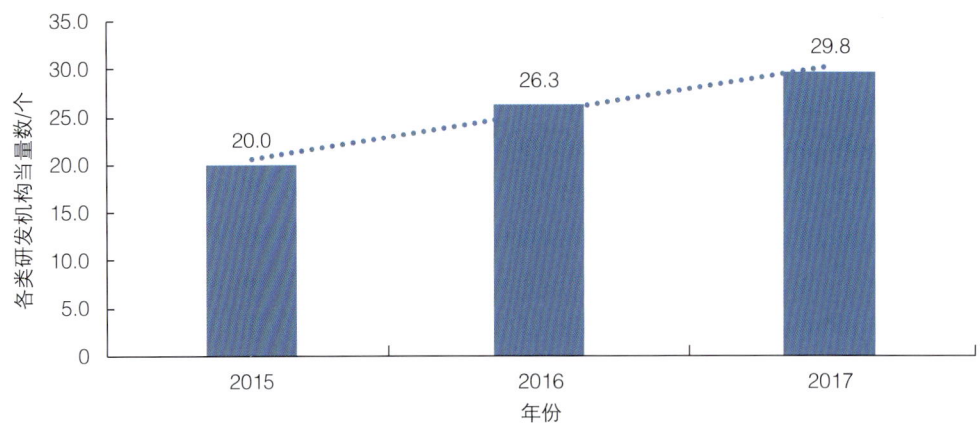

图10-10　2015—2017年泰州医药高新区各类研发机构当量数

各类金融机构数量。该指标反映高新区科技金融服务体系的建设和服务能力。生物医药是一个需要"砸钱"的产业，高额的研发投入、漫长的回收周期，需要一个完善的金融服务体系来支撑产业发展。2017年，泰州医药高新区各类金融机构数量达到27家（图10-11），初步形成了从天使投资到上市融资全阶段的金融支撑服务体系。

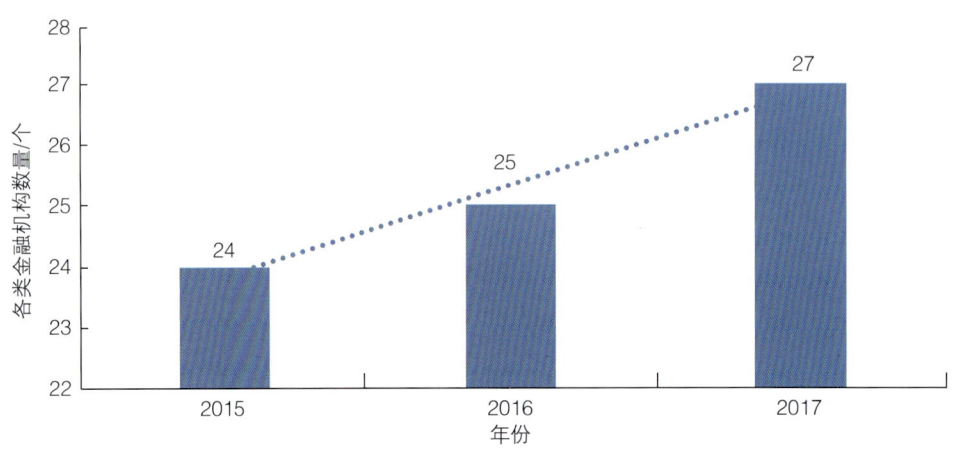

图10-11　2015—2017年泰州医药高新区各类金融机构数量

（三）产业高端发展分指数

产业高端发展指数重点反映园区生物医药产业创新发展的质量，主要从企业的创新能力、高成长性和可持续发展性方面进行考量，具体指标表现如下。

自主创新程度。该指标反映生物医药产业技术先进程度。通过对泰州医药高新区自主拥有PCT专利、国际顶级期刊论文和核心技术数量进行统计，展示泰州医药高新区在生物医药产业的技术领先优势。2017年，泰州医药高新区自主创新程度达到212项（图10-12），较2016年提高

17.8%，2015年该指标为136项。2015—2017年，这一指标持续稳定增长，说明泰州医药高新区生物医药产业自主创新能力正在不断提升。

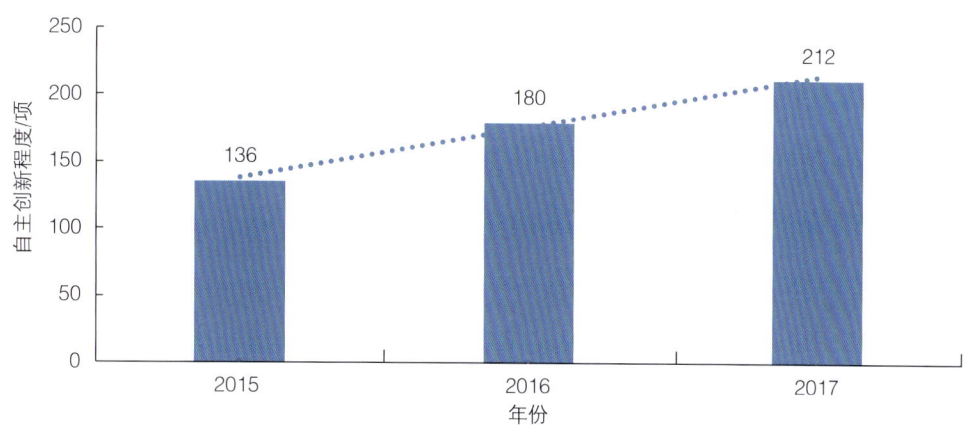

图10-12　2015—2017年泰州医药高新区自主创新程度

累计获得的新药临床批件数。该指标是医药产业的核心指标之一，表征医药产业的创新能力和实际应用水平。获得临床批件无疑代表企业所研究的产品已经具备相当的可行性和应用性，是获得新药证书前最重要的一步。2017年，泰州医药高新区累计获得的新药临床批件数达到139项（图10-13）。2015—2017年，该指标稳定上升，显示了泰州医药高新区生物医药产业较强的创新能力和应用水平。

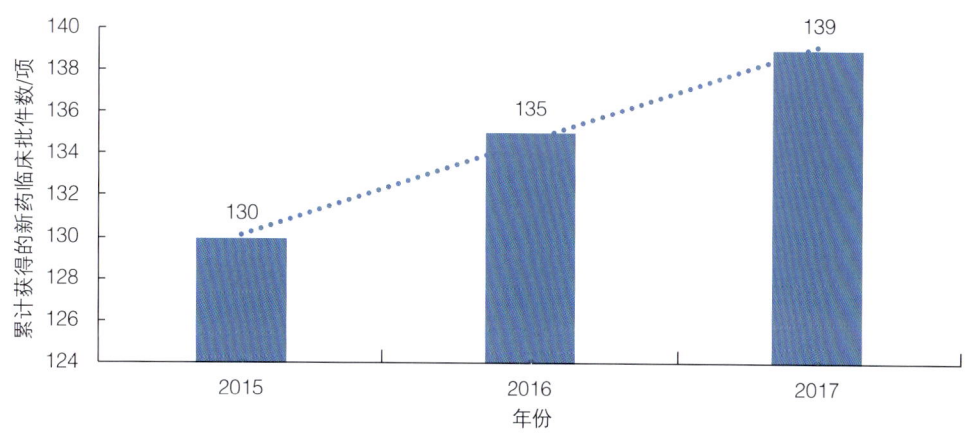

图10-13　2015—2017年泰州医药高新区累计获得的新药临床批件数

累计获得的新药证书数。新药证书作为药品研发的最终结果，其本身就表明了药物研发的高水平。2017年，泰州医药高新区累计获得的新药证书达3项（图10-14），是泰州医药高新区药物研发高水平的有利证明。

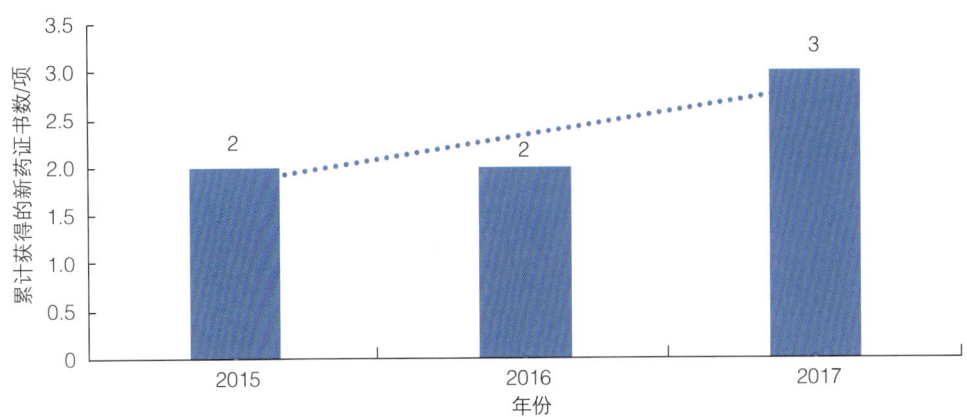

图10-14　2015—2017年泰州医药高新区累计获得的新药证书数

医药企业累计主导制定的标准数。产业技术标准的制定既能促进产业链条内协同配套的快速发展，同时又兼具垄断性质，拥有产业技术标准的企业在行业内具有先手优势，该指标在响应科技部标准战略的同时，反映了园区企业在生物医药产业领域内的技术先进性和优势程度。2017年，泰州医药高新区医药企业累计主导制定的标准数为9项（图10-15），较2016年有大幅增加。2015—2017年，该项指标持续上升，反映出园区医药企业在所属领域内的影响力在不断提升。

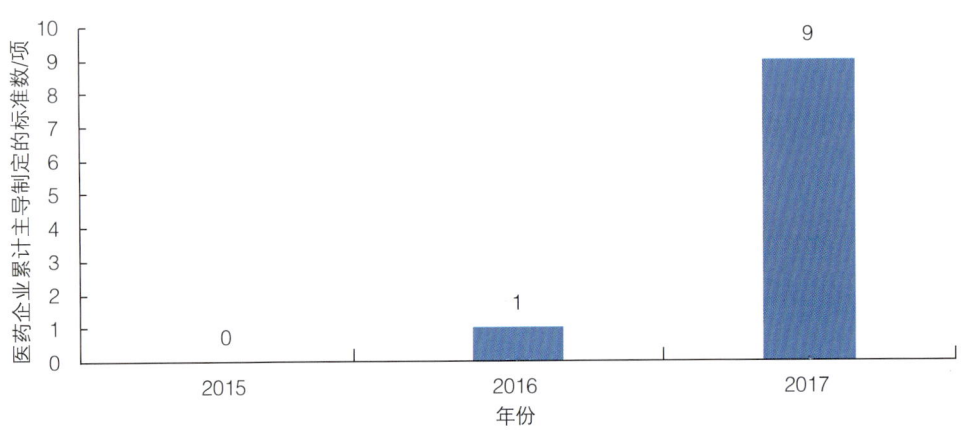

图10-15　2015—2017年泰州医药高新区医药企业累计主导制定的标准数

医药企业研发经费支出占营业收入比例。该指标反映园区医药企业研发投入的水平。2017年，医药企业研发经费支出占营业收入比例达到8.37%（图10-16），远高于园区其他产业的投入水平，2015年该指标为4.48%。2015—2017年，该指标出现了大幅攀升，说明园区医药企业越来越重视创新的投入。

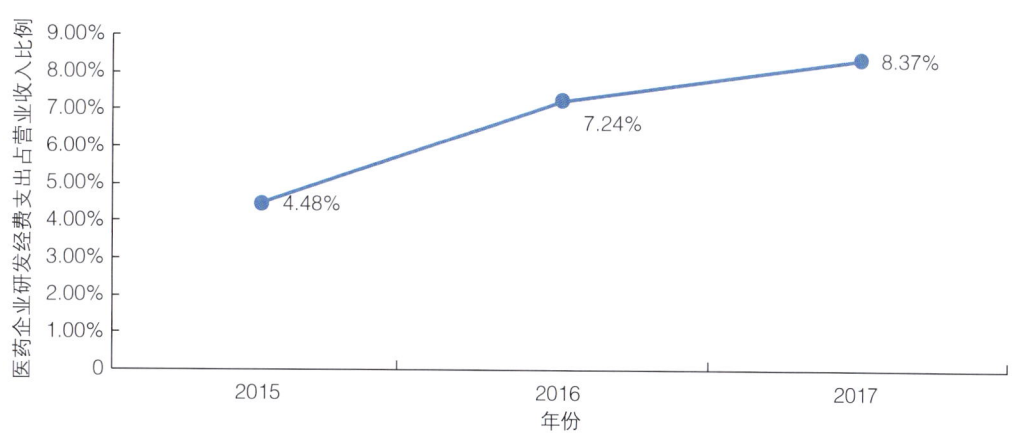

图10-16　2015—2017年泰州医药高新区医药企业研发经费支出占营业收入比例

医药领域上市公司数量。上市公司是医药产业中的优质领军企业，是形成产业生态的重要一环。2017年，泰州医药高新区医药领域上市公司数量达到8家（图10-17），而2015年这一指标为3家。2015—2017年，医药领域上市公司数量实现了大幅增长，一方面说明泰州医药高新区对企业的大力培育和支持；另一方面反映出泰州医药高新区优良的发展环境和平台吸引着大型企业的落户发展。

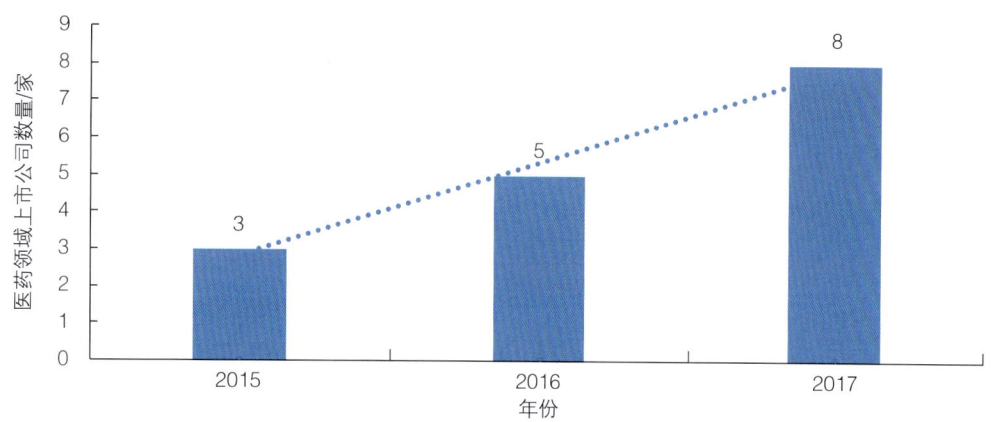

图10-17　2015—2017年泰州医药高新区医药领域上市公司数量

医药行业细分领域排名前十的企业数。该指标反映生物医药产业中的隐形冠军企业，这类企业在细分领域中拥有自身独特的技术优势，是园区挖掘高成长企业的重要抓手。2017年，泰州医药高新区医药行业细分领域排名前十的企业数为4家（图10-18）。2015—2017年，这一指标稳定提升，说明园区不断有企业发展成为行业领先，其成长性不容忽视。

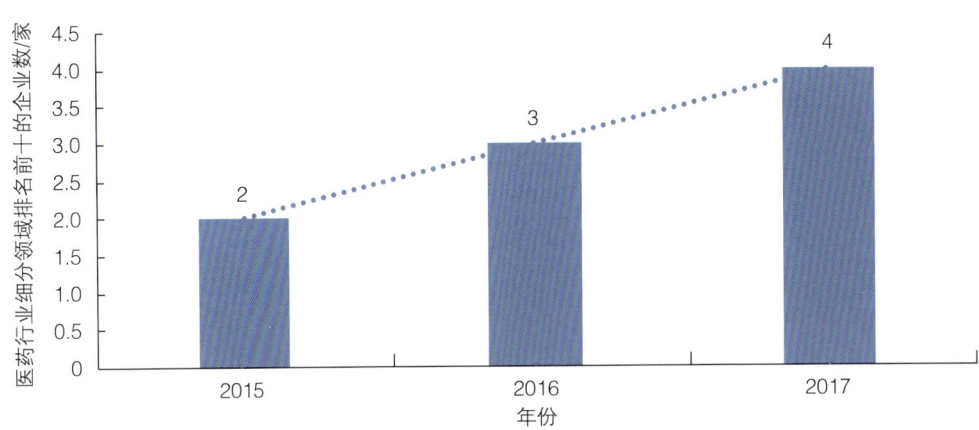

图10-18 2015—2017年泰州医药高新区医药行业细分领域排名前十的企业数

医药产业当年获得风险投资的企业数。该指标反映园区医药产业获得社会资本的能力，能吸引社会资本的企业必定有其优势和特点，也是园区挖掘高成长企业的重要依据。2017年，医药产业当年获得风险投资的企业数达到15家（图10-19）。2015—2017年，该指标稳定增长，说明泰州医药高新区生物医药产业的良好发展吸引了越来越多的社会资本。

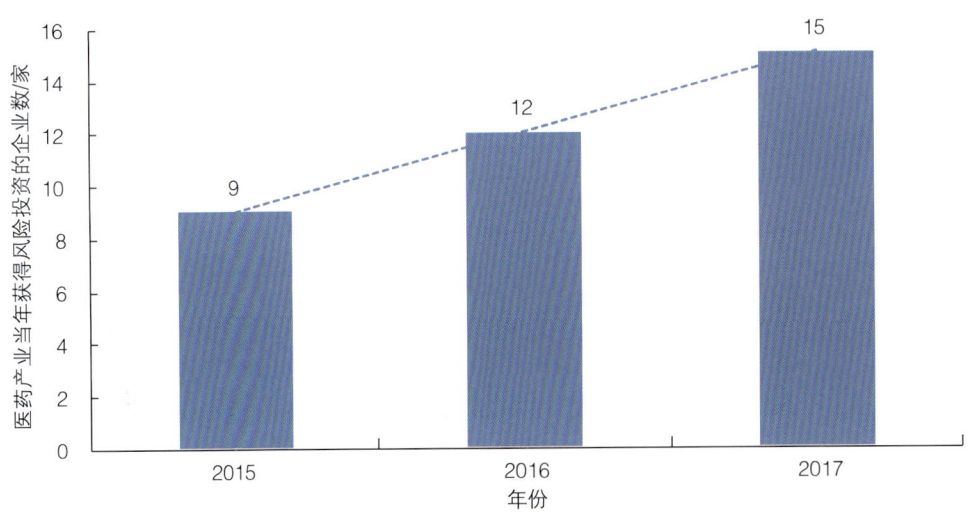

图10-19 2015—2017年泰州医药高新区医药产业当年获得风险投资的企业数

单位增加值综合能耗。2017年，泰州医药高新区单位增加值综合能耗较2016年减少21.4%（图10-20），有较大幅提升。2015—2017年，该项指标持续减少，说明泰州医药高新区在发展生物医药产业的同时不忘在绿色循环经济方面做功课，并起到了明显的效果。

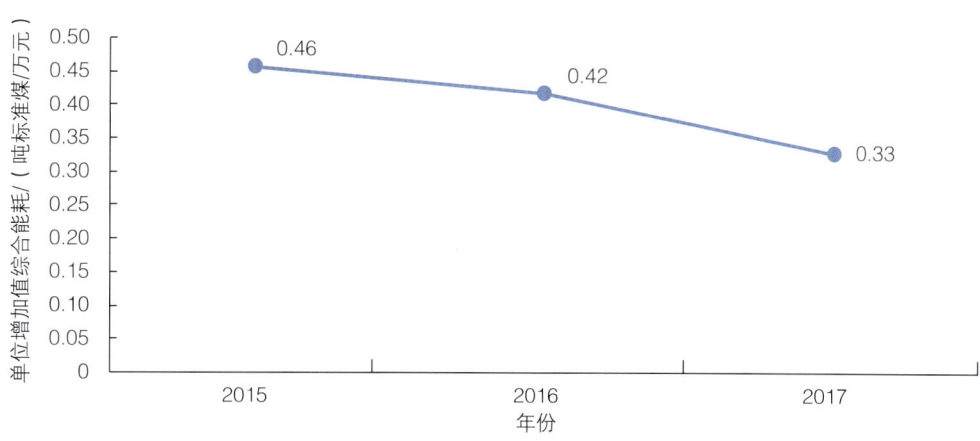

图10-20　2015—2017年泰州医药高新区单位增加值综合能耗

单位增加值水耗。单位增加值水耗是表征生物医药产业对水资源利用效率的重要指标，同等条件下数值越大，则表现越差。2017年，泰州医药高新区单位增加值水耗为5.46吨/万元（图10-21），较2016年增加了18.4%。2015—2017年，该指标总体呈上升趋势，但考虑到园区生物医药产业规模扩大，这一结果反而可以说明泰州医药高新区生物医药产业在迅速发展，当然，也需对高水耗企业提高警惕。

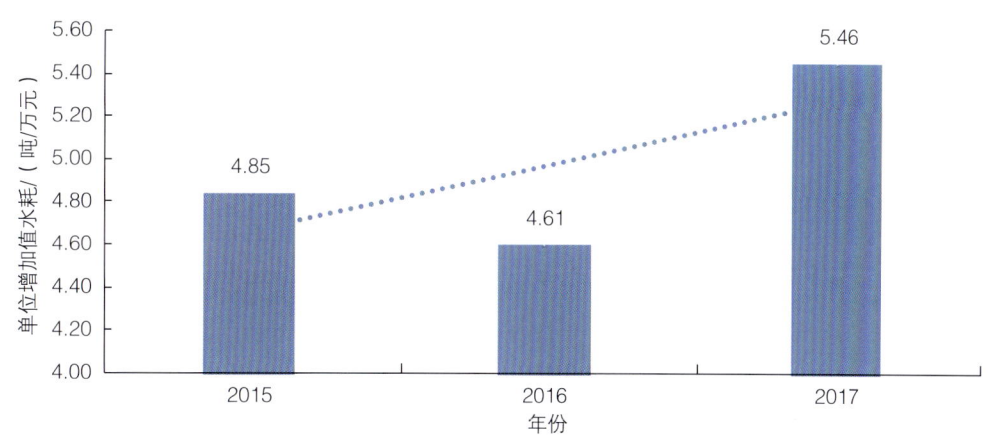

图10-21　2015—2017年泰州医药高新区单位增加值水耗

（四）产业高效发展分指数

产业高效发展指数主要体现园区生物医药产业在高质量发展过程中的效率提升，包括高效集聚、高效生产、高效收益和高效孵化4个方面，具体指标表现如下。

医药产业集聚程度。产业生态的形成离不开企业的集聚，该指标通过考察园区医药产业直接相关的企业数来反映园区医药产业的集聚程度。2017年，泰州医药高新区医药产业直接相关的企业数达到440家（图10-22），较2016年增长了19.9%。2015—2017年，该指标持续高速增长，反映了园区对生物医药企业的集聚效应越来越显著。

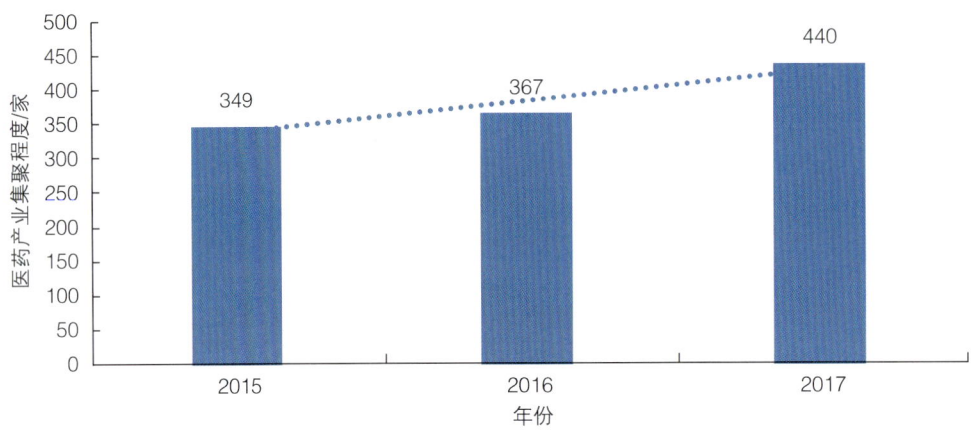

图10-22　2015—2017年泰州医药高新区医药产业集聚程度

医药产业领域人均技术合同交易额。该指标可度量园区生物医药领域技术交易活动的频度和规模。技术的流通带来的不仅是财富和收益，更多的是有利于人才的交流互动和人员素质的提升等。2017年，泰州医药高新区医药产业领域人均技术合同交易额为0.38亿元（图10-23）。2015—2017年，泰州医药高新区该项指标持续稳定增长，政府可适当加强对技术市场的管理和支持，提升技术市场活跃度。

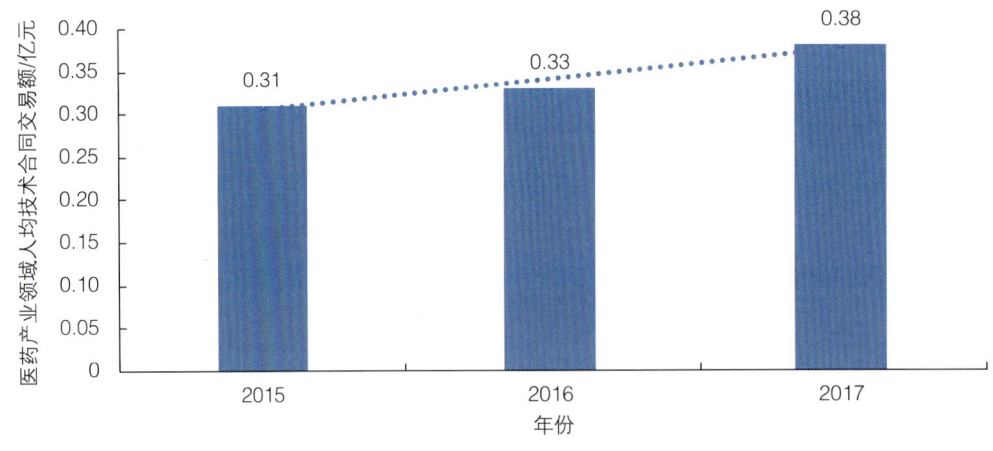

图10-23　2015—2017年泰州医药高新区医药产业领域人均技术合同交易额

劳动生产率。高质量发展体现在效率上最直观的指标就是劳动生产率，人均价值创造能力的提升是产业价值创造能力提升的前提。2017年，泰州医药高新区劳动生产率为33.2万元/人，且近三年基本上呈现上升态势，说明泰州医药高新区在高效率发展方面迈出了坚实的步伐，体现在具体生产过程中，有产业链的高端化发展，有生产流程的智能化改造，也有工人的职业技能提升。

工业增加值率。该指标反映产业价值创造效率的提升能力。2017年，泰州医药高新区工业增加值率为29.91%（图10-24）。2015—2017年，该指标持续提升，可见以生物医药产业为主导的泰州医药高新区产业优势开始逐渐显现。

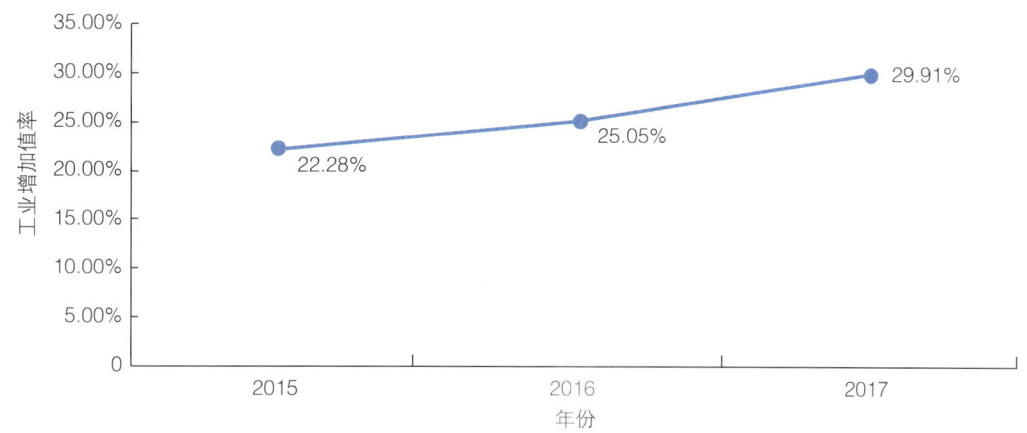

图10-24　2015—2017年泰州医药高新区工业增加值率

企业利润率。该指标是直观反映企业盈利能力的指标。2017年，泰州医药高新区企业利润率为7.40%（图10-25）。2015—2017年，该指标呈下滑趋势。考虑到生物医药产业投入获得产出的长周期性，这一指标有待长期监测并做进一步的调研和分析。

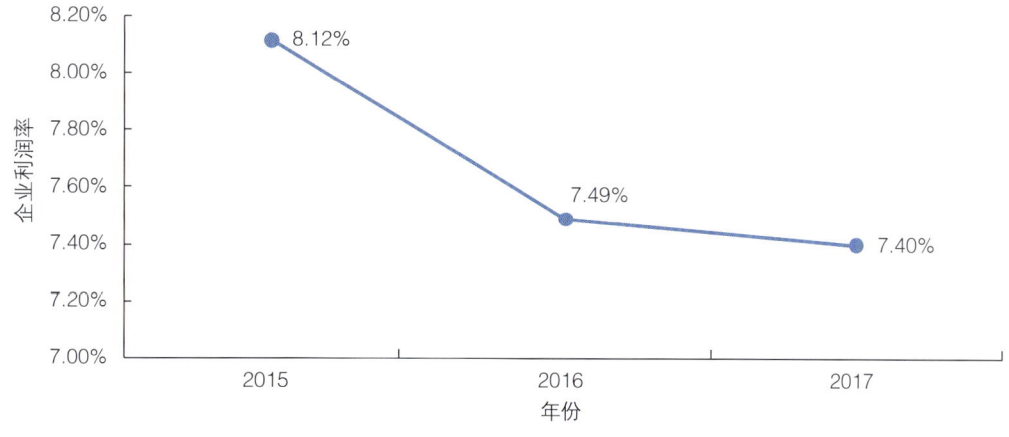

图10-25　2015—2017年泰州医药高新区企业利润率

园区企业人均工资性收入。园区企业人均工资性收入反映了高新区的平均薪资水平，这对于吸引人才流入非常重要，体现了园区对人才在薪酬层面上的吸引力及"还富于民"的程度。2017年，泰州医药高新区企业人均工资性收入为8.07万元（图10-26），较2015年的7.96万元并无明显提升。

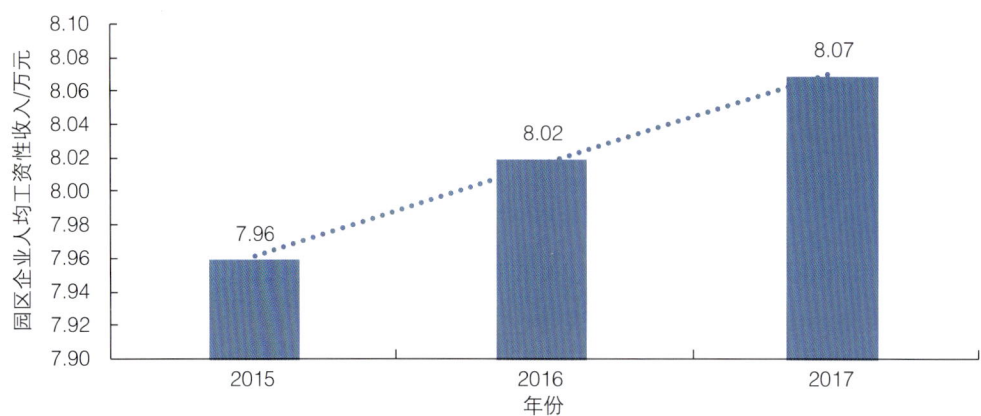

图10-26　2015—2017年泰州医药高新区园区企业人均工资性收入

新产品销售收入。该指标反映园区企业创新活动的绩效，产品更新换代、工艺升级改造是企业创新活动的重要内容。2017年，泰州医药高新区新产品销售收入达340.0亿元（图10-27），较2016年增长了28.4%。2015—2017年，该指标持续稳定上升，说明泰州医药高新区企业在不断更新迭代产品，创新活力十足。

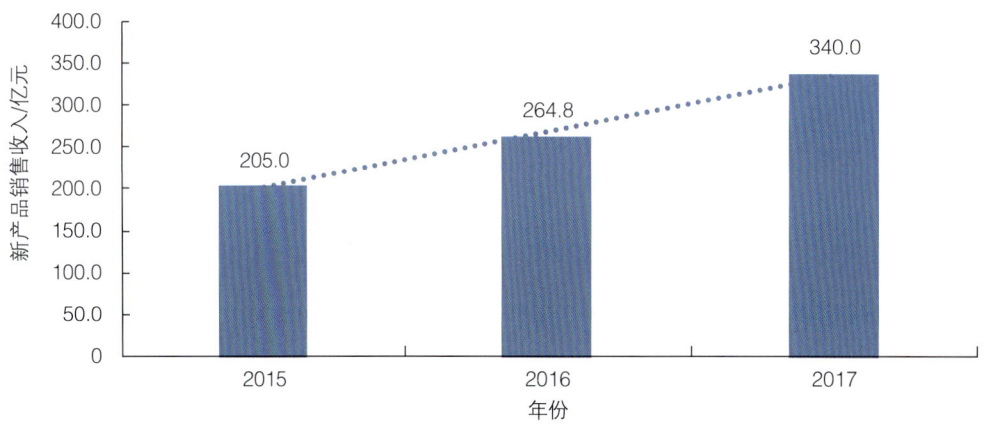

图10-27　2015—2017年新产品销售收入

医药企业孵化成功率。该指标反映园区孵化载体的孵化水平。2017年，泰州医药高新区医药企业孵化成功率达到88%（图10-28）。该指标2015—2017年持续提高，说明了泰州医药高新区生物医药产业孵化服务能力不断提升，具有较高的孵化成功率。

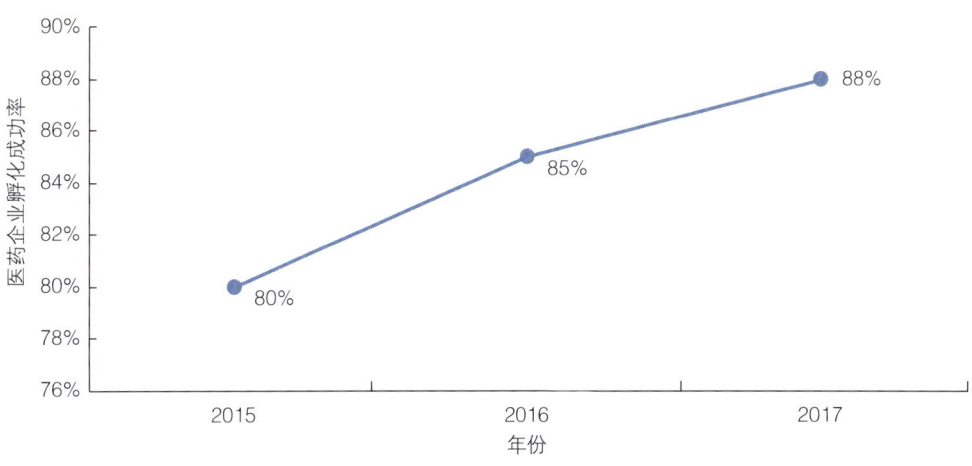

图10-28　2015—2017年泰州医药高新区医药企业孵化成功率

每千平方米孵化面积的就业人数。该指标反映孵化载体承载就业的效率，是考察孵化器孵化能力的重要指标之一。2017年，泰州医药高新区每千平方米孵化面积的就业人数为26.3人（图10-29）。2015—2017年，该指标持续提升，说明孵化平台在解决人员就业方面做出了越来越多的贡献。

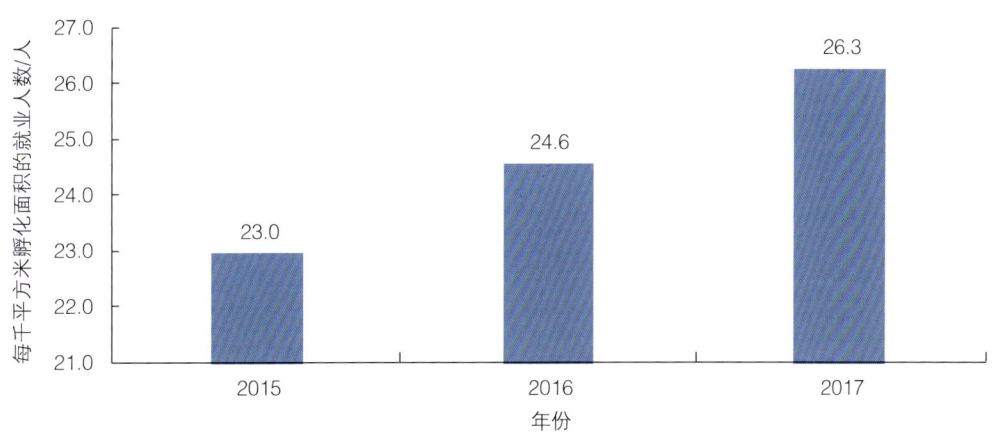

图10-29　2015—2017年泰州医药高新区每千平方米孵化面积的就业人数

（五）指标总结与综合分析

根据"泰州医药高新区创新发展指数"的整体表现来看，泰州医药高新区生物医药产业发展整体向好，在加权分配相近的情况下，产业高端发展指数增速最快，对综合指数增长的贡献最大。主要表现在2.4医药企业累计主导制定的标准数、2.6医药领域上市公司数量、2.7医药行业细分领域排名前十的企业数等，这3个指标均存在基数小、数量的变化带来较高指数收益的现象，但这种收益会随着基数增大逐渐减少；高端要素集聚指数中表现突出的有1.4医药产业营业收入、1.6政府医药产业科技财政投入和1.8各类研发机构当量数，表现不足的是1.2医药产业从业人员中海外留学归国人员和外籍常驻员工占比，整体上呈下滑趋势，值得引起相关部门注意；产业高效发展指数中表现突出的有3.3劳动生产率、3.4工业增加值率和3.7新产品销售收入，表现不足的则有3.5企业利润率和3.6园区企业人均工资性收入，可作为今后工作的重点方向。

第十一章　武进高新区创新发展指数[①]

武进高新技术产业开发区（简称武进高新区）地处长三角核心区域，隶属江苏常州下属的武进区，创建于1996年3月，2012年8月经国务院批准升级为国家高新区。园区规划面积81平方公里，规划控制面积182平方公里。经过20多年的卓绝奋斗，武进高新区特色产业集群化发展态势显著，园区综合实力与承载能力不断提升，体制机制不断创新，先后获批"国际科技合作基地""国家知识产权试点园区""江苏省半导体照明产业产学研协同创新基地""江苏省文化科技产业园""江苏省特色产业集群""江苏省科技金融创新合作示范区""常州市机器人及智能装备产业集聚区""国家新型工业化示范基地"等一系列荣誉，成为长三角地区最具吸引力和创新活力的开发区之一。

一、武进高新区创新发展综合研判

（一）发展阶段与综合分析

从发展历程来看，武进高新区自1996年建区到2005年，完成了一次创业，实现了基础夯实；2006年开启二次创业，到2015年基本完成二次创业，实现了自主创新能力的提升；2016年是"十三五"开局之年，也是武进高新区开启"三次创业"新征程之年。目前，武进高新区围绕高端装备、节能环保、电子信息、轨道交通，以及机器人、智电汽车等领域，形成"4+2"的特色化产业体系，聚集了一批具有自主创新能力的骨干企业和一批优质创新资源，在产业集群建设、创新网络搭建、创业孵化、环境培育等方面取得了一定成效，成为区域经济发展的重要引擎。但整体来看，武进高新区经济增长动力不足、产业发展模式亟须创新、创新创业生态不完善等问题依然突出，仍处于"二次创业中后期、三次创业初期"阶段，未来亟须寻求新杠杆、新路径、新模式。

从发展路径来看，武进高新区虽然拥有常州科教城，但是常州科技资源并不特别丰富，早期缺乏进行产业化自然衍生与延伸的条件，所以在建设初期，按照"引资是园区发展主旋律"的发展思路，不断进行招商引资，逐步走出了"建设大项目—企业集聚—产业集群—优势产业（产业

[①] 本章由张路娜、冯磊、张莹、勇升等撰写。

基地）"的发展路径，形成了"基金+基地"的发展模式。该发展模式是"先有特色产业，后有创新资源；以产业资源为引导，配置相关创新资源、营造创业环境，逐步形成创新网络，再到技术创新"的一种模式，如深圳高新区、宁波高新区、张江高新区等。但是，这些高新区在发展过程中，随着自身发展需求的不断升级都逐步转变发展模式，把内生发展动力的培育放到了突出位置。尤其是在新时期，它们都把创新创业与招商引资提到了同等位置，通过创新创业产生"聚变"和"裂变"的力量，激发内生动力，促进产业发展，驱动园区不断发展壮大和向更高阶段发展演化。

但是，武进高新区目前仍然更加注重的是大项目、大招商的思路。武进高新区虽然已经建立了一批众创空间与孵化器，但是随着江苏省和常州市对高新区经济考核力度的加大，新时期武进高新区甚至还提出了"鼓励全员推动项目招引"的思路，把过多的精力和财力放在了招商引资上，过度注重招商引资，忽略了内生型企业的培育，形成了典型的"路径依赖"。然而，在新时期，这种发展模式已经受到了土地、政策、劳动力等要素的限制，导致武进高新区整体发展缺乏动力，后劲不足，基本进入平缓期，其深层次的原因就是对新经济的发展规律认识不足，归根结底就是新旧动能转换的问题。同时，武进高新区提出"力争通过5年努力，在全省开发区综合排位中稳居前8强，在全国高新区排位中进入第一方阵（全国前30强）"。这就需要武进高新区加快探索园区发展的下一个引爆点，而新时期经济规模的持续突破与引爆来源于创新创业生态的培育，此外，创新创业生态是新旧动能转化的强大动力。目前，不论在中国还是在世界范围，科技园区的经济和技术的竞争都已经发展到创新创业生态的竞争。

（二）当前存在的三大问题

1. 创新创业活力不足

在建设初期，武进高新区主要通过"招大引强"的策略扩大经济规模，促进园区发展，把引资作为园区发展主旋律。当前，武进高新区依然在走资源依托的发展道路，仍是大项目、大招商的思路，并提出了"一切围绕项目转、一切围绕项目干"的原则和"全员推动项目招引"的思路，过于注重园区发展的经济指标，忽略了创新指标，导致内生发展动力不足，未来亟须加快处理好招商发展产业和创业发展产业的关系。

目前，武进高新区企业数量虽然快速增长，但现有孵化器内的在孵企业相对较少，一批具有巨大成长潜力的中小科技企业难以成为行业前沿科技小巨人。例如，区内高新技术企业虽在快速增长，但总量偏少，占区内企业总数比例只有30.5%，低于2015年国家高新区均值7个百分点。此外，来自政府的研发和创新投入强度偏低。根据2015年火炬评价数据显示，武进高新区管委会当年财政支出中对科技的投入为1.9亿元，均不足国家高新区和江苏省国家高新区均值的1/2。

2. 产业转型升级任务艰巨

主要表现为龙头企业缺乏。龙头企业特别是龙头型高新技术企业是带动区域集群发展的重要力量，国家高新区评价指标体系使用营业总收入超过30亿元的高新技术企业数来反映园区产业集群发展情况。然而，截至2017年年底，武进高新区营业总收入超过30亿元的企业只有3家，而国家高新区和江苏省国家高新区均值均已达4家。同时，正是由于龙头企业的缺乏，导致武进高新区在传统领域表现为有规模而无创新，而在新兴领域又往往表现为有创新无规模，尚不足以起到对园区经济的支撑作用。

商业模式亟须创新。武进高新区企业虽然重视技术创新，但忽略了商业模式创新，导致个性化、定制化等新型生产和服务方式缺乏；产业间融合有待提升，新产业、新业态优势不突出。而商业模式创新是引爆产业及园区发展的关键抓手。因此，未来武进高新区亟须推进商业模式创新，发展平台经济，打造产业创新生态，进而带动创新创业，不断涌现"新思想、新业态、新技术、新模式"，为园区发展持续注入活力，推动园区在全国乃至全球位势上快速升级。

3. 国际竞争实力较弱

武进高新区的国际竞争能力、全球创新资源整合能力和开放经济发展水平都有待提升。据火炬中心2017年度评价数据，武进高新区万人当年新增欧美日专利授权数、万人当年新增欧美日注册商标数、企业设立的境外分支机构数、企业累计参与制定产业国际标准数分别为2.2件、15.4件、5家、1件，远低于国家高新区、创新型特色园区和省内国家高新区的均值；内资控股企业的海外直接投资额、技术服务出口额占出口总额的比例分别为4.2亿元、0.82%，在全国高新区及省内高新区中仍处于劣势地位。

未来，武进高新区应以开放创新为导向，借助"一带一路"、长江经济带等建设的机遇，创新开放型经济机制，探索建立各种连接平台和渠道，链接整合全球高端创新资源，形成全球高端创新要素的"聚集与再聚集"。

（三）创新指数背后的诉求

结合现有基础，围绕创新创业生态的核心内涵，"十三五"期间，武进高新区培育创新创业生态的突破口与抓手在于以下5个方面。

一是培育创新创业，加快新旧动能转化。创新创业是推进园区新旧动能转换的强大动力和经济结构升级的重要力量，是一个区域的活力所在和一个区域能够不断成长和发展壮大的生命力所在。未来，武进高新区应围绕苏南国家自主创新示范区建设，依托优势产业和龙头企业，强化研发投入，提升企业创新研发能力，建设支撑创新创业的平台，优化"双创"环境，集聚"双创"人才，完善促进创新创业的政策生态体系，激活各类创新创业主体的活力，带动大众创业万众创新，使高新区整体呈现创新密集、创意迸发、创业活跃的繁荣景象。

二是培育特色产业，打造产业生态。新一轮的产业竞争已经从围绕主导产品的产业集群竞争转移到围绕运营平台的产业生态竞争，然而，武进高新区在新一轮产业变革中的响应能力并不突出，尤其表现在"互联网+"意义上的平台企业发展迟缓。新时期，着眼于未来"常州智造"的产业构图，发展"互联网+"意义上的平台企业，推进制造业向智能化和服务化转型是当务之急。因此，"十三五"期间，武进高新区亟须抢抓"中国制造2025""互联网+"等战略机遇，围绕智能装备、纺织、绿色低碳产业、电子信息、新型交通等优势产业和龙头企业，积极导入新技术，创新商业模式，加速传统产业跨界融合；以工业4.0为标杆，鼓励龙头企业平台化发展，大力提升创业孵化、创新研发、产业化、综合集成能力，重点推进智能装备产业发展，带动培育一批新产业、新业态，促使武进工业体系向高价值生产的高级阶段转变。

三是营造开放市场，拓展发展新空间。营造创新发展的开放市场是创新创业生态建设的重要方面。营造开放创新市场的核心目的是要在创新要素的全球自由流动中形成自身的吸纳和聚集优势，中国开放发展的全球化战略为新时期创新发展的市场营造提供了广阔的空间。未来，武进高新区应重点做好两方面工作：一是积极营造发达的商业氛围、拓展商业渠道，具备高效感受市场脉动的能力。这是由于发达的商业氛围和商业渠道能够使高新区感受到全球商业的最新变化，并对这样的变化做出快速的响应。武进高新区应抢抓互联网范式革命带来的创新机遇，推动网上交易的组织平台建设；借助贵阳大数据发展经验，结合"一带一路"倡议，举办国际性新兴产业领域的展交会和发展论坛，壮大会展经济。二是形成能够不断吸纳外部知识和营养的环境和条件。创新开放型机制，主动参与"一带一路"建设，快速融入"长江经济带"，以承接产业转移为抓手，加快集聚更多发展要素。

四是加快产城融合，打造宜居宜业的知识城区。创新创业生态强大的根本在于本地的知识土壤。武进高新区紧邻常州科教城，具备吸纳新知识人口的优势条件，继续保持这样的优势并能够高效发挥出这样的优势是创新生态不断走向强盛的根本。这需要武进高新区加快推进产城融合，不断夯实园区的知识社区基础，打造宜居宜业的创新创业环境，提升城市生活品质，留住有知识和富有创造力的人口，形成具有知识定价、知识产生、知识放大的良好条件，促使区内产业具备响应变革、创造变革乃至引领变革的能力。具体工作包括：强化生态环境建设，营造园区发展的良好生态环境；完善城市功能，加快推进邻里中心带载体建设，积极完善交通、就学、医疗等公共服务载体，不断夯实园区的知识社区基础；加快云、网、端等智慧基础设施建设，打造智慧和宜居的社会环境，全面助推创新型城市和社会的发展。智慧园区建设既为宜居生活提供了便利，也为知识和信息的交互提供了条件，是促进新经济发展的基础和前提。目前，全国主流高新区，如济南高新区、西安高新区、佛山高新区等，都普遍把智慧城市建设作为新一轮园区基础设施建设的主体任务。

五是加快活力文化培育和新知识人口聚集，构建活力社会。文化和新知识人口是一个城市或一个区域是否具有内生发展活力的重要方面，也是有活力的创新创业生态存在的基础。这就需要武进高新区不但要构建发达的商业网络，还需要有能够引领消费和崇尚创业的文化、有创业和创富的空间和机会，以及有吸取知识和知识更新的条件。具体工作包括：一是依托科技资源与区位优势，积极开展创业教育、基于互联网的教育培训等，吸纳新知识人口；不断完善创新创业服务体系，积极开展基于互联网的创新创业，加快吸纳、承载和留住新知识人口。二是促进时尚和文化消费，发展休闲娱乐、生态宜居、文化创意等高端服务产业，提升城市的生活品质，留住有知识和富有创造力的人口。例如，考虑未来高新区对新知识人口吸引的消费需求，武进高新区应大力发展文化创意产业，可以以动漫、游戏和音乐等为主题，举办特色活动和打造具有一定规模、活力和影响力的艺术主题街区，作为活跃武进高新区都市文化的抓手；创新发展文化休闲业，立足现有文化底蕴和旅游资源，拓展多种旅游新业态。三是积极营造能动发达的社会网络和社交网络，这是由于社会网络和社交网络是创新生态内在组织的经络，其发达程度往往决定着一个园区的创造力和运行效率，这也是成就当今硅谷和中关村园区的优势所在。

二、基于国家高新区评价指标的总体表现

经协商确定，武进高新区创新评价同第四章南宁高新区创新评价一样，将科技部火炬中心综合评价指标（表4-1）作为本次创新评估的依据。

从纵向变化来看，武进高新区在2012—2017年，总排名呈持续上升态势，尤其是2013年、2015年、2017年均实现大幅提升，皆在5名以上，2017年已跻身全国高新区前50名（图11-1）。这说明武进高新区通过大力实施创新驱动发展战略，创新创业环境不断优化，产业转型升级步伐加快，对外合作纵深发展，园区综合实力实现了明显提升。

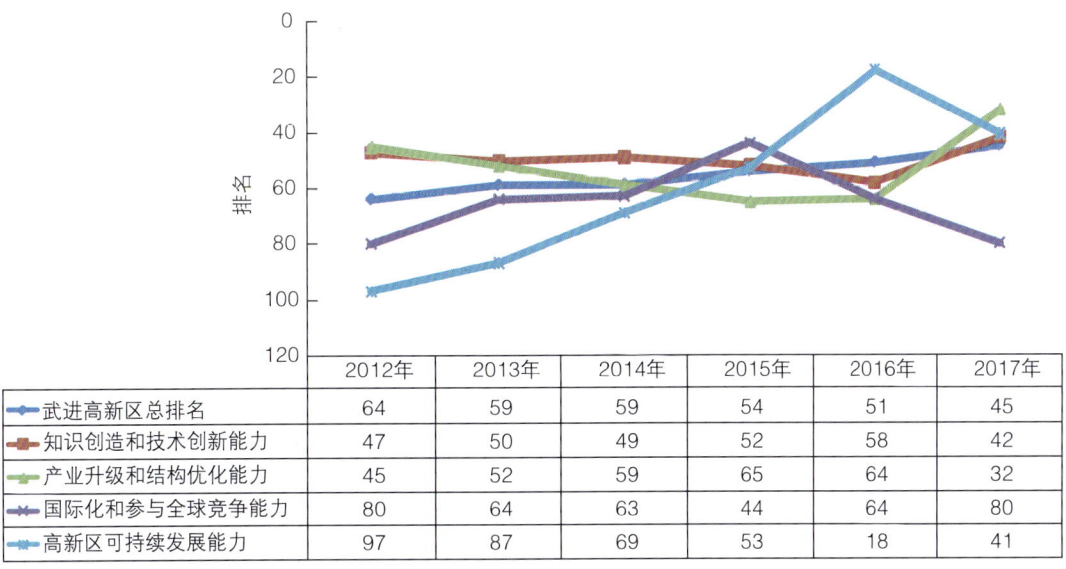

图11-1　2012—2017年武进高新区总排名和4个一级指标排名变化

从4个单项指标来看，知识创造和技术创新能力表现较为稳定，基本维持在50名左右，2016年下降较多，2017年出现大幅提升。产业升级和结构优化能力2013年至2015年排名下降幅度较大，2016年开始回升，2017年实现了较大幅提高，说明产业转型成效显著。国际化和参与全球竞争能力起伏较大，2013年至2015年持续上升，2016年和2017年均出现下降，在武进高新区4个一级指标中排名最为靠后。高新区可持续发展能力排名2013—2016年连续上升，2017年有所下降。整体来看，除国际化和参与全球竞争能力以外，其他3个一级指标与总排名的位势基本保持一致。

三、基于国家评价指标的分指标表现

本部分基于国家高新区评价指标体系，按照4个一级指标的顺序，一方面从纵向分析武进高新区2016年和2017年的二级指标数值及排名变化情况，以便了解指标增长或降低原因；另一方面将武进高新区每个二级指标分别与2017年全国国家高新区均值、前面5家国家高新区均值及江苏省国家高新区均值进行横向比较，以便基本确定武进高新区每个指标的相对差距和优势。在此基础上，对武进高新区与重点对标园区的各项二级指标具体数值进行对比。

为了便于说明问题，以下分析将武进高新区的各个二级指标大致分为以下3种类型。

类型1："优势指标"，即2017年武进高新区的该指标高于当年全国高新区均值、江苏省国家高新区均值及重点对标园区均值，或者排名在全国40名之前。

类型2："短板指标"，即2017年武进高新区的该指标低于当年全国高新区均值、江苏省国家高新区均值及重点对标园区均值，且排名在全国60名以后。

类型3："一般指标"，即对整体排名影响不大的指标。

（一）知识创造和技术创新能力

从纵向变化看，近三年来武进高新区知识创造和技术创新能力的9个定量指标中，指标值和排名均持续上升的指标有3个，分别为1.3国家级研发机构数、1.6管委会当年财政支出中对科技的投入额及1.9企业利润率；指标值上升但排名出现下降的指标为3个，包括1.1万人拥有本科（含）学历以上人数、1.2企业万元销售收入中R&D经费支出、1.7人均技术合同交易额，说明原来这些指标排名在武进高新区之后的高新区，其增长幅度要高于武进高新区；指标值和排名均出现下降（或起伏不定）的指标有3个，分别是1.4国家级孵化器数、1.5内资控股企业万人当年新增发明专利授权数、1.8工业增加值率，国家级孵化器数连续3年未增加，内资控股企业万人当年新增发明专利授权数、工业增加值率2016年出现下降，但2017年又重新上升。

从横向对比看，2017年，在知识创造和技术创新能力中，武进高新区的优势指标有4个，短板指标有4个，一般指标有1个。

2017年，武进高新区知识创造和技术创新能力中的优势指标具体包括1.2企业万元销售收入

中R&D经费支出、1.4国家级孵化器数、1.8工业增加值率、1.9企业利润率,尤其是企业利润率达10.2%,进入全国高新区前20名(图11-2至图11-5)。这说明武进高新区企业对研发的投入力度较大,创业服务平台较多,企业产品附加值较高,盈利能力较强。

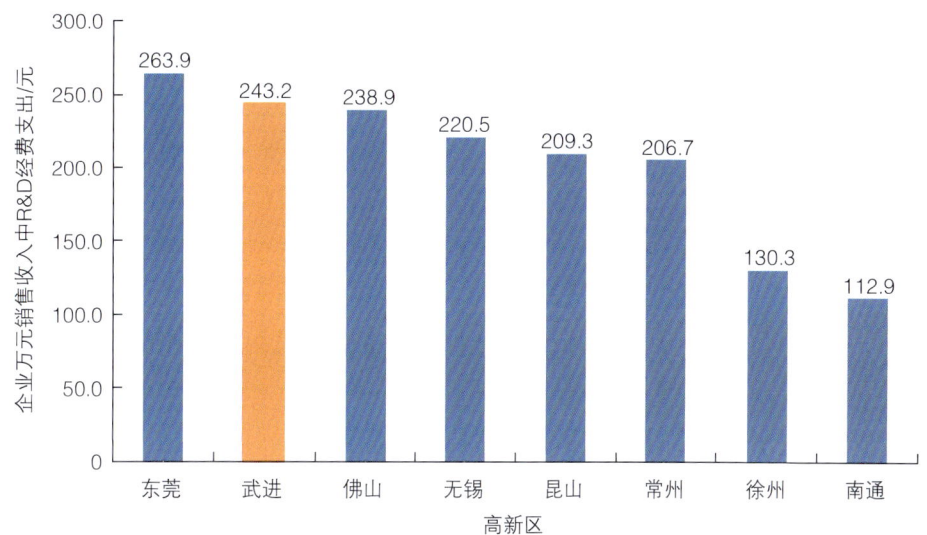

图11-2　2017年8家高新区企业万元销售收入中R&D经费支出对比

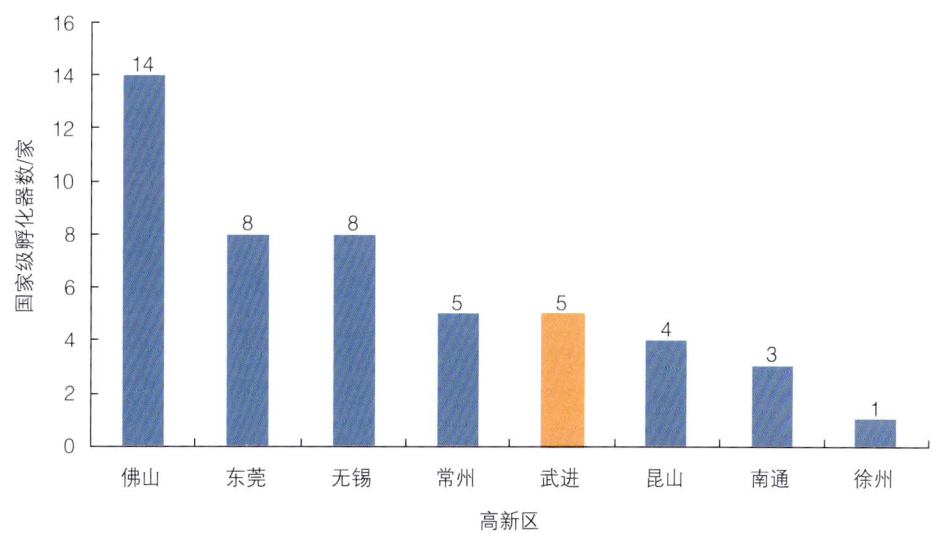

图11-3　2017年8家高新区国家级孵化器数对比

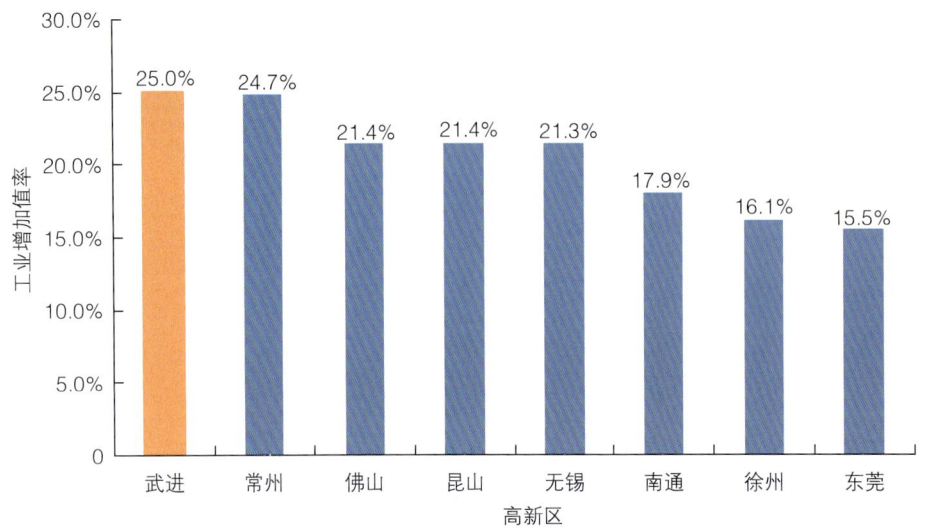

图11-4　2017年8家高新区工业增加值率对比

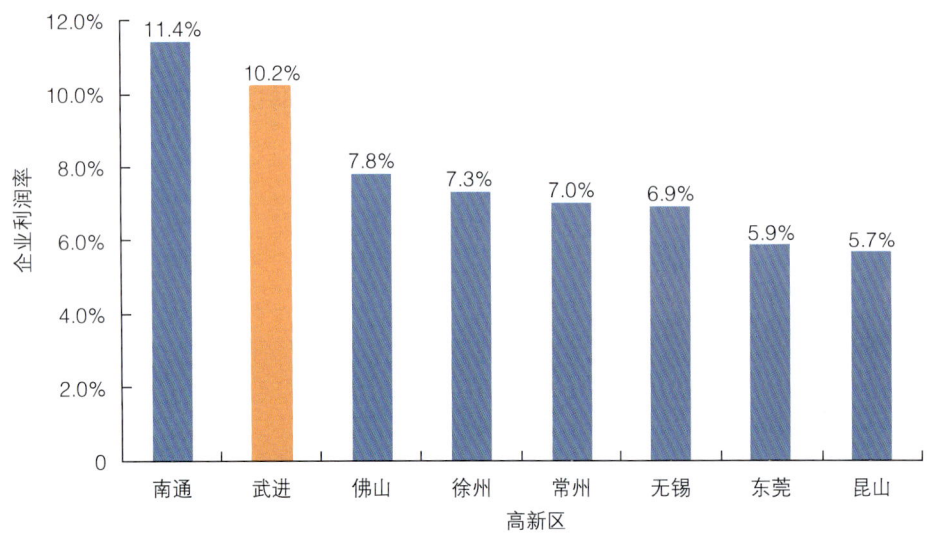

图11-5　2017年8家高新区企业利润率对比

2017年，武进高新区知识创造和技术创新能力的短板指标具体包括1.1万人拥有本科（含）学历以上人数、1.3国家级研发机构数、1.5内资控股企业万人当年新增发明专利授权数、1.7人均技术合同交易额（图11-6至图11-9）。这说明武进高新区未来需要进一步优化人才结构，建设国家级创新平台，加大对企业专利申请及授权的奖励力度，增强技术市场活跃度等。

第十一章 武进高新区创新发展指数

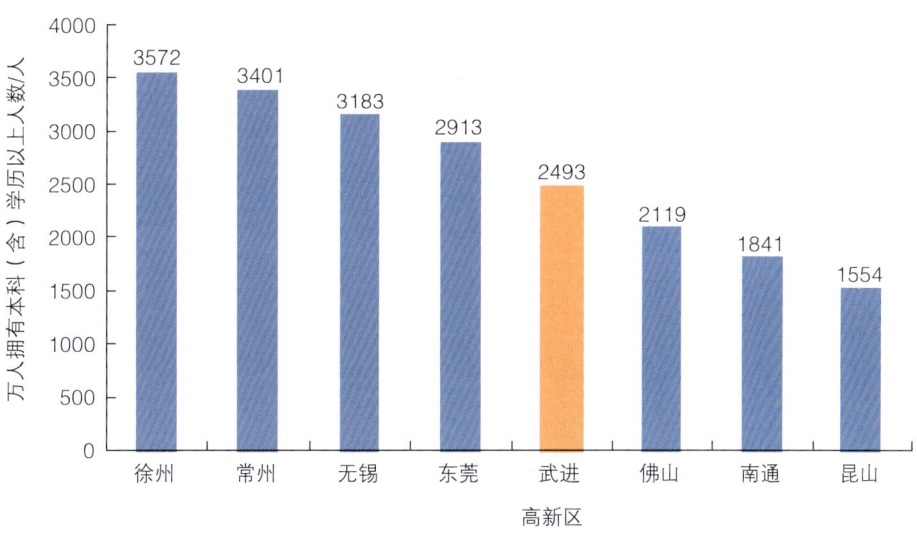

图11-6 2017年8家高新区万人拥有本科（含）学历以上人数

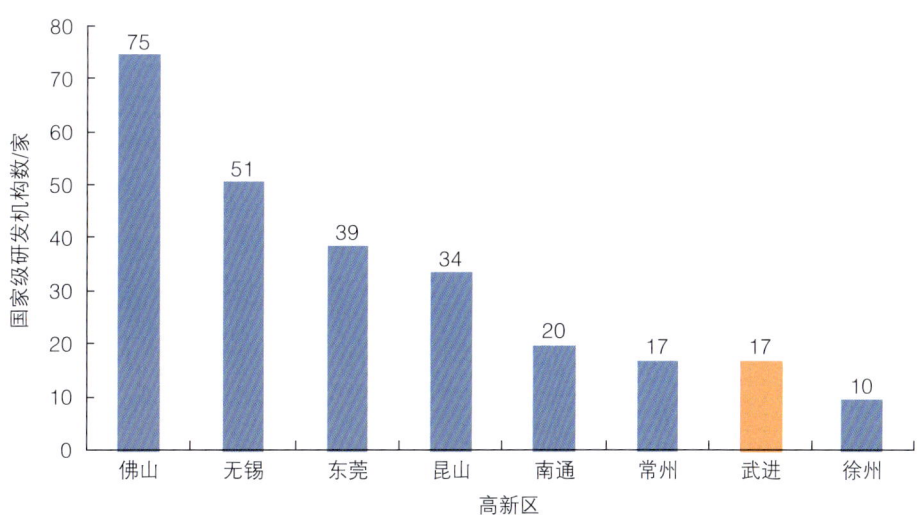

图11-7 2017年8家高新区国家级研发机构数

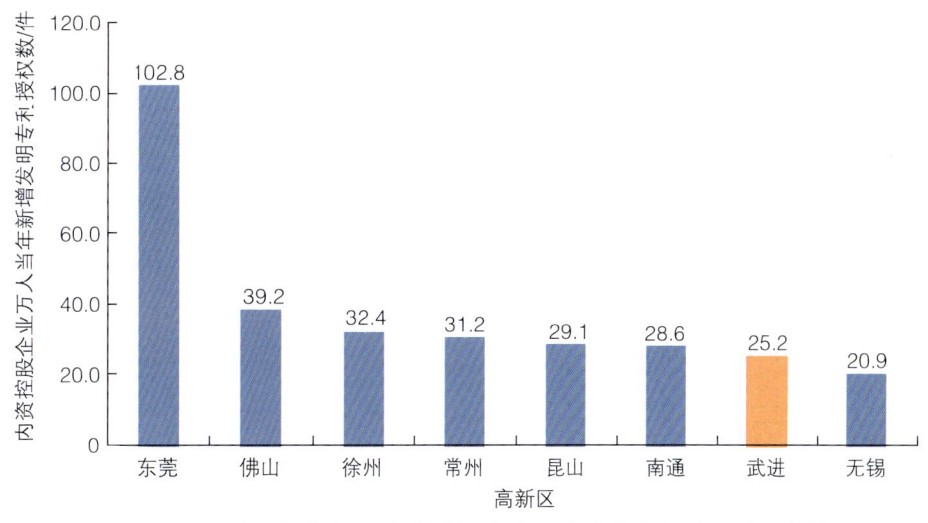

图11-8 2017年8家高新区内资控股企业万人当年新增发明专利授权数

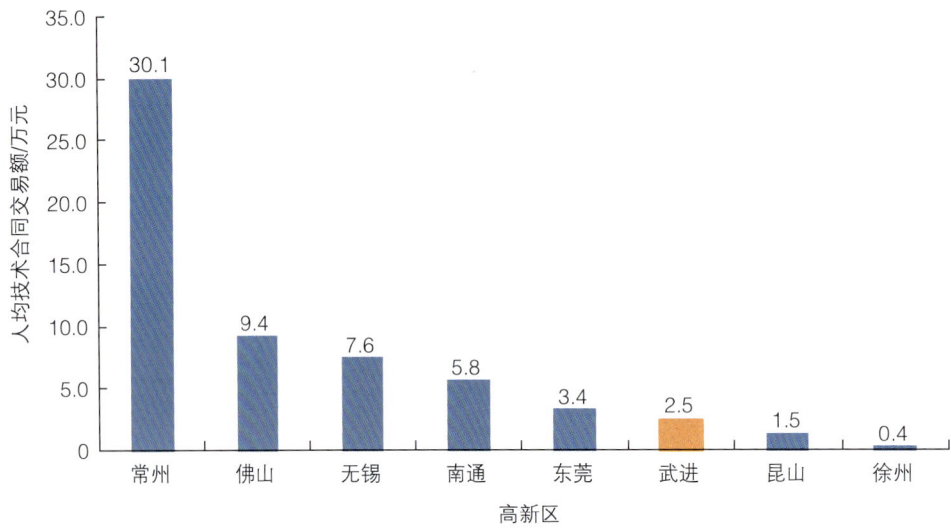

图11-9　2017年8家高新区人均技术合同交易额

（二）产业升级和结构优化能力

从纵向变化看，近三年来武进高新区产业升级和结构优化能力的9个定量指标中，指标值和排名均呈持续上升的指标有3个，分别为2.2服务收入占营业总收入比例、2.3人均增加值、2.8企业净资产利润率；指标值上升但排名出现下降的指标为2个，包括2.1营业收入超30亿元高新技术企业数、2.4高新技术企业数占企业总数比例；指标值和排名均出现下降（或保持稳定）的指标有4个，分别是2.5国家级产业服务促进机构数、2.6万人当年新增的知识产权数（含注册商标）、2.7万人拥有的上市企业数量、2.9从业人员人均工资性收入占人均增加值比例。其中2.7万人拥有的上市企业数量指标值下降，但排名上升，主要是因为该指标统计范围去掉了子公司，2017年全国高新区均出现下降。武进高新区需要重点关注2.9从业人员人均工资性收入占人均增加值比例，连续3年指标值和排名均出现下降。

从横向对比看，2017年，在产业升级和结构优化能力中，武进高新区的优势指标有3个，短板指标有3个，一般指标有3个。

2017年，武进高新区产业升级和结构优化能力中优势指标具体包括2.2服务收入占营业总收入比例、2.7万人拥有的上市企业数量、2.8企业净资产利润率（图11-10至图11-12），说明武进高新区在发展服务业、培育上市企业、提高企业投资获利能力等方面表现较好，尤其是2.2服务收入占营业总收入比例较高，居前20位。

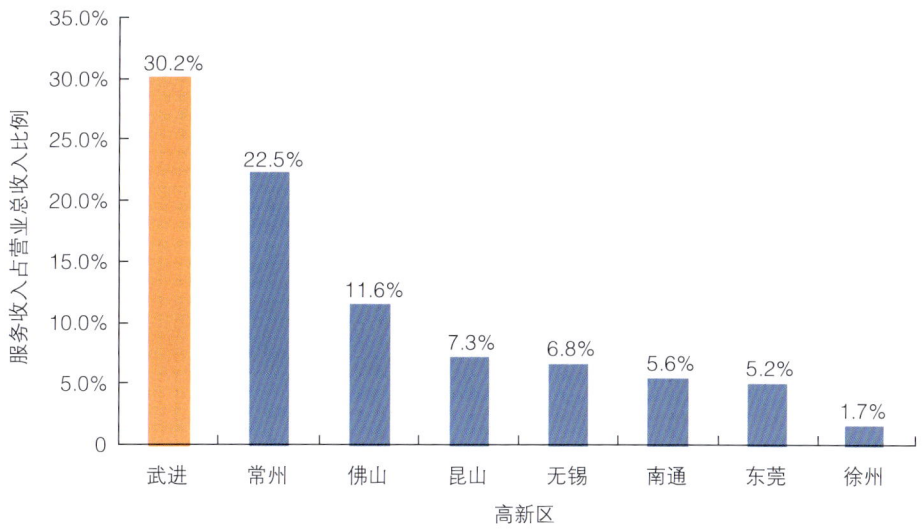

图11-10　2017年8家高新区服务收入占营业总收入比例对比

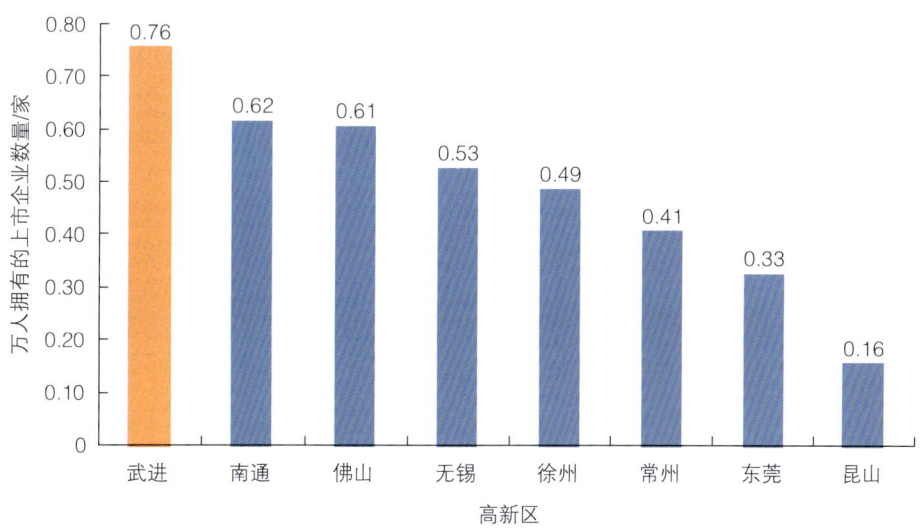

图11-11　2017年8家高新区万人拥有的上市企业数量对比

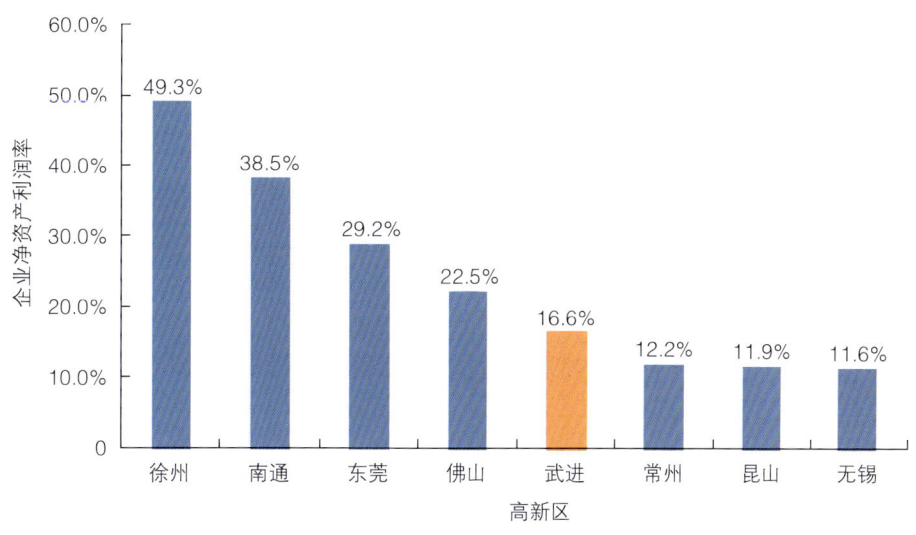

图11-12　2017年8家高新区企业净资产利润率对比

2017年，武进高新区产业升级和结构优化能力中短板指标具体包括2.1营业收入超30亿元高新技术企业数、2.6万人当年新增的知识产权数（含注册商标）、2.9从业人员人均工资性收入占人均增加值比例（图11-13至图11-15）。这说明武进高新区未来需要加快培育高新技术企业，完善知识产权服务体系，支持企业申请知识产权。

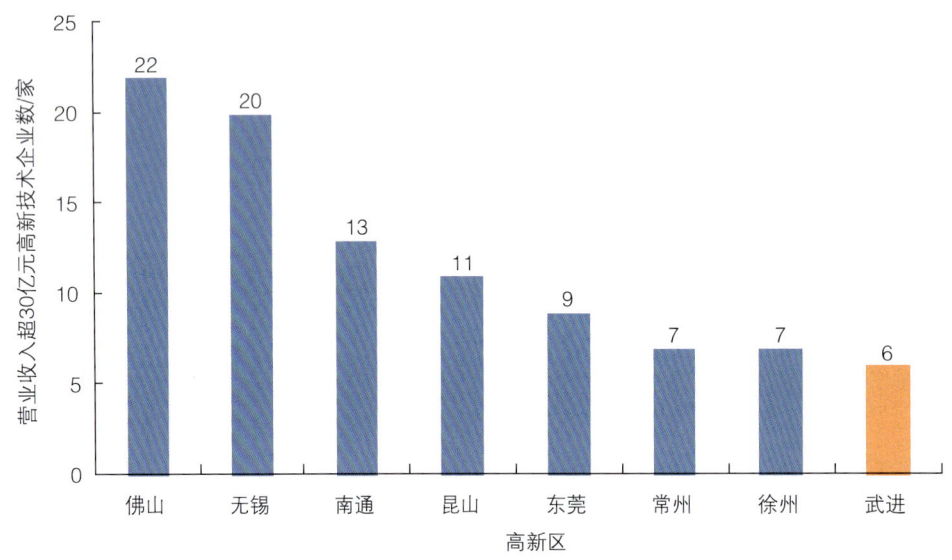

图11-13　2017年8家高新区营业收入超30亿元高新技术企业数对比

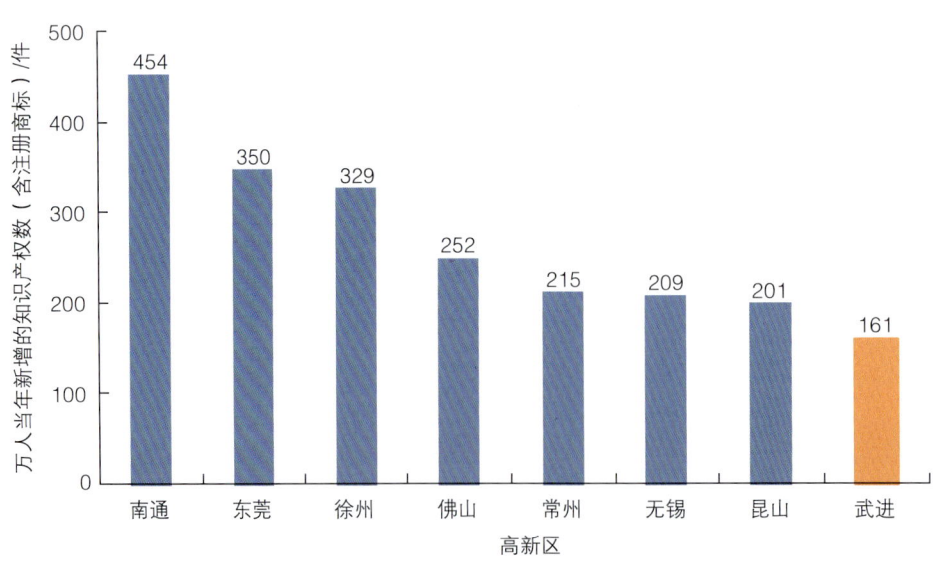

图11-14　2017年8家高新区万人当年新增的知识产权数对比

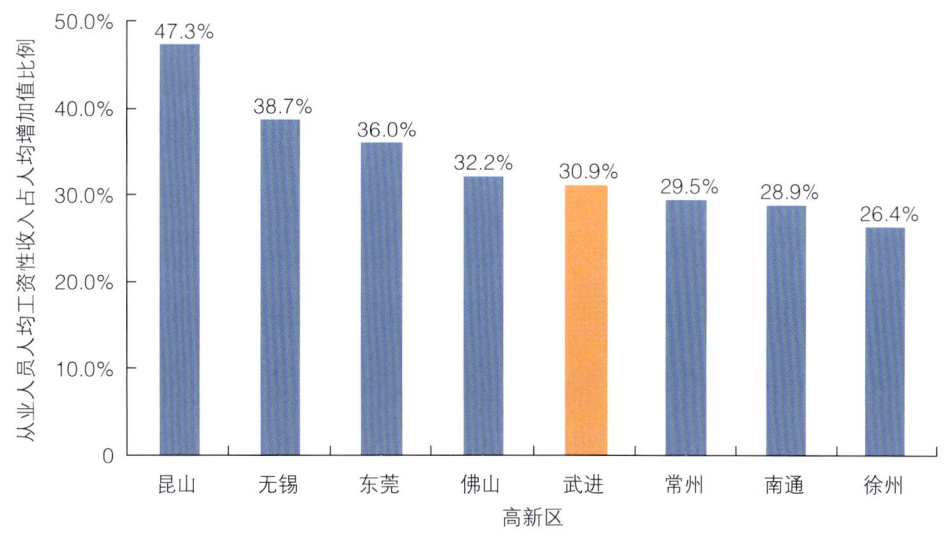

图11-15　2017年8家高新区从业人员人均工资性收入占人均增加值比例对比

(三)国际化和参与全球竞争能力

从纵向变化看,近三年来武进高新区国际化和参与全球竞争能力的8个定量指标中,指标值上升但排名出现下降的指标有3个,分别为3.2高新技术企业出口额占园区营业收入的比例、3.3技术服务出口额占出口总额的比例、3.6万人当年新增欧美日专利授权数;指标值和排名均出现下降(或保持稳定)的指标有5个,分别为3.1海外留学归国人员和外籍常驻人员占从业人员的比例、3.4企业设立的境外分支机构数、3.5万人当年新增欧美日注册商标数、3.7企业累计参与制定产业国际标准数等。

从横向对比看,2017年,在国际化和参与全球竞争能力中,武进高新区的优势指标有1个,短板指标有2个,一般指标有5个。整体来看,短板指标相对较多,这也是国际化和参与全球竞争能力指标排名较为滞后的原因。

2017年,武进高新区国际化和参与全球竞争能力中的优势指标为3.1海外留学归国人员和外籍常驻人员占从业人员的比例(图11-16),说明武进高新区在集聚海外人才方面表现较好。

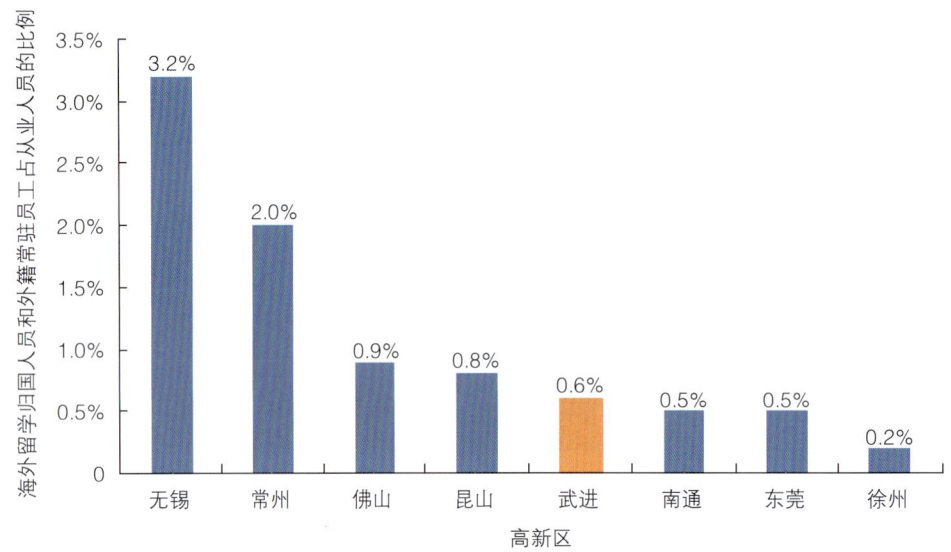

图11-16　2017年8家国家高新区海外留学归国人员和外籍常驻人员占从业人员的比例对比

2017年,武进高新区国际化和参与全球竞争能力中的短板指标具体包括3.6万人当年新增欧美日专利授权数、3.7企业累计参与制定产业国际标准数(图11-17和图11-18)。这说明武进高新区的企业在国际知识产权产出、参与国际标准制定等方面还有较大提升空间。武进高新区未来要出台相关优惠政策,加快搭建国际合作平台;对接国际专利服务机构,建立海外律师、企业管理人员和发明人之间的直接沟通渠道,充分利用各种国际规则和政策,开辟专利审查快速通道。

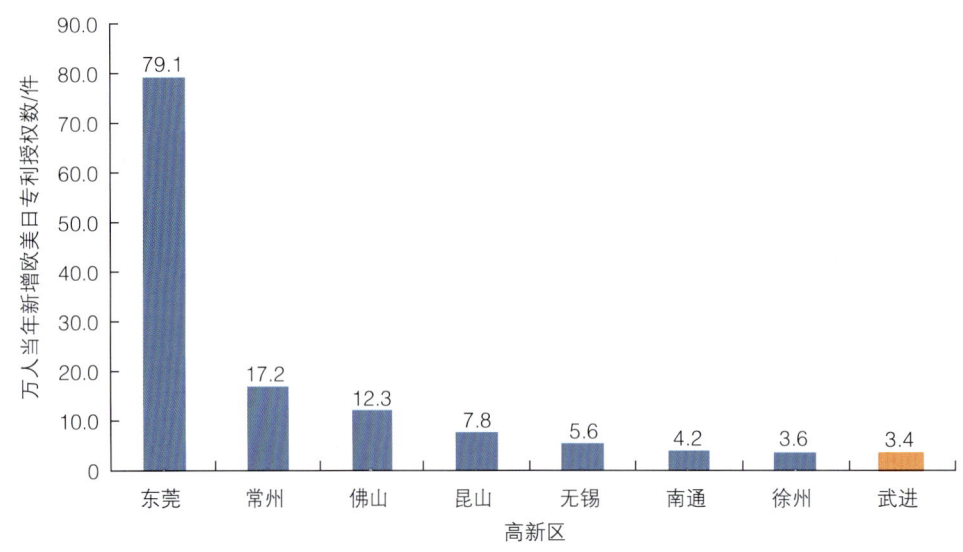

图11-17　2017年8家高新区万人当年新增欧美日专利授权数对比

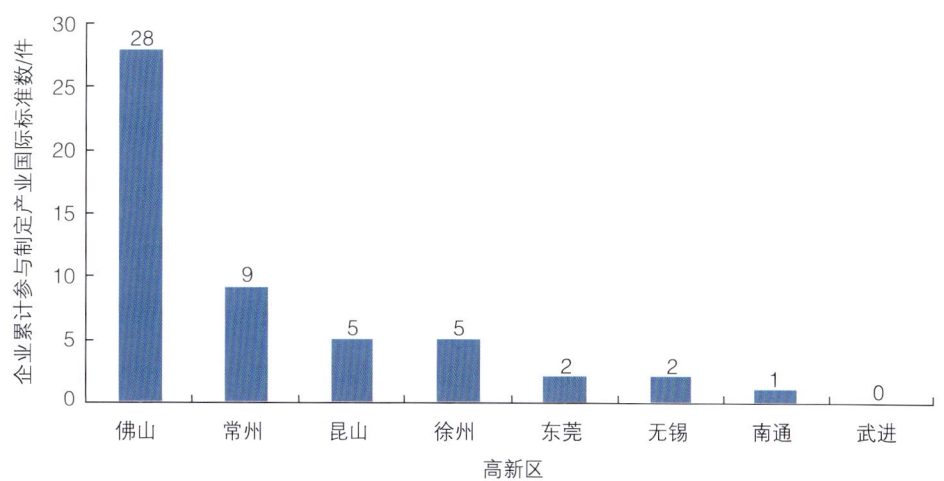

图11-18　2017年8家高新区企业累计参与制定产业国际标准数对比

（四）高新区可持续发展能力

从纵向变化看，近三年来武进高新区可持续发展能力的6个定量指标中，2017年指标值上升但排名出现下降的指标有2个，分别为4.2从业人员中硕士和博士占比和4.3企业数量增长率；2017年指标值和排名均出现下降（或保持稳定）的指标有4个，分别为4.1从业人员数增长率、4.4企业上缴税收总额增长率、4.5企业当年新增投资总额、4.6单位增加值综合能耗。其中，4.5企业当年新增投资总额连续两年出现下降，需要重点关注。

从横向对比看，2017年，高新区可持续发展能力中，武进高新区的优势指标有3个，短板指标有2个，一般指标有1个。其中，4.3企业数量增长率和4.5企业当年新增投资总额排名均在80名之后，需要重点关注。

2017年，武进高新区可持续发展能力中的优势指标包括4.1从业人员数增长率、4.4企业上缴税收总额增长率、4.6单位增加值综合能耗（图11-19至图11-21）。这说明武进高新区在集聚人才、税收贡献、节能降耗等方面表现较好。

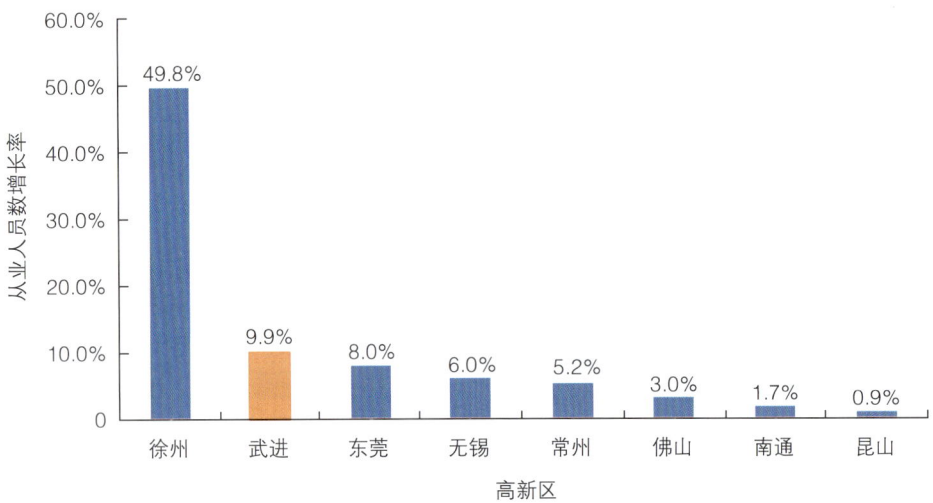

图11-19　2017年8家高新区从业人员数增长率对比

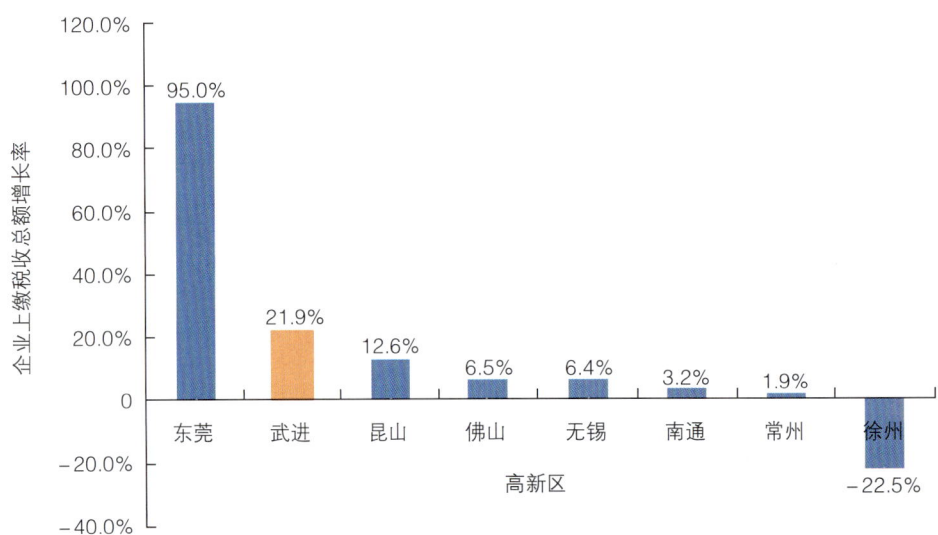

图11-20　2017年8家高新区企业上缴税收总额增长率对比

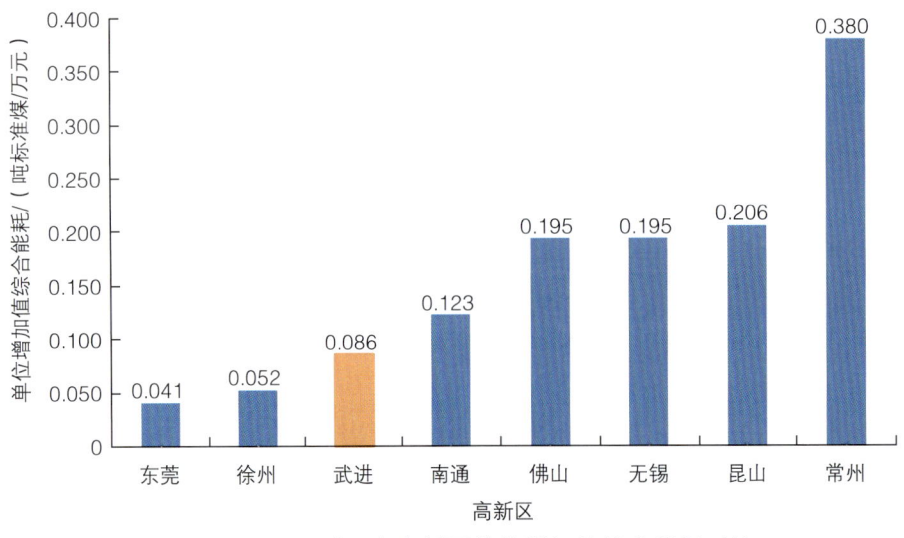

图11-21　2017年8家高新区单位增加值综合能耗对比

2017年,武进高新区可持续发展能力中的短板指标包括4.3企业数量增长率(图11-22)。这说明武进高新区在招引和培育企业、提高投资吸引力等方面还有较大提升空间。未来需要进一步优化园区环境,完善配套设施,打造政策洼地和服务高地,吸引更多企业入驻园区。

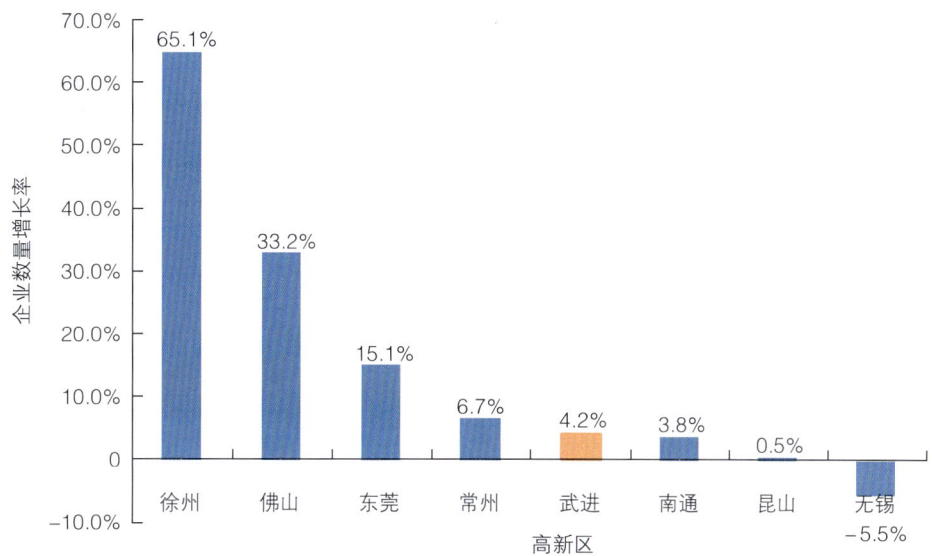

图11-22　2017年8家国家高新区企业数量增长率对比

四、对标园区间的重点指标对比分析

(一)对标园区选择

根据武进高新区的当前排名位势,综合考虑区域位置、产业特征等因素,结合2017年评价结果,选择东莞、佛山、常州、无锡、南通、昆山、徐州等高新区作为武进高新区的重点比较对象(表11-1),以更加清楚地明确武进高新区自身的优势和劣势。

表11-1　重点横向对比的国家高新区排名

高新区	总排名	高新区	总排名
东莞	24	武进	45
佛山	25	南通	46
常州	28	昆山	47
无锡	30	徐州	48

（二）重点经济指标对比分析

在重点对比的8家国家高新区中，武进高新区营业收入、工业总产值、工业增加值均居第7位；净利润、上缴税费总额居第6位、出口总额居第7位（图11-23和图11-24）。总的来看，武进高新区经济总量较佛山、无锡、东莞、常州等高新区还有一定差距，与南通、昆山较为接近。

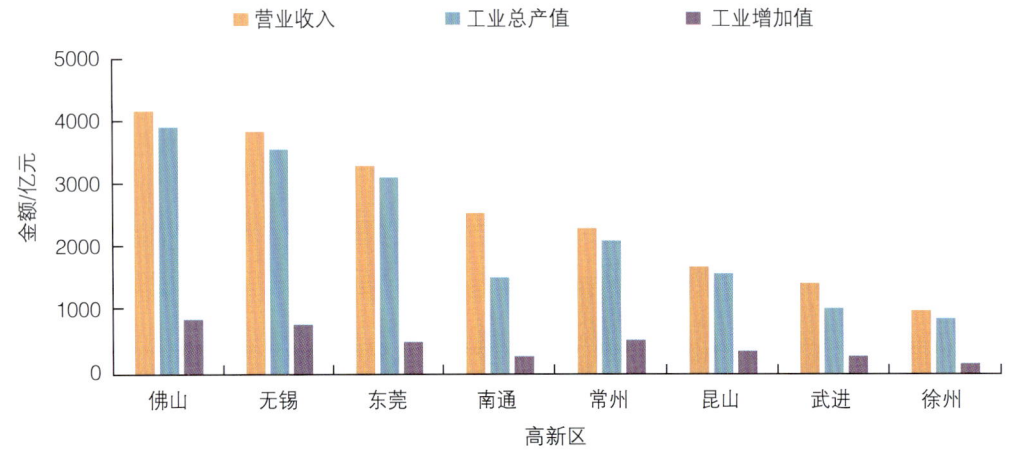

图11-23　2017年8家高新区经济总量指标对比-1

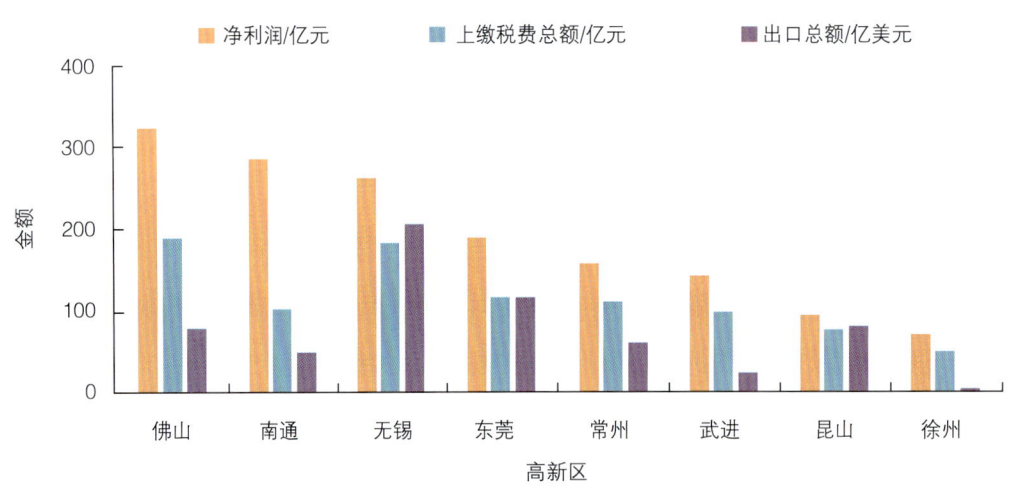

图11-24　2017年8家高新区经济总量指标对比-2

作为相对总量指标，人均指标更能反映园区的产出效益。在重点对比的8家国家高新区中，武进高新区人均营业收入和人均出口总额均居第7位，但人均净利润、人均上缴税费均居第3位（图11-25和图11-26）。这说明武进高新区主要人均经济产出水平较高，尤其是企业盈利能力较强，税收贡献较为突出。

第十一章 武进高新区创新发展指数

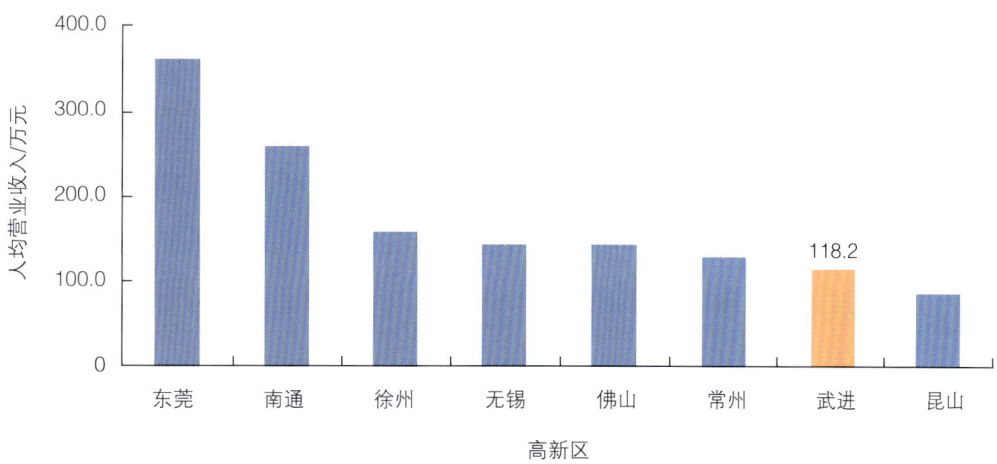

图11-25 2017年8家高新区人均营业收入对比

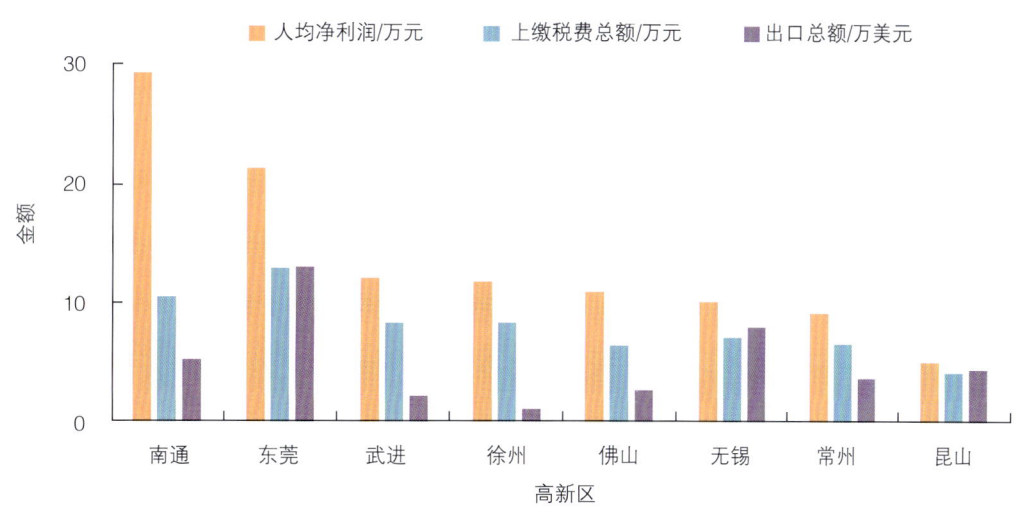

图11-26 2017年8家高新区人均产出对比

（三）重点创新指标对比分析

创新是引领发展的第一动力，而人才是实现创新发展的核心资源，因此，国家高新区的竞争将更多地体现为优质创新人才的竞争。在重点对比的8家国家高新区中，从科技人员集聚看，武进高新区科技活动人员数量、R&D人员数量均居第6位；从从业人员结构看，本科及以上学历人员居第4位；从人才引进看，当年吸纳高校应届毕业生居第4位（图11-27和图11-28）。总体来看，武进高新区在吸引人才方面具有较强的优势，但研发人才还相对不足，未来需要进一步完善人才引进政策体系，紧密围绕产业需求，加大人才引培力度，形成尊重人才、尊重知识、尊重创造的良好氛围，打造人才战略高地。

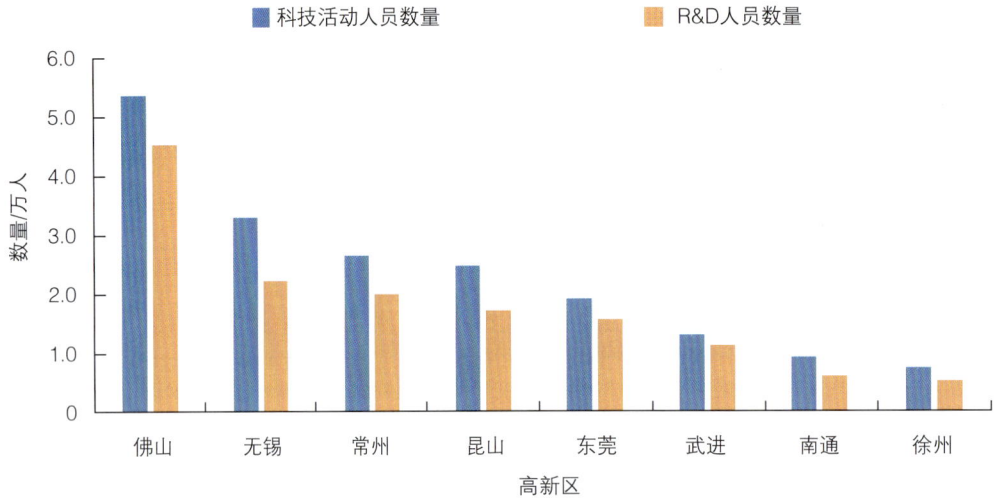

图11-27　2017年8家高新区人才数量对比-1

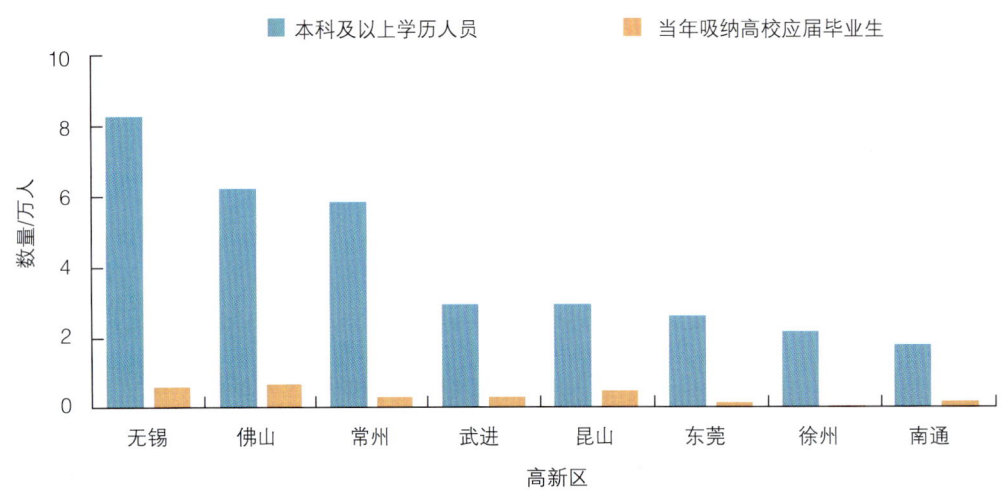

图11-28　2017年8家高新区人才数量对比-2

企业作为创新的主体，其对创新活动的重视直接影响到发展的可持续性和长期的核心竞争力，企业R&D经费内部支出是衡量企业创新活动的重要指标之一。在重点对比的8家国家高新区中，武进高新区企业R&D经费内部支出居第7位（图11-29），低于佛山、东莞、常州、无锡、昆山等高新区，主要原因在于入统火炬企业数量相对较少。

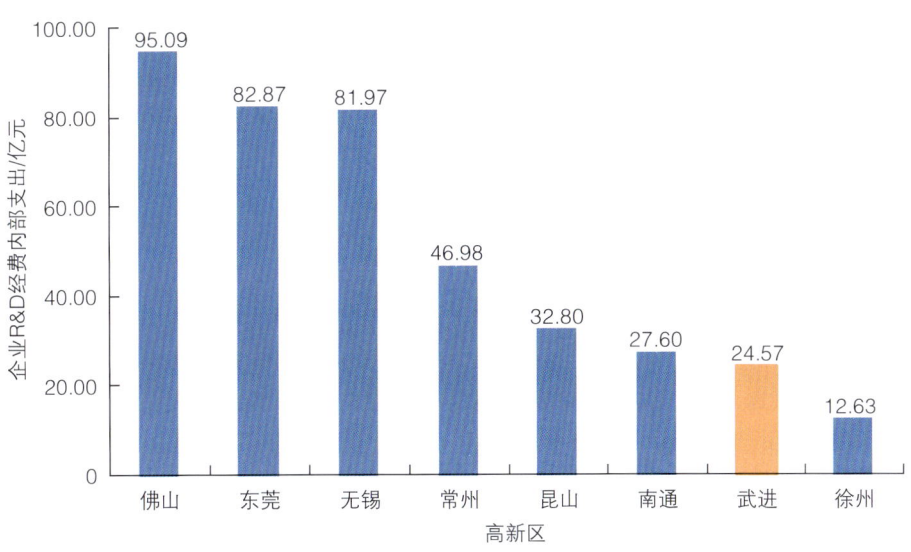

图11-29 2017年8家高新区企业R&D经费内部支出对比

在重点对比的8家国家高新区中，武进高新区企业拥有有效专利、申请专利、授权专利分别为8485件、2675件、1692件；拥有发明专利、申请发明专利、授权发明专利分别为1509件、1096件、432件（图11-30和图11-31）。整体来看，武进高新区的专利申请及产出情况表现略差，未来需要进一步支持企业重视并加强专利的创造、运用和保护。

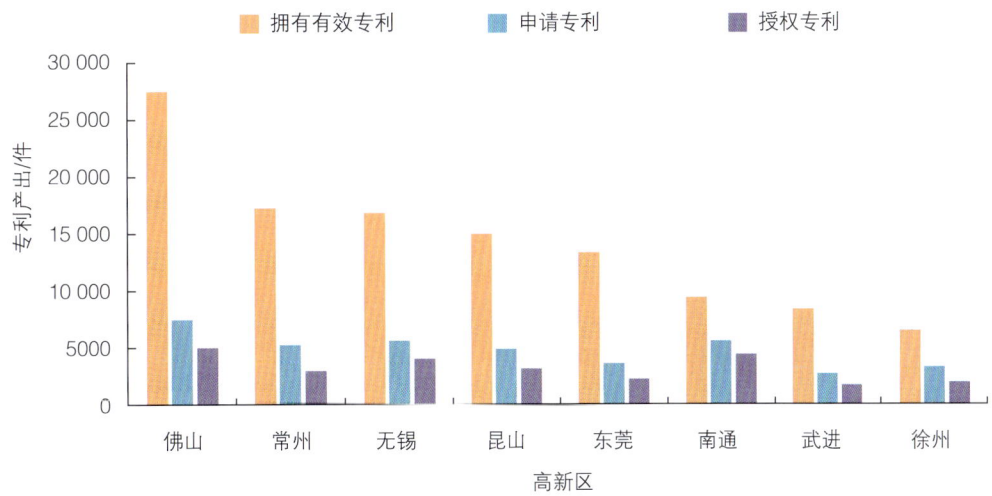

图11-30 2017年8家高新区专利产出对比

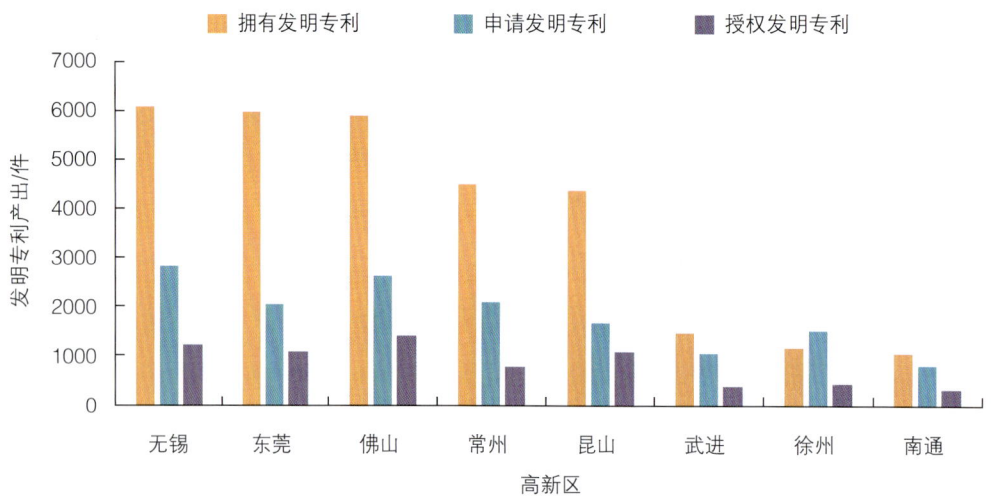

图11-31　2017年8家高新区发明专利产出对比

在重点对比的8家国家高新区中，武进高新区2017年实现技术收入27.2亿元（图11-32），居第6位，说明武进高新区入统企业通过技术创新，进而开展技术转让、承包、服务或接受委托研发等活动获得的收入较少，产品型收入居多，研发服务业发展较慢。认定登记的技术合同成交金额为2.4亿元，居第5位（图11-33），说明技术交易相对活跃，产业在转型升级过程中对技术的需求较为旺盛。

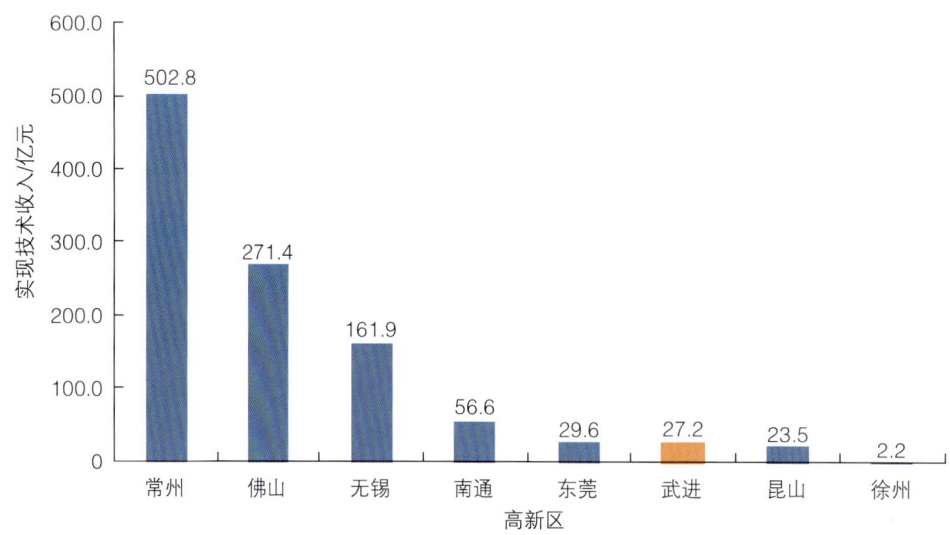

图11-32　2017年8家高新区实现技术收入对比

第十一章 武进高新区创新发展指数

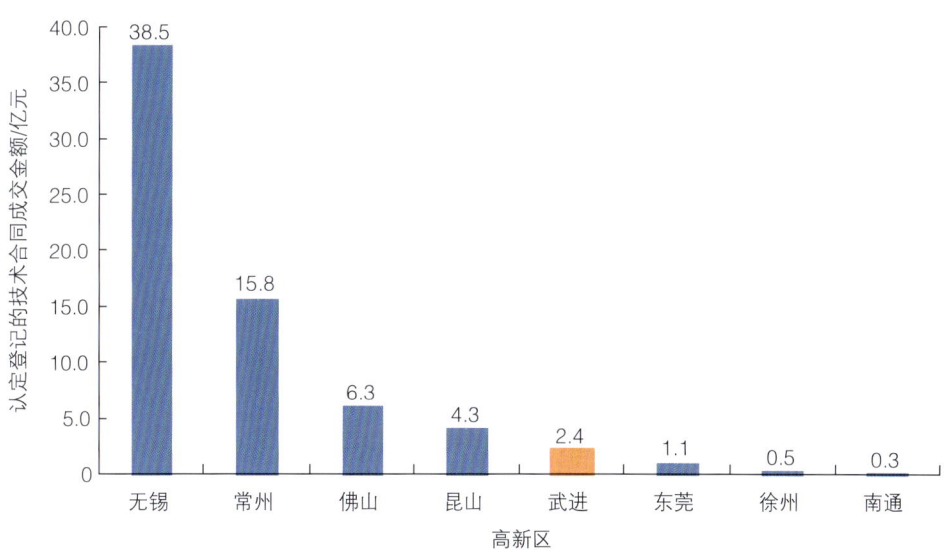

图11-33 2017年8家高新区认定登记的技术合同成交金额对比

2017年,武进高新区新产品销售收入为345.4亿元(图11-34),在8家国家高新区中居第7位,与南通高新区较为接近,未来要进一步加大支持力度,支持企业研发和设计新产品。

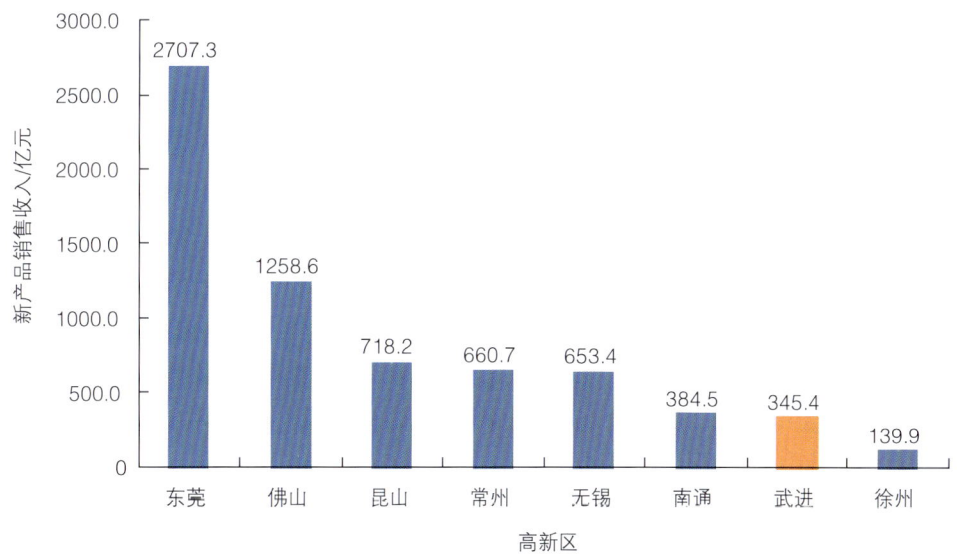

图11-34 2017年8家高新区新产品销售收入对比

(四)企业/产业指标对比分析

2017年,武进高新区入统火炬企业数为420家(图11-35),在8家国家高新区中居第7位,落后于邻近的常州、昆山及南通高新区,未来还要加大企业培育力度,使更多符合条件的企业进入统计范围(图11-35)。

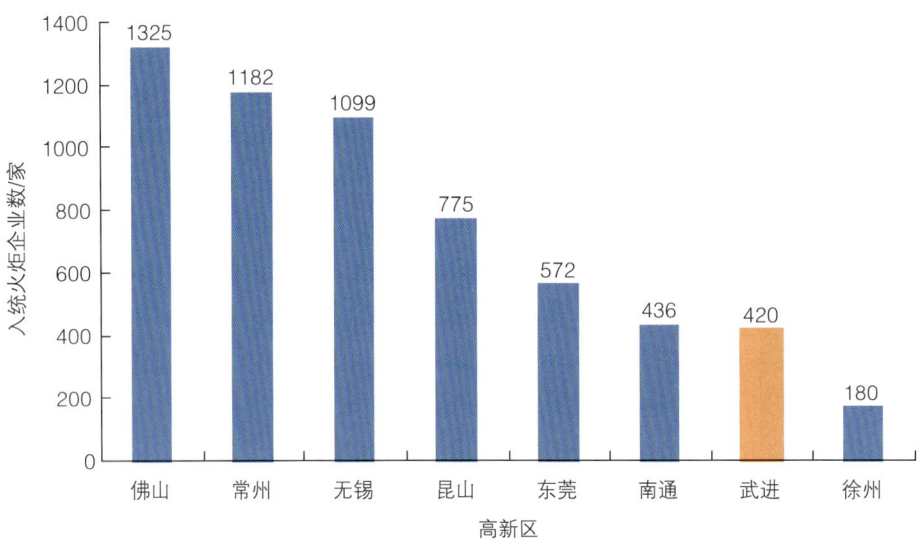

图11-35　2017年8家高新区入统火炬企业数对比

从企业结构来看，2017年，武进高新区在龙头骨干企业培育方面表现一般（图11-36至图11-38），如销售收入超亿元的企业数为168家，在8家国家高新中居第6位，低于常州（350家）、昆山（240家）和南通（218家）等高新区；在技术型企业培育方面还需加大力度，如高新技术企业为166家，在8家国家高新区中居第6位，表现好于南通高新区，但低于昆山和常州高新区；企业在资本市场表现优异，上市企业达9家，在8家国家高新区中居第3位，仅落后于佛山和无锡高新区，高于邻近的其他高新区；在跨国企业引入方面表现也较好，聚集世界500强投资企业22家，在8家国家高新区中居第4位，说明园区加快打造国际化的营商环境，吸引海内外优质企业入园投资。

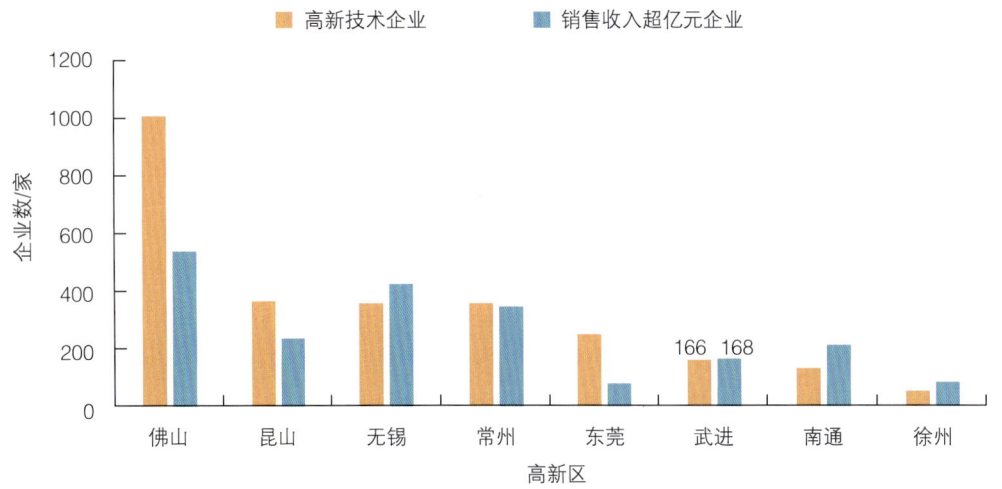

图11-36　2017年8家高新区高新技术企业数对比

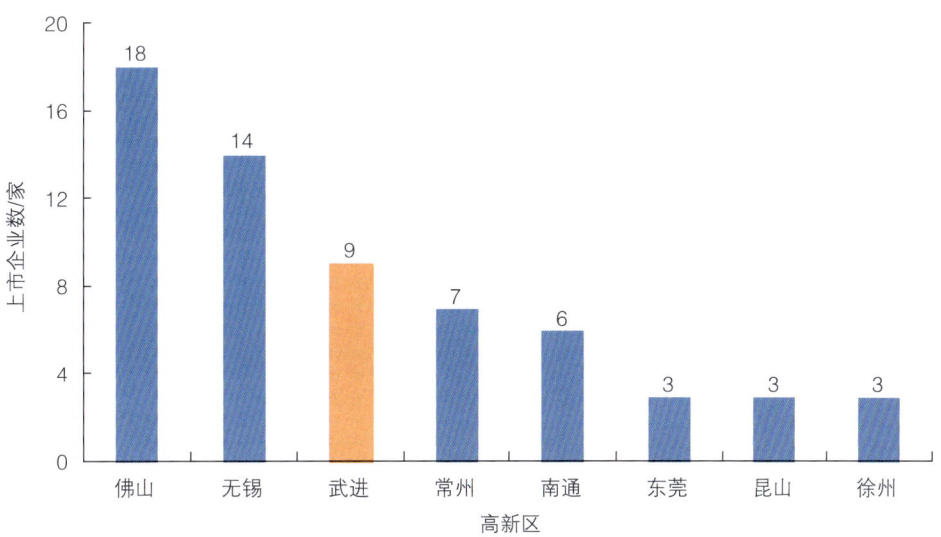

图11-37 2017年8家高新区上市企业数对比

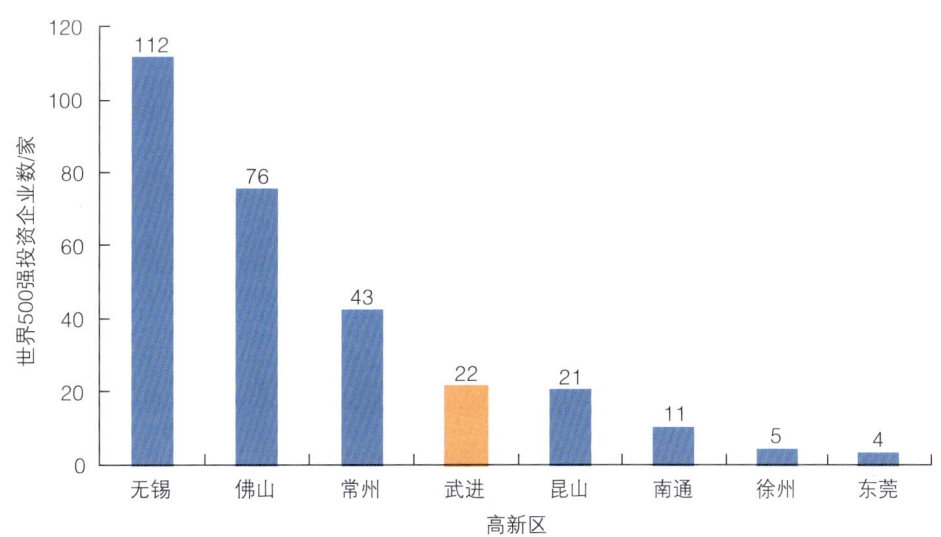

图11-38 2017年8家高新区世界500强投资企业数对比

五、武进高新区创新驱动发展建议

（一）建设一流"双创"平台

聚焦大科学工程或国家重大科研计划。积极争取国际或国家大科学中心、大科学工程、重大科学计划和组织资源落户，依托重大创新功能型平台，开展前沿性重大科学研究，加强原始创新和知识产出，充分发挥平台对于培养人才、提高工业制造能力、把握科技前沿趋势、优化科研管理水平的显著拉动作用。

共建跨区域协同创新平台。充分利用苏南地区的制造业产业集群优势，发挥自主创新示范区的政策优势，创新区域合作机制和路径。加强与常州、江阴、昆山等兄弟高新区的深入合作，共同成立创新联合体，包括制造业大数据中心、跨区域产业技术创新战略联盟等，推动企业联合开展科技攻关、科技成果转化、专业人才培养、资本运作，形成广泛的创新合作网络。

集"前瞻性研发、科技成果转化、创业孵化和创业投资"于一体的新型科研机构和集"开放创业空间、提供技术支持、集成创新服务、整合创业投资"于一体的新型众创空间是代表着新一轮技术经济革命发展的新型创新组织形式，也是武进高新区未来需要重点建设的创新创业平台。

建设新型科研机构，提升产业创新能力。加快建设新型研发机构，加速发挥这些平台对产业发展的促进作用。围绕产业升级需求，按照"政府引导、多元主体参与、市场化运作、专业化管理"的原则，鼓励高校院所、大企业集团、产业联盟、行业协会大力建设新型科研机构，不断夯实产业创新基础。出台支持新型科研机构发展的指导性意见。

发展新型众创空间，营造良好创业氛围。引导更多社会力量建设众创空间，鼓励区内龙头企业开展"双创"，建设国家级专业化众创空间，依托自身的"资本+运营管理辅导+产业资源"等优势，集聚创业小微企业，提升发展活力。打造创业服务功能区，策划承办创业大赛，积极营造创业氛围。

深入实施知识产权战略。积极创建国家知识产权示范园区，增强知识产权创造、运用、管理、保护和服务能力。引导企业、研发机构积极申请专利，加大对发明专利的支持力度，鼓励开展国际专利布局，积极参与国际标准制定。成立知识产权运营基金，围绕产业细分领域，开展专利收储、开发及全球化整合，构筑专利池。建立知识产权金融服务机制，完善知识产权投融资服务平台，推动知识产权质押融资、专利保险发展。加强对高新区创新平台知识产权创造和运用的评估和指导，引导高新区企业开展知识产权管理规范化试点。

提升技术成果交易额。强化组织管理，在高新区设立技术交易合同登记站点，不断完善技术交易机构登记、复核、变更等工作流程，避免出现不登记的现象；持续开展技术经纪人的培训管理，组成服务意识强、专业素养高的技术经纪人队伍。加强供需对接，积极组织科技成果交流大会，引导园区企业与高校院所、技术型龙头企业加强沟通合作，促进一批科技成果在园区实现产业化，解决一批企业共性技术难题，不断提升企业创新水平。加快建设技术交易载体，加强技术转移转化平台建设，充分发挥其链接作用促进成果转移转化。与中国国际技术转移中心、厦门科易网、青岛橡胶谷等合作，共建技术转移平台。

社会网络和社交网络的发达程度也往往决定着一个园区的创造力和运行效率，这也是成就当今硅谷和中关村园区的优势所在。制定特别的引导措施和发挥政府的社会嵌入作用，培育和发展各类专业组织，重点包括行业协会、企业联盟、企业家联谊组织、创业投资社会联盟组织、中介、咨询和培训等社会组织。

（二）打造一流高端产业

实施"武进智造2025"和"互联网+"行动计划。深化供给侧结构性改革，建设创新型产业集群，促进产业向中高端迈进。全力推进互联网、大数据与制造业的深度融合，推动园区装备行业的信息化、智能化、服务化进程。重点推动龙头企业开展智能工厂改造，建设制造业创新中心，开展机器换人，大幅提升生产效率，改进盈利模式，加快转型步伐。鼓励与工业4.0相关的控制硬件、控制软件、终端硬件企业的集聚和发展，推动园区制造业逐步转型为以服务为基础的"软性制造+个性化定制"的高端制造业。

强化企业家培训。大力培养和引进具有创新性思维的企业家，引进具有国际化教育水平的一流商学院或培训组织，搭建与其他地区领先企业沟通的平台或机构，引导企业家深入思考企业发展战略，树立新理念、新思路，培养造就一批具有国际化视野、把握时代脉搏、用创新型思维参与市场化竞争的企业家。

大力发展新一代信息技术、3D打印、工业机器人、新能源汽车等新兴产业，不断提升在全区规模工业中的占比，突出培育细分特色产业。通过举办专家培训，加强与新兴产业中龙头企业的对接，增强对新兴产业发展规律的认识和研究，修订招商目录，创新招商方式。围绕产业发展需求，集中引进人才及技术研发和转化、公共技术服务、检验检测平台。提升服务能力，切实解决企业发展中存在的问题，开展重点领域应用示范，培育壮大新兴产业市场。通过构建集"平台、人才、资本、服务"等全要素于一体的"产业生态圈"，促进新兴产业快速崛起，增强经济发展活力。

制定细分服务业发展规划和行动建议。制定促进细分服务业发展的详细规划或行动方案，形成明确的目标和落实路径、举措，如《武进高新区科技服务业发展规划》《武进高新区加快推进科技金融发展的若干举措》。

设立服务业产业聚集区。出台明确的建设发展规划，成立管理机构及相应团队，打造文化创意小镇、科技金融小镇、研发设计小镇、生态休闲小镇等，重点围绕总部经济、科技服务、金融服务、软件设计、智慧物流、电子商务、文化创意等生产性服务业，建设公共服务支撑体系或公共服务平台，招引集聚相关企业，针对入园企业及高端人才制定专项优惠政策。尤其要围绕制造业转型需求，大力引进工业设计、工业软件、融资租赁等企业。

（三）营造一流开放环境

搭建国际交流平台，依托互联网建设国际化的商品、期货、技术、产权乃至货币等交易平台，结合本地优势产业，打造智能装备展示交易中心、国际化技术市场、互联网金融中心、数据服务中心，建设地区性的股权、产权交易中心，尝试引进和发展国际金融机构，开展资本品交易、货币结算和兑换等试点。

发展新兴产业的商贸市场和会展经济。持续开展国际峰会、国际技术转移培训等多种形式的国际交流活动，持续承办长三角智造峰会，发展至全球智能制造大会，实现对全球高端人才和项目的集聚。

促进办事准则与国际接轨，在政府服务监管、企业运营成本、国际化服务体系、创新对外合作方式等方面进行制度设计和体制创新。集聚国际化人才和组织，引入具有海外留学背景的高端服务人才，支持国际化的法律、信用、信息咨询、资产评估、审计、会计、国际标准认证等服务组织在区内设立机构、开展业务，为示范区发展和对外开放提供服务，如开展"一带一路"知识出口业务培训。

在重点领域推动组建一批产业联盟，由管委会引导，由行业龙头企业牵头，产业上下游配套合作，促进优势产业"抱团出海"，在大企业"走出去"的同时，拉动一批产业链上的中小企业一同"走出去"，解决中小企业在拓展国际市场中缺乏实践经验和可靠渠道的问题，促进其"搭船出海"，降低投资风险。

依托行业龙头企业，实施跨国并购、联合开发战略，并购海外创新团队、技术型企业、专利等，整合全球创新资源，拓展全球市场。在中国企业海外市场集中区域，设立境外商务联络处，帮助企业在当地开拓市场。出台促进企业国际化发展的政策意见，加强与"一带一路"沿线国家在产业、科技等领域的合作，开展国际化经营，建立海外研发中心或分支机构。

（四）构筑一流人才高地

加快招引和培育科技型企业。科技型企业是吸纳本科学历以上人员的重要组织。围绕"科技创新引领，推进经济转型"部署招商任务，制定科技企业分布地图和重点招引目标库，引导优惠政策、资金、项目等向科技型企业集聚。

大力吸纳应届毕业生。一方面，充分依托高校院所集中的优势，制定优惠政策，促进毕业生实现本地就业；另一方面，加大对其他城市毕业生的吸引力，通过解决户口、提供过渡住房、支持高校毕业生创业企业发展等措施促进毕业生入园。

加强与国内外知名高校的合作培养。一是支持区内龙头企业与省内外高校合作办学，进一步探索高校与企业合作共建二级学院、产业学院、研究生联合培养基地，建设实训基地。二是学习苏州工业园区和深圳高新区，探索中外合作建学模式，瞄准美国、德国、英国等国家的优秀大学，支持其与区内院校合作共建国际合作大学，打造国际高等教育合作示范基地，集聚国际化产业后备人才。

加强原有人才的再教育。组织现有企业开展从业人员再教育，实现本科学历的全覆盖。鼓励发展线上线下相结合的教育培训组织，成立依托本地产业特色的体验式教育培训学院，大力发展体验式教育。

落实各项人才计划。深入对接国家、省、市专项人才计划，打造高新区特色人才计划。建立引进和培育高层次人才长效机制，加快在人才培养、平台建设、成果转化、科技金融、教育保障等方面实现政策突破。

建设高端人才承载平台。支持企业与高校院所合作建立院士工作站、博士后科研工作站、企业技术中心，探索共建企业研究生工作站，每年选派一定数量的全日制硕/博士研究生前往公司参与课题研究，为进站研究生提供必要的生活条件和生活补助。实施大中型企业研发机构"清零"行动，并推动研发机构升格为省级、国家级，通过高端平台的建设，吸引集聚高端研发人才。

实施"海鸥计划"，加快引进留学归国人才，积极对接中国海外人才交流大会。紧扣发展产业需求，面向全球加快集聚研发人才、创业人才、资本运作人才、复合型经营管理人才、高技能人才、高端服务型人才，建设数量充足、结构合理、素质优良的人才队伍。提供全方位服务，由市引进高层次人才服务窗口提供"一站式"服务，解决出入境签证、配偶安置、购房落户、医疗保险等方面的问题，安排其子女就近入读公办学校，并支持高新区建设国际学校。

（五）建设一流和谐宜居园区

加快推进产城融合发展。积极推进"多规合一"试点工作，高起点规划、高标准建设科技新城。完善教育科研、商业服务、文体娱乐、医疗卫生等公共配套建设，促进产业园区与城市社区融合发展，构筑布局合理、开发有序、经济社会协调发展的空间格局，打造成为产城融合示范区。加强生态环境保护。坚持预防为主、综合治理的方针，实施严格的环保准入制度，强化从源头防治污染和保护生态，加快创建国家生态工业园。深入实施"碧水蓝天"工程，加强水资源保护、扬尘渣土治理，不断改善空气质量。积极发展低碳经济，建立与高新区经济发展水平、资源环境承载能力相适应的绿色发展模式。完善环保检查、督察等管理机制和手段，坚持源头严防、过程严管、损害严惩、责任追究，形成对各类市场主体的有效约束，逐步实现生态环境保护市场化、法治化、制度化。

深入落实"互联网+"战略，以基础设施智慧化、产业发展智慧化、服务应用智慧化为方向，鼓励高新区各类社会主体参与"云、网、端"等信息经济新基础设施建设，构建全面覆盖、高速互联、业务融合的新型信息服务网络，实现对园区运行要素、环境参数、生产信息的全面掌握、智能预警和敏捷控制。引导企业深入应用云计算、物联网、大数据等新兴技术，打造智慧集群。全面加快建设智慧交通、智慧医疗、智慧环保、智慧物流、智慧社区等。

积极推动管理体制和运行机制改革创新，突出产业服务功能和创新创业需求，打造精简、高效、优质、便捷的管理服务平台。大力推动行政审批制度改革，进一步完善负面清单、权力清单、流程清单等清单制度，优化审批流程、精简审批事项，全面实行在线审批，努力实现"园内事园内办结"。改革人事管理制度，建立新型干部任免、岗位聘用、考核及工资制度；设置专业岗位和与个人贡献相称的"专业岗位"用人机制，提升园区的综合运营能力。

在科技创新方面，以科技创新驱动发展和促进大众创业、万众创新为目标，以加大研发经费投入、培植新型研发机构、发展产业创新支撑部门和发展新型孵化器为主要着眼点，进一步强化高新区促进科技创新和创业的财政政策。在创业投资方面，需要进一步完善高新区的创业投资和科技金融政策，尤其需要研究制定引导社会资本参与创业投资和促进众筹融资的政府措施。在聚集和引进人才方面，高新区尤其需要研究聚集和引进国际人才方面的政策，在身份认定、居住和居留、出入境管理等方面加快对国家大方针导向的政策响应。在开放合作方面，需要借鉴各大自贸区的经验，围绕资本开放、工商便利化、人才和文化交流等出台有自身特色的系列措施，尤其是建立"全球链接"机制，提升高新区的国际化发展水平。